舜柯社区志

《舜柯社区志》编纂委员会 编

方志出版社
Publishing House of Local Recorbs

图书在版编目（CIP）数据

舜柯社区志/《舜柯社区志》编纂委员会编. —北京：方志出版社，2020.12

ISBN 978-7-5144-4513-8

Ⅰ．①舜… Ⅱ．①舜… Ⅲ．①社区—概况—无锡 Ⅳ．①D669.3

中国版本图书馆CIP数据核字(2021)第002499号

舜柯社区志

编　　者：《舜柯社区志》编纂委员会
责任编辑：王品
出 版 者：方志出版社
地址：北京市朝阳区潘家园东里9号（国家方志馆4层）
邮编：100021
网址：http://www.zgfzcb.cn
发　　行：方志出版社图书经销中心
电话（010）67110500
经　　销：各地新华书店
排　　版：宜兴市德胜印刷有限公司
印　　刷：宜兴市德胜印刷有限公司

开　　本：787×1092　1/16
印　　张：31.75
字　　数：513千字
版　　次：2020年12月第1版　2020年12月第1次印刷
印　　数：0001～2000

ISBN　978-7-5144-4513-8　　定价：180.00元

《舜柯社区志》编纂委员会

2019年2月至2019年10月

主　　任：陈　鹏

委　　员：陆　丹　吴　芳　杜国庆　徐欣艺
　　　　　龚志芳

2019年10月

主　　任：陈　鹏

委　　员：蒋　玲　杜国庆　吴　芳　龚志芳

特聘顾问：郁有满

《舜柯社区志》编写组人员

主　　编：朱重光　周正坚

采　　编：龚洳湘　朱云燕　邵南清　石如珍

舜柯社区办公楼

舜柯社区区域图

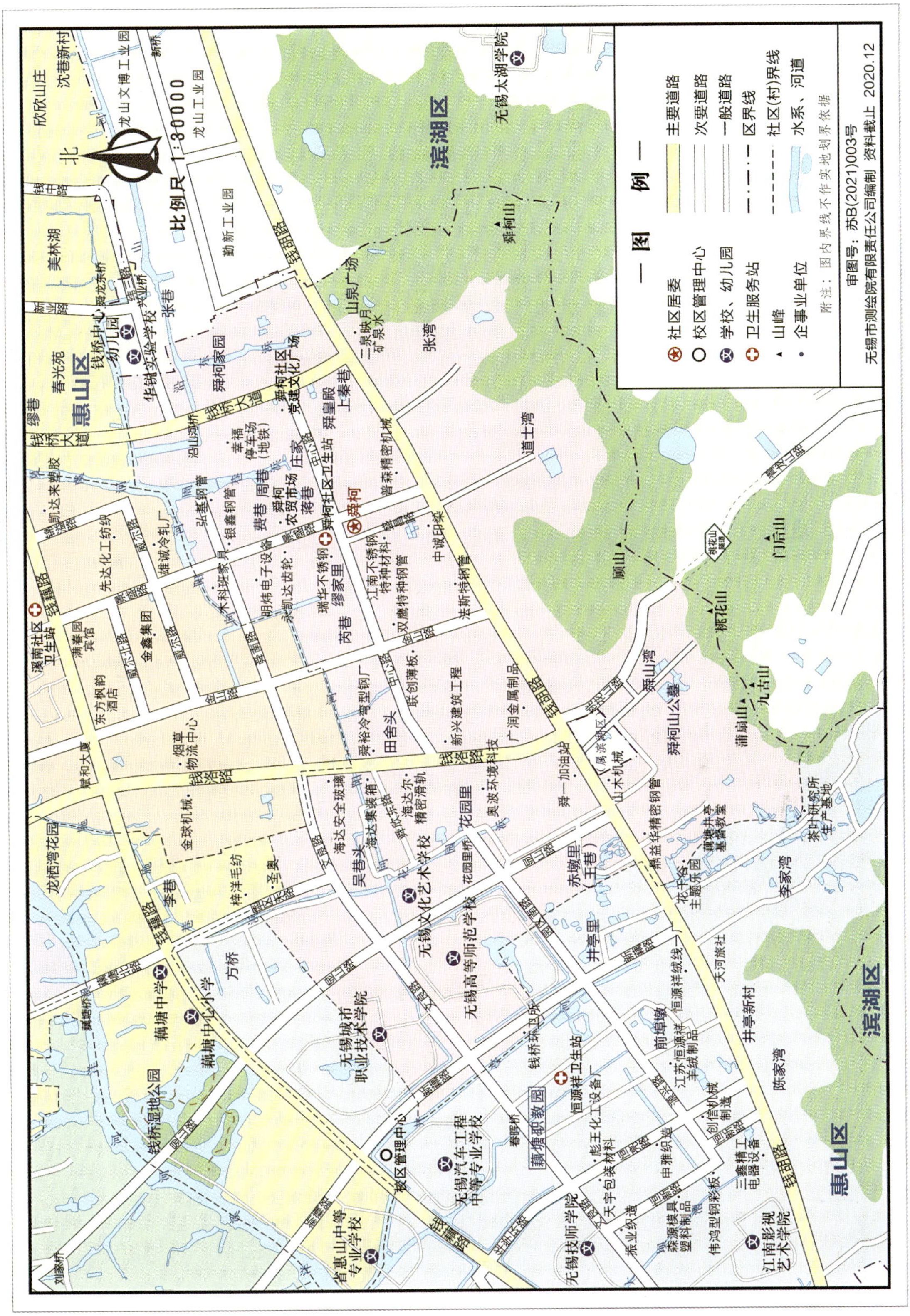
比例尺 1:30000
北
图例
社区居委
校区管理中心
学校、幼儿园
卫生服务站
山峰
企事业单位
主要道路
次要道路
一般道路
区界线
社区(村)界线
水系、河道
附注：图内界线不作实地划界依据
审图号：苏B(2021)003号
无锡市测绘院有限责任公司编制 资料截止 2020.12
滨湖区
惠山区
舜柯山
顾山
九古山
门斥山
舜柯社区卫生站
舜柯
舜柯家园
舜柯社区党建文化广场
舜皇殿
上秦巷
张湾
道士湾
舜柯山公墓
钱胡路
钱桥大道
钱藕路
沈巷新村
欣欣山庄
美林湖
春光苑
华锦实验学校
钱桥中心幼儿园
龙山工业园
勤新工业园
溪南社区卫生站
东方枫韵酒店
先达化工纺
金鑫集团
烟草物流中心
金球机械
龙栖湾花园
李巷
方桥
藕塘中学
藕塘中心小学
钱桥湿地公园
省惠山中等专业学校
无锡城市职业技术学院
无锡高等师范学校
无锡文化艺术学校
无锡汽车工程中等专业学校
校区管理中心
藕塘职教园
无锡技师学院
江南影视艺术学院
恒源祥卫生站
钱桥环卫所
花园里
井亭里
赤墩里
井亭新村
陈家湾
李家湾
无锡太湖学院
山泉广场
茶叶研究所生产基地

1917年舜一地区村落示意图

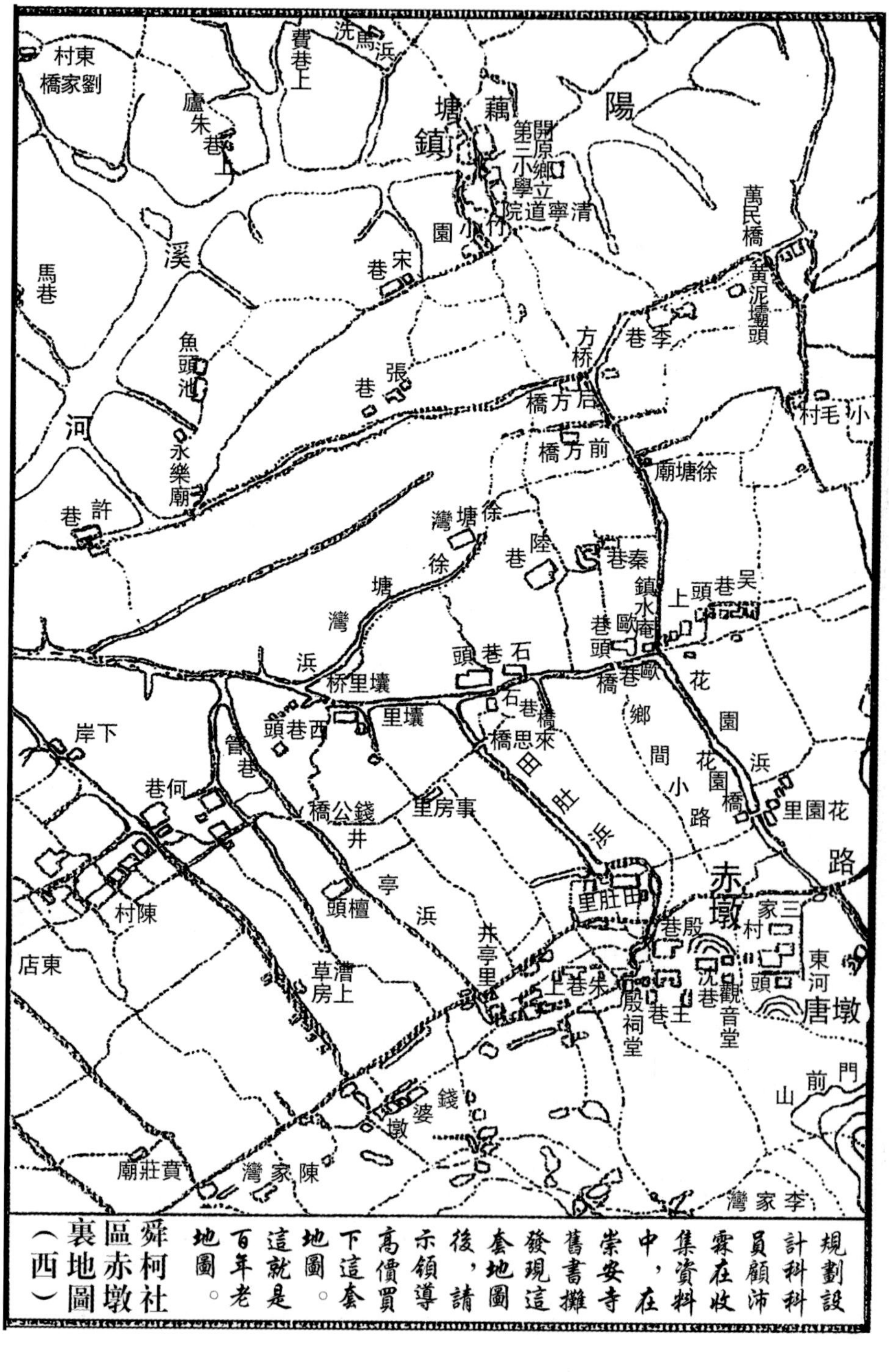

規劃設計科科員顧沛霖在收集資料中，在崇安寺舊書攤發現這套地圖後，請示領導高價買下這套地圖。這就是百年老地圖。

舜柯社區赤墩裏地圖（西）

1917年历村地区村落示意图

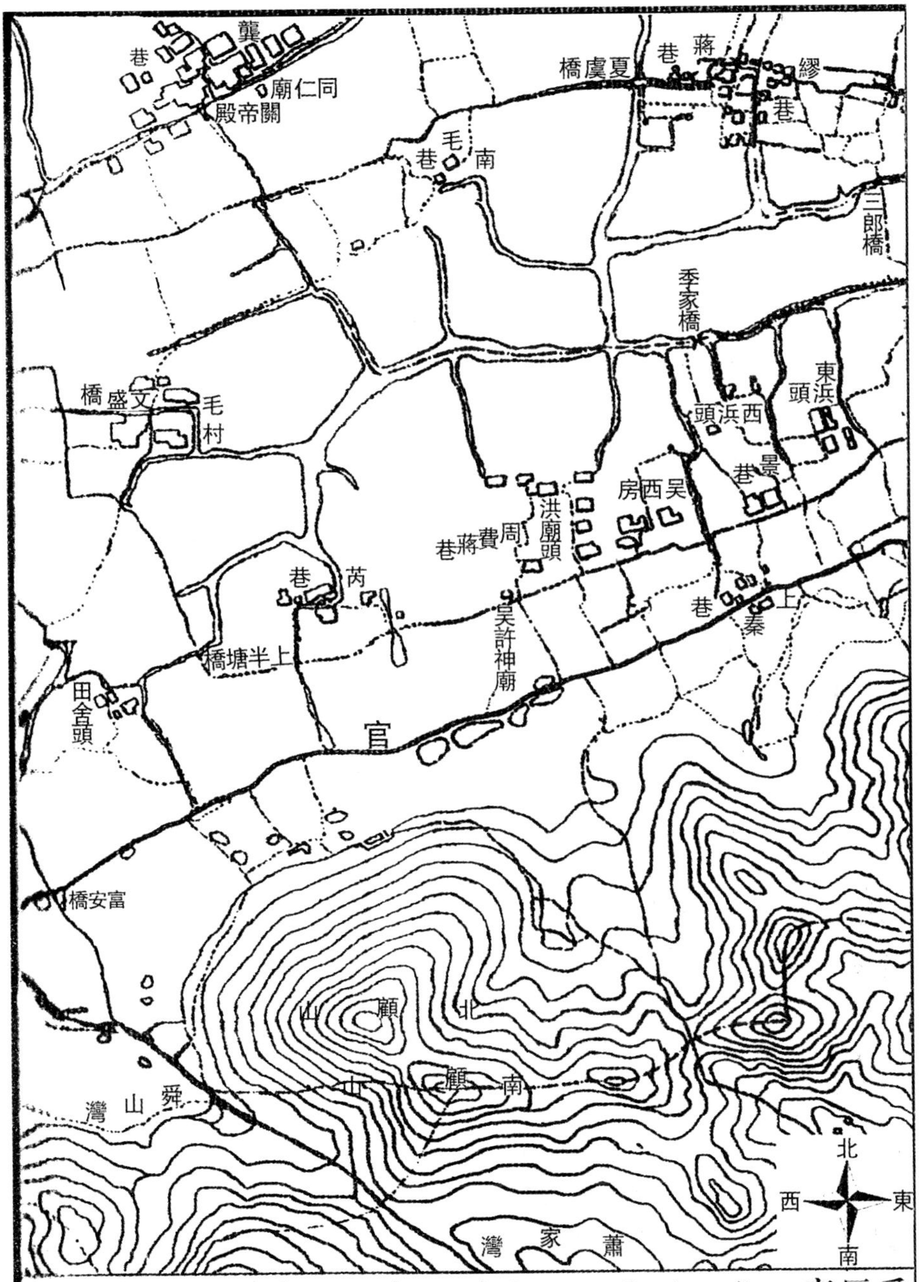

舜柯社區赤墩裏地圖（東）無錫市一套實測繪地圖，從一九一一年測繪起，到一九一七年印刷發行數量很少，存世量更加極少。一九五五年，無錫市建設局

舜柯社区乡村航拍图 （2020年拍摄）

舜柯山下的三只头塘 （2019年拍摄）

背靠舜柯山的山泉广场（2019年拍摄）

山泉廣場

舜柯山 （2019年拍摄）

山泉广场一角 （2019年拍摄）

向阳河吴巷头段 （2020年拍摄）

2019年1月26日，省委常委、无锡市委书记李小敏（前排右一）、惠山区委书记李秋峰（二排右一）、惠山区区长吴建元（二排右三）、钱桥街道党工委书记郭建东（前排左一）考察舜柯社区

2019年1月26日，省委常委、无锡市委书记李小敏（右四）慰问“中国好人”庄技新（右三）

2018年6月15日，钱桥街道党工委书记何国清（前排左二）检查舜柯社区新农村建设

舜柯社区党群服务中心（2020年拍摄）

舜柯社区党员组织生活和民主评议会（2017年拍摄）

2020年度舜柯社区党员总结大会

舜柯社区党总支远程教育活动（2018年拍摄）

党建文化广场　（2020年拍摄）

永远跟党走
舜柯社区
舜柯社区
不忘初心
牢记使命
清廉胜浮华
人生当如茶
舜柯社区
党在我心中
永远跟党走
舜柯社区

党建广场宣传栏（2020年拍摄）

入党誓词墙　（2020年拍摄）

党建文化广场宣传墙（2020年拍摄）

舜柯社区党建廉政园（2020年拍摄）

历村茶场（2019年拍摄）

无锡市玛亚园艺景观工程制作场的多肉植物（2020年拍摄）

金怡石斛种植有限公司（2020年拍摄）

舜柯向阳闸站（2020年拍摄）

无锡市海达集装箱厂、无锡海达安全玻璃有限公司 （2020年拍摄）

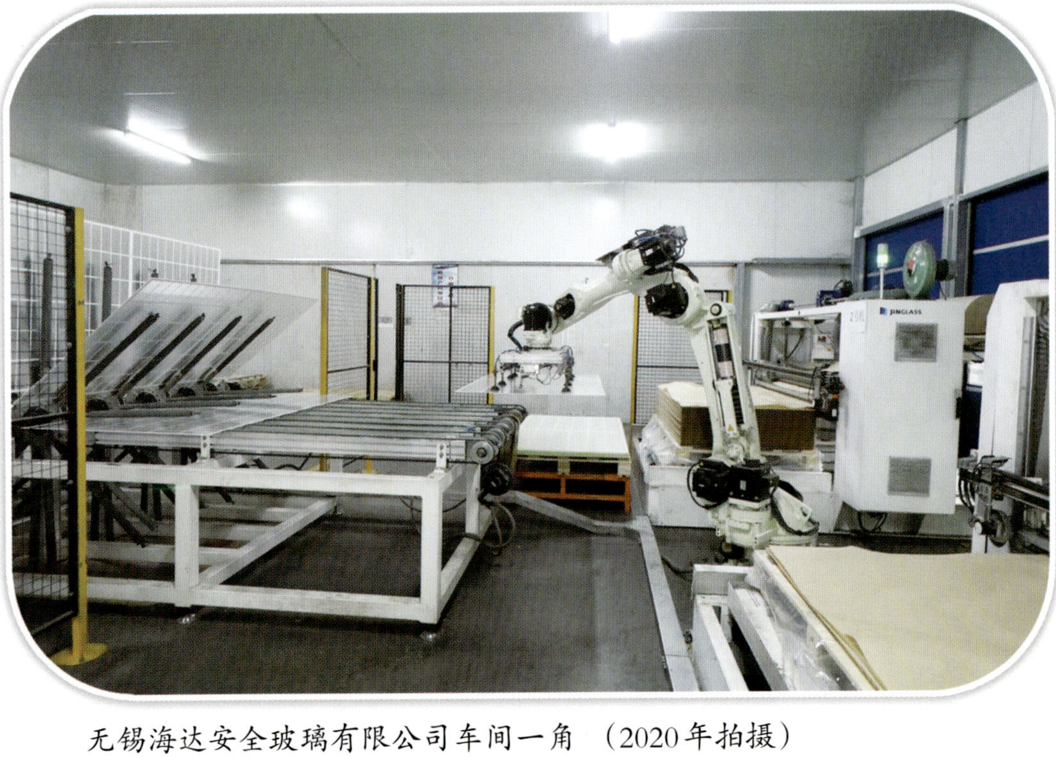

无锡海达安全玻璃有限公司车间一角 （2020年拍摄）

无锡市海达尔精密滑轨有限公司（2020年拍摄）

无锡市海达尔精密滑轨有限公司车间一角（2020年拍摄）

无锡市瑞华不锈钢有限公司 （2019年拍摄）

无锡市江南不锈钢特种材料厂 （2019年拍摄）

无锡市舜裕冷弯型钢厂（2020年拍摄）

无锡金辉幕墙工程有限公司（2019年拍摄）

江苏中诚印染股份有限公司 （2019年拍摄）

无锡市银鑫钢管有限公司 （2019年拍摄）

无锡市广润金属制品有限公司（2019年拍摄）

无锡市弘基钢管有限公司（2019年拍摄）

舜柯张湾220KV变电站 （2020年拍摄）

无锡地铁幸福停车场 （2020年拍摄）

舜柯山公墓牌楼（2019年拍摄）

舜柯社区农贸市场（2020年拍摄）

美丽乡村舜柯社区田舍头生态绿地（2020年拍摄）

舜柯社区
shun ke she qu
美丽乡村
田舍头

吴巷头草坪 （2020 年拍摄）

舜柯社区吴巷 （2019 年拍摄）

舜柯社区田舍头（2020年拍摄）

舜柯家园小区（2019年拍摄）

无锡文化艺术学校（2019年拍摄）

无锡城市职业技术学院（2020年拍摄）

舜柯社区卫生服务站中医阁（2020年拍摄）

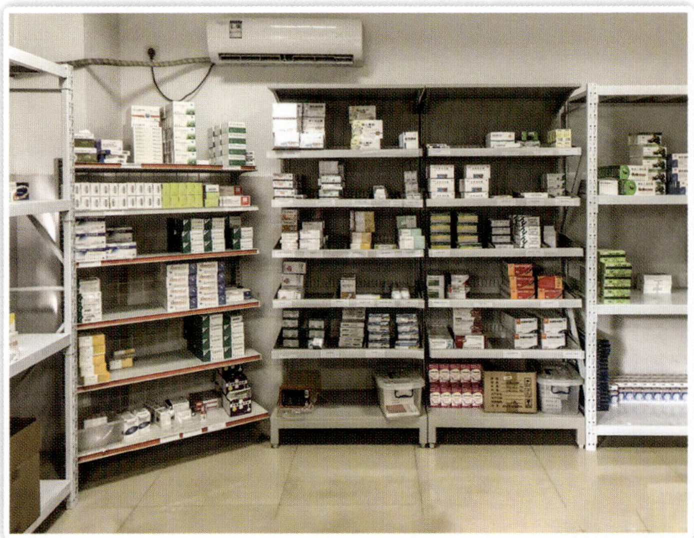

舜柯社区卫生服务站药房（2020年拍摄）

舜皇殿内景 （2019年拍摄）

非物质文化遗产“舜皇庙会”证书 （2019年拍摄）

舜柯社区广场舞队（2016年拍摄）

舜柯社区腰鼓队 （2019年拍摄）

舜柯社区山茶花舞蹈队（2017年拍摄）

舜文化节文艺演出（2019年拍摄）

舜文化节吉祥物（2019年拍摄）

舜文化节文艺表演组图（2019年拍摄）

道士湾健康步道
（2019年拍摄）

道士湾健康步道旁的舜柯凤凰亭
（2019年拍摄）

舜柯篮球队 （2019年拍摄）

2020年舜柯社区乒乓球队参加钱桥街道乒乓球团体比赛

田舍头塑胶篮球场（2019年拍摄）

舜柯篮球队在钱桥街道工会杯篮球比赛中（2018年拍摄）

钱胡路 （2019年拍摄）

舜柯社区中心路 （2020年拍摄）

景盛路 （2019年拍摄）

舜南路 （2019年拍摄）

金山路（2019年拍摄）

钱桥大道夜景（2020年拍摄）

显山路（2020年拍摄）

钱洛路（2020年拍摄）

舜柯社区 2018 年度志愿者表彰大会

舜柯社区志愿者清明节前义务采茶（2018 年拍摄）

舜柯社区志愿者整装待发，积极参与“学雷锋活动月”净山净园捡垃圾活动，美化人居环境（2020年拍摄）

舜柯社区党总支、居委会慰问志愿者（2020年拍摄）

无锡市农村集体财务规范化管理
示范村
中共无锡市委农村工作办公室
二〇〇七年一月

JIANGSU SHEQU
江苏社区
管理民主示范村
无锡市城乡和谐社区建设领导小组
二〇一〇年十二月

绿色家园示范村
无锡市绿化委员会
二〇〇八年十月

无锡市人口综合服务工作
示范社区（村）
无锡市人口工作领导小组办公室
二〇一〇年十二月

省级示范会员之家
江苏省计划生育协会
二〇〇九年十二月

证书
授予无锡市惠山区钱桥街道舜柯村
“江苏省生态村”称号
江苏省环境保护厅
二〇一〇年十二月十一日

2010-2012 年度
江苏省文明村
Civilized Village in Jiangsu Province
江苏省精神文明建设指导委员会
JIANGSU PROVINCIAL STEERING COMMITTEE
FOR IDEOLOGICAL AND ETHICAL ADVANCEMENT

江苏省社会主义新农村建设
先进村
中共江苏省委农村工作领导小组
二〇一三年一月

2010年度人口综合服务工作
示范村(社区)
无锡市惠山区人民政府
二〇一一年一月

2012年度人口和计划生育工作信息管理
先进村(社区)
无锡市惠山区人民政府
二〇一三年一月

人口和计划生育基层群众自治
示范社区
无锡市人口和计划生育委员会　无锡市计划生育协会
二〇一二年十二月

无锡市文明村
(2010-2012 年度)
无锡市文明委
二〇一三年十一月

惠山区2013-2014 年度
★★★★
星级社区
中共无锡市惠山区委
无锡市惠山区人民政府

江苏省文明社区
江苏省精神文明建设指导委员会
2016 年9 月

2013 年度
村庄环境整治先进单位
中共无锡市惠山区委员会
无锡市惠山区人民政府
二〇一四年二月

祖国颂 钱桥放歌
2017年钱桥街道“庆国庆 喜迎十九大”合唱比赛
三等奖
钱桥街道党工委
钱桥街道办事处
二〇一七年九月

无邪教创建示范社区（村）
（2013-2014年度）
中共无锡市委防范和处理邪教问题领导小组
二〇一五年三月

钱桥街道首届安全知识竞赛
优秀奖
无锡市惠山区钱桥街道办事处
二〇一七年十一月

无锡市惠山区
模范职工之家
无锡市惠山区总工会
二〇一八年一月

江苏省文明社区
江苏省精神文明建设指导委员会
2019年12月

2017年度村庄整治
先进单位
中共钱桥街道工作委员会
钱桥街道办事处
二〇一八年三月

无锡市科普示范社区
无锡市科技技术协会
二〇一九年十二月

庆祝新中国成立70周年
"孝老爱亲,向上向善"–2019年钱桥街道重阳节广场舞展示
优秀奖
钱桥街道老龄委 钱桥街道文体服务中心
2019年10月

江苏省文明单位
江苏省精神文明建设指导委员会
2019年12月

2019年8月,《舜柯社区志》编纂委员会工作人员合影。前排左起:彭新丽、龚志芳、吴芳、陈鹏、陆丹、杜国庆、徐欣艺 后排左起:陈鹄、王云、吴丽星、殷凤刚、缪润英、周志豪、陆春燕、黄新红

2019年10月,《舜柯社区志》编纂委员会工作人员合影。前排左起:彭新丽、杜国庆、陈鹏、吴芳、蒋玲、龚志芳; 后排左起:黄新红、吴丽星、缪润英、殷凤刚、王云、周志豪、陈鹄

序

舜柯社区，开门见山。山似屏障、横亘东西，松翠而林茂、泉涌而水冽，春红自杜鹃、秋艳于枫叶，游山可见文明古迹、登峰能赏太湖波光，可谓江南胜地，锡西佳境。社区人文历史悠久，发端于马家浜文化，崧泽文化、良渚文化皆有延续。早在6000多年前，域内先民在赤墩聚族而居，瓜瓞绵绵，生生不息。5000多年前，域内先民种水稻以为粮，架棚屋以为居，烧陶鼎以为器，筑祭坛以祭天。4000多年前，虞舜垦耕于舜山，行孝而感天地。3000多年前仲雍六世孙柯相分封于柯山，操锄而勤劳作。1600多年前东晋时期，域内先民烧制青釉瓷器，工艺佳绝。900多年前，宋代高宗朝宰相、抗金名臣李纲在域内湛岘山庐墓6年，寝苫枕块，扫径尽孝。500多年前，缪家里缪昌殿试二甲，官拜右布政使，廉洁从政，声望赫然。民国时期，庄家庄兰芳创办庄源大油厂，发钱桥近代民族工业之先声；顾述之在田舍头开办小麦试验场，开钱桥近代农业科研之先河；无锡师范在田舍头西北办无锡师范乡村实验小学，创钱桥近代教育之先例。新中国成立后，舜柯人民经土地改革，山河重安排，耕作机械化。改革开放后，舜柯人民富起来，建楼房、造别墅，服装追求新款，饮食讲究营养，出行电动车、小轿车。进入21世纪，历村、舜一两村合并，域内企业发展科技化,工业建设集中化，环境保护生态化，乡村建设城市化，农民生活小康化。

舜柯社区自然景观如此优美、历史如此悠久、文化如此丰厚、变化如此巨大，惜无笔墨记载，愧无文字绵延。

历史终将延续、文明必须传承，继往方能开来、光前好更裕后。时代升平，编志复兴，舜柯社区党总支、居委会于此盛世，缘追曩昔之历史，意逐区域之文明，情传开来之后人，决定编写《舜柯社区志》。社区成立编纂委员会，组成编志办公室，于2019年2月拉开编写帷幕，或走访老干部、拜谒老年人、寻访知情者，征集资料；或至单位、部门，开座谈会，共研史料；或做客档案馆、伏案图书馆，查找资料；或问道专家、咨询顾问，拾零整合，寄以笔墨，形成志稿。

《舜柯社区志》为区域内首志，循地方志书之规范，横排门类，纵向记述，运用述、记、志、传、表、照、图、录等体例，设18章95节，50余万字，纵贯6000年历史，横涵农业、工业、商业、教育、文化等方方面面。

《舜柯社区志》以域内历史为载体，考证翔实，文笔严谨，具有存史、资政、教化、兴利的功能。唐太宗李世民曰："以铜为镜，可以正衣冠；以史为镜，可以知兴替。"编志以励志，开卷当鉴思，合卷应奋进。《舜柯社区志》必将激励今人发扬传统，励精图强，把舜柯建设得更加美好；必将鞭策后人珍视历史，奋发蹈厉，书写舜柯更加灿烂的未来。

舜柯社区党总支书记

舜柯社区居委会主任

2020年10月

凡　例

一、本志以马克思列宁主义、毛泽东思想、邓小平理论、"三个代表"重要思想、科学发展观、习近平新时代中国特色社会主义思想为指导，坚持辩证唯物主义和历史唯物主义的立场、观点和方法，旨在全面、客观、系统记述舜柯社区各个时期的发展状况。

二、本志为舜柯地区的首志，记述时间始于赤墩遗址所处的马家浜、崧泽、良渚文化时期，止于2019年底，大事记、图片、人物延续至2020年12月31日。

三、本志以志书传统方法编纂，横排门类，纵述史实，述而不论。以述、记、志、传、表、照、图、录为表述形式。设18章95节，节下设条，附录设于章节后。

四、本志记述空间范围遵循现行行政区域，历史上建置分合变动的，则遵循合并前分述、合并后综述的原则。

五、本志1949年前采用历史纪年并括注公元纪年，1949年起采用公元纪年。

六、大事记以编年体编纂，辅以纪事本末体，按时序纵述大事、要事、新事。

七、本志计量单位原则上使用公制。但由于历史的原因和区域内的实际情况，为方便阅读，涉及农业方面的内容，仍沿用市制，如面积单位用亩、分等。

八、本志的统计数据，采用统计部门和主管部门的数字。

九、本志人物章设人物传、人物简介、人物名录。遵循"生不列传"的原则，立传人物为社会上有一定影响、事迹突出的已故人物；人物简介为正科职（军队正营职）以上行政职务人员或相当于副教授以上的高级职称技术人员、市级以上劳动模范、省级以上条线先进工作者以及港澳台同胞、海外侨胞的知名人士中贡献较为突出者；人物名录录入副处级（副教授）以上人物以及省级以上条线先进工作者。排列均以出生年月日为序。

十、本志资料来源于无锡市档案馆、滨湖区档案馆、无锡市图书馆、《无锡县志》以及舜柯社区有关档案，老干部、老年人回忆和口碑资料等。经考证后入志，一般不注明出处。

目 录

概　述

舜柯社区位于北纬31°34′35″、东经120°11′00″,离无锡市中心区域西7千米处。东与滨湖区勤新社区接壤,南傍舜柯山,西至藕乐苑社区、无锡职教园校区,北与苏庙社区、溪南社区相连。区域内气候温和、四季分明、日照充足、雨量充沛、土地肥沃。地形呈南高北低,南部丘陵铺绿、风景秀丽,北部平原水网交织、河水映碧。舜柯社区地处长三角经济圈,无锡城市主干道钱胡路穿境而过,地铁3号线设舜柯编组站,快速路钱荣路、省道S342线紧邻社区东西,距无锡机场、高速公路、高铁站点均在30分钟车程内,交通物流发达。无锡职教园区设校于域内,提升了社区经济发展的源动力。舜柯社区人杰地灵,南部山区列入太湖国家级风景名胜区梅梁湖景区。宋时,历村属布政乡二十一都,赤墩里属二十都。明万历元年(1573),赤墩里属富安区下扇二十都一图,"问"字号;历村属开原区下扇二十一都一图,"章"字号。历史上历村、舜一长期分属,2001年历村村与舜一村合并成立舜柯村。2009年设舜柯社区居民委员会。2019年,舜柯社区区域总面积4.89平方千米,有27个居民小组,户籍955户,人口3313人,外来人口4819人。

历史文化底蕴丰厚

舜柯社区的历史可追溯到6000多年前的马家浜文化时期,闻名遐迩的舜柯山绵延数千米,横亘在舜柯社区之南,舜柯由舜柯山而得名。

赤墩遗址考古表明,距今6000多年前的马家浜文化时期,舜柯地区已有先民在赤墩里聚族而居。距今5300多年前的崧泽文化时期,赤墩里出现氏族村落,出土有玉器、石器、陶器、骨器,发现灰坑、房屋基槽、柱洞等。同期祭祀仪式已在域内盛行。先民还在赤墩筑有两个祭坛,经无锡市考古研究所确认是国内发现的崧泽文化时期最大的祭坛,用于祭祀天地神灵。中国科学院专家在赤墩遗址中还发现水稻种子遗迹，确认舜柯先民在5000多年前已种植水稻，进入农耕阶段。距今4000多年前的良渚文化时期，赤墩已有彩陶，陶鼎鼎足体型巨大，为国内良渚文化遗址出土文物中所罕见。

千百年来，在舜柯地区流传着许多舜年轻时在历山农耕的传说，诸如“八亩廿三区，九亩一长埨”“舜锄石”“泪别历山”等，颂扬舜的孝道、宽厚仁爱、淳朴善良、勤劳的优秀品德。有关舜皇的动人故事，在《风土记》《墨子》等典籍中也有舜在舜柯山垦荒的记载，包括《史记》在内的诸多古籍注解中也有注释。舜的传说，文化内涵丰富，后经文人墨客渲染，形成了一种特有的文化——舜文化，潜移默化地影响着一代又一代的后人。按《三代世系表》推算，舜的时代距今约4200年。赤墩遗址考古表明，远古传说与史前文化考古如此相近，证明舜柯地区的舜文化弥足珍贵。

距今3000多年前，仲雍六世孙柯相在舜山之西柯山叩石垦壤，治理荒山，从事农耕。楚考烈王十五年(前248)，春申君黄歇在舜柯山下筑黄城，司马迁《史记·春申君列传》有记载:“吾适楚，观春申君故城，宫室盛矣哉!”

历村的地名首见于《后汉书·郡国志》，云:“南朝多以北方山川、郡邑之名创其地，又以此山为历山，以拟舜帝所耕者。山北有石田，曰‘舜田’;有石井，曰‘舜井’，其村因谓之历村。”

南北朝时江淹(444—505)作《无锡县历山集诗》有“落叶下楚水，别鹤噪吴田”诗句，描写舜柯山下秋景。舜柯山下的古村落历村，唐代时就建有规模宏伟的舜皇殿，它是舜柯地区的舜皇传人为纪念自己的远古先祖舜皇以及弘扬舜皇精神和舜文化而建立的。在穷山僻壤之地的上秦巷，竟有五开间门面、檐高丈余、飞檐画栋、气宇轩昂的古殿，殿内古柏森森，银杏参天，其中有棵银杏树需四人合抱，可见年代久远。舜皇殿香火经年不绝，堪为无锡西乡一绝。

明成化十四年(1478)，历村缪家里缪昌赴礼部会试中选，殿试第在二甲。缪昌官至二品而布衣素食，为官清廉，为官30年而家中没有财产，为后人留下宝贵的精神财富。

明嘉靖五年(1526)，历村红庙内立无锡县里社碑，告诫村民，重申《乡约》规定，劝善惩恶，绝不虚示。里社碑对纯正民风，一直有较大的现实意义。清道光九年(1829)，支浩明在舜柯山张湾立舜柯山生态碑，告诫子孙后代重视生态环境保护。

民国十六年(1927),无锡师范在舜柯山北麓、田舍头西北侧创办无锡师范乡村实验小学,开创舜柯地区国民教育之先河,并成为中共地下党的活动基地。民国二十四年(1935),在上秦巷舜皇殿内创办洛社乡村师范附属小学第二分校,无锡解放后成为历村小学前身。

无锡解放后,舜柯地区百姓继承了舜柯历史文化遗产,舜皇庙会香火不断,称颂舜皇的德、仁、孝、义等高尚品质。2011年9月,历史名山舜柯山被列入无锡市第一批历史地名保护名录。2013年,舜皇庙会入选无锡市非物质文化遗产名录。2015年3月10日,舜文化研讨会在舜柯社区举行。2018年,第一届舜文化节在花千谷举办。每年举办一次的舜文化节,已成为域内舜文化一大亮点。

以农为本稳步发展

5000多年前,舜柯地区先民已种植水稻。至隋唐,舜柯地区已形成稻麦两熟复种技术。清代起,栽桑养蚕成为当地主要副业。民国十年(1921),省立第三师范学校校长顾述之在历村田舍头开办小麦试验场,引进本地及美国、日本优良品种,推广种植品质优产量高的新品种,促进了本地农业生产的发展。民国二十三年(1934)大旱,舜柯地区农民用18重水车,把水一级一级往上送到花园里水稻田,体现农耕社会中农民劳动的艰辛,同时也体现了舜柯地区农民的智慧。在私有制度下,许多农民少地无地,生活艰难。

1950年进行土地改革,激发了农民的生产积极性,促进了农业生产的发展。1954年,党和政府发动民众,兴修水利,在庄家建设机械灌溉站,解决了部分地区的机械灌溉问题。1955年,历村、舜一初级农业生产合作社相继成立。1956年,成立历村、舜一高级农业生产合作社。1958年,钱桥人民公社成立,历村、舜一高级社成为历村、舜一大队。同年,历村大队在东浜开挖跃进河,修建跃进河电站,实现电力灌溉。1959—1961年三年经济困难时期,舜柯地区农业生产严重受挫。通过贯彻中央"调整、巩固、充实、提高"的八字方针,确立"三级所有,队为基础"的以生产队为基本核算单位政策,恢复社员自留田,农业生产得以恢复和发展。20世纪六七十年代,域内开展农业学大寨运动,大搞整田平地、格田成方,为农业机械化打下了坚实基础。1978年，中共十一届三中全会以后，农民思想大解放。1981年，历村、舜一大队开始实行家庭联产承包责任制。1982年，历村大队13个生产队全部增产，有9个生产队粮食总产超历史。1983年，历村、舜一大队年人均收入分别为358.28元、288.60元，比1978年翻一番多。

80年代中期起，农业结构向特种水产养殖、水果、花卉苗木等高效农业发展，舜柯地区种植的白皮青蚕豆（俗称惠山豆、钱桥豆）、养殖的蟹、加工的茶叶等在无锡城乡均有一定名气，有城市居民专门慕名而来采买。同时，大量农业劳动力向工业转移。1986年，历村村农业劳动力55人。与1978年相比，转移农业劳动力525人，占1978年农业劳动力的90%。是年，舜一村从事农业劳动力111人。与1978年相比，转移农业劳动力294人，占1978年农业劳动力的73%。90年代，工业崛起，历村、舜一村基本实现农业机械化。至21世纪初，舜柯村耕地面积锐减，大量土地已为工业园地。2008年，舜柯村世代相传的水稻、三麦、油菜种植为主的传统农耕社会在城市化进程中逐渐消失。舜柯农业转向利用有限的土地，除大部分农户利用家前屋后的闲杂田种植无公害的蔬菜供自家食用，其他土地主要培育农业"盆景"成为亮点。2019年，舜柯社区历村茶场有茶树40亩、舜山茶林场有花卉苗木30亩，农户零星种植茶树80亩，金怡石斛种植有限公司在张湾种植果树、花卉苗木、石斛40亩（其中石斛5亩）。无锡市玛亚园艺景观工程制作场种植多肉植物70亩。

工业崛起奠定基础

民国五年（1916），历村庄家村人庄兰芳，在钱桥南街东沿河开办庄源大油厂，用农民种植的大豆榨取食用油，满足当地农民对食用油的需求，开创本地区民族工业之先河。民国二十二年（1933），庄源大油厂写入无锡《实业统计特刊》。民国二十四年，庄源大油厂入编无锡县政府编的《无锡概览》。20世纪50年代，舜柯地区仅有一些传统手工业，如木匠、泥水匠、竹匠、鞋匠、弹棉花匠、水磨作坊等。60年代起，历村、舜一大队先后办起了粮饲加工厂、山芋加工厂，为本地农民服务。1962年，舜一大队利用本地资源开办采矿厂，开采白泥、块石。70年代，历村、舜一大队开办五金厂、钢窗厂，队办企业开始融入城市工业。历村、舜一大队五金厂的开办，用“请进来、走出去”的办法，使农民增长了见识。

80年代初，大批农业劳动力成为“亦工亦农”的新型农民，为乡镇工业的异军突起创造了良好的条件。1984年，历村村创办无锡县铝合金门窗厂，为无锡县首家。1985年，历村村利用五金厂厂房创办无锡县不锈钢冶炼厂。1986年，舜一村创办舜一涂膜厂。1988年，历村村创办无锡市不锈钢厂。1989年，历村村委又投资500万元组建江南不锈钢材料厂。是年，无锡金辉幕墙工程有限公司成立，职工增加到180人，成为江苏省第一家内地与香港合资企业，时《人民日报》予以报道。

1990年，历村村创办钱桥金龙防盗门厂。1997年，历村村、舜一村进行企业转制。是年，历村村出租厂房面积2万余平方米。1999年，历村缪约翰创办无锡市钱威挤压件厂，舜一王国平创办无锡市舜裕冷弯型钢厂。2000年，历村村有工业企业18家，舜一村有工业企业19家。历村村实现工业总产值1.17亿元，第三产业总产值900万元，上缴税收450万元，务工人员550人，人均收入近万元。

2010年，舜柯社区工业总产值9.61亿元，工业投入3000万元，上缴税金2902万元。2019年，舜柯社区规模以上企业有无锡市瑞华不锈钢有限公司、无锡市江南不锈钢特种材料有限公司、无锡市舜裕冷弯型钢厂、无锡市海达集装箱厂、无锡海达玻璃有限公司、无锡市广润金属制品有限公司等11家。是年，舜柯社区工业总产值20.37亿元，工业企业49家，另有入驻园区企业111家，区域内共有企业160家。工业的崛起，积累大量的财富，促进社会各项事业的发展，提高人民的生活水平。

社会事业蓬勃发展

解放前，舜柯地区交通闭塞，南有舜柯山脉，北部平原地区河道纵横，少有桥梁，出行都是泥土路，弯曲难行。二十世纪六七十年代，农民对外物资交流主要靠水路运输。70年代，舜柯地区用碎石铺设村道。80年代，工业的兴起，修筑道路成为舜柯经济发展的大事。1986年，历村村浇制了横贯全村东西向的水泥路面中心路，并由中心路逐步延伸到各自然村。1994年，舜一村浇制了贯穿全村东西、南北的舜欣路。2002年，随着溪南工业园区的建立，景盛路在历村中心地段穿境而过，改善历村地段的投资环境。2004年，金山路、舜南路相继建成。2008年，横贯舜柯村的钱胡路拓宽并浇制沥青路面。2010年，4路公交车通过红庙头，方便居民的出行。2012年，境内钱洛路铺设沥青路面。2013年，舜一地区显山路、文良路完成沥青路面铺设。2019年，舜柯社区中心路、舜欣东路全面完成沥青路面铺设，钱桥大道南延经舜柯地段接通钱胡路。舜柯社区已形成五纵四横发达的交通网络。

社会发展，教育为先。新中国成立后，舜柯乡发动扫盲运动，使大多数成年人摘掉了文盲帽子。1950—1968年，历村上秦巷小学校舍仍借用上秦巷舜皇殿及附近农民的民房和生产队蚕室。1951年，舜一地区为方便赤墩里周边几个村子的孩子上学，在赤墩里王巷王祠堂内开办井亭小学分校，1953年更设为赤墩里初级小学。1968年，舜一大队在石巷南农田建造11间舜一小学新校舍。历村大队上秦巷小学更名为历村小学。1969年，舜一大队在舜一小学北面再造11间平房，一半作学校教室，一半作大队办公室。是年，历村大队在红庙头建20间新房，更名后的历村小学从此用上了新校舍。1982年，舜一小学又翻建成两层楼房。1986年，历村村委投资20余万元，易地重建历村小学，校舍增至35间。1989年，历村村委又易地重建历村小学，新建的校舍为两层楼房，宽敞明亮。1991年，舜一村委投入30万元，征地1.07万平方米，在吴巷头南新建三层楼校舍，改善了学校条件。2010年、2017年，无锡城市职业技术学院、无锡文化艺术学校先后入驻域内，大中专院校办到舜柯家门口。

打造人与自然和谐发展的人居环境，是时代赋予社区建设的新要求。20世纪80年代以后，乡村工业崛起，大量工厂废水污染环境，河道淤塞，水质下降，垃圾随意乱抛，农村环境整治提上议事日程。2001年，舜柯村建立环卫队，人数13人。设垃圾收集房85个，垃圾桶180只，垃圾清运车1辆，保洁车5辆，生活垃圾做到日产日清。2002年，舜柯村被评为省级卫生村。2005年，工厂企业做到污水达标排放。是年起，对境内3家采矿厂严重破坏舜柯山自然生态环境的状况，进行矿山宕口复绿整治。2015年，复绿工作全部完成，建成供人们休闲娱乐的公园——山泉广场，成为舜柯社区一道靓丽的风景线。是年，江苏中诚印染有限公司加大投入，将污水处理设施达到日处理量2400吨，通过惠山区环保局的验收。2017年，社区以庄家、蒋巷两个自然村为试点，进行环境优化、美化工作。2018

年，舜柯社区对吴巷、王巷、花园里、田舍头、芮巷等村段河道进行清淤，计清除淤泥1878立方米。打捞河道漂浮物，修建石驳岸，建绿化带，整治后的向阳河重现一派江南秀丽风光。

2019年，舜柯社区对15个村庄进行环境整治绿化美化工作全面完成。是年底，舜柯社区被评为无锡市人居环境整治先进社区。

人民生活蒸蒸日上

民国时期，舜柯地区百姓温饱难以维持，住房多为平房，低矮潮湿，出行靠双脚，更无社会保障机制。

1959—1961年，进入三年经济困难时期，人民生活水平急剧下降。1961年12月，落实以生产队为基本核算单位的政策以后，社员生活水平逐步上升。1971年，历村大队社员人均收入118.10元，人均口粮290.5千克。舜一大队人均收入97.90元，人均口粮271.9千克。1973—1974年，历村、舜一大队个别农户开始申请宅基地建造新房。1978年，中共十一届三中全会以后，舜柯地区贯彻"解放思想，实事求是"的思想路线，人民思想普遍活跃。1981年，农村实行家庭联产承包责任制，社员的生产积极性空前高涨，人民生活水平快速增长。1984年，历村村人均收入分配587元，是改革开放前1978年收入分配的近4倍。舜一村人均收入385元，是1978年的3倍多。随着经济收入的增加，八九十年代，历村村、舜一村农户普遍建新房。1995年，历村村人均居住面积由1978年的10平方米增加到66平方米，舜一村人均居住面积由1978年的11平方米增加到41平方米，村民普遍建楼房。是年，村民出行开始有摩托车，电视机、洗衣机、电冰箱、空调等家用电器等进入普通家庭。2001年，企业职工有了养老保险。2005年，域内农民纳入无锡市基本养老保险制度。2006年，被征地农民纳入政府保养范围。2010年，舜柯社区居民人均收入1.36万元。2018年，舜柯社区居民有商品房317套，安居房852套，洋房11幢。人均居住面积75平方米。是年，舜柯社区有小汽车796辆，户均0.96辆。2019年，舜柯社区人均收入4.21万元。

不忘初心，牢记使命，继续前进。舜柯社区党总支、居委会确立"一切为了舜柯人民”的工作宗旨，以“清风党建”品牌为引领，以发掘新的经济增长点为突破口，不断增加经济收入。以传承发扬“德、孝、仁、勤”的舜文化为主线，全方位提升村容秩序，改善环境卫生，完善配套设施，增添景观风貌，打造宜居村庄、美丽村庄。发展绿色生态旅游，践行“绿水青山就是金山银山”理念。把过去的成果保持好，把描绘的蓝图落实好，把社区营造成一个管理有序、服务完善、环境优美、生活便利、人际和谐的新型现代化社区。

大事记

史前文化时期

距今6000多年前的马家浜文化时期，舜柯地区先民已在舜柯山下赤墩里聚族而居，并在此劳动、生息、繁衍。

距今5000多年前的崧泽文化时期，舜柯地区赤墩里已有原始氏族村落，出现制陶、造房、打制玉石器等手工业，并已开始种植水稻。

距今4200多年前的良渚文化时期，虞舜躬耕于舜柯山下。

商

赤墩遗址地表留有商朝几何印纹陶。

西周

赤墩遗址地表留有西周时期几何印纹陶。

周武王十一年（前1045），舜柯地区属安阳侯属地。

战国

楚考烈王十五年（前248），春申君黄歇徙封江东，在舜柯山北建都邑，称黄城。是时，区域内百姓进行较大范围的垦荒养殖，大量饲养猪、牛、羊、鸡、鸭。

西汉

汉高祖五年（前202），始建无锡县，舜柯地区属会稽郡无锡县辖。

新始建国元年(9),无锡县改称有锡县,舜柯地区属有锡县辖。

东汉

建武元年(25),有锡县复称无锡县,舜柯地区属无锡县辖。

西晋

永嘉元年(307),区域内农作和蚕桑缫织事业益见兴起。

东晋

赤墩里出土文物有东晋黑釉鸡首瓷壶2把,东晋四系青釉盘口瓷壶1把。

隋

开皇九年(589),舜柯地区属常州府无锡县辖。

唐

中、晚唐时期,舜柯地区已推行稻麦一年两熟种植制度,水稻育秧移栽已较普遍。

舜柯地区的百姓在区域内上秦巷建成规模宏大的舜皇殿。

宋

熙宁七年(1074)夏,舜柯地区已有农民使用脚踏龙骨水车。

元丰八年(1085),无锡县26乡裁并为22乡,乡以下设都,历村属布政乡二十一都,赤墩里属布政乡二十都。

嘉泰二年(1202),蝗虫自丹阳过武进进入境内,若烟雾遮天,集亘十余里。

元

至顺元年(1330)秋,大霖雨,民多饥死。

明

宣德九年(1434)夏,旱,民饥,摘草叶,刮榆皮,杂豆饼食之。

景泰五年(1454)正月初八,夜大雪及丈,冰柱长五六尺,积阴连月,麦皆死。六月大水,伤稼,民饥。

成化十四年(1478),历村缪家里缪昌赴礼部会试中选,殿试第二甲。

成化十五年(1479)五月乙丑,地震,地生白毛,细如发,长尺余。九月又震,生白毛。

嘉靖五年(1526),无锡县知县管嘉祯在历村红庙头立无锡县里社碑,重申《乡约》规定。2019年此碑保存在景盛路与中心路交叉处的红庙头。

万历元年(1573),无锡县随粮定区分22乡为13区,每区分上、下扇,区以下设都,都以下设图,赤墩里属富安区下扇,二十都一图,“问”字号,历村属开原区下扇,二十一都一图,“章”字号。

崇祯十三年(1640),甘薯开始引种至境内,并逐步在舜柯山下发展种植。

清

康熙七年(1668)六月十六,戌时地震,地生白毛。

康熙十八年(1679),湖水尽涸,洋溪河几至绝流,禾苗尽槁。

雍正二年(1724),诏分无锡为无锡、金匮两县。舜柯地区属无锡县辖。

乾隆二十年(1755)八月,虫伤禾尽槁,岁大饥,民食草根树皮殆尽。

咸丰三年(1853)三月,地震,八月又震。

咸丰九年(1859),竹开白花,尽枯死。

民国时期

民国元年(1912)5月,无锡、金匮两县复并为无锡县,舜柯地区属无锡县辖。

民国五年(1916),历村庄家庄兰芳在钱桥南街沿河开办庄源大油厂,为无锡地区第四家个人独资油厂。

民国六年(1917)8月22日上午,狂风拔树,大雨,河水顿涨尺余。

民国十年(1921),江苏省立第三师范学校校长顾述之在历村田舍头开办小麦试验场。引进法国、美国、日本及选用国内各省小麦优良品种进行品种比较试验、栽培试验、肥料试验。育成的美国白皮、日本赤皮小麦新品种均品质好、收量多,大受农户欢迎。稻作亦从事试验,育成新品种有草稻、日本晚稻"曲玉"等,其品质之良,亦为市场所未见。

民国十一年(1922)8月中旬2次飓风,区域内民房刮倒,船只翻身,庄稼损失严重。

民国十四年(1925),螟虫、稻飞虱、稻瘟病大发,区域内水稻收成损失50%,最甚者亩无粒谷。

民国十六年(1927),无锡师范在田舍头西北侧创办无锡师范乡村实验小学,后为无锡县张高漕小学。

民国十八年(1929),开原乡改设为第四区,历村地区所在的居仕乡、溪山乡属第四区辖。富安乡改设为第十七区,辖34个乡,舜一地区王巷、殷巷、田肚里、壤里、石巷、陆巷、秦巷、欧巷、吴巷、花园里属第十七区的井亭乡辖。

民国二十三年(1934)6—8月,天气炎热,久旱无雨,8月26日运河南门水位仅1.92米,造成区域内特大旱灾,稻田龟裂,桑叶枯黄,水稻失收。舜柯地区农民用18重水车把水一级一级送到花园里水稻田。

民国二十四年(1935),费仲良、秦坤夫借用上秦巷舜皇殿及赵英杰家民房作教室,创办洛社乡村师范附属小学第二分校,后更名为上秦巷初级小学、历村小学。是年,庄源大油厂入编无锡县政府编的《无锡概览》。

民国二十六年(1937)冬天,日军强迫历村后周巷庄渭春到河埒口夏家边摇船,庄渭春是账房先生,不会摇船,被日军推到河里活活淹死。

民国二十九年(1940),区域内稻飞虱暴发成灾,稻苗一片枯黄。

民国三十七年(1948),历村费巷费琪,利用尼姑身份在梅园三佛殿从事苏锡常地区的地下政治交通员工作。是年,8月10日,飓风,电杆吹倒,大树折断。

民国三十八年(1949)4月23日,无锡宣告解放,舜柯地区同时解放。

中华人民共和国

1949年

10月1日，舜柯地区民众纷纷集会游行，庆祝中华人民共和国成立。

1950年

5月，成立舜柯乡，朱灿耕任乡长。7月，成立舜柯乡党支部，何鹤鸣任乡政治指导员（党支部书记）。舜柯地区属无锡县藕塘区舜柯乡辖，各自然村划分成四、五、六、七、八村5个行政村。

9月，舜柯乡成立农民协会，开展土地改革运动。

12月，舜柯地区张宝兴、周斌、朱宝元、石森良、殷永南等人参加中国人民志愿军赴朝作战。

是年，舜柯地区开设6所扫盲夜校，开展扫盲活动，使大多数成年人摘掉文盲帽子。

1951年

2月，舜柯地区完成土地改革。

是年，庄福海、朱德兴、石根兴等人参加中国人民志愿军。

1952年

4月，舜柯地区改属常州专区无锡县藕塘区辖。

11月，舜柯地区响应县委号召，开展挖稻根歼螟虫运动，农田掘去90%稻根。

是年，舜柯地区稻瘟病大流行，发病率有的高达50%~85%，水稻严重减产。

1953年

1月，舜柯地区属苏州专区无锡县辖。

7—9月，降雨量仅116.2毫米，高温伏旱，区域内河港水浅，禾苗凋萎，历村村民用13重水车，靠人力车水提送到舜柯山下水稻田抗旱。

是年，创办赤墩里初级小学(舜一小学前身)。

1954年

5—7月，连续大雨，雨量799.7毫米，最大日雨量80毫米以上，加上客水汹涌而至，区域内出现近百年罕见的特大洪水，农户家中进水，大批农田被淹，经济损失惨重。

8月，中共藕塘区委撤销，舜柯地区划归无锡市郊区领导。

是年，区域内食油开始定量供应。

是年，历村在庄家浜建设机械灌溉站，替代人力车水。

1955年

3月，由部队投资修筑的钱姚公路竣工，途经区域内上秦巷、赤墩里，至姚湾，全长9.17千米，碎石结构，路基宽8米，路面宽5.5米。

7月，张金鹤任舜柯乡政治指导员。

8月，舜柯地区实行粮食“三定”(定产、定购、定销)政策。

是年，舜柯地区的四村、五村成立舜一初级农业生产合作社，六村、七村、八村成立历村初级农业生产合作社。从此，广大农民开始走上集体生产的道路。

1956年

3月，舜柯乡与钱桥乡合并，成立新的钱桥乡。

8月1—2日，12号台风经过境内，风力从7级增至11级，并伴有暴雨，造成部分房屋倒塌，一些树木连根拔起，农作物损失惨重。

是年，历村初级社成立历村高级农业生产合作社，芮叙法任党支部书记，顾荣泉任社长。舜一初级社成立舜一高级农业生产合作社，朱荣增任社长。

1957年

7月上旬，暴雨如注，区域内低田长时间受淹，部分水稻田颗粒无收。

1958年

7月5日，舜柯地区随钱桥乡自无锡市郊区划归无锡县管辖。

9月，成立钱桥人民公社，历村高级社、舜一高级社分别成立历村大队、舜一大队，顾荣泉、朱荣增分别任党支部书记。

是月，钱桥农业中学在历村大队上秦巷创办 。

10月，历村大队、舜一大队生产实行“大兵团”生产方式办公共食堂，社员自留地收归集体。

是年，钱姚公路4路公共汽车开通，途经境内上秦巷、赤墩里两个站点。

是年，历村大队在东浜开挖“跃进河”，并建立历村大队第一个电力灌溉站，解决了历村大队钱姚公路以下所有农田的灌溉。

1959年

3月起，钱桥公社划小核算单位，改公社核算为大队核算。

6月，贯彻中共中央和无锡县委精神，历村、舜一大队恢复社员自留地。

是年，舜一代购代销的“双代店”在吴巷观音堂开设。历村“双代店”在吴西房吴金泉家开设，困难时期停办。

是年，历村大队成立中国共产主义青年团，支部书记吴斌辉。

1960年

4月初，受寒潮影响，48小时降温16℃，致域内夏熟作物受冻减产。

1961年

6月15日至7月23日，39天无雨干旱，仅次于民国二十三年（1934）特大干旱，区域内农作物受到严重影响。

12月，历村、舜一大队各生产队全部实行以队为基本核算单位的核算制度。

是年，历村、舜一大队经济状况恶化，口粮严重不足，出现浮肿病人，人口自然增长率为负增长。

1962年

是年，舜一大队开办采矿厂，负责人殷焕良。

是年，舜一大队成立中国共产主义青年团，支部书记殷祖凤。

1963年

历村"双代店"在红庙头恢复开设。

1964年

2月18—19日，大雪，区域内积雪深达16厘米。

是年，开展"农业学大寨"运动，历村、舜一大队大搞农田基本建设。

是年，历村大队在红庙头红庙内，舜一大队在石巷头石祠堂内分别开办农业中学。

1965年

5月，推广种植双季稻。

是年，赤墩里发现西汉至六朝时期的菱形花纹砖，发掘六朝墓葬，出土东晋时期的3件珍贵瓷器，后收藏于无锡市博物馆。

1966年

是年，区域内全面推广“世界稻”（农垦58）新品种，水稻大丰收。

是年，历村大队、舜一大队相继创办粮食饲料加工厂。

1967年

4—5月，雨水多，区域内三麦黏虫大爆发，夏熟三麦减产2~3成。

1968年

秋末，稻飞虱成灾，区域内水稻减产较为严重。

是年，区域内实行“农村合作”医疗制度，历村、舜一大队分别建立卫生室。

是年，向阳中学开办。

是年，舜一大队在石巷南农田建造11间舜一小学新校舍，1982年又翻建成两层楼房，1991年村委又投资30万元，在吴巷头南新建三层楼校舍。

1969年

是年，历村大队开办山芋加工厂，1971年改为饲料加工厂。

是年，历村大队建造庆“九大”电力灌溉站（二渡电站），全大队农田全部实行电力灌溉。

1970年

9月，历村大队在蒋巷庙东河之西创办五金厂，厂长计菊生。

是年，历村大队开办大队幼儿园，有幼儿23人，配保育员1人，负责人蒋杏英。

是年，历村大队西浜生产队、舜一大队部分别拥有第一台东风-12型手扶拖拉机。

1971年

6月下旬至9月上旬，区域内出现35℃以上高温日24天，降雨仅28.4毫米，导致农作物大幅度减产。

7月，无锡供电局220千伏变电站在舜柯山北麓张湾建成。

1972年

9月23日，受寒潮袭击，区域内后季稻普遍翘稻穗，亩产不足250千克。

是年，舜一大队开办大队幼儿园，负责人蒋正福。

是年，舜一大队修建花园浜电力灌溉站，实现灌溉机电化。

1973年

是年，历村大队机动植保机械发展到11台，舜一3台。

是年，历村大队蒋巷、庄家、后田舍、前周巷生产队有6户农户率先批地基新建住房。

是年，三麦赤霉病大流行，区域内三麦减产2成以上。

1974年

4月22日8时29分14.6秒，溧阳地震，震级5.5级，舜柯地区震感明显。

是年，舜一大队田肚、吴一、吴二、石东生产队的7户社员率先批地基建房。

1975年

推广100%“双三制”耕作制度，区域内农民劳动强度大大增加，粮食总产虽有增加，而经济效益反而降低。

1976年

8月24日，唐山大地震后，无锡县广播站发出地震紧急通知，舜柯地区农户都在户外搭建防震棚居住。

11月，开挖舜一到历村的向阳河，长度580米，把舜一、历村、溪南3个大队的水网连通起来，既有利于灌溉，又有利于抗洪、排涝、抗旱，同时也便利了水上交通。

是年，舜一大队创办舜一纸箱厂、舜一五金厂，厂长分别为朱荣法、王锡其。

1977年

1月31日至2月1日，区域内最低气温骤降至-11.8℃，是年三麦亩产仅70千克，油菜籽亩产30千克左右。

4月，《实践是检验真理的唯一标准》一文作者胡复明带领南京大学哲学系师生30多人到位于上秦巷的钱桥中学“五七农场”调研。

8月，恢复高校招生考试制度，舜柯地区考生（包括老三届）踊跃报名参加高考。

1978年

历村大队、舜一大队先后创办历村茶场、舜一茶场。

1979年

3月起至1983年7月，区域内四类分子（地、富、反、坏）全部摘帽，右派改正（后又平反），地富子女家庭成分改为公社社员。

7月9日18时53分23秒，溧阳地震，震级6级，舜柯地区震感强烈。

是年，历村大队开办历村大队采矿厂、历村大队水泥制品厂、历村大队钢窗厂，负责人分别为缪福兴、顾明和、周志良。

1980年

7月30日,8月12—22日,连续大暴雨,区域内前季稻发生霉烂,损失3~4成。

是年,舜一大队创办无锡市舜宇地质配件厂,厂长殷宇澄。

1981年

1月,大雪,气温极低,区域内电线杆、竹子被压断,部分地区停电,交通中断一星期。

是年,历村、舜一大队所有生产队实行家庭联产承包责任制,1982年,历村大队三麦单产336.75千克,有9个生产队总产超历史。

1982年

是年,历村大队人均年收入328.44元,比1978年增181.04元,增长122.82%。舜一大队人均年收入225元,比1978年增加98.20元,增长77.40%。

是年,水稻条纹叶枯病大流行,域内水稻减产1成。

1983年

春季,历村大队突发流行性甲型肝炎,发病人数250多人,后经及时隔离救治,所有病人全部康复。

3月1日,撤销苏州专区,实行市管县体制,无锡县属无锡市管辖,舜柯地区随之归属无锡市辖。

4月,钱桥公社撤销公社建制,成立乡人民政府,废除历村、舜一大队及生产队建制,成立历村、舜一村民委员会,下辖的生产队更设为村民小组。

是年,农民有了自主种植权后,历村、舜一村(大队)粮食生产全部恢复稻、麦两熟制。

是年,历村村委(大队)为历村小学翻建厨房,新建教师办公室和教工宿舍,翌年,校舍南迁扩建。1986年,易地重建,投资20多万元,建造35间新校舍。1989年,在蒋巷南边的中心地带第三次易地重建,校舍为两层楼,宽敞明亮,造型美观。2001年3月，历村小学并入钱桥中心小学。

1984年

1月17—19日，连续降雪46小时，雪量49.1毫米，最大积雪深度25厘米，区域内部分房屋倒塌，供电线路严重中断，工厂停工，交通受阻，蔬菜塑料棚倒塌，经济损失惨重。

8月，历村村委创办无锡县第一个铝合金门窗厂，厂长潘伟良。

是年，历村村村民全部用上自来水。

1985年

历村村委创办不锈钢冶炼厂，厂长蒋泉昌。

是年始，历村村老年人享受村级生活补助费，每人每月8元。

是年，区域内推广水稻化学除草替代人工耘耥。小麦推广免耕麦，减轻农民劳动强度。

是年，历村村创办无锡县明胶厂，厂长芮建华。

1986年

6月9日暴雨，河道水位猛涨，区域内低洼农田受灾。

是年，大量农业劳动力向工业转移，历村村转移农业劳动力525人，舜一村转移农业劳动力294人，分别占1978年农业劳动力的90%、73%。

是年，舜一涂膜厂创办，厂长石伟国。

是年，历村村修建历村中心路，全长1200米，水泥路面。

1987年

是年，舜一村创办舜一化工设备厂，厂长王元贤；创办钱桥五金件厂，厂长张伯清。

是年，舜一村村民全部用上自来水。

1988年

7月4日，历村村委办公楼竣工，建筑面积2230平方米，地址景盛路11号。

10月，历村村创办无锡市不锈钢厂，厂长芮建华。

是年，舜一油脂化工厂创办，厂长王锡其。舜一化工助剂厂创办，厂长张勤清。

1989年

6月，历村村创办无锡金辉幕墙工程有限公司，注册资金50万美元，其中港商投资20万美元，是江苏省首家内地与香港合资企业，厂长潘伟良。

是年，历村村购置桂林2号联合收割机1台，小麦开始机械化收割。

是年，历村村创办江南丝绸印花厂，厂长蒋泉昌。创办江南不锈钢特种材料厂，厂长钱祖洁。

是年，历村村分别至上海城隍庙、人民广场设立光亮不锈钢经营部。

1990年

5月10日，经省民政厅批准，舜一村在舜山湾建立舜柯山公墓。

是年，历村液化气站建成并投入使用，村民每户用上液化气。

是年，历村村创办钱桥金龙防盗门厂，厂长周明荣。

是年，历村卫生室成为无锡县示范卫生室。

1991年

7月1日，舜柯地区大雨倾盆，河水横溢，降雨量达162.6毫米，7月2日南门水位最高达4.88米，超过1954年4.73米的历史最高纪录，农田被淹，村民家中进水，工厂停工，经济损失惨重。

12月24—29日，暴雪，最大积雪深度11厘米，积雪持续到翌年1月1日，最低气温下降到-8℃，区域内农作物严重受冻。

是年，舜一村开办舜一钢丝厂，厂长石永清。

1992年

11月11日，气温骤然下降，最低气温-8℃，区域内三麦、蔬菜普遍受冻。

是年，历村村综合楼竣工，建筑面积1480平方米。

是年，历村村成为电话村。

1993年

4月1日起，区域内取消粮油定购任务，粮油生产步入市场经济轨道。

是年，水稻育秧推广肥床旱育小苗普遍使用壮秧剂，水稻产量稳定在550千克以上，区域内出现卖粮难的情况。

1994年

是年，舜一村修筑主干道舜欣路，全长1000米。

是年，舜一村委创办无锡赤墩精密机械制造厂，厂长汤仁芝。

1995年

是年始，历村村对当年考入重点中学和大学本科的学生发放奖学金，分别为每人500元、800元。

是年，舜一村开办舜一焊管厂，厂长殷宇中。

1996年

舜柯地区开始实行最低生活保障制度，当年农村村民家庭人均年收入不足

1200元的为最低生活保障户。

1997年

是年，江南不锈钢特种材料厂转制给王文秀，2001年1月7日，顾伯清接任江南不锈钢特种材料厂厂长、法人代表。

是年，历村村、舜一村进行企业转制，历村村出租厂房面积2万余平方米。

1998年

无锡市瑞华不锈钢有限公司创办，注册资金250万元，法人代表芮建华。

是年，历村村成立腰鼓队。

1999年

6—8月，降水量达1162.3毫米，区域内部分村民家中进水，企业停产，农作物受损严重。

是年，舜一村创办无锡市舜裕冷弯型钢厂，厂长王国平。

是年，历村村缪约翰创办无锡市钱威挤压件厂。

2000年

11月1日，历村村、舜一村进行第五次全国人口普查。

是年，历村村实现工业总产值1.17亿元，第三产业总产值900万元。

2001年

7月，历村村、舜一村合并成立舜柯村，吴立刚兼任舜柯村党支部书记。

是年，区域内企业职工实行养老保险制度。

2002年

是年,舜柯村被江苏省爱卫委评为省级卫生村。

是年,舜柯村周巷续修《周氏家谱》。2007年,殷巷修《殷氏家谱》,陆巷修《陆氏宗谱》。2014年,赤墩里、历村缪氏修《锡山缪氏大统宗谱》。2015年,吴巷头续修《朱氏家谱》。2017年,芮巷修《平原芮氏家谱》。2018年,费巷修《尚志堂历村费氏宗谱》。

是年,舜一茶场生产的毫茶获江苏省第十届"陆羽杯"名特茶一等奖。

是年,景盛路建成水泥路面。

2003年

7月,区域内全面推行农民医疗保险(简称新农合)。

是年,在向阳河东端、夏虞河西岸建成向阳河闸站,工程总投资400万元,解决了村内防洪的根本问题。

2004年

10月12日,成立舜柯村股份经济合作社。2005年起村民开始享受股份分红。

是年,区域内的钱桥采矿厂,历村、舜一采矿厂全部关闭。

是年,金山路、舜南路相继建成。

2005年

8月5—7日,区域内受0509号台风"麦莎"袭击,并伴暴雨和大暴雨,一些电线杆和树木被折断。

10月起,区域内凡符合条件的本村老年农民开始享受基本养老保险金,每人每月61.8元。

是年,舜柯社区股份经济合作社股份分配总额64万元。

是年,占地257平方米的道土湾健身步道建成。

2006年

4月，壤里自然村因无锡（藕塘）职教园建设，整体拆迁。

是年，区域内失地老年农民享受政府保养。

2007年

舜柯村被评为无锡市社会主义现代化新农村示范村、无锡市农村集体财务规范管理示范村。

2008年

1月26日至2月2日，出现3次暴雪，累计降雪量51.6毫米，积雪深度30多厘米，超过历史同期最高值，舜柯村简易农贸市场被压塌，停止营业。

10月，舜柯村被无锡市绿化委员会评为无锡市绿色家园示范村。

是年，横贯舜柯村的钱胡路浇制柏油路面。

是年，舜柯村建立篮球队。

2009年

7月，舜柯村委在景盛路东、中心路北侧新建农贸市场，占地面积3347平方米，建筑面积1842平方米。

7月，石巷头、陆巷自然村拆迁。

10月，增设舜柯社区居民委员会。

12月，舜柯社区被评为计划生育省级示范会员之家。

2010年

3月，田肚里拆迁。

4月18日，景盛路4路公交车开通，在红庙头设立舜柯村站。

9月，无锡城市职业技术学院入驻域内。

是月，撤销舜柯村村民委员会。

12月，舜柯社区被无锡市评为管理民主示范村。

是年，舜柯社区被评为省级生态村。

2011年

7月，殷巷、沈巷、东河头3个自然村拆迁。

9月，舜柯山被列入无锡市第一批历史地名保护名录。

是年，舜柯社区创建成为无锡市社会主义现代化新农村幸福社区。

2012年

8月，倚舜柯山北麓而建的山泉广场开始建造，2013年竣工，总投资2800万元，广场占地面积12万平方米，内建有广场、山林绿化、茶艺园、休闲竹园、游步道、栈桥、旱溪等景观。

是年，舜柯社区被江苏省评为江苏省文明村。

是年，舜柯社区成立舜柯广场舞队、舜柯民族舞队。

2013年

1月28日，舜柯社区“舜皇庙会”被列入无锡市非物质文化遗产名录。

1月，舜柯社区被评为江苏省社会主义新农村建设先进村。

4月，赤墩遗址进行考古发掘工作，发现史前3个远古文明，是无锡地区一处十分重要的史前文化遗址。

8月，舜柯家园安置小区一期竣工，占地面积14.4万平方米，建有住房1116套。

11月，舜柯社区被无锡市文明办评为无锡市文明村。

2014年

2月，舜柯社区被评为惠山区村庄整治先进单位、惠山区星级社区。

是年，舜柯社区获“惠山区老年文体特色村(社区)”称号。

是年，金怡石斛种植有限公司在张湾创办，面积40亩。

2015年

3月，舜柯社区被评为无锡市无邪教创建示范社区。

9月，西浜、景巷因建地铁3号线拆迁消失。

是年，舜柯社区境内矿山整治、复绿工作全部完成。

2016年

5月，舜柯社区广场舞队在惠山区“夕阳红”广场舞大赛中获第一名。

7月，舜柯社区被评为惠山区文明社区。

9月，舜柯社区被评为江苏省文明社区。

2017年

8月，东浜因建舜柯家园二期拆迁。

10月，无锡文化艺术学校入驻域内。

是年，庄家、蒋巷完成村庄整治提升工作。

2018年

1月，舜柯社区党总支、居委会决定，60岁以上老年人补贴从每人每月100元增加到每人每月120元。

4月9日，中央文明网发布3月“中国好人榜”，酷暑天老太太落井，闷井中横抱老太太一个多小时救乡邻的舜柯社区居民庄技新，当选见义勇为“中国好人”。

4月28日，第一届“无锡·钱桥舜文化节”在花千谷文化广场开幕。

9月11日，惠山区区委书记李秋峰考察舜柯社区上秦巷的河浜整治。

是年，寓文化教育、休闲、健身、娱乐于一体的社区党建文化广场竣工。

是年，花园里、王巷通过惠山区验收，成为宜居村。

是年，舜柯家园安置房二期开工，建筑面积9万平方米，住房504套。

是年，舜柯社区被评为2016—2018年度江苏省文明社区。

是年，舜柯社区被无锡市建设局评为农村生活污水点源治理工作先进单位。

是年，周巷、王巷完成生活污水接管工作。

是年，吴一、吴二、王巷、花园里4个村庄完成生活污水点源治理。

2019年

1月26日，无锡市委书记李小敏至舜柯社区慰问“中国好人”庄技新。

2月28日，舜柯社区启动《舜柯社区志》编纂工作。

4月11日，第二届舜文化节在花千谷主题公园开幕。

5月，吴一、吴二、前周、后周、费巷完成村庄环境的提升工作，并通过了惠山区的验收。

8月15日，惠山区区委书记李秋峰前往舜柯社区考察花园浜新农村建设。

10月，舜柯社区投资130余万元完成主干道中心路和舜欣东路沥青路面铺设，划好道路标识和停车位。

11月，舜柯社区锡羚园区完成27800平方米拆迁整平工作。

12月，舜柯社区被江苏省精神文明建设指导委员会评为江苏省文明单位。

12月，舜柯社区被无锡市科学技术协会评为无锡市科普示范社区。

12月，前田舍、前芮巷、后芮巷、缪家完成村庄整治提升工作和污水接管工程。

12月23日，缪家、前田舍、后田舍、前芮巷、后芮巷、缪家6个村庄的环境整治通过惠山区的验收。

是年，舜柯社区被评为2018年度无锡市耕地保护激励单位，获市级奖励50万元。

是年底，舜柯社区被评为无锡市人居环境整治先进社区。

2020年

1月,舜柯老年人养老补贴由每人每月120元增加至150元。

1月23日下午,舜柯社区召开新型冠状病毒感染的肺炎(以下简称新冠肺炎)防控工作会议。

1月25日,社区成立防控工作领导小组,社区党总支书记、居委会主任陈鹏任组长,确定值班名单、应急小组名单,开展湖北到无锡人员的排查。

1月26日,社区防控工作领导小组组长陈鹏召开会议,要求社区工作人员全部返岗,投入到疫情防控工作第一线。

1月27日,社区有居家隔离观察人员6人。社区根据无锡市惠山区钱桥街道关于启动突发公共卫生事件一级响应的决定,对社区内有关道路实施联防措施,禁止外来车辆和外来人员进入。社区21个道口封堵12个,通行检查9个,舜柯家园封堵1个,通行检查1个。社区工作人员、志愿者统一佩戴口罩。

1月28日,社区组织防控工作志愿者66人,2月5日增至122人。

1月29日晚,社区召开防控工作会议,防控工作领导小组组长陈鹏布置防控要求:通知租住居民房屋的外来人员暂不回无锡;社区工作人员和志愿者联合值班;在社区桃花山设置通行检查口。

2月,舜柯社区被中共钱桥街道工作委员会评为2019年度党建工作先进单位。

2月1日,桃花山隧道检查口开始对外来人员进行信息登记和测量体温,通知外来人员一律返回租住房屋。

2月5日,社区执行钱桥街道防控规定,从晚22:00至次日6:00实行社区封闭管理。

2月13日,区域内无锡永凯达齿轮有限公司首家企业复工。卡口根据通行证、企业名单和身份证有序放行。

2月27日,社区召开疫情防控专项清查工作会议,成立5个排查小组。至3月1日,社区完成对15个居民小组、一个安置房小区、一个农贸市场和100多家企业专项清查。

3月6日,社区召开清明祭扫安全保障工作会议,严格执行无锡市第14号通告和街道防控指挥部的有关规定,劝返祭扫人员。

4月，舜柯社区被钱桥街道总工会、科技办评为2019年度“个性化”冠名创新成果·金点子活动“优秀组织奖”。

4月22日，区域内撤销封闭检查道口。

4月，舜柯社区被钱桥街道评为“最美战疫团队”。

6月，舜柯社区被中共无锡市惠山区委评为惠山区先进基层党组织。舜柯社区党建廉政教育园建成。

7月1日，《无锡日报》第一版报道舜柯社区“山脚下建起党建廉政苑”。

7月，社区投入50余万元新建、改造公共厕所17个，并设专人管理。

9月7日，《无锡日报》报道从1995年起，舜柯社区对高考、中考取得优异成绩的学生连续25年发放奖学金，共计对246名舜柯学子发放奖学金20余万元。

9月，庄家、蒋巷生活污水接管工程完工。

10月31日，惠山区代区长方力带队到舜柯社区田舍头考察人居环境整治工作。

11月3日，舜柯社区股份经济合作社理事会决定股份分红，总额76万元，股份经济合作社自成立以来合计分红1048万元。

11月18日，《无锡日报》登载了《村庄颜值高了百姓心里乐了》的文章。彰显舜柯社区新农村建设成效显著。

是年，社区完成15个自然村的生活污水接管工程、张湾污水接管工程、盛昌路与中心路两侧企业的雨污水分流工程。

是年，社区对因病致贫的居民发放帮扶金33万元。

是年，舜柯社区获“惠山区示范学习型居民学校”“国家森林乡村”称号。

是年，社区为60岁以上老人购买太平洋保险每人60元。

是年，社区为购买“福村宝”保险的居民每人补贴50元。

是年，全国第7次人口普查，舜柯社区户数876户，人口3011人。外地籍户数1697户，人口3800人。

第一章　赤墩文化遗址

赤墩文化遗址位于舜柯社区西南部,周边是殷巷、沈巷、王巷3个自然村。遗址范围东到显山路以东的唐墩周边区域,南到钱胡路,西至新藕路,北到无锡职教园园区南路。赤墩原是一个高出周围6~7米的长方形覆斗型土墩,东西长约110米,南北长约40米,面积约4400平方米。土墩上植被较为茂盛,遍布树木和菜地。墩上有早期夹砂灰陶片和红陶片发现,附近居民曾在墩上捡到石器等物。赤墩文化遗址发现于2013年3月。2013年4—7月、2014年3—7月、2015年3—5月,无锡市文化遗产保护和考古研究所先后对赤墩遗址进行发掘和考古。从发掘调查结果分析,无锡市文化遗产保护和考古研究所认为"赤墩遗址文化内涵丰富,时间跨越较长,时代最早可至马家浜文化,崧泽文化、良渚文化均有延续,商周时期的几何印纹陶在地表也有发现。它是无锡地区一处十分重要的史前文化遗址,无论从面积还是地层堆积都可以说是无锡地区又一重要的内涵丰富的大型遗址"。其间发现的一处大型祭祀高坛是国内最大规模崧泽文化时期的祭祀遗址。经美国著名BETA实验室碳十四年代测定,确定祭坛的建筑在距今5140年前后,比无锡鸿山贵族墓群早2600多年。中国科学院专家到赤墩遗址现场取样,研究后,证实这一地区在5300多年前就已种植水稻。赤墩遗址是舜柯社区的历史源头,是舜柯地区先民刀耕火种、居住生活、祭祀聚落的遗迹,是无锡太湖流域文明的重要发源地之一,对无锡地区的史前文明研究具有十分重要的意义。

第一节　考古发掘

2013年3月29日,在钱桥街道职教园校区显山路延伸段施工中,意外地挖出古墓葬。钱桥街道接报后,会同舜柯社区有关人员、北京易成市政建设有限公司有关人员第一时间赶到现场,要求施工方立即停止施工,并向惠山区文化遗产局上报情况。在惠山区文化遗产局领导的协调下，无锡市文化遗产保护和考古研究所考古队史前考古学博士、研究员刘宝山所长，李一全博士带领4名考古队员于3月30日上午9时前登上“赤墩”挖掘、勘测。

图1-1　2013年未发掘前赤墩现状

图1-2 2013年清理出的一段剖面，最下层即为良渚文化层

图1-3　2013年赤墩遗址考古现场

图1-4　清理墓葬现场工作照

经考古人员现场勘查确定，赤墩遗址为一高出地面约6米的土墩。土墩东西长约110米，南北残存宽度约40米。土墩上有一已经露出石盖板的明清墓葬，墓葬长240厘米、宽95厘米、深65厘米。勘查开始，出土清代“顺治通宝”钱币一枚，发现土墩上有从唐宋到明清各代的瓷片、陶片。在土墩北侧，因为显山路修建，露出一段断壁剖面。经过清理，发现地层有6层，第一层为地表层，从第二层到第五层均是黄褐色土为主的较纯净的地层。第六层是文化层，距地表约2.5米，厚0.6~1.5米，呈灰褐色，较为松软，出土有夹砂红陶、灰陶、黑皮陶等，器型可辨为釜、罐等。根据陶片的质地特征和器型特征初步分析，可能是属于距今5000多年前的崧泽—良渚文化的地表层。这意味着早在四五千年前，舜柯地区就有人类生活、居住。在另一处剖面，考古人员清理出一块烧结面，烧结面之下的土似有

夯筑的痕迹，上垫有红烧土堆积，应为一处房基。在赤墩及周围还发现有较多的炭屑、红烧土块，具有崧泽—良渚文化特征的陶片，该处应为崧泽—良渚文化时期的新石器遗址区，上层是从唐宋到明清时期的墓葬区。

考古人员在勘查赤墩遗址时，从当地村民中了解到，1965年在赤墩里发现西汉至六朝时期的菱形花纹砖，又有明清时期的小砖，还发掘过六朝墓葬，出土东晋时期的3件珍贵瓷器——东晋黑釉鸡首瓷壶2把、东晋四系青釉盘口瓷壶1把，均收藏在无锡市博物院。勘查和调查后，无锡市文化遗产保护和考古研究所于2013年3月30日写出《关于惠山区发现赤墩史前文化遗址的报告》，并送达钱桥街道党工委。根据《中华人民共和国文物保护法》以及《江苏省文物保护条例》，钱桥街道党工委领导对此十分重视，在拿到无锡市文化遗产保护和考古研究所《关于惠山区发现赤墩史前文化遗址的报告》之后，第一时间坐商其事。钱桥街道社会事务局局长和无锡市文化遗产保护和考古研究所、惠山区文化遗产局、街道文体中心有关人员共同研究，签订"惠山区钱桥街道赤墩遗址考古发掘委托协

图1-5　2013年赤墩遗址考古区划分为规则的"田"字形图案探方考古现场

议书"。钱桥街道出资110万元，供考古发掘之用。无锡市文化遗产保护和考古研究所向国家文物局提出考古发掘赤墩遗址的申请，获得批准，发掘证照号为"考执字[2013]第345号"。

2013年4月初，无锡市考古队20余人在队长李一全的带领下，至赤墩遗址附近，开始对其进行800平方米的抢救性考古发掘工作。4月15日，考古队在道路建设方的协助下，用挖机清理赤墩表土。从现场土面颜色区分，能清晰地看出有些土块颜色有明显差异。4月21日开始，考古人员对考古区域划分为规则的"田"字形图案，并在整个"田"字的东、北、中留有间隔，便于取土和观察，必要时

亦可将隔梁打通，然后将土层进行地层分析。4月27日，考古队员在队长李一全的带领下，把表面渣土基本清理后开始探方式考古，清楚地看见方形的格子探方和间隔的留层隔梁。在一个格子的探方土层表面，还清晰地看见一个陶罐模样的口子。5月3日，《无锡日报》发表题为《四五千年前，钱桥就有人类居住，考古进行中》的报道。5月16日，考古人员继续进行探方式挖掘，层层刨土，直至地层第四层、第五层。第四层土层具有标准的良渚文化特色，土层呈灰白色；第五层土层呈青黄色。5月30日，《现代快报》发表题为《赤墩遗址再现5000年前的无锡人生活》的报道。6月5日，经过考古队员收集、清洗、分类、制表并陈列在架子上的有彩陶片、石纺轮、硬陶瓶、鱼鳍鼎足、石磨、石锛、石刀、陶器口沿等。6月18日，中国新闻网发表《江苏无锡现五千年前大面积古人类生活遗存》的报道。6月19日，《无锡日报》刊登《无锡赤墩遗址推测为5000年前大面积生活遗存》的报道。经过4个多月对赤墩遗址的发掘考古，8月10日，无锡市文化遗产保护和考古研究所写出《无锡市惠山区赤墩遗址发掘完工报告》。8月19日，无锡市文化遗产保护和考古研究所写出《关于钱桥街道赤墩遗址发现崧泽文化时期大型祭坛》的报告。9月12日，《无锡日报》发表《无锡祭祀历史前移至5000年前，钱桥发现祭坛》的报道。同日，中国江苏网登载《惠山钱桥发现国内最大规模崧泽时期祭坛遗迹》的报道。是年，考古队在对赤墩遗址的发掘中出土遗物主要为陶片、石器及少量骨器、动物骨骼等，基本明确赤墩的堆积情况，判断其为崧泽文化晚期至良渚文化早期的遗址。

中华人民共和国
考古发掘证照

考执字（2013）第345号

发掘单位：无锡市文化遗产保护和考古研究所

发掘内容：江苏省无锡市惠山区赤墩遗址

发掘面积：800平方米

发掘时间：2013年6月至7月

发掘领队：李一全

2013年6月11日

图1-6 2013年6月11日国家文物局批准对赤墩遗址考古发掘证照

2014年初，无锡市文化遗产保护和考古研究所再次向国家文物局提出申请，对赤墩遗址进行第二次考古发掘，获批后的发掘证照号为“考执字[2014]第275号”。3月底，无锡市文化遗产保护和考古研究所对赤墩遗址重新进行测绘调查。起因是当地老百姓向考古人员反映，在距赤墩王巷200米处，曾挖到碎陶片和红烧土。考古人员初步判定，此处是赤墩远古文化另一个遗址。于是，考古部门决定对这块面积800平方米的空旷地上一块空地编号为TN47E1的 探方进行第二次考古发掘。新发现11座崧泽文化时期的墓葬,其中两座墓葬的随葬品较多,玉器比较完整,十分珍贵。根据对随葬品进行初步判断,墓主人在当时部落里的地位较高。让考古队员兴奋的是,该探方地表已采集到马家浜文化时期的陶片。李一全认为:“这个探方下面可能也会叠加着更早的马家浜文化时期的墓葬”。7月22日,《无锡日报》发表题为《无锡考古学文化序列日臻完善》的报道,文章认为“赤墩遗址是无锡地区崧泽文化遗址发掘规模最大的一次。现存遗址面积约6万平方米,也是经过正式调查的面积最大、保存最好的一处崧泽文化遗址,是研究无锡地区人类社会早期复杂化进程的重要遗址”。

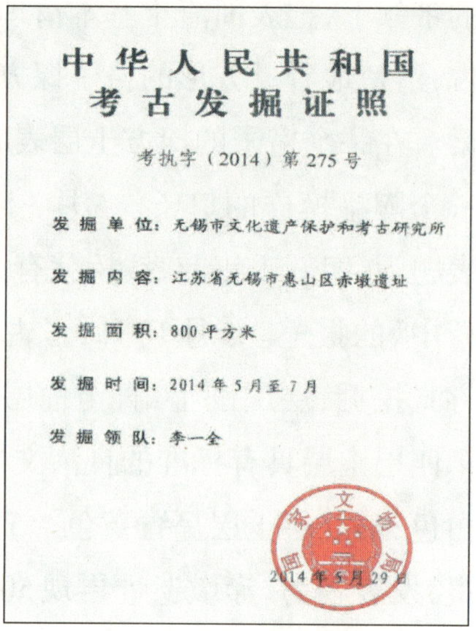
中华人民共和国
考古发掘证照
考执字(2014)第275号
发掘单位:无锡市文化遗产保护和考古研究所
发掘内容:江苏省无锡市惠山区赤墩遗址
发掘面积:800平方米
发掘时间:2014年5月至7月
发掘领队:李一全
国家文物局
2014年5月29日

图1-7 2014年5月29日国家文物局批准对赤墩遗址进行第二次考古发掘证照

2015年3月底,无锡市文化遗产保护和考古研究所继上年再次对赤墩遗址进行发掘考古,又清理出5座崧泽文化时期的墓葬。其中,编号为M40号的墓葬中,出土7件玉器;编号为M44号的墓葬中,出土3件石器、17件陶器。李一全博士推断这层墓葬下面还会有墓葬,初步判断有马家浜文化时期的东西。是年12

图1-8 赤墩遗址位置

月20日，无锡市文化遗产保护和考古研究所写出《无锡惠山区钱桥街道赤墩遗址发掘、调查报告》。

第二节 遗迹和遗物

无锡市文化遗产保护和考古研究所在2013—2015年先后两次对赤墩遗址发掘考古中，共清理出遗迹126处，出土遗物300多件。

一、遗迹

无锡市文化遗产保护和考古研究所在赤墩遗址的发掘和考古中，清理的遗迹有墓葬、祭坛、柱洞、灰坑、灶、灰沟、井等。

墓葬 共清理出64座，其中近代1座、明清时期4座、崧泽文化时期59座。墓葬有长方形竖穴双室砖室墓、长方形石盖板双人砖室墓、长方形竖穴土坑单室墓、近梯形竖穴土坑单室儿童墓、梯形土坑竖穴单室墓等。葬式分别为仰身直肢、仰身曲肢、俯身直肢。随葬品数量不多，以陶器为主。

祭坛 清理出1个，为崧泽文化时期。祭坛略呈椭圆台形，底部直径近25米，顶部直径近23米，最高处约1.8米。在此祭坛西部可能存在形状基本相同的另一个祭坛，两个祭坛中间有象征性的“隔墙”。

柱洞 共清理出18个，其中11个为崧泽文化时期，7个时代不明。柱洞有的呈圆形，有的呈长方形，有的近椭圆形，斜壁圜底。

灰坑 共清理出31座，其中近代1座、春秋时期2座、良渚文化时期11座、崧泽文化时期17座。灰坑形状或近圆形，或椭圆形，或圆角近梯形，或不规则形，或长方形，或近方形等。灰坑中有灰陶高柄杯、红陶壶、石器、陶豆、石凿、砺石、红陶鼎等。

灶 共清理出9座，均为崧泽文化时期。形状为近椭圆形、圆角长方形、不规则形。

灰沟 清理出2处，1处为良渚文化时期，1处为崧泽文化时期，均为长条形。

井 清理出1眼，为春秋时期，井口近圆形。

图1-9 房屋基槽

图1-10 柱洞

图1-11 2013WQZTN49E2②、③层下遗迹分布情况

图1-12 红烧土堆积

二、遗物

无锡市文化遗产保护和考古研究所在对赤墩遗址两次发掘考古中，出土玉器、石器、陶器、骨器等遗物300多件，其中玉器种类有玉玦、玉璧、玉管、玉配饰；石器种类有石钺、石佩挂饰、重石、石纺轮、石锛、石斧、石凿等；陶器种类有陶豆、陶球、陶鼎、陶尊、陶杯、陶罐、镂孔豆、陶拍等；骨器有未加工成的半成品和骨制靴型器。

（一）马家浜文化时期的陶器

图1-13 陶罐腰檐釜

图1-14 陶豆

（二）崧泽文化时期的陶器

图1-15 陶罐

图1-16 陶豆

图1-17 陶杯

图1-18 陶盆

（三）良渚文化早期的陶器和石器

图1-19 陶鼎

图1-20 器盖

（四）出土的陶纺轮和陶球

图1-21 纺轮

图1-22 陶球

(五)出土的石器

图1-23　石锛

图1-24　穿孔石斧

(六)出土的玉器

图1-25　玉璜

图1-26　玉璧

第三节　文化内涵

赤墩遗址是舜柯社区的史前文化发迹地。2013年春夏期间,钱桥街道出资,委托无锡市考古队对赤墩文化遗址进行抢救性的发掘。是年7月初,经无锡市文化遗产保护和考古研究所会同南京博物馆、苏州市考古所、南京大学、南京师范大学等单位考古专家对赤墩遗址进行考察,确准为马家浜文化晚期、崧泽文化时期、良渚文化早期的新石器时代遗址区。

考古人员在对赤墩遗址的发掘中,除了发现灰坑、房屋基槽、红烧土堆积、柱洞等遗迹外,还在发掘区的中西部崧泽文化时期土层上发现一处大型高台祭祀遗址——祭坛。祭坛底部直径近25米,顶部直径近23米,最高处1.8米。祭坛略呈椭圆台型,是国内最大的崧泽文化(距今约5300年)时期的祭坛。到了良渚文化(距今5300—4000年)时期,这个祭坛已经放弃,良渚的地层叠压在这个祭坛之上。考古专家认为,在这个祭坛的西部可能存在形状基本相同的另一个祭坛,两个祭坛中间发现象征性的“隔墙”和一片疑似人类头盖骨残片。据考古发掘表明，崧泽文化晚期是太湖流域中国文明起源的关键时期，祭祀文明逐步发达起来，是后来良渚文化时期城邦文明的基础，是中国国家文明探源工程的重要组成部分。赤墩遗址的发现，表明舜柯社区赤墩是无锡惠山山脉南北两侧古代祭祀文化的源头，对无锡地区古代文明研究具有十分重要的意义。另外，遗址出土崧泽文化的彩陶片和巨大的鼎足，以及带有刻画符号的陶器，表明遗址等级较高，是崧泽文化晚期的重要聚落之一。祭坛中出土的坑灰、红烧土等经美国著名BETA实验室碳十四年代测定，确定该祭坛建筑年代在距今5140年前后，属于崧泽文化末期向良渚文化初期过渡转型时期的文化遗址。

中国科学院专家在赤墩遗址取样，在实验室浮选鉴定，发现水稻种子遗迹，确切证实舜柯地区的农业在5000多年前就已经开始种植水稻；清理发掘发现的陶鼎鼎足、石刀、陶纺轮、石锛、玉璧等物品中，清晰地还原5000多年前舜柯地区先民的生活状况。一个有着小孔圆盘的陶纺轮，是舜柯先民用它将麻纺成线的工具；一个一侧被磨成片的长方形石器则是石刀，是舜柯先民用来剥野兽皮用的工具；一个鱼鳍形状刻满戳印纹的陶器是陶鼎鼎足。陶鼎是舜柯先民用来蒸煮粮食的炊具，也是祭祀用的祭器。在赤墩遗址，挖掘出好几个大小不一的陶鼎鼎足。从鼎足的大小可以推断出当时的陶鼎大的直径有60厘米，小的也有10多厘米。舜柯先民采用这么大的炊具，说明他们有很多人是在同一口锅里吃饭。根据发掘出的柱洞遗存，考古学家判断，在5000多年前的崧泽时期，舜柯先民已能建屋造房。在崧泽、良渚时期，赤墩上有较长时间为先民的居住地。另外，还出土一块粗大的石头，名称叫石锛，是舜柯先民用来砍树的。赤墩西面出土的崧泽文化时期一件玉璧呈扁平型，厚薄不匀，外壁有旋磨痕，器表光素无纹，两面均有多道线切割痕，内孔壁两面对钻，并有台阶痕，是舜柯先民早期制玉的印记。舜柯先民认为玉璧象征着天，是十分重要的祭祀、礼仪用器，即所谓“苍璧礼天”；也被视为重要的祥瑞之器，体现出舜柯先民独到的自然观与时空观，充满神秘之美。赤墩遗址实实在在地说明舜柯社区历史悠久，文化底蕴深厚，其人文历史可追溯到6000多年前的马家浜文化时期。

2015年12月20日，无锡市文化遗产保护和考古研究所又写出《无锡惠山区钱桥街道赤墩遗址发掘、调查报告》，报告从遗址概况、田野工作情况、地层堆积及遗迹遗物、考古勘探、调查情况、结语6个方面对赤墩遗址考古进行综合性的论述，除阐述赤墩遗址考古证明是史前文化遗址外，还阐明在赤墩西边地下另有未发掘的马家浜文化晚期墓葬等。无锡市文化遗产保护和考古研究所在赤墩遗址发掘、调查报告结语中指出：通过对赤墩遗址的两次发掘，对该遗址有了初步的认识。遗址主要集中在园区南路以南，显山路延伸段以西，钱胡路以北，新藕路以东这个区域以内，保存的遗址面积大约有6万平方米。从调查情况推测，在建造无锡师范学校时，可能对该遗址有一定程度的破坏。遗址的地块功能分区划分比较明显，赤墩西边是墓葬区，王巷地点可能是祭祀区。相对于一个完整的聚落来说，可能还有生活区、制作区等功能分区，根据遗址的结构布局，推测可能在该地块的民居之下，或在晚期修路建房中被破坏。

王巷地点从地层堆积来看，整个地层堆积呈倾斜状堆积，中间高，四周低。堆积中的上面一二两层为近现代堆砌，可能与晚期开河或修筑房屋堆砌有关。从第三层开始进入新石器文化层，出土有良渚文化时期的陶片。第三层之下的地层以T0402、T0401探方最为典型，其下地层变化最多，层次较为分明，出土的陶片数量较多。结合T0501、T0502暴露出的土色分析，该土墩可能以T0402、T0401为界被分成两个土墩。

从该土墩出土的遗物判断，该墩在新石器时期大体经过了两个阶段的堆砌过程。上层为良渚文化时期的遗址，出土了一些具有良渚文化特征的陶片，此外，还发现良渚时期的房屋遗址1座和灰坑8座。下层为崧泽文化时期的堆积，是该土墩遗址的最早堆积，崧泽文化的土墩为双墩东西分布，双墩共用一个非常纯净的灰土构成的基础层。在灰土层之上土墩底部发现有少量人骨残片。根据现场的遗存判断，该土墩可能是崧泽时期的祭坛遗迹。在双墩的中部还有一堵建筑在土墩东侧墩子外围的南北向的墙基，功能应该也是与祭坛遗迹有关。

赤墩附近地点主要为墓葬，墓葬排列有序并且比较集中。墓葬的时代从出土遗物推测，主要为崧泽文化时期墓葬，另有少量马家浜文化晚期的墓葬。

从出土遗物看，赤墩遗址上层出土陶鼎的足体型巨大，为各地良渚文化遗址出土物中所罕见，说明本地应有较高级别的良渚墓葬存在。彩陶也是本次发掘的重要成果，太湖地区发现的彩陶非常稀少，在草鞋山下层和圩墩二期遗存中发现过单色的彩陶片，无锡地区的新石器遗址报告中也未有发现彩陶的记录。这次赤墩发掘出土的数件彩陶片，说明赤墩遗址是一处非常重要的良渚时期遗址，对于研究太湖地区的新石器文化遗存具有很重要的意义。墓葬主要为崧泽时期，有少数马家浜文化晚期墓葬。

从调查结果分析，赤墩遗址文化内涵丰富，时间跨越较长。时代最早可至马家浜文化，崧泽文化、良渚文化均有延续，商周时期的几何印纹陶在地表也有发现，它是无锡地区一处十分重要的史前文化遗址。该遗址无论从面积还是地层堆积都可以说是无锡地区又一文化内涵极其丰富的大型遗址。

附：

马家浜文化

在中国原始社会，长江下游地区的母系氏族新石器时代的文化因浙江嘉兴的马家浜遗址而得名。它主要分布在太湖地区，南达浙江的钱塘江北岸，西北至江苏的常州一带。经放射性碳14测定，距今有6000余年的历史。考古表明，距今约6000~5300年的崧泽文化就是由马家浜文化发展而来的。其后发现的良渚文化又是从崧泽文化发展演化而来的。马家浜文化及其后续的崧泽文化、良渚文化的发现与确立，表明太湖流域新石器时代的文化源远流长，自成系统，并且有鲜明的地域特色。

浙江嘉兴南湖乡天带桥村马家浜的一群农民在挖坑沤肥过程中，不经意间在农田中发现了大量的兽骨以及古代遗物。1959年3月，浙江省文物管理委员会会同省博物馆、杭州大学历史系、杭州师范学院历史系等6个单位，组成考古队进行了清理发掘。

从出土的器物和遗迹看，生产工具中磨制石器有孔石锛、弧背石锛；生活用具中有夹砂红陶素面腰沿釜、牛鼻式双耳罐、带嘴平底盉，以及地面木结构住房、公共墓地等。这些都是马家浜文化时期的主要特征，是一种与黄河流域原始文化不同的文化形态。

马家浜遗址的发掘，引起了国内外考古学界的重视。后来，马家浜文化载入《大不列颠百科全书》和《中国大百科全书》，确定了它在史前文化考古中的地位。

崧泽文化

1958年，上海青浦县崧泽村农民在挖掘池塘时，在不经意间发现了古物，并立即上报有关部门。之后，上海市考古部门于1961年和1974年两次有计划地对这片地区进行了考古发掘工作。发掘过程中，挖到了大量的石器、玉器、陶器及兽骨，还有粳稻、籼稻的种子。在100余座古墓群中，发现了比较著名的黑陶刻纹盖罐、三口陶器、灰陶瓦楞、纹刻划符号壶、釜形织陶鼎、崧泽玉璜等。经权威部门测定，这一古墓葬群距今约6000~5300年，属于新石器时期母系社会向父系社会过渡阶段，后以上海市青浦县崧泽村发现而得名。根据已有的考古资料，可以判定这里聚居的古人是上海地区最早的先祖。

崧泽文化是长江下游太湖流域的一个文化阶段。

良渚文化

良渚文化为长江下游地区的远古文明，代表遗址为良渚遗址，距今约5300~4200年。良渚文化分布的中心地区在钱塘江流域和太湖流域，而遗址分布最密集的地区则在钱塘江流域的东北部、东部。该文化遗址最大特色是所出土的玉器，挖掘自墓葬中的玉器包含有壁、琮、冠形器、玉镯、柱形玉器等诸多器型。此外，良渚陶器也相当精致。

良渚文化遗址中心位于杭州市余杭区西北部瓶窑镇。民国二十五年(1936)年发现的良渚遗址，实际上是余杭县的良渚、瓶窑、安溪3镇之间许多遗址的总称，是长江下游良渚文化的代表性遗址。1959年依照考古惯例按发现地点良渚命名为良渚文化。遗址总面积约34平方千米。2019年7月6日，中国良渚遗址获准列入世界遗产名录。

第二章　建置区划

历史上，区域内历村与赤墩里早有文字记载，北宋元丰八年(1085)，赤墩里属布政乡二十都，历村属二十一都。明万历元年(1573)，赤墩里属富安区下扇二十都一图(问字)，历村(历村下)属开原区二十一都一图(章字)。清代，光绪《无锡县志》载："舜山，一名历山，山下为历村。"清光绪七年(1881)，赤墩里属富安乡下扇二十都一图(问字)，历村属开原乡下扇二十一都一图(章字)。民国十八年(1929)，历村地区属无锡县第四区，上秦巷一带属居仕乡，芮巷一带属溪山乡，舜一地区属无锡县十七区井亭乡。

1950年5月，舜柯地区成立舜柯乡，历村、舜一属舜柯乡辖。1958年9月，钱桥人民公社成立，设立历村大队、舜一大队。1983年4月，无锡县进行农村人民公社体制改革，恢复乡建制，历村、舜一大队改设历村、舜一村民委员会。2001年7月，历村村与舜一村合并，成立舜柯村。2009年10月，始设舜柯社区居民委员会。

第一节　地名由来

舜柯社区(村)是由原舜一村和历村村合并组建而成。以域内舜柯山命名。舜柯山得名已有4000多年的历史，比"无锡"的得名还早。

《后汉书·郡国志》云："南朝都以北方山川，郡邑之名创其地，又以此山为历山，以拟舜帝所耕者。山北有石田，曰'舜田'；有石井，曰'舜井'。其村因谓之历村。"又云："由惠山而北曰龙山，自龙山龙尾断，曰草荊口。舜山又在其北，又名舜柯山，即所谓历山也。其上有舜田，不种而禾，恒产一、二穗，并舜井在焉。"唐陆羽《惠山记》云："西神山联峰迭嶂之中有柯山者，吴公子仲雍六世孙柯相所治之处，故山以柯名。"宋《寰宇记》云："无锡有古历山，下有春申祠，又有范蠡城。"又云："历山下有春申祠及范蠡城。范蠡城即所谓斗城者是也，在惠山之西，去春申君庙六七里。而所谓舜山者,以惠山自南而北相去十里。"

元王仁辅等编纂的《无锡县志》云:"舜山与華荊山相指。舜山去州西北三十里,一名柯山,俗合而名之,曰舜柯山,即所谓历山也。"

清乾隆《无锡县志》、光绪年间的《无锡金匮县志》均沿用晋代周处编的《风土记》的说法,曰:"柯山在舜山西,两峰相望,土人合命之曰舜柯山。"

由此可见,舜柯山的得名由来已久,2011年9月,被列入无锡市第一批历史地名山水形胜保护名录。

第二节 地理位置

舜柯社区中心位于北纬31°34′35"、东经120°11′00"。域内舜柯山于无锡城西7千米处。它的南部除舜柯山外,还有紧相倚连的顾山、桃花山、蒲扇山等,它们从东到西逶迤2000多米,山上树木葱茏、植皮茂密。紧挨山脚的宽阔、平坦的钱胡公路从社区南部穿境而过,公路两侧的人造景观带与山上漫山遍野、郁郁葱葱的自然景观,组成一幅美丽的人间仙境。

社区的东部与荣巷街道的勤新社区相毗邻,西南部与同为半山区的藕乐苑社区相邻,西部与无锡职教园相接,北部与溪南社区接壤,东北部则与苏庙社区隔河相望。

社区面积4.89平方千米,从地形、地貌上看,南部是山地,北部是一块山地与河漕平原的接壤之地,呈明显的南高北低的斜面形状,且最南端与最北端的海拔落差较大。耕地面积经几十年的整田平地,基本同自然地形一样,呈南高北低的梯田状。要说平整,只是东西方向海拔大体同一高度而已。境内交通便利。

第三节 沿革

周武王十一年(前1045),武王封周章为吴君,建吴国。又封周章少子赟于县西四十五里为安阳侯,建立侯国。舜柯地区成为安阳侯国属地。

楚考烈王十五年(前248),封春申君黄歇于江东。春申君在龙山梢建造龙尾陵道。据东汉《越绝书》载:"无锡西龙尾陵道者,春申君初封吴所造,属无锡县。"

在苏庙社区苏庙中供奉有春申大王塑像，钱桥地区属黄歇封地，舜柯地区在黄歇的封地之内，并在黄城之中。

秦王嬴政二十六年（前221），舜柯地区属会稽郡延陵县管辖。

秦二世元年（前209），项羽起兵吴地，国号楚，无锡属楚国，舜柯地区也属楚地。

汉高祖五年（前202），始建无锡县，舜柯地区属无锡县管辖。

王莽新始建国元年（9），无锡县改为有锡县，舜柯地区属有锡县管辖。

东汉建武元年（25），复置无锡县，舜柯地区随属无锡县辖。

三国时，吴黄龙元年（229），孙权称帝，建吴国。无锡县属吴国管辖，舜柯地区属吴国。

吴嘉禾三年（234），废无锡县，分无锡以西为屯田区。并置毗陵典农校尉。舜柯地区属屯田区。

西晋太康元年（280），废毗陵典农校尉，置毗陵郡。太康二年（281）复置无锡县。舜柯地区属无锡县辖。

隋开皇九年（589），改晋陵郡为常州，辖无锡县。大业三年（607），改常州为毗陵郡，无锡县属之，舜柯地区行政关系也跟着转换。

唐武德三年（620），改毗陵郡为常州，无锡县属之。贞观元年（627），分全国为十道，江南道常州辖无锡县。开元二十一年（733）唐玄宗把江南道分设东、西两道，江南东道常州辖无锡县。天宝元年（742）常州又复称晋陵郡，辖无锡县。乾元元年（758），唐肃宗时置观察使，改晋陵郡为常州府，无锡县属浙西观察使常州府管辖。大历十二年（777），升无锡县为望县。天复二年（902），唐昭宗封杨行密为吴王，舜柯地区属杨封地。至五代，吴武义元年（919）杨隆演称帝，建吴国，无锡属之。天福二年（937），李昇灭吴，国号唐，史称南唐，无锡县属之。其间，无锡县的隶属关系不断变化，而舜柯地区始终随属之。

宋开宝八年（975），赵匡胤灭南唐，宋承唐建制，无锡县由常州府管辖。至道三年（997），全国分为15路，无锡县属两浙路常州府管辖。熙宁三年（1070）王安石施行变法，在基层推行“保甲法”。熙宁七年（1074），宋神宗时分两浙路为东、西两路，无锡县属两浙西路常州府管辖，舜柯地区随属之。

北宋元丰八年（1085），历村属布政乡二十一都，赤墩里属布政乡二十都。

元至元十三年(1276),分全国为11省,县统于路,路统于省,次年升常州为路,无锡县属江淮行中书省常州路管辖,舜柯地区与县的隶属关系不变,属布政乡二十一都,其中“圣山”(舜一)、历村为二十一都下边的两个“坊”。

元贞元年(1295),元成宗铁穆耳首次将无锡县升为州,无锡属江浙行中书省常州路。至正十七年(1357)3月,朱元璋攻克常州,莫天佑居无锡,钱桥藕塘一带属其管辖,舜柯地区也成了莫天佑的管辖之地。至正二十三年张士诚自立为吴王,建吴国,当时无锡州属吴国辖。至正二十七年吴国亡,无锡州归明。

明洪武元年(1368)立南京为直隶,次年降无锡州为县,舜柯地区属常州府无锡县辖。明万历元年(1573),赤墩里为富安区下扇二十都一图(问字),历村(历村下)为开原区下扇二十一都一图(章字)。

清顺治二年(1645)置江南省,无锡县由江南省常州府管。康熙六年(1667),江南省分设置江苏、安徽两省,无锡县由江苏省常州府辖。雍正二年(1724)把无锡县划分为无锡、金匮两县,两县同城而治,舜柯地区属无锡县辖。咸丰十年(太平军攻克苏常),建苏福省,无锡县受苏福省常州郡辖。同治二年(1863)清军克无锡,恢复无锡、金匮两县,舜柯地区属江苏省常州府无锡县辖。

民国元年(1912)金匮、无锡两县又合并为无锡县,无锡县由江苏省辖。民国三年江苏省下设五道,无锡县属苏常道辖。民国十六年废苏常道,无锡县由江苏省直辖,舜柯地区属无锡县辖。民国十八年,无锡县将17个市乡改为17个区,开原乡为第四区,历村芮巷一带属第四区的溪山乡,上秦巷一带属居仕乡。富安乡为17区,舜柯地区的王巷、殷巷、田肚、壤里、石巷、陆巷、秦巷、吴巷、花园里属17区的井亭乡。民国二十六年11月25日,日军侵占无锡,随后建伪政权。民国三十三年7月舜柯地区属伪第三区(无锡区)行政督察专员公署辖。民国三十四年8月抗战胜利后,无锡重归江苏省辖。11月,无锡县按抗战前10个区旧制设置,舜柯地区属第四区(藕塘区)辖。

抗战时期,中国共产党领导人民建立抗日民主政府,民国二十九年至民国三十年,抗日民主政府在锡西(钱桥、藕塘、陆区、阳山、洛社地区)设区,舜柯地区先后属澄锡武边区抗敌委员会和中共澄西县管。民国三十一年至民国三十四年,中共在无锡上述西部地区农村,建立锡西办事处,属中共武南县,在此期间,舜柯地区属中共武南县管辖。民国三十八年,舜柯地区属苏南行政公署常州专区无锡县辖。

1949年4月23日，无锡解放，无锡县行政区划调整，舜柯地区（舜一）属新渎区稍塘乡，新生的无锡县人民政府于1949年7月把舜一地区从新渎区的稍塘乡划出，归属新渎区的藕塘乡管辖。1950年5月，行政区划又做调整，成立藕塘区舜柯乡，原舜一、历村范围内的自然村落划分成四、五、六、七、八等5个行政村，属舜柯乡管辖，另辖溪南毛村地区。是年7月，无锡县划归苏南行政公署领导。

1950年藕塘区舜柯乡第四至第八行政村一览表

表2-1

行政村名	所辖自然村	村长	行政村名	所辖自然村巷	村长
第四村	吴巷头、石巷、陆巷、壤里	朱正茂	第七村	庄家、蒋巷、周巷、费巷	费培芝
第五村	田肚、殷巷、沈巷、王巷	殷廷根	第八村	上秦巷、东浜、西浜	赵春根
第六村	田舍头、芮巷、花园里	朱光华			

1953年1月，舜柯地区属江苏省苏州专区无锡县辖。1954年10月，无锡县的钱桥，洋溪、社冈、舜柯、西漳、东埄、湖东、熙井，景渎、下甸、高泾、广益、广柏、吴蒋、梁塘等15个乡以及江溪水乡的两个选区划归无锡市第六区（郊区）管辖。第六区下设3个分区，共辖40个乡。一分区政府驻地黄巷，舜柯属第一分区领导，舜柯地区隶属一分区的舜柯乡管辖。1955年8月，一分区更名为黄巷分区，舜柯地区属黄巷分区辖。

在全国性的农业合作化运动中，是年舜柯地区各自然村先后建立起初级农业生产合作社。从此，千百年来，以一家一户为生产单位的小农经济开始逐步走上农业集体化的道路。

1956年3月，无锡市郊区所辖的3个分区撤销，全郊区40个小乡合并成16个大乡，舜柯小乡和钱桥小乡合并成钱桥乡，舜柯地区属钱桥大乡管辖。

1956年，原舜一地区的四、五两个行政村合并成立舜一高级农业生产合作社。历村地区的六、七、八等3个行政村合并成立历村高级农业生产合作社。

1955—1956年舜柯乡四—八村初级社、高级社情况表

表2-2

<table>
<tr><th>行政村</th><th>自然村名</th><th>初级社名</th><th>主要干部</th><th>高级社名</th></tr>
<tr><td>第四村</td><td>吴巷头、陆巷、石巷、壤里</td><td rowspan="2">舜一初级社</td><td rowspan="2">朱荣增
殷廷根</td><td rowspan="2">舜一高级社</td></tr>
<tr><td>第五村</td><td>王巷、殷巷、沈巷、田肚、花园里</td></tr>
<tr><td>第六村</td><td>田舍头、芮巷</td><td rowspan="3">历村初级社</td><td>朱光华</td><td rowspan="3">历村高级社</td></tr>
<tr><td>第七村</td><td>庄家、蒋巷、周巷、费巷</td><td>费培芝</td></tr>
<tr><td>第八村</td><td>上秦巷、东浜头、西浜头</td><td>赵春根</td></tr>
</table>

1958年7月5日，无锡市撤销郊区，将钱桥等8个乡划归无锡县，历村、舜一高级社属无锡县钱桥乡管辖。

1958年9月，钱桥乡成立“政社合一”的钱桥人民公社。舜柯地区的历村高级社改设为历村大队，舜一高级社改设为舜一大队。

1962年7月1日，无锡县从无锡市划出，归属苏州专区领导，历村、舜一大队跟着县、公社转隶。

1983年3月，无锡县归属无锡市管辖，农村人民公社行政体制改革，撤销人民公社，钱桥人民公社由此更设为钱桥乡。同时，历村大队更设为历村村，辖东浜、西浜、上秦巷、庄家、蒋巷、前周巷、后周巷、费巷、缪家、前芮巷、后芮巷、前田舍、后田舍13个村民小组。舜一大队更设为舜一村，辖吴一、吴二、陆东、陆西、石东、石西、壤东、壤西、田肚、殷巷、王巷、沈巷、东河头、花园14个村民小组。

1987年7月，国家推行“乡改镇”体制改革，钱桥乡改设为钱桥镇，但村的名称不变，历村村、舜一村属钱桥镇管辖。

1995年6月8日，国务院批准撤销长达数千年历史的无锡县，改设锡山市。钱桥镇属锡山市辖，历村村和舜一村，也随之更名为锡山市钱桥镇历村村和舜一村。

2000年12月，锡山市撤销县级市行政建制，改设无锡市惠山区和锡山区，历村、舜一属惠山区钱桥镇所辖。

2001年7月，钱桥镇13个行政村合并成9个行政村，历村村和舜一村合并成立舜柯村。

2004年2月钱桥、藕塘两个镇合并成立新的钱桥镇人民政府，镇政府驻地钱桥大街141号，舜柯村属并镇后的钱桥镇辖。

2006年11月，中共无锡市委和无锡市人民政府决定，成立中共无锡（藕塘）职教园区工作委员会和无锡（藕塘）职教园区管理委员会与钱桥镇实行园镇合一的管理新体制。舜柯村属钱桥镇和职教园区管辖。

2007年11月，钱桥镇撤销，改设钱桥街道办事处，舜柯村由钱桥街道办事处管辖。

2009年10月21日，惠山区人民政府决定对钱桥街道内所辖的行政村（包括调整后新设立的两个行政村）实行“留村建居”体制改革，增设社区居民委员会。舜柯村由此增设了舜柯社区居民委员会。

2010年9月25日，钱桥街道撤销先前保留的舜柯村村民委员会建制，单设舜柯社区居民委员会。

2019年，舜柯社区辖东浜、西浜、上秦巷、庄家、蒋巷、前周巷、后周巷、费巷、缪家、前芮巷、后芮巷、前田舍、后田舍、吴一、吴二、陆东、陆西、石东、石西、壤东、壤西、田肚、殷巷、王巷、沈巷、东河头、花园27个居民小组。

第四节　驻地

新中国成立后，舜柯地区5大行政建制村（第四村、第五村、第六村、第七村、第八村）没有固定办公地点。

20世纪50年代初，在农业合作化推进过程中，各行政村成立了互助组、农业合作社。初级社时，舜一办公地点设在朱锡春家的楼下。

1958年，钱桥公社成立，历村、舜一高级农业合作社改制为历村大队、舜一大队。历村大队办公地点设在红庙头。舜一大队办公地点在朱正茂大屋里，不久又搬迁到吴巷镇水庵。

1968年，舜一大队办公地点由吴巷镇水庵一间小房子搬迁到舜一小学南面一间教室里办公。其后再在舜一小学北面造两间教室作为办公室。

1982年，历村大队在红庙头新建两层楼作为办公室。

1984年，历村村委办公室搬迁到历村小学。

1985年，舜一村在舜一小学东面建造办公楼，后又在吴巷头南面建造办公楼，直至并村。

图2-1　1988年，历村综合办公大楼

1988年10月，历村村委搬迁至新建在景盛路11号的四层楼作为办公室，建筑面积2230平方米。

2001年7月，历村村与舜一村合并，成立舜柯村，村委办公设在景盛路11号原历村村委办公楼。

2009年10月，舜柯村增设舜柯社区。2010年9月，撤销舜柯村，单设舜柯社区居民委员会。2019年，舜柯社区居民委员会办公地点仍设在景盛路11号原舜柯村委办公楼内。

第三章 自然环境

舜柯社区有着得天独厚的自然环境，有山有水。属北亚热带湿润季风气候区，气候温和，雨水充沛，日照充足。春季春光明媚，夏季盛行东南风，天气炎热多雨，秋季秋高气爽，冬季大多吹西北风。1月平均气温在2.8℃左右，7月平均气温28℃左右。全年无霜期220天左右。年平均降水量1121.7毫米左右，降雨较为集中的是夏季的黄梅季节。由于受太湖水体和东南侧的龙山、南侧的舜柯山复杂地形的影响，局部小气候条件多种多样，具有南北农作物皆宜种植的特点，作物种类繁多，物产丰富。舜柯地区地势呈南高北低，落差明显。北部地区具有平原地区的特色，河流纵横、池塘遍布，土壤肥沃，有"水乡泽国"之称。舜柯地区的气候、地质、地貌等适合舜柯人民的生产和生活，素有"鱼米之乡"之美称。

第一节 地质 地貌

舜柯社区境内地势总体呈南高北低。南部有舜柯山、顾山、桃花山、蒲扇山分列成一字形。沿山土壤以偏酸性的黄棕壤为主，适宜种植林、果、茶叶及山芋等旱地植物。北部为平原地区，主要土壤黄泥土养分较高，适宜种植稻麦、油菜作物。

地质

境内属江南地层区。南部的舜柯山区域为泥盆系（D），是距今约4亿~3.5亿年间形成的地层，出露广泛，土层不薄（自山脚至山顶皆可以生长植物），构成山丘主体且山体稳固，罕见山体滑坡现象出现。钱胡路以北，尤其是与藕塘毗邻的地区为石炭系（C），为距今约3.5亿~2.8亿年之间沉积的产物，下部主要为一层滨海相或陆相的碎屑沉积物；中上部主要是浅海相的碳酸盐沉积物。整个石炭系构成一个典型的海进序列，总厚度220米左右。还有的地方经钻孔出现二叠系（P），距今2.8亿~2.3亿年间沉积形成的地层。该地层下统下部为浅海含硅质碳酸盐沉积物，上部为海陆交互相碎岩沉积，上统下部为海陆交互相含煤碎屑沉积,上部为浅海相碳酸盐沉积。整个二叠系构成一个海进—海退—海进旋回,总厚度达800米左右。第四系(Q)距今约200万年的第四纪,境内的新构造运动方向的特征是山区以脉动式上升为主,平原区以持续沉降为主,使平原区接受巨厚的冲积,冲—湖积相为主的松散碎屑沉积物。第四系发育齐全,从Q1到Q4都有,沉积物遍布于山间谷地,湖荡平原,厚度受到基层起伏的严格控制,最大厚度在250米左右,一般在100~200米之间,总的趋势是山区边缘薄,平原区厚,具有南薄北厚的特点。自中更新世晚期以来,在大约30万年的地质历史时期内,境内经历4次冰期、间冰期的气候冷暖反复,3次海进海退的陆海变迁,新构造运动又较频繁,加之内陆湖盆的起伏不一,沉积作用的差异,致使第四系岩相复杂,岩性多变,厚度不一。丘陵区以洪积为主,平原区以冲湖积为主,并伴有沼泽、泻湖、滨海沉积等。岩性主要为黏土、亚黏土,砂砾石等,粗细迭置,多夹层、薄层、互层和透镜体。

构造形迹 位于胡埭至藕塘一线间,轴向45°~65°,长18千米,宽4千米,由两个次一级向斜组成,西南端昂起。

断裂构造 戴溪—钱桥断裂,位于武进戴溪—藕塘—塘头一线之北,呈东西向延伸,长40千米。断裂南侧为泥盆系、三叠系下统及侏罗纪系上统火山岩分布区,北侧为白垩系及下第三系沉积区。雪堰、钱桥断裂,位于雪堰—钱桥一线上,介于藕塘向斜(北西侧)与马山—惠山背斜之间。

岩浆活动 境内火山岩地表零星出露。中生代火山岩主要活动时期为晚侏罗世—早白垩世。早期少量喷发,后期为喷发甚至泛流。有文字记录以来,未见火山岩活动记录,岩浆活动处于平稳期的休眠状态。

土壤

(一)土壤类型

1. 非耕地:A.山地:红色石灰土、棕红壤土。

B.山区旱地:黄泥土、乌散土、黄沙土。

2. 耕地:A.钱胡路以北200~300米至沿山为黄棕壤,黄泥土。

B.钱胡路北较远的平原地区为乌散土、黄泥土、白土。

(二)土壤分布

境内地形较复杂,土壤的分布呈多样性。

低山丘陵土壤——舜柯社区南部（钱胡路以南）地区以黄棕壤、红黄土和黄土为主。海拔220米以下至50~70米左右，一般为30厘米以下的薄层黄棕壤，下面为碎石层或母岩层；海拔50~70米以下，是土层逐渐增厚至30厘米的黄棕壤；海拔20~30米，坡度逐渐平缓，土层厚度超过60厘米，也为黄棕壤，有些已构筑梯田，为堆迭黄棕壤；山前平地（含山坳），为冲积堆积物，大多被开垦种植林、果、茶叶等或作自留地种植农作物，土壤为黄棕壤，基本在海拔5~30米左右。自上而下土壤的排列顺序为黄沙土—黄泥土—小粉土—小粉白土。黄沙土一般分布在山坳上中部，质地较粗。黄泥土质地较细、较粘。

（三）土壤养分

黄泥土 区域分布最广、面积最多的土种，约占土壤面积的40%，熟土层原养分含量最高，适宜稻麦生长，产量高而稳定。其耕作层有机质含量2.58%±0.42%。全氮0.159%±0.026%，全磷0.123%±0.032%，速效氮114±27.1PPM，速效磷10.4±5.1PPM，速效钾97±15.9PPM。

乌散土 分布在低平田和平田局部低洼地处，大多靠近于水边。耕作层疏松，渗育层呈棱块状结构；养分含量较高，唯钾素有效性差，作物成长过程中水湿条件好，植被生长旺盛。其有机质含量2.68%±0.63%，全氮0.169%±0.032%，全磷0.159%±0.048%，速效氮119±52.9PPM，速效磷15.3±9.83PPM，速效钾97±18.6PPM。

黄棕壤 黄棕壤是境内沿山地区最主要的土壤。它发育于石英砂岩风化残积物质，土层厚度上薄下厚，厚度超过80厘米。耕作层沙壤质地pH值（水）6~7，偏酸性，是种植林果、茶的主要土壤。

白土 和黄泥土交错分布在高平田和平田地区，境内尚有少许田地。土层50厘米，内出现白土层，造成土壤滞水，渍害常比黄泥土重，耕作层养分含量低，有机质含量2.15%±0.45%，全氮0.14%±0.03%，全磷0.10%±0.02%，速效氮126±49PPM，速效磷9.8±7.4PPM，速效钾74±17PPM。

地貌

舜柯社区位于长江三角洲南端的太湖平原上，钱桥街道的东南端，总面积4.89平方千米。境内钱胡路南侧为舜柯山、顾山、桃花山、蒲扇山，山区有三个主要大山湾。由于最低海拔为60米的蒲扇山山脉的自然延伸，境内地势较高。最高的舜柯山海拔高度220米，呈东西向展布，有局部南北展布。距今200多万年的第四纪初期，以间隙震荡为特点的新构造运动，使山区抬升又遭剥蚀，平原区持续沉降，使原先的山体大多沉没于广阔的第四系沉积物之下，形成了舜柯社区东、西、北的沃野平原，南部残丘的地貌特征。

境内钱胡路以北的平原河塘密布、水系相连，有大小池塘一百余个，排涝灌溉便利，适宜种植农作物。

舜柯山、顾山、桃花山等，同其余东西展伸的诸多山脉都为天目山余脉，分布于太湖北岸，点缀于舜柯社区南部，出露面积2000余亩。出露地层岩性均为泥盆系石英砂岩、砂砾岩、粉细砂岩。舜柯山有数处山泉，出水量最大的山泉在唐、宋时代已有名气，曰"舜虎泉"，就坐落在域内山泉(前)公园之畔。

第二节　山丘　山湾

舜柯社区南部的舜柯山、顾山、桃花山、蒲扇山等连结成群，横贯东西。由于山丘前后伸展不一、面积不等，在山麓形成了张湾、道士湾、舜山湾3个山湾。

山丘

舜柯社区有大小不同的4个山头，高低不同，最高为海拔220米，最低仅60米，为境内平原丘陵区。

舜柯山　横贯历村、舜一，绝对位置为北纬31°34′、东经120°12′，离无锡城区7千米，原市县的交界处。清光绪版《无锡县志》载："舜山一名历山，山下为历村。或云：上有舜田，为舜帝所耕。其西为柯山。"又据《风土记》载："为吴仲雍六世孙柯相封地，故名。两山连而其峰相望，土人合名之曰舜柯山。"东西长2.4千

图3-1　舜柯山全景

米，主峰高度海拔220米，山的西北与藕乐苑社区李家湾东侧为界，东为无锡市滨湖区荣巷街道勤新社区，山的东面有钱荣公路、北有钱胡路经过。2011年，舜柯山被评定入选无锡市第一批历史地名山水形胜保护名录。

顾山　绝对位置为北纬31°34′、东经120°11′，位于舜柯社区与无锡市滨湖区荣巷街道的交界处，是舜柯山向西南延伸的山脉，原名大家山，南北长2.1千米，主峰高度海拔120米。

桃花山　绝对位置为北纬31°34′、东经120°11′，位于舜柯社区与无锡市滨湖区的交界处，是顾山向南延伸的山脉，南北长1.5千米，主峰高度海拔120米。

蒲扇山　绝对位置为北纬31°34′、东经120°11′，离无锡市城区9千米，位于舜柯社区与藕乐苑社区以及无锡市郊的交界处。蒲扇山是桃花山向西延伸的山脉，主峰高度为海拔60米。

山湾

山湾是舜柯山、顾山等山与山之间山麓所形成的凹进之处，三面被山体包围，一面豁口朝外，并且呈口大里小的畚箕状。舜柯社区有3个山湾，深浅形状不一，面积大小不同。

张湾　位于北纬31°34′、东经120°12′。在舜柯社区（历村）上秦巷自然村钱胡路之南，是舜柯山北部的一个山湾。相传是古代由一个姓张的农民在此垦荒种地而得名。其西与道士湾相邻。谷口朝北，湾内有山地1030亩，耕地43亩，山地土层厚实，山下有池塘。湾内适宜种植果林、茶叶、山芋、蚕豆等。清道光二十五年（1845），享年74岁的清代名人支浩明葬于苏庙埭桥观音堂东南首许堡田。1962年，因兴办村办企业墓地遭破坏，其家人拾骨迁葬于张湾祖坟。湾内有一座建于1971年的无锡变电所，为无锡市西郊的枢纽变电所之一。半山腰有近代名人支浩明的墓地。1989年，支浩明墓地涉及变电所扩建，墓地向上50米迁移。2003年，支浩明墓被列入无锡市文物保护控制单位。

图3-2　张湾

道士湾　位于北纬31°34′、东经120°12′。在舜柯社区(历村)南端的钱胡路之南,顾山北麓,与舜柯山相连处的一个大山湾,谷口朝北。湾内有山地1230亩,耕地43亩,种植茶树、水杉及香樟等苗木。湾内原有一座道观,民国时期毁坏后拆除。湾内有池塘,其中一个最大的池塘叫"三只头塘",为该湾区农作物的主要水源地。

图3-3　道士湾

1975年,湾内建有一个知青点,有二层楼6间房,平房4间,知青28人。

舜山湾　位于舜柯社区(舜一)西南部,钱胡路之南。口宽湾浅。湾内山地面积475亩,耕地面积195.6亩,种植茶树和多种苗木。入口处在20世纪60年代初期建有无锡市政协农场。山湾中部原为舜一大队林业队,种植茶树和树苗。1990年5月10日,开建舜柯山公墓。2014年,世界上第一个从喜马拉雅山北坡登上珠穆朗玛峰的女性运动员潘多亦葬在其中,墓葬坐南朝北。2017年1月25日,著名红学家、史学家、书法家、画家,中国人民大学教授、中国艺术研究院副院长、中国红学家学会会长冯其庸安葬于公墓中,墓葬坐西朝东。谷中有3个大池塘,是明清时期古砖窑制砖挖泥所成。

第三节　河流　池塘

舜柯社区南部属丘陵地区,地势较高,但境内北部平原地区河流纵横,池塘遍布,河网水系发达。2019年,境内主要河道3条,河浜9条,池塘28个。河流总长度5.37千米,水域面积37370平方米。

河流

1. 主要河道

域内解放初有一条壤里河,1955年开挖沿山河,1976年开挖向阳河,至2019

年域内有3条主要河道。

壤里河 东西走向的村级河道,域内全长616米,河道宽度6~7米。

向阳河 1976年,钱桥公社党委、政府组织力量,在境内(原历村、舜一)开凿了此河,全长580米,河道宽度6~7米。向阳河的开挖,把历村、舜一、溪南三大队的水网联通,对灌溉、抗旱、抗洪、排涝起到极大的作用。同时,对方便水上运输起到不可估量的作用。2015年,向阳河列为街道级河道。

沿山河 1955年开挖,市级河道,为惠山区与滨湖区交界河道,东西走向,河道全长3110米,域内全长320米,河道宽度10米。2015年惠山区、滨湖区联合投资1014万元,对沿山河进行综合治理。

2019年舜柯社区河道情况表

表3-1 单位:米

河道名称	开挖年月	河流走向	途经村社区	河道长	河道宽度	跨河桥梁
壤里河	不详	东西	舜一	616	6~7	
向阳河	1976.11	东西	舜柯	580	6~7	向阳一号桥、向阳二号桥、上葑大桥(新桥)
沿山河	1955	东西	舜柯	320	10	沿山河桥(原黄石桥)

2.河浜

浜,一般一端连通大河,一端位于自然村,是旧时对外物资交流的主要通道。二十世纪六七十年代,河浜是各生产队解决农业生产运输的通道,以及就近居民淘米、洗菜、浇水等日常用水的主要场所。至90年代末,河浜基本失去运输、生活功能。进入21世纪,河浜主要以泄洪、抗旱以及美化环境作用。

图3-4 芮巷浜

2019年,舜柯社区有庙浜、花园浜、田肚浜、跃进河浜、西浜、周巷浜、费巷浜、芮巷浜、田舍头浜等9条河浜。

2019年舜柯社区河浜情况表

表3-2　　　　单位:米

河浜名称	河浜走向	河道长度	河道宽度	跨浜桥梁
庙浜	南北	350	10	文筠桥
东浜河(跃进河)	南北	800	6	东浜桥、历山桥
西浜	南北	200	6~7	—
周巷浜	南北	500	7~8	—
费巷浜	南北	200	6~7	—
芮巷浜	南北	300	6~7	—
田舍头浜	东西	200	6~7	上葑桥(老桥)
田肚浜	南北	537	6~7	舜欣二号桥(刘四桥)
花园浜	南北	770	6~7	花园桥、舜欣一号桥

池塘

舜柯社区从山湾到各自然村庄中都有大小不一、形状各异的山(水)塘,俗称池塘。旧时,境内有162个池塘分布在舜柯地区的各个自然村和农田之中。南高北低的农田高低不平,先民为了灌溉农田,开挖了大小、形状不一的池塘。1964年,历村大队尚有75个池塘。在农业学大寨中,经多次整地平田,扩大种植面积,大多数的池塘已经平掉,成了农田。2019年底,舜柯社区仅剩28个池塘。

独立池塘其水系是可以通过人工沟渠使其互相贯通,地势低的池塘除天然降水的积沉,在雨水季节还可以依靠高处往下注水,进行储水。池塘的水主要用来灌溉农田。如遇干旱年份,古时在没有机电戽水情况下,必须用水车从河浜里一级一级通过土渠往上提水。舜柯社区的百姓中就流传有“十八重车水”的说法。另外,由于池塘多,解决了居住在山湾和村庄周围村民的日常生活用水。

图3-5　舜柯山下的池塘

池塘名称　舜柯社区的大小池塘都有名称，老一辈的百姓还能把村子附近的池塘名称说个遍。由于年代久远，部分池塘的名称已无法说清，现存的28个池塘以及消失的82个池塘尚有名称，一直留传。

2019年舜柯社区池塘名称一览表

表3-3

地区	池塘名称	所属自然村	地区	池塘名称	所属自然村
历村	踏度河	上秦巷	舜一	老鸭渠	田肚
	后底	上秦巷		边田河	田肚
	门前	上秦巷		大黄泥头	殷巷
	杨家桥头	西浜		三条沟	殷巷
	茭白河	蒋巷		藕渠里	殷巷
	田舍头	田舍头		二条沟	王巷
	东水渠	费巷		芦渠河	王巷
	中水渠	蒋巷		王边田	王巷
	西水渠	前周巷		大淘河	王巷
舜一	河桩头	吴一		馒头圩	王巷
	张师圩	花园		小淘米河	王巷
	西渠上河	田肚		爬田槽	王巷
	西渠下河	田肚		东渠	沈巷
	小黄泥头	田肚		亭柱河	沈巷

2019年舜柯社区已消失有名称的池塘一览表

表3-4

地区	池塘名称	所属自然村	地区	池塘名称	所属自然村
历村	寻人水渠	缪家	历村	芝麻杠下	缪家
	上双水渠	缪家		汉墩里	蒋巷
	粪勺塘	缪家		古坟壇河	前周巷
	里古水渠	缪家		梅花墩河	前周巷
	顾山担河	缪家		歪歪河	后周巷
	胡罗潭	缪家		阳古桥头	庄家

续表3-4

地区	池塘名称	所属自然村	地区	池塘名称	所属自然村
舜一	庙浜	吴二	舜一	秦巷家后河塘	陆东
	欧家漕	吴二		陆巷后淘米塘	陆西
	门前塘	吴二		北漕	石东
	秦杏生河塘	陆东		小桥浜	壤东
	门前小塘	壤东		菜岸头	王巷
	仓库前河塘	壤西		梅花塘	王巷
	池岸头	壤西		西芦家渠	王巷
	屋后小桥浜	壤西		埌田四河塘	王巷
	杨市沟	田肚		官财坑塘	沈巷
	荷花塘	田肚		大王渠下	沈巷
	乱塘	田肚		缪家屋门前河塘	沈巷
	双圩头	田肚		家边河塘	沈巷
	老鸭坝下塘	田肚		小河头	沈巷
	扁田塘	田肚		长河头	沈巷
	黄沙塘	田肚		张镇小渠	沈巷
	馒头圩塘	田肚		严古河	沈巷
	家边河塘	殷巷		蒋古塘	沈巷
	上落段	殷巷		三亩里塘	沈巷
	下落段	殷巷		兴区里	沈巷
	三亩段	殷巷		杨家渠	沈巷
	殷祠后塘	殷巷		小王渠下	沈巷
	大西洋沟	殷巷		萄塘下	沈巷
	四渠圩	殷巷		双水渠下	沈巷
	上中塘	沈巷		上扬家渠	沈巷
	下中塘	沈巷		下扬家渠	沈巷
	高渠下	沈巷		东河花塘	沈巷
	伯晓塘	花园里		天鲍渠	沈巷
	桃花渠	花园里		东隔漕	沈巷
	丁松渠	沈巷		西隔漕	沈巷
	赤圩边小河	沈巷		桃花渠	沈巷
	唐墩边汉塘	沈巷		东塘下	沈巷
	东上水渠	沈巷		西塘下	沈巷
	西上水渠	沈巷		三角塘	沈巷
	弯河	沈巷		爬田槽	沈巷
	石亭柱	沈巷		位牌河	沈巷

还有52个没有名称的池塘，因整田平地和工业园区、职教园区建设已消失。

第四节　气候

舜柯社区属北亚热带湿润季风气候区，境内四季分明，气温适宜，降水丰沛。夏季受来自海洋的夏季季风控制，以东南风为主，天气炎热多雨；冬季受大陆冬季季风控制，以西北风为主，温度骤降，会发生寒潮冻害。春季天气多变，秋季秋高气爽。常见的气象灾害有台风、雷电、暴雨、连续阴雨、干旱、寒潮、冰雹和大雪等。

四季特征

春季　4月上旬至6月上旬，历时70天左右。气候平均温度10℃~22℃。春季气候总体为冷暖多变。

夏季　6月上旬至9月上旬，历时90天左右。气候平均温度25℃~27.6℃，夏季气候炎热多雨。

秋季　9月中旬至11月中旬前后，历时60天左右。是四季中最短的季节，平均气温21℃~22℃左右。秋季秋高气爽，气候温和宜人。有的年份会出现“秋雨绵绵”的现象。

冬季　11月下旬至翌年3月底4月初，历时135天左右。是四季中最长的季节，平均气温在10℃以下。冬季会出现寒潮天气，有时会出现白雪皑皑，平均每年出现强寒潮天气2~3次。

气候要素

舜柯地区四季分明、气候温和、日照充足、雨水充沛、灾害频繁。以下为1955—2014年60年的统计资料。

（一）气温

区域内年平均气温16.2℃，年平均最高气温19.8℃，年平均最低气温11.6℃。极端最高气温40.3℃，发生在2013年8月7日和8月9日，极端最低气温-12.5℃，发生在1969年2月6日。

（二）日照

区域内年平均日照时数1924.3小时。日照时数最多为1967年的2358小时，最少为2007年的1664.8小时，年间之差为693.2小时。

（三）降水

区域内年平均降水量1121.7毫米，年降水量最多的是1999年的1713.1毫米，最少为1978年的569.1毫米，年间之差达1144毫米。一日最大降水量为1994年10月9日，雨量达233.2毫米。境内年平均雨日126天。同时，境内有明显的梅雨期，时间为6月中旬至7月中旬的一个月，年平均梅雨量占年降水量的2~3成。

（四）季风

区域内春夏季多东南风，秋冬季多西北风。年平均风速每秒3.4米。3月、4月平均风速最大，为每秒3.9米，10月、11月份平均风速仅每秒2.8米。大风日（风速每秒17米以上，风力8级以上）年平均为7.8天。

（五）霜雪冰期

区域内年平均无霜期220天，平均新霜在11月9日出现，最早出现在10月22日（1979年）；平均终霜在4月2日，最晚出现在4月16日（1961年）。最长无霜期240天（1959年），最短无霜期198天（1971年）。平均霜期145天，有霜天数为56天。

区域内平均全年降雪8天，最多年份达20天，出现在1980—1981年冬季；最少年份仅1天。降雪时间集中在1—2月，占降雪天数的79.1%。平均初雪日期在12月23日，平均终雪日期在3月9日。积雪时间平均全年5.8天，最长16天，出现在1984年1月17日至2月1日。最少时无积雪。

区域内结冰期平均始结冰日为11月23日，平均终结冰日3月24日。

第五节 动植物

舜柯社区钟灵毓秀，有山、有水、有泉流。地理条件优越，加上气候温和，雨水充沛，山上绿树成荫，食物丰富，适宜于动、植物繁衍生长，社区内的地上、水中、山里动植物品种多样。20世纪90年代至21世纪初，受环境的影响，致使一些珍贵动、植物消失。经过近20年的环境整治，生态环境有所恢复，动植物数量随之出现止跌回升之势。

动物

(一)野生动物

蛇类　由于环境的不断变化，人类生产和生活活动范围的扩大，舜柯社区蛇类的种类日益减少，数量日趋缩小。境内蛇类的品种有水蛇、火赤炼、称杠蛇、竹叶青、四脚蛇、蝮蛇(俗称毒灰蛇)、风梢蛇、花斑蛇等。

图3-6　竹叶青蛇

兽类　舜柯社区有平原、土墩、山川、河谷等，良好的生态环境和优越的自然条件，为兽类，特别是野兽提供了生存的空间，境内主要的兽类有狗獾、野作狗(属狼类)、狐狸、松鼠、果子狸、黄鼠狼、刺猬、穿山甲、田鼠、野猫等。

图3-7　松鼠

图3-8　喜鹊

鸟类　境内山林面积多，为鸟类提供了活动、栖息、生息繁衍场所，鸟类品种多，其常见的主要鸟类有麻雀、山雀、喜鹊、白头翁、猫头鹰、布谷鸟、鹁鸪鸪、黄雀、画眉、八哥、云雀、老鹰、鸳鸯、野鸭、野山鸡、白鹭、水雉等。

(二)家禽种类

境内的家禽有：鸡、鸭、鹅、鸽、鹌鹑等。20世纪90年代以后，家禽作为农民的重要副业收入，也是改善家庭生活的主要副食品。2019年舜柯社区由于工业化和城镇化建设，家禽的养殖已越来越少，数量已随之急剧减少。

图3-9　家鸭

图3-10　山羊

(三)家畜种类

历村、舜一地区家畜种类有：猪、山羊、绵羊、兔、狗、猫等。2019年，由于工业化和城镇化建设，除作宠物饲养的狗、猫之外，其他家畜数量已经极少，有的灭绝。

（四）水产种类

区域内河、塘、沟壑之中有许多种水产类品种：青鱼、草鱼、鲢鱼、鳙鱼（花鲢）、鲤鱼、鲫鱼、鳊鱼、鳑鲏鱼、川条鱼、黑鱼、鲶鱼、土婆鱼、昂刺鱼、石鳜鱼、桂鱼、鳗鲡鱼、黄鳝、泥鳅、甲鱼、乌龟、蟹、虾、鳒虾、蚬子、河蚌、田螺、蛳螺、蟛蜞、田鸡、蟾蜍、河鳗、牛蛙等。

图3-11　花鲢

（四）虫类

舜柯社区有着优越的山林条件，昆虫的种类较多，主要有：蝴蝶、蜜蜂、野山土蜜蜂、胡蜂、蜻蜓、知了、蝙蝠、螳螂、蜘蛛、纺织娘、蜢子、蚱蜢、蝼蛄、蚯蚓、蟋蟀、苍蝇、蚊子、牛虻、萤火虫、金铃子、蚂蟥、蜒蚰、八脚（蜈蚣）、蜗牛、蚂蚁、山黑蚊、蠓显子、稻苞虫、桑牛、米蛀虫、蝆子、飞蛾、麦蝴蝶、青虫、地鳖虫、臭虫、放屁虫、跳拨虫、乌壳虫、松毛虫、皮虫、香烟虫、跳蚤等。

图3-12　蝴蝶

植物

（一）粮食作物

区域内的粮食作物有：粳稻、籼稻、糯稻、杂交稻等种植在平原地区。小麦、大麦、元麦、玉米等分布种植在山坡、旱地及平地。2008年，舜柯社区稻麦等粮食作物全部退出种植。

图3-13　油菜

（二）油料作物

区域内主要油料作物有：油菜、花生、芝麻、黄豆、向日葵、蓖麻等。分布种植在山田、旱地以及平田，主要以种油菜为主。2005年，舜柯社区境内除极少数居民在荒地上种植一些油菜外，绝大部分山田、平田已经不再种植油料作物。

(三)果树类作物

舜柯社区境内的果树品种有:桃树、梨树、枣树、枇杷树、桔子树、柿子树、石榴树、樱桃树、葡萄树、无花果树、桑树、金桔树等。分布于境内山田、旱地、自留地以及房前屋后。

图3-14 枇杷树

(四)蔬菜类作物

区域内蔬菜的品种繁多,分根茎叶菜类和瓜茄类两个大类。另有水生类蔬菜和豆类蔬菜。

根茎叶菜类 青菜、白菜、白萝卜、红萝卜、胡萝卜、生菜、香菜、卷心菜、莴苣、胡葱、大葱、香葱、大蒜、苋菜、蕹菜、雪里蕻、芥菜、菠菜、旱芹、西芹、韭菜、洋葱、金花菜、豆苗、大头菜、荠菜、花菜、黄花菜等。

瓜茄类 丝瓜、黄瓜、冬瓜、苦瓜、南瓜、笋瓜、田鸡瓜、生瓜、葫芦、菜椒、辣椒、茄子、西红柿等。

图3—15 白皮豆

水生类蔬菜 水芹、茭白、藕、茨菇、荸荠、菱角等

豆类蔬菜 黄豆、蚕豆、扁豆、绿豆、赤豆、黑豆、豌豆、长豆、豇豆、四季豆等。

(五)薯类

区域内有红薯、紫薯、黄薯、马铃薯(洋山芋)、洋生姜、芋头等。

(六)瓜果类

区域内有西瓜、黄金条香瓜、青皮绿肉瓜、白皮苹果香瓜等。

(七)菌类

区域内有各种生长于山上的野生菇。主要有树蕈、伞状菇蕈、鸡血蕈、青松蕈、勃落蕈、老鸡婆蕈、茅柴蕈等。栽培菇有:蘑菇、平菇、金针菇、草菇、姬菇、秀珍菇等。

图3-16 野生蘑菇

（八）树类

图 3-17　竹林

区域内山区面积较大，树木品种繁多，主要品种有：黑皮松、五针松、柏树、楝树、榉树、榆树、桑树、水杉、柳树、杨树、梧桐、泡桐、银杏、枫杨树、朴树、栎树、冬青、黄杨、广玉兰、女贞、香樟、槐树、谷树、皂荚树、檀树、乌柏树、柞树、石榴树、石楠树等。

（九）竹类

区域内有毛竹、淡竹、燕竹、钢竹、木竹、水竹、黄竹、阴竹、罗汉竹等。

1958年，历村大队、舜一大队先后从宜兴移植毛竹至山区，二十世纪八九十年代，毛竹成林，成了舜柯社区一大景观。

（十）花卉类

图 3-18　菊花

区域内花卉种类有：月季、玫瑰、蔷薇、芍药、腊梅、兰花、纹竹、菊花、白玉兰、茶梅、山茶、毛鹃、杜鹃、海棠、牛胡、栀子、芙蓉、鸡冠、牡丹、牵牛、迎春、野枸杞、桂花、凤仙、水仙、美人蕉、夜来香、含笑、仙人掌、万年青、千年运、冬青、石榴、紫藤、紫薇、芦苇、荷花、夹竹桃等。

（十一）草药类

图 3-19　蒲公英

区域内草药有：车前草、蒲公英、金钱草、地丁草、野枸杞、马齿苋、野韭菜、野菊花、谷树叶、皂荚叶、梧桐叶（花）、马丁令、天花粉、青木香、合欢皮、陈皮、侧柏叶、艾草、荷叶、藕节、苦草（益母草）、酱瓣草、鸡冠花、灯笼草、苏梗、马勃、鱼腥草、丝瓜筋、桑叶、桑果、半枝莲、萝卜籽、白茅根、桃仁、红花、芍药、葱白、野蒜、枇杷叶、大青叶、虎头草、龙尾草、垂盆草、土牛膝、蛇莓、瓦楞花、鸡眼草、秋蒿、盲肠草、西瓜翠、丝瓜皮、地耳草、马兰根、龙胆草、决明子、白花蛇舌草、蚕豆花、仙鹤草、松子、松针、枸骨、土参等。

(十二)茶树茶叶

区域内引进福鼎茶树,经加工的茶叶品种有炒青、碧螺春、太湖翠竹等。

第六节 矿产资源

舜柯社区矿产资源主要有砂岩、砖瓦黏土、白泥、砂石、矿泉水等。

砂岩 遍布在境内的所有山丘,为泥盆系砂系砂岩。砂岩可以用以作建筑材料。

砖瓦黏土 区域内都有分布,为第四系全新统地层,黏土可以烧制砖瓦。二十世纪七八十年代,在历村大队东浜头建有砖瓦厂,由于耕地严重受毁、污染环境,于20世纪末关停。

白泥 分布于山区,为砂石与砂石之间的夹层泥,是制作陶器的主要材料。60年代初,舜一大队开采白泥,建起了钱桥最早的乡村企业——舜一采矿厂,产品供无锡市陶瓷厂和钱桥公社陶管厂使用。

砂石 为舜柯社区山区的主要资源,储量丰富。20世纪60年代初,舜一、历村相继开办了采矿厂。其开采历史较长,经过人工开采、机械开采、禁止开采三个阶段。2004年,根据江苏省人大常委会、无锡市政府关于对非矿山禁止开采、对矿山综合环境整治的精神,舜一、历村两地采矿企业全部关闭,结束开山采石的历史。2015年,经十多年的整治,在原矿区山坡进行植被复绿,采石痕迹已全部消失。

矿泉水 舜柯山山下虎头泉无论雨季旱季,都能保证出水量,品质好,经欧盟和中国台湾地区相关部门检测,富含对人体有益的多种微量元素。虎头泉跟惠山二泉同源,江苏省地矿局1992年起经24年水质监测,得出结论,九龙十三泉,二泉最为有名,但虎头泉水质最优。

第七节　自然灾害及其他灾害

舜柯社区域内由于受各种气候的影响，水灾、旱灾、台风、冰雹等各种自然灾害时有发生。自民国时期以来，自然灾害频发。1949年后，区域内旱灾、水灾、火灾也时有发生。

水灾

民国六年(1917)8月22日上午，狂风拔树，河水顿涨尺余。

民国八年农历七月初八至七月二十，连续大雨，区域内部分圩田积水数尺，水稻失收。

民国二十年农历五月初四至五月二十四，阴雨连绵；七月初一至七月十二持续大雨，域内沿河田地尽遭淹没，田禾无收。区域内低地沿河房舍户户进水。

民国二十七年6月中旬，连续大雨6昼夜，河水暴涨，区域内低洼田禾淹没殆尽。

1949年7月上旬，连续暴雨不断，受害较重。7月10日晚，滂沱大雨达7小时，运河南门水位达4.6米，灾情严重，受灾范围大。区域内除沿山地区的村庄，其他地方农田遭到不同程度的灾害。

1952年9月，阴雨连绵，短时出现暴雨和大雨，区域内低洼田、池塘积水成涝。

1954年，区域内汛期雨季早，持续时间长，雨量大。从5月5日进入雨季至7月底，雨量799.7毫米，其中暴雨3次，大雨8次，雨日67天。导致河道水位猛涨，河水倒灌，洪涝成灾，为近百年来罕见的特大洪涝灾害。致使小麦受灾严重，减产过半。

1957年7月上旬，暴雨如注，雨量达462.7毫米，区域内低洼地区受淹。

1975年6月16日至7月15日，连续降雨414.3毫米，雨量集中，农田受涝。

1980年7月30日、8月12—22日，连续大雨、暴雨，水位猛涨。8月30日南门最高水位4.24米，降雨量276毫米，区域内前季稻发生霉烂，损失3~4成。

1987年6月9日，暴雨，河道水位猛涨。6月10日，南门水位高达4.3米，区域内低洼农田受灾。

1991年6月12—26日，华东、江淮、太湖流域连续暴雨。7月1日及后几天，大雨倾盆而下，舜柯地区遭遇特大洪灾，低洼农田全部受淹，部分厂房进水受灾，损失惨重。

1999年6—8月，降水量达1162.3毫米。由于6月7日入梅（偏早），7月18日出梅（偏迟近一周），区域内部分村民家中进水，厂房因进水，停产半停产企业数家，农作物受损严重。

2015年6月15—17日，域内强降雨持续，36小时内降雨量达198毫米，南门水位超过1991年的4.88米，达到5.18米，区域内大部分路段出现深度积水。

旱灾

民国七年（1918）秋冬，数月无雨，区域内河水干涸，麦苗遭损。

民国十八年，大旱，区域内秋无禾，岁大饥。

民国二十二年，入夏无雨，区域内土地龟裂，稻禾枯槁。

民国二十三年，全年雨量仅572毫米。6—8月天气炎热，久旱无雨。8月26日，运河南门水位仅1.92米，造成域内特大旱灾。区域内大部分稻田龟裂，稻叶枯黄，水稻严重失收。

1953年7—9月，降雨量仅116.2毫米，高温伏旱，区域内河港水浅，禾苗凋萎。

1955年，伏秋，旱象严重。8月1—16日，半个多月滴雨未落。8月29日至11月12日，持续76天未落透雨，旱田农作物生长缓慢，农户粮食减产。

1959年，梅雨不明显，夏秋雨水偏少。7月下半月未下透雨，伏旱达到40天，从9月21日至10月30日，40天仅降雨7.7毫米，加上高温持续，农作物生长受到抑制，舜柯地区的粮食减产。

1961年6月15日至7月23日，39天无雨干旱，日蒸发量7.95毫米，区域内稻田脱水，田面干裂，作物普遍受害。

1971年6月下旬至9月上旬，出现35℃以上高温日达24天，6月下旬至7月中旬仅降雨15毫米，8月降雨13.4毫米，11月降雨6.3毫米，夏、秋、冬三季连续干旱。高温干旱导致农作物大幅度减产。

1979年9月17日至12月18日，前后91天无雨，油菜、蔬菜生长受到抑制，区域内秋粮受到影响。

1988年7月4日起连续18天高温干旱，9月25日至翌年1月5日，103天无雨、干旱,区域内农作物受损。

2003年夏季,35℃以上高温持续30天,最高气温达39℃,为历史罕见的高温干旱,区域内农作物受到极大损害。

2011年,干黄梅,6月份滴雨未下。7—9月3个月未降透雨,高温持续40天,伏秋又未落透雨,舜柯社区部分秋季农作物受到了影响。

2013年夏季,从6月中旬至8月中旬,35℃以上高温持续45天,最高气温40.3℃,干旱、高温气候日期超过历史纪录,区域内部分蔬菜受到影响,导致蔬菜供应紧张。

风灾

民国六年(1917)七月初五,上午狂风拔树,大雨河水猛涨尺余。八月二十晚,狂风急雨,区域内部分房屋进水,受损。

民国十年六月,一场猛烈的暴风袭击舜柯区域,风力特强,房屋倒塌,禾叶碎,梗折。

民国十一年8月中旬2次飓风,区域内民房刮倒,船只翻身,庄稼损失严重。

民国三十六年六月初九,飓风,域内树梢折断。

民国三十七年8月10日,飓风,电杆吹倒,大树折断。

1956年8月1日起,受台风5612号袭击,持续三天,风力从7级增至11级,并伴有暴雨,区域内建筑物、农作物受害严重。

1962年9月5—6日,受6214号台风影响,风力8级以上,雨量较大,区域内低洼田农作物受淹。

1977年9月10—12日,受7708号台风正面袭击,总雨量104.7毫米,6级以上的大风持续21小时。在狂风暴雨袭击下,区域内电杆折断、电线拉断、电话中断、交通阻断,区域内大队办企业停电停产,农业生产严重受损。

1989年8月28日21时至29日7时,区域内受龙卷风、暴雨袭击,一小部分老厂房受损。

1994年10月9—10日,受9430号台风影响,普降大雨,24小时内降雨量在200毫米以上,区域内农作物严重受损,经济损失严重。

2005年8月5—7日,受0509号台风“麦莎”的影响,5日夜间开始,区域内普遍出现8级以上大风和暴雨、大暴雨,域内农作物基本吹倒。9月11—12日,受

0515号台风“卡努”的正面袭击，区域内部分路面积水，部分住宅进水，蔬菜大棚吹倒，经济受到损失。

2012年8月8—9日，受1211号“海葵”台风影响，区域内普降大雨，风力达9—10级，区域内部分种蔬菜的农户损失严重。

雹灾

民国十三年（1924）六月初六14时，风雨冰雹同时从天而降，冰雹大者如拳，小者如豆，区域内农作物受损严重。

1983年5月19日中午12时34分，持续下冰雹8分钟，冰雹大如汤圆，直径超过1.5厘米，区域内农作物受损不一。

2004年5月21日，出现雷阵雨加冰雹，区域内部分地区农作物受损。

雪灾

1955年1月初，数日大雪，积雪深度超过往常3倍。1月6日奇寒，为26年来未遇，区域内河流、河浜、池塘全部冰冻。

1964年2月18—19日，大雪，积雪深达16厘米，区域内水面全部冰冻，交通受阻。

1970年3月，降大雪，积雪13厘米，区域内树木、电线杆受到严重损害。

1977年冬春，大雪，寒潮频繁。共降大雪12场，最大积雪深度14厘米。区域内部分竹林、树木压折。

1981年1月，大雪纷飞，气温奇寒，区域内电线杆、竹子被压断，部分地区停电，交通中断一星期。

1984年1月17—19日，连续降雪46小时，雪量49.1毫米，最大积雪深度25厘米，多处电力、电信和广播线路中断，部分危险房屋倒塌，陆上交通受阻。

1991年12月24—29日，出现暴雪，最大积雪深度11厘米，积雪持续到1992年1月1日。暴雪时，气温明显下降，最低气温-8℃，区域内农作物严重受冻。

2008年1月26日至2月2日，连续出现三次暴雪，累计降雪量51.6毫米，积雪深度30厘米，区域内企业彩钢板棚出现险情。村简易农贸市场被压塌停业。

病虫灾害

民国十年（1921），小麦赤霉病大发，病穗过半。秋季又稻飞虱横行，夏秋成熟粮食作物减产。

民国十四年，域内受螟虫、稻飞虱、稻瘟病危害，粮食严重歉收。

民国二十九年，区域内稻飞虱暴发成灾，稻苗一片枯黄。

民国三十三年，区域内水稻因螟虫减产二成。

民国三十五年，区域内三麦黏虫大发，三麦减产三成以上。

1952年，区域内流行稻瘟病，水稻严重减产。

1956—1958年，区域内麦锈病连续三年流行，三麦减产二至三成。

1964年，区域内发生水稻纹枯病。7月份高温干旱，稻飞虱成灾。秋熟水稻严重减产。

1967年4—5月，雨水多，区域内三麦黏虫大发，夏熟三麦减产二至三成。

1968年秋末，稻飞虱成灾，区域内各生产队水稻减产较为严重。

1973年，三麦赤霉病大发，区域内三麦产量减产二成以上。

1981年，小麦发生白粉病，小麦因病枯黄早熟，区域内小麦产量减产二成。

1982—1983年，区域内灰飞虱传播的水稻条纹叶枯病大流行，区域内水稻产量减产一成左右。

1985年8—9月，区域内稻飞虱大发生，受灾面积较多，秋收粮食普遍减产二成以上。

冻害

1958年1月14日，受寒潮影响，气温骤降到-8℃，区域内河、浜、池塘封冻，农作物发生严重冻害。

1960年4月初，受寒潮影响，48小时内降温16℃，致区域内夏熟作物受到冻害而减产。

1965年3月15日，受强寒潮袭击，24小时内降温16.6℃，区域内夏熟作物遭到冻害。

1972年9月23日，受寒潮袭击，区域内后季稻普遍翘稻穗，亩产不足250千克。

1976年12月25—26日，受强寒潮袭击，24小时内降温12.4℃，48小时内降温16.2℃，最低气温-6.7℃，区域内农作物普遍受冻害。

1977年1月31日至2月1日，区域内最低气温骤降至-11.8℃，是年三麦亩产仅70千克，油菜籽亩产30千克左右。

1987年11月27日，强冷空气侵袭，24小时内降温16℃，最低气温-4.1℃，区域内夏熟作物受冻。

1992年1月1日，气温骤然下降，最低气温-8℃。27—30日连续4天气温低于零度，特别是28—29日，平均气温分别为-5.9℃和-5.4℃，区域内三麦、蔬菜普遍受冻。

地震

清宣统元年(1909)农历十一月二十七黄昏，南黄海地震，震级6.75级，域内有震感。

民国二年(1913)农历四月初三，镇江地震，震级5.5级。区域内有震感。

民国六年2月15日8时15分15~17秒，安徽霍山地震，震级6.25级，区域内有震感。

民国七年3月25日下午，广东南澳地震，震级7.25级，区域内有震感。

民国十年1月24日，宁夏海原地震，震级8.5级，区域内有震感。

民国十六年3月6日11时50分至13时02分，黄海地震，震级6.25级，区域内有震感，部分门窗作响。

民国十七年1月11日2时，无锡地震，震级4级，区域内门窗作响，居民惊起。

民国二十三年11月16日4时许，扬州西南地震，震级4.25级，区域内有震感。

民国二十八年2月27日4时许，无锡地震，震级约4级，区域内居民房屋内物品晃动，居民惊起。

1964年12月19日4时4分52秒，南太湖地震，震级4.25级，区域内门窗作响。

1974年4月22日8时29分14.6秒，溧阳地震，震级5.5级，区域内有明显震感，人觉晃动。

1979年7月9日18时57分23秒，溧阳地震，震级6级，区域内震感强烈，房屋摇晃，门窗作响，居民纷纷外逃。

1990年，常熟发生5.2级地震，区域内有震感。

1996年2月10日，常熟发生5级地震，区域内有震感。

火灾

民国时期至新中国成立初期，舜柯地区火灾时有发生。1957年、1958年，历村后芮巷、舜一吴巷头发生火灾。1961年，庄家大屋里、费巷发生家庭火灾，火情较为严重。

舜柯地区南部，地处山区，常有山林火情发生。70年代初，因清明祭祖，不慎引起火灾，军民们都上山用松枝拍打灭火。1987—1988年张湾发生火灾，主要依靠灭火机灭火。2005年、2007年田舍头顾山、张湾又发生两次火灾。2015年，舜柯地区在张湾半山腰设置了消防专业蓄水池，并设专用泵、输水消防管道等。在舜柯山还开辟了多处防火隔离带。2008—2019年区域内舜柯山区无火灾事故发生。

第四章　自然村落

自然村落是在历史的演变过程中,由一个、两个或多个宗族聚居在一起形成的,它也是以家庭为单位的乡人的聚集区。6000多年前,赤墩里就有先民聚居形成原始村落。每个村落(庄)都有自己的名字,具有一定的含义。

随着农村城市化进程的推进,村(大队)逐步演化为社区。社区作为基层一级的居民自治单位,由居民小组(原村民小组、生产队)组成。居民小组(村民小组、生产队)是在一个个自然村落上组成。一个自然村落可以组成一个或多个居民小组(村民小组、生产队),也可以由几个自然村落组成一个居民小组(村民小组、生产队),自然村落的大小,视人口、土地而定。1983年,历村村有14个自然村,舜一村有9个自然村。2019年,舜柯社区有27个居民小组。

第一节　村名由来

一、历村村

行政村名。历村的村名由来已久,清光绪《无锡县志》载:舜山一名历山,山下为历村。1958年,沿用历村高级社,命名为历村大队。1983年改设为历村村,是年,有农田1768亩,人口1654人,14个自然村。

上秦巷:村名,秦姓世居于此,因地势高得名。

东浜头:村名,在河浜东、西各有一村,隔河相望,此村居东,故名。

西浜头:村名,该村因坐落在南北走向河浜的西侧,故名西浜头。

费巷:清乾隆年间费氏迁徙来此定居,故得此名。

芮巷:据《芮氏家谱》载:清乾隆年间,芮氏二十一世孙芮志起、芮志仁二人由无锡县城中的江阴巷迁居而来,由此生息繁衍成一村子,叫芮巷。

田舍头:明末,几户种田人家造房在一片良田旁的荒地上,取名田舍头,意为田中之舍。

景巷:村名,原名柏树下,后从景姓得名。

蒋巷:清朝中期由蒋姓最先定居于此,故得此名。

小秦巷:村名,清末,秦姓由上秦巷分迁于此,故名。

顾巷:村名,村上顾姓居多,故叫顾巷。

吴西房:村名,该村原为吴姓仓房,位于其住宅之西,故曰吴西房。

庄家:庄氏最先来此定居,且庄姓居多,故称庄家。

缪家:缪氏最早来此,且主要由缪姓人家组成,故叫缪家。

周巷:清康熙年间,周氏最先来此定居,且以姓周的为村上的主姓,故叫周巷。

二、舜一村

行政村名。因其处于舜柯山麓,1958年以舜一高级社改名得舜一大队。1983年改设舜一村,是年,有农田1536亩,人口1411人,9个自然村。

赤墩里:因此地古代建有祭祀用的大土墩,故得此名。在赤墩的周边,有殷巷、沈巷、王巷、田肚里4个自然村。

殷巷:江南殷氏的第一代始祖,从北宋年间就从别处迁来无锡。后来,其中一支又迁来赤墩里,殷巷就是以殷姓得名的。

沈巷:沈姓最先在此居住,且人口最多,故以沈姓叫沈巷。

王巷:是赤墩里较早的一个村子。宋朝后期,胡埭邵巷一位王姓青年,路过赤墩里殷巷时,恰逢下起倾盆大雨,无法赶路。于是向殷姓人家借了把伞回家。第二天,他不失信用来还伞并道谢。殷家见此后生忠厚老实,一表人才,就招他为女婿。婚后育松、柏、禾三子。自此,后代人丁兴旺,在殷巷西南造房砌屋,逐渐发展成一个村庄,并称之为王巷。

田肚:俗称田肚里,顾名思义,此村全部坐落在四周都是农田之中的一块高地上。该村主要由殷、邵两姓组成。殷姓村民由殷巷分迁而来,与殷巷殷姓同祖同宗,两村近在咫尺。村子因在农田包围之中,故叫田肚。

花园里:花园里本来是吴巷朱姓一大户人家的花园。主人清乾隆年间在朝廷做官,告老还乡后,购地在吴巷头南不远处,建起了占地几十亩的私家花园。后来太平天国运动的战乱,使花园遭到了严重损毁。一些因战乱流离失所的人在此搭草房栖息。另外朱家的佃户成家立业后,也在此搭草房栖息生存。久而久之，聚居的人家越来越多，逐渐成为一个村庄。后来，人们就把这个村子叫花园里。至今，村内仍存有清时遗存下来尚未枯竭的古井，成了花园里的遗迹。

吴巷头：村名，清咸丰年间，吴、欧、朱三姓先后分别落户于此。形成欧巷头、河桩头、吴巷头三村，并接连在一起。由于吴巷头最大，故习惯上叫吴巷头，并沿袭于今。又一说，吴巷头原为鱼码头，因无锡话中“吴”“鱼”读音相同，故叫吴巷头。

石巷头：村名，石姓占大多数。

陆巷：陆姓在村中居多，故称陆巷，又叫南陆巷。

壤里：村名，因该村地势低洼，故名。

第二节 村落变迁

舜柯地区自改革开放以来，经济和各项社会事业发生了翻天覆地的变化，从传统社会向现代社会转型，从农业社会向工业社会转型，从农村向城市转型，许多拥有数百年历史的自然村消失，随之而来的是城市化的安置房小区，一幢幢大楼拔地而起。2006—2017年间，区域内因建设无锡职教园区、地铁三号线、安置房小区等需要进行拆迁，共消失10个自然村，新增一个安置房小区。

一、消失的自然村

壤里：2006年4月，因建无锡藕塘职教园区而拆迁消失。

石巷头、陆巷：2009年7月，因建无锡藕塘职教园区而拆迁消失。

田肚里：2010年3月因建无锡藕塘职教园区而消失。

殷巷、沈巷（东河头）：2011年7月，因建无锡职教园区而拆迁消失。

西浜、景巷：2015年9月，因地铁三号线建设而消失。

东浜：2017年因建舜柯家园安居房二期而消失。

二、新增安置房小区

舜柯家园为2013年新增的安置房小区，安置舜柯社区吴二居民小组部分拆迁户及殷巷、沈巷、田肚里居民小组等和其他社区居民小组的拆迁户居住。2015年、2017年安置西浜、东浜拆迁户居住。

壤里、石巷、陆巷居民小组等村的拆迁户则分散居住于春满园、春光苑等安置房小区。

第三节 村落概况

舜柯社区各自然村落的户籍、人口、户主等基本信息，反映出不同时期社会发展、生活变化的轨迹，更能让舜柯子民留住自己的“根”，记住乡愁。

6000多年前，舜柯地区赤墩里就有村民聚居，形成村落。宋至明万历年间，历村、赤墩里的历史都有文字记载。清光绪年间，历村又名“历村下”。民国时期，历村地区有上秦巷、芮巷、田舍头，舜一地区有王巷、殷巷、田肚里、壤里、石巷、陆巷、秦巷、欧巷、吴巷、花园里等自然村。这些村落虽交通闭塞，村民贫穷，但凭借青山绿水的自然条件，加上村民的艰辛耕作，生态的良性循环，使这些村落得以维系数千年生生不息。

中华人民共和国成立初期，舜柯地区各自然村落间都是泥土路，没有一个商店，仍处于自给自足的自然经济状态。1958年人民公社时期，各自然村组织起来，走集体化道路，由一个或多个村落组建成生产队，成为农村最基层的一级组织，村民们在一起参加劳动，分配上按劳取酬，以共同的利益来凝聚人心。1983年，撤销人民公社，建立乡建制时，生产队更名为村民小组。2001年7月，历村村与舜一村合并，成立舜柯村，各自然村分布从东到西由习惯上的历村、舜一两部分组成。2009年，舜柯社区居民委员会的建立，村民小组又更设为居民小组。2019年，历村地区有13个居民小组，舜一地区有14个居民小组。

一、历村地区各自然村概况

历村地区有13个居民小组，其中西浜居民小组、东浜居民小组虽分别于2015年、2017年因拆迁而消失，居民迁入舜柯家园小区，行政建制上仍称西浜、东浜居民小组。

2018年舜柯社区历村地区各居民小组一览表

表4-1　　单位：户、人

居民小组名称	户籍数	人数	性别		居民组长
			男	女	
上秦巷	39	142	70	72	赵建东

续表4-1

居民小组名称	户籍数	人数	性别		居民组长
			男	女	
东浜	41	163	84	79	顾浩良
西浜	47	182	89	93	景敖三
庄家	73	291	148	143	吴勤清
蒋巷	34	119	52	67	周士良
前周巷	36	128	59	69	周国甫
后周巷	31	113	52	61	庄宪达
费巷	27	105	53	52	缪伯兴
缪家	23	94	45	49	华文欣
前芮巷	30	104	55	49	张世健
后芮巷	45	173	79	94	芮海根
前田舍	27	105	47	58	黄荣泉
后田舍	29	116	55	61	陈水草
合计	482	1834	886	948	—

(一)上秦巷

上秦巷自然村历史悠久,舜柯山下的舜皇殿就坐落在上秦巷。舜皇殿历史久远,为无锡西乡一绝。舜皇殿规模宏大,穷乡僻壤之地,竟有五开间门面,五门盈厦,檐高丈余,是锡西地区少有的宗教圣地。殿内古柏森森,银杏参天,氛围庄严肃穆,至20世纪50年代,仍有棵银杏树需四人合抱。舜皇殿香火经年不绝,在民间很有影响力。舜皇殿门前有古井一口,青石围栏,上有"历山牺井"4个古篆体字特别引人遐想。舜皇殿被毁后,村民又在原址建造三间平房,内塑舜皇像,以供祭祀,每逢农历三月十五、十一月十五,祭祀活动热闹非凡。民国时期的上秦巷小学就办在上秦巷舜皇殿内,舜皇殿做佛事时,学校放学。上秦巷小学是当时历村地区唯一的一所小学。舜柯地区唯一的黄埔军校生高中玉(又名赵冬根)就出生在上秦巷。

1958年,上秦巷自然村成立上秦巷生产队。2009年为舜柯社区上秦巷居民小组。

上秦巷自然村位于舜柯社区东南部,紧靠舜柯山下钱胡路北。2018年有户籍39户,人口142人,其中男性70人,女性72人。2016年7月,因钱桥大道南延工程建设拆迁4户,分别迁入舜柯家园和春光苑。

2018年上秦巷居民小组村落情况一览表

表4-2　　　　单位:人、号

序号	户主	人数	性别		原门牌号
			男	女	
1	顾菊英	5	2	3	1
2	秦盘昌	7	4	3	3
3	秦盘林	5	3	2	7
4	秦志林	6	3	3	8
5	魏云娣	1	—	1	11-1
6	秦莉萍	4	2	2	11
7	秦建萍	4	1	3	12
8	沈才珍	1	—	1	13
9	秦佳良	4	2	2	14
10	秦政伟	5	3	2	15
11	秦建伟	5	2	3	16
12	杨焕秀	4	1	3	17
13	赵东伟	2	1	1	20
14	芮小华	2	1	1	22
15	秦浩清	1	1	—	25
16	秦正庆	4	2	2	26
17	周东珍	9	5	4	28
18	秦范昌	5	3	2	29
19	秦发伟	2	1	1	30
20	杨敏中	2	2	—	30-1
21	秦天行	3	1	2	31
22	秦惠民	6	3	3	32
23	秦国华	4	2	2	35
24	秦听清	4	2	2	36
25	秦听初	1	1	—	37
26	秦海琦	1	1	—	33
27	徐剑虹	2	1	1	41

续表4-2

序号	户主	人数	性别		原门牌号
			男	女	
28	龚菊娣	4	2	2	42
29	虞琳玲	2	—	2	43
30	秦锋明	5	3	2	44
31	秦荣兴	5	2	3	47
32	赵国良	3	2	1	48
33	赵敏东	2	1	1	51
34	吴丁兴	4	3	1	54
35	吴寿兴	4	1	3	55
36	秦鸿翔	4	2	2	53
37	赵建东	6	2	4	5
38	张老美	1	—	1	2
39	秦舜桓	3	2	1	3

(二)东浜

东浜有条“浜”称“东浜”，为断头浜，北与洋溪河相通。旧时为对外物资交流的主要通道。1958年，此河加深并向南舜柯山下延伸，时称“跃进河”，同年在南端建历村大队电力灌溉站，解决了历村大队钱姚公路下的所有农田灌溉。

是年，东浜自然村成立东浜生产队。2009年为舜柯社区东浜居民小组。

东浜位于舜柯社区最东端，与滨湖区勤新社区接壤，南靠舜柯山钱胡路北，北至沿山河与苏庙社区隔河相望。2017年因舜柯家园二期建设而整体拆迁消失，居民迁入舜柯家园。2018年有户籍41户，人口163人，其中男性84人，女性79人。行政建制上仍属舜柯社区东浜居民小组。

2018年东浜居民小组村落情况一览表

表4-3　　单位：人、号

序号	户主	人数	性别		原门牌号
			男	女	
1	杨凤珍	1	—	1	1

续表4-3

序号	户主	人数	性别		原门牌号
			男	女	
2	周明仙	2	1	1	3
3	顾伯清	7	4	3	4
4	顾浩清	5	2	3	7
5	顾建鸿	3	2	1	7－1
6	顾浩良	5	2	3	8
7	潘懿	7	4	3	9
8	顾建林	3	2	1	10
9	顾心一	3	1	2	12
10	徐月珍	4	2	2	13
11	赵燕萍	4	2	2	15
12	杨小弟	5	3	2	16
13	黄琴珠	3	2	1	17
14	吴林生	3	1	2	18
15	顾巧生	5	2	3	19
16	顾伯生	3	1	2	20
17	顾富生	5	3	2	21
18	顾珍妹	1	—	1	22
19	杨焕伦	5	3	2	23
20	潘渭清	4	3	1	24
21	顾建清	8	4	4	25
22	顾仁清	5	3	2	26
23	顾仲芳	5	2	3	27
24	杨叶青	3	1	2	34
25	杨炳仁	5	3	2	35
26	杨晓春	2	1	1	36
27	顾伯明	3	2	1	40
28	杨锡良	3	2	1	41
29	孟尔胜	4	3	1	42
30	杨富娣	1	—	1	46
31	杨建平	4	3	1	47
32	杨承泉	4	2	2	49
33	顾菊林	5	3	2	51
34	王国成	5	2	3	52

续表4-3

序号	户主	人数	性别		原门牌号
			男	女	
35	杨贤	4	2	2	53
36	杨伟东	4	1	3	55
37	杨继业	3	1	2	56
38	杨震懿	4	2	2	57
39	顾浩忠	6	3	3	58
40	杨炳生	5	2	3	59
41	顾忠益	2	1	1	12

(三)西浜

位于顾山北麓,东浜河西畔,1958年钱桥人民公社成立后,由西浜、景巷、小秦巷、顾巷组成西浜生产队,现属舜柯社区西浜居民小组。东与东浜相接,南接上秦巷,西至庄家居民小组吴西房自然村,北至黄石桥河。2015年9月,因地铁三号线建设而整体拆迁,居民迁入舜柯家园。2018年有户籍47户,人口182人,其中男性89人,女性93人。行政建制属舜柯社区西浜居民小组。

2018年西浜居民小组村落情况一览表

表4-4　　　　单位:人、号

序号	户主	人数	性别		原门牌号
			男	女	
1	黄德星	4	2	2	5
2	顾明和	3	2	1	8
3	黄德清	1	1	—	9
4	景春兴	6	2	4	11
5	景德兴	5	2	3	12
6	景国兴	2	1	1	14
7	王仁兴	4	3	1	16
8	王仁清	1	1	—	17
9	景敖大	5	2	3	18
10	景敖二	5	3	2	19
11	吴文娟	3	1	2	20
12	周秋英	2	1	1	22

续表4-4

序号	户主	人数	性别		原门牌号
			男	女	
13	顾秋荣	7	3	4	24
14	景德庆	3	1	2	26
15	尤赛明	1	—	1	27
16	景秋娣	1	—	1	29
17	景耀兴	4	3	1	30
18	景敏良	4	1	3	31
19	张小岳	7	4	3	32
20	景敖三	6	3	3	33
21	秦伟	3	1	2	34
22	郁军红	1	—	1	34
23	秦学兴	7	4	3	35
24	秦寿兴	5	4	1	36
25	顾正献	5	3	2	37
26	顾洪度	7	4	3	38
27	陆二毛	2	1	1	39
28	陆文君	2	1	1	40
29	顾文平	3	2	1	41
30	周东春	5	3	2	42
31	秦伯兴	5	3	2	43
32	秦平兴	5	3	2	44
33	秦伟江	5	1	4	47
34	秦建兴	2	1	1	49
35	秦才兴	5	2	3	50
36	毛菊妹	4	2	2	51
37	计平江	2	1	1	56
38	计金炎	4	2	2	57
39	钱珍妹	3	—	3	61
40	周国良	3	1	2	63
41	顾小军	4	1	3	64
42	顾胜芳	2	1	1	65

续表4-4

序号	户主	人数	性别		原门牌号
			男	女	
43	顾建宁	5	2	3	66
44	黄志琴	4	2	2	67
45	顾耀平	6	4	2	68
46	顾小红	4	2	2	71
47	顾晓峰	5	2	3	72

(四)庄家

1954年,在庄家自然村建设历村最早的机械灌溉站,在庄家自然村和吴西房自然村中间,建有一条又高又长的水渠,时村民都叫其为“洋沟”,庄家机械灌溉站解决了历村地区部分农田机械灌溉。

图4-1 庄家老宅

1958年,由庄家、吴西房两自然村组成庄家生产队。庄家生产队为历村大队样板生产队,在队长吴江申的带领下,社员分配水平常处历村大队各生产队前茅。吴西房位于庄家东,舜柯中心路北侧,东邻景巷,北至沿山河。庄家自然村在中心路两侧,西至蒋巷,北至前周巷。属舜柯社区庄家居民小组,2018年有户籍73户,人口291人,其中男性148人,女性143人。

2018年庄家居民小组村落情况一览表

表4-5 单位:人、号

序号	户主	人数	性别		原门牌号
			男	女	
1	陈伯清	5	3	2	1
2	陈伯如	5	2	3	2
3	陈鑫炎	5	2	3	3
4	汪兴	4	2	2	7
5	周海东	3	2	1	8
6	吴明海	3	2	1	11
7	顾玉良	6	2	4	12

续表4-5

序号	户主	人数	性别		原门牌号
			男	女	
8	费炳炎	4	3	1	13
9	庄浩其	4	1	3	15
10	沈伟华	5	3	2	16
11	吴洪良	5	3	2	17
12	顾寿良	3	1	2	18
13	庄蓉	5	3	2	19
14	周寿生	7	2	5	20
15	吴月娥	5	2	3	21
16	吴炳兴	5	2	3	22
17	吴炳荣	2	1	1	23
18	吴炳耀	5	2	3	24
19	吴旭旦	5	3	2	25
20	吴志明	4	1	3	26
21	周娟芬	1	—	1	27
22	吴国民	4	1	3	28
23	吴炳辉	2	1	1	29
24	吴锡春	3	3	–	30
25	吴锡兴	5	3	2	31
26	吴龙喜	4	3	1	33
27	吴志良	4	2	2	34
28	吴锡龙	1	1	—	35
29	庄学明	5	2	3	37
30	吴龙根	5	2	3	41
31	吴勤清	3	2	1	49
32	吴志刚	4	3	1	51
33	庄建华	6	3	3	52
34	庄俊杰	2	1	1	54
35	庄秋良	3	2	1	55
36	庄燕琴	3	2	1	56
37	张寿华	6	2	4	57

续表4-5

序号	户主	人数	性别		原门牌号
			男	女	
38	吴争鸣	6	2	4	59
39	庄永建	3	2	1	60
40	庄勤华	5	1	4	61
41	赵金虎	3	1	2	62
42	赵松勤	5	3	2	63
43	高建平	3	1	2	65
44	高建明	6	3	3	66
45	费银娣	6	3	3	67
46	马永顺	2	2	—	68
47	龚建华	5	2	3	69
48	龚建正	4	2	2	70
49	缪勤建	4	1	3	73
50	庄坚	5	3	2	75
51	唐红英	4	1	3	76
52	周秀凤	6	2	4	77
53	庄建芳	3	2	1	79
54	庄士芳	4	3	1	80
55	庄国华	3	2	1	81
56	刘凤英	3	2	1	82
57	庄卫荣	5	3	2	83
58	庄建国	3	2	1	85
59	费亚新	3	1	2	103
60	庄伟兴	1	1	—	113
61	庄复	5	2	3	86
62	龚志荣	3	1	2	88
63	龚建平	4	3	1	89
64	庄凤兴	6	3	3	92
65	庄炳南	4	3	1	93
66	庄炳法	5	2	3	94
67	庄小芳	4	3	1	97
68	王耀金	1	1	—	100

续表4-5

序号	户主	人数	性别		原门牌号
			男	女	
69	庄桂兴	3	2	1	107
70	庄金兴	5	3	2	114
71	陈建兴	4	3	1	71
72	吴华鸣	1	1	—	47
73	庄荣兴	3	1	2	91

(五)蒋巷

1958年，蒋巷自然村与前周巷自然村组成蒋巷生产队。1963年分队，分别组成蒋巷生产队，前周巷生产队。蒋巷生产队位于今社区中心路北侧，东接庄家，西至红庙头，北邻前周巷。2002年6月，因建造景盛路，有3户拆迁，村民迁入春来苑居住。2009年为舜柯社区蒋巷居民小组，2018年蒋巷居民小组有户籍34户，人口119人，其中男性52人，女性67人。

2018年蒋巷居民小组村落情况一览表

表4-6　　单位:人、号

序号	户主	人数	性别		原门牌号
			男	女	
1	周泉达	3	2	1	1
2	周阳	4	1	3	2
3	周素香	2	—	2	3
4	吴三娣	2	—	2	4
5	侯金虎	5	3	2	5
6	侯国平	4	1	3	6
7	周泉法	4	1	3	8
8	朱瑞秀	4	2	2	9
9	张国兴	4	3	1	10
10	张满兴	1	1	—	11
11	蒋群	3	1	2	14
12	蒋泉昌	4	1	3	15
13	张俊裕	3	1	2	17
14	庄志勤	6	2	4	18
15	张剑泰	3	2	1	19

续表 4-6

序号	户主	人数	性别		原门牌号
			男	女	
16	张松峰	3	1	2	21
17	张建中	5	3	2	22
18	周福良	2	1	1	23
19	周伟庆	3	2	1	原25
20	周士良	1	1	—	原26－2
21	周伟军	2	1	1	原26
22	周嘉伟	5	2	3	29
23	周耀伟	6	3	3	30
24	张炜	4	2	2	32
25	张幼彦	6	3	3	38
26	张建国	2	1	1	41
27	张建良	2	1	1	42
28	杨红兵	5	1	4	45
29	庄国庆	4	2	2	50
30	缪劲松	3	1	2	51
31	缪洪良	2	1	1	52
32	章耀新	3	1	2	53
33	章建新	5	2	3	54
34	陶凤娟	4	2	2	12

(六)前周巷

1958—1963年属蒋巷生产队,1963年,前周巷自然村组成前周巷生产队。在农耕时代,周巷浜为庄家、蒋巷、前周巷对外粮食、物资交流的主要交通要道。2009年为舜柯社区前周巷居民小组。前周巷位于庄家北,东为周巷浜,北连后周巷,西至景盛路。2018年,前周巷居民小组有户籍36户,人口128人,其中男性59人,女性69人。

2018年前周巷居民小组村落情况一览表

表4-7 单位:人、号

序号	户主	人数	性别		原门牌号
			男	女	
1	龚玲英	4	2	2	1

续表4-7

序号	户主	人数	性别		原门牌号
			男	女	
2	周斌伟	6	3	3	2
3	周群伟	4	1	3	3
4	周凤根	6	2	4	4
5	周明珠	3	1	2	5
6	周永海	4	2	2	6
7	周永源	2	1	1	7
8	周金清	6	4	2	8
9	周宏	1	1	—	9
10	周仁清	2	1	1	10
11	张宝妹	4	2	2	16
12	周伯生	1	1	—	17
13	周松清	6	2	4	19
14	周炳炎	3	2	1	20
15	吴洁	4	2	2	25
16	周伯麟	3	2	1	26
17	周一春	4	1	3	27
18	周宝良	5	3	2	28
19	周松良	5	3	2	29
20	周斌	3	1	2	30
21	朱秋英	5	3	2	31
22	周满良	5	2	3	32
23	周大建	4	1	3	33
24	周大荣	5	2	3	34
25	周文英	3	1	2	35
26	周大鹏	3	1	2	36
27	周茂清	2	1	1	37
28	庄国庆	3	1	2	38
29	庄国新	3	1	2	39
30	俞英珍	3	—	3	40
31	周正炎	2	1	1	41
32	周正文	3	1	2	42
33	周大度	1	1	—	43

续表4-7

序号	户主	人数	性别		原门牌号
			男	女	
34	周雅琴	4	2	2	45
35	周虎军	5	3	2	201
36	周龙军	1	1	—	202

（七）后周巷

1958—1963年属费巷生产队，1963年，后周巷自然村组成后周巷生产队。后周巷紧邻前周巷北，东至周巷浜，西连费巷。在紧邻前周巷北有一条巷，因农舍都坐南向北，村民称之为“朝北巷”。邻朝北巷西北向，有一条巷都为庄姓、费姓，因1963年分队时称后周巷生产队，后一直称后周巷。2009年为舜柯社区后周巷居民小组。2018年有户籍31户，人口113人，其中男性52人，女性61人。

2018年后周巷居民小组村落情况一览表

表4-8　　单位：人、号

序号	户主	人数	性别		原门牌号
			男	女	
1	周满生	4	2	2	23
2	周盛	4	2	2	24
3	周云昌	4	1	3	46
4	周云亭	3	1	2	47
5	周福泉	5	2	3	49
6	周焕泉	4	2	2	50
7	周正生	5	3	2	51
8	周正兴	6	3	3	52
9	殷秀琴	2	—	2	53－1
10	周其兴	5	3	2	54
11	周其清	6	3	3	55
12	周其新	1	1	—	55－1
13	张小林	3	2	1	56
14	费盘清	4	2	2	57
15	费云洲	5	2	3	58
16	周明荣	5	3	2	59
17	周明和	5	2	3	61

续表4-8

序号	户主	人数	性别		原门牌号
			男	女	
18	周明建	5	3	2	62
19	周建	3	1	2	63
20	周仁法	2	1	1	64
21	吴秋月	3	1	2	65
22	庄技新	5	2	3	66
23	庄小新	3	1	2	67
24	庄浩东	6	2	4	68
25	庄宪达	3	2	1	69
26	庄增达	1	1	—	70
27	费惠琴	3	1	2	75
28	费忠	2	1	1	76
29	费伟	4	2	2	77
30	费洪清	5	1	4	78
31	周仁美	5	3	2	60

(八)费巷

费巷东邻后周巷,南靠前周巷,西至景盛路,北与溪南社区隔河相望。费巷自然村名人辈出,据《缪氏大统宗谱》记载,费巷缪氏宗族属历村缪家里缪氏历村支系,祖上有明朝进士缪昌名人。1958年,费巷自然村和后周巷自然村组成费巷生产队。1963年,费巷生产队又与后周巷分成两个生产队。60年代,费巷有2位名牌大学大学生,费仲兴、费仲芳兄弟俩,费仲兴为南京炮兵学院教授,享受副军级待遇。费仲芳被授予英语特级教师、"拔尖人才"称号。缪氏后代的留美博士缪静、缪晖姐弟都为费巷子弟。2018年,费巷居民小组有户籍27户,人口105人,其中男性53人,女性52人。

2018年费巷居民小组村落情况一览表

表4-9　　　　单位:人、号

序号	户主	人数	性别		原门牌号
			男	女	
1	缪星华	5	2	3	3
2	支建英	4	1	3	4

续表4-9

序号	户主	人数	性别		原门牌号
			男	女	
3	费建法	4	1	3	5
4	丁菊琴	5	3	2	6
5	朱留娣	4	2	2	7
6	费茂兴	3	1	2	8
7	缪福兴	5	2	3	12
8	缪泉兴	5	3	2	13
9	缪驾宇	3	1	2	14
10	缪伯兴	5	2	3	15
11	缪建华	3	2	1	16
12	缪晖	1	1	—	17
13	费仲华	2	1	1	20
14	费金南	5	3	2	21
15	费银南	5	3	2	22
16	费瑞南	1	1	—	23
17	费满芳	3	2	1	25
18	沈盘敏	5	3	2	27
19	费建洪	2	1	1	28
20	费伯良	3	2	1	29
21	费培祖	4	2	2	32
22	费鼎秋	6	3	3	34
23	黄银仙	5	2	3	35
24	费正炎	5	2	3	36
25	费锡伟	5	2	3	37
26	费锡良	3	2	1	38
27	费银芳	4	3	1	26

(九)缪家

缪家里在历史上曾出过大官,据《缪氏大统宗谱》载,缪家里为缪氏历村支系始迁地,缪昌为始迁祖第三代。明朝进士缪昌官至二品,为官30年而布衣素食、家无财产。1963年,前芮巷生产队分出以缪家自然村组成缪家生产队。2009年,为舜柯社区缪家居民小组。缪家位于中心路北,红庙头西,西与前芮巷相邻。2018年，缪家居民小组有户籍23户，人口94人，其中男性45人，女性49人。

2018年缪家居民小组村落情况一览表

表4-10　　　　单位：人、号

序号	户主	人数	性别		原门牌号
			男	女	
1	张建度	3	2	1	201
2	缪盘兴	5	3	2	202
3	缪志明	5	3	2	203
4	缪建良	5	2	3	204
5	缪海良	3	1	2	205
6	冯辰亚	4	1	3	206
7	缪仲明	2	1	1	207
8	缪荣坤	3	1	2	208
9	缪云锡	4	2	2	209
10	张国平	5	2	3	210
11	张和平	4	2	2	211
12	缪小弟	5	3	2	212
13	缪伟国	3	2	1	213
14	缪伟江	4	2	2	222
15	缪约翰	5	2	3	214
16	缪惠良	3	1	2	215
17	缪其中	4	3	1	216
18	缪伯清	7	3	4	217
19	缪伯明	5	2	3	218
20	缪坚栋	3	2	1	72
21	缪志勤	7	3	4	219
22	张敖度	2	1	1	220
23	张伟	3	1	2	78

（十）前芮巷

1958年，前芮巷自然村与缪家自然村组成前芮巷生产队，1963年分队，分别组成前芮巷生产队、缪家生产队。前芮巷生产队2009年为舜柯社区前芮巷居民小组。前芮巷位于今社区中心路两侧，东邻缪家，西与田舍头自然村相望。2018年，前芮巷居民小组有户籍30户，人口104人，其中男性55人，女性49人。

2018年前芮巷居民小组村落情况一览表

表4-11 单位:人、号

序号	户主	人数	性别		原门牌号
			男	女	
1	时品根	5	3	2	3
2	芮建华	2	1	1	4
3	芮智伟	4	3	1	6
4	芮培兴	4	3	1	7
5	丁琴娣	4	2	2	8
6	谢其根	4	2	2	9
7	谢雪飞	4	3	1	10
8	芮斌	2	1	1	11
9	芮井松	6	2	4	21
10	芮云良	5	2	3	22
11	谢伯明	2	2	—	23
12	谢林根	3	1	2	24
13	陶凤清	2	1	1	25
14	陶凤明	4	2	2	26
15	张世健	5	3	2	28
16	朱琴芳	1	—	1	29
17	芮跃兴	1	1	—	30
18	缪彩珍	2	1	1	33
19	秦惠琴	2	1	1	57
20	张萍波	6	3	3	58
21	芮建荣	6	4	2	59
22	邵菊英	1	—	1	67
23	芮志宏	4	1	3	79
24	张建明	3	2	1	83
25	芮仲恩	5	2	3	85
26	芮洪芳	1	—	1	88
27	时品炎	3	2	1	98
28	时建军	4	1	3	100
29	钱月华	4	3	1	101
30	陶凤岐	5	3	2	103

(十一)后芮巷

1958年,后芮巷自然村成立后芮巷生产队。2009年,为舜柯社区后芮巷居民小组。后芮巷位于今社区中心路北,东邻前芮巷,西与田舍头自然村相望。2018年,后芮巷居民小组有户籍45户,人口173人,其中男性79人,女性94人。

2018年后芮巷居民小组村落情况一览表

表4-12　　单位:人、号

序号	户主	人数	性别		原门牌号
			男	女	
1	芮寿良	5	2	3	120
2	芮国凤	5	1	4	121
3	芮炎生	5	3	2	122
4	芮建生	5	2	3	123
5	俞焕良	6	4	2	125
6	俞仲良	5	3	2	126
7	俞明良	4	2	2	127
8	芮德先	3	2	1	128
9	芮方燕	1	—	1	129
10	张前芳	5	2	3	130
11	张建明	3	2	1	132
12	张锡宝	3	1	2	134
13	朱桂琴	6	2	4	135
14	张建忠	3	1	2	136
15	芮建良	4	1	3	150
16	芮惠泉	6	3	3	152
17	芮红旗	5	2	3	153
18	芮东良	5	2	3	155
19	张亚东	3	1	2	156
20	张荷宝	5	2	3	157
21	芮建清	6	4	2	158
22	王湘奇	5	2	3	159
23	芮凤良	2	1	1	160
24	芮建忠	7	3	4	161

续表4-12

序号	户主	人数	性别		原门牌号
			男	女	
25	芮明生	5	2	3	163
26	任月娣	1	—	1	165
27	赵秀凤	1	—	1	167
28	芮丁康	5	3	2	168
29	陆宝兴	4	3	1	169
30	陆宝清	6	2	4	170
31	芮太圻	3	2	1	171
32	芮海根	2	1	1	172
33	芮剑荣	3	1	2	173
34	芮剑武	4	1	3	174
35	俞国良	4	2	2	175
36	俞伟刚	4	1	3	176
37	胡炳焕	5	2	3	178
38	边琴芬	2	—	2	154
39	刘燕	1	—	1	154
40	芮荣昌	5	3	2	177
41	俞伟峰	1	1	—	106
42	俞魏源	4	3	1	106
43	胡照军	3	1	2	149
44	张建新	2	2	—	140
45	夏建强	1	1	—	141

(十二)前田舍

1958年,田舍头自然村成立田舍头生产队。1963年分队,分别成立前田舍、后田舍两个生产队。前田舍生产队2009年为舜柯社区前田舍居民小组。前田舍自然村位于今社区中心路两侧,东与前、后芮巷相望,西至钱洛路。2018年,前田舍居民小组有户籍27户,人口105人,其中男性47人,女性58人。

2018年前田舍居民小组村落情况一览表

表4-13 单位:人、号

序号	户主	人数	性别		原门牌号
			男	女	
1	王湘成	5	2	3	1
2	芮宝妹	5	2	3	2
3	芮云峰	4	2	2	3
4	杨震家	5	3	2	4
5	王小虎	5	1	4	5
6	吴国贤	1	1	—	6
7	吴仲贤	3	2	1	7
8	吴惠兴	5	2	3	8
9	赵阿琴	4	1	3	9
10	王祥兴	6	3	3	10
11	吴三南	5	2	3	11
12	徐叙兴	6	2	4	12
13	芮嘉良	2	1	1	15
14	吴建军	4	1	3	19
15	吴志军	3	2	1	20
16	王义萍	3	1	2	21
17	朱进英	4	2	2	28
18	吴银南	3	2	1	29
19	吴忠良	1	1	—	47
20	吴义良	4	1	3	48
21	黄荣泉	6	3	3	49
22	张亚东	4	3	1	50
23	张亚敏	4	2	2	51
24	虞琴珠	5	2	3	52
25	吴锡良	4	2	2	53
26	吴嘉辉	3	1	2	54
27	余思铭	1	—	1	6

(十三)后田舍

1963年,由田舍头生产队分出成立后田舍生产队。2009年,为舜柯社区后田舍居民小组。后田舍自然村位于中心路北,东邻前田舍,西至钱洛路。2018年,后田舍居民小组有户籍29户,人口116人,其中男性55人,女性61人。

2018年后田舍居民小组村落情况一览表

表4-14 单位:人、号

序号	户主	人数	性别		原门牌号
			男	女	
1	陈二南	5	2	3	27
2	张建坤	3	2	1	30
3	张炳其	5	2	3	34
4	张建其	5	3	2	35
5	刘墩群	5	2	3	36
6	朱海南	2	1	1	42
7	黄明华	3	1	2	55
8	吴一清	5	3	2	56
9	吴建清	4	2	2	58
10	吴正清	3	1	2	59
11	张建平	5	2	3	60
12	丁建华	3	1	2	61
13	龚秀兰	2	—	2	62
14	吴其中	3	2	1	63
15	吴其北	4	2	2	64
16	吴喜南	4	2	2	65
17	陈水草	5	2	3	66
18	朱小林	4	3	1	67
19	朱申金	6	3	3	68
20	陈荣珍	5	2	3	69
21	张纪度	5	3	2	70
22	张小龙	4	3	1	71
23	朱海炳	2	1	1	72
24	陈祖良	5	2	3	73

续表4-14

序号	户主	人数	性别		原门牌号
			男	女	
25	丁荷英	5	3	2	74
26	姚珍娣	2	1	1	75
27	陈新义	5	2	3	76
28	陈阿明	3	1	2	78
29	朱介平	4	1	3	80

二、舜一各自然村概况

舜一因舜柯山而得名，长期以来，人们习惯称“赤墩里”。它不仅指赤墩里周围的殷、沈、王巷一带，而是指舜一范围内的所有自然村。舜一名称启用于20世纪50年代中期，经历了舜一大队、舜一村的演变过程。2009年，舜一地区有14个居民小组。其中壤里、石巷头、陆巷、田肚里、殷巷、沈巷等自然村已先后拆迁消失，居民迁入舜柯家园、春光苑等小区，建制上仍保留原居民小组称号。

2018年，舜柯社区原舜一地区有总户数425户，人口1508人，其中男性745人，女性763人。

2018年舜一地区（原舜一大队）各居民小组一览表

表4-15　　单位：户、人

居民小组名称	户籍数	人数	性别		居民组长
			男	女	
吴一	36	121	57	64	吴金海
吴二	50	164	83	81	朱革新
陆东	19	67	40	27	陆焕清
陆西	27	96	47	49	陶建新
石东	30	103	46	57	石建安
石西	23	78	39	39	石德清
壤东	22	77	41	36	丁品根
壤西	28	106	55	51	丁锡良
田肚	30	101	50	51	殷建成
殷巷	27	89	46	43	殷国平
王巷	56	235	114	121	王旭
沈巷	33	119	54	65	汤仁芝

续表4-15

居民小组名称	户籍数	人数	性别		居民组长
			男	女	
东河头	22	81	38	43	缪正球
花园	22	71	35	36	杜国庆
合计	425	1508	745	763	—

吴巷头自然村是原舜一地区最大的一个自然村，由欧巷头、吴巷头、河庄头3个村庄组成。3个村庄之间仅有西边欧家漕和东边的一条小沟隔开。后来欧巷头的欧姓消失，3个村庄中朱姓占了大多数。20世纪50年代后期，欧巷头、河庄头名称逐渐消失，3个村庄就变成吴巷头。吴巷头历史悠久，明、清时代大户人家多，楼房多、房屋进深，中间有庭院，且大多为徽派建筑。村中有多名清朝官员出生在此，清代举人朱旭就是一个。1958年，分吴一生产队、吴二生产队两个队。

图4-2　吴巷老墙门

（一）吴一

吴巷一队坐落在向阳河畔，东邻钱洛路，北与藕塘社区相连。2018年，为舜柯社区吴一居民小组。吴一居民小组有户籍36户，人数121人，其中男性57人，女性64人。

2018年吴一居民小组村落情况一览表

表4-16　　单位：人、号

序号	户主	人数	性别		原门牌号
			男	女	
1	张国荣	6	3	3	1
2	吴国清	5	3	2	15
3	陆龙兴	4	1	3	16
4	陆明兴	5	2	3	17
5	杜秋珍	1	—	1	19
6	朱国法	6	4	2	20
7	殷玉珍	1	—	1	21
8	朱晓明	3	2	1	22

续表4-16

序号	户主	人数	性别		原门牌号
			男	女	
9	吴仁法	3	1	2	23
10	吴利明	4	2	2	24
11	朱伟强	2	1	1	49
12	张云龙	3	2	1	58
13	张玉英	4	2	2	59
14	张正昌	5	3	2	60
15	朱德元	3	1	2	65
16	朱荣华	5	2	3	66
17	朱俊伟	3	2	1	66—1
18	张国兴	5	2	3	67
19	张国范	5	2	3	69
20	吴胜一	3	—	3	70
21	朱焕荣	5	3	2	73
22	张根法	3	2	1	75
23	张焕根	5	2	3	84
24	吴金海	2	1	1	91
25	吴荣海	2	1	1	92
26	吴银海	3	2	1	93
27	张荣兴	4	3	1	93—1 95—1
28	张志红	2	1	1	95—2
29	张顺昌	1	1	—	96—1
30	张建南	5	2	3	96—2
31	缪瑞芬	4	1	3	98
32	朱永华	3	1	2	99
33	朱国华	2	1	1	97
34	朱焕范	2	1	1	55
35	吴巧英	1	—	1	56
36	张亚琴	1	—	1	68

(二)吴二

吴二生产队，由吴巷自然村分设而来。2010年8月有10户人家因职教园区建设拆迁，居民搬迁舜柯家园。2018年为舜柯社区吴二居民小组有户籍50户，人口164人，其中男性83人，女性81人。

2018年吴二居民小组村落情况一览表

表4-17　　单位：人、号

序号	户主	人数	性别		原门牌号
			男	女	
1	朱信卓	6	3	3	25
2	鲁玉妹	5	1	4	27
3	朱建民	4	1	3	28
4	王宏余	3	1	2	29
5	朱信如	2	1	1	30
6	朱国民	2	1	1	31
7	朱英源	5	2	3	32
8	朱国荣	5	3	2	33
9	朱建荣	2	1	1	34
10	朱士荣	5	3	2	35
11	朱建林	2	1	1	36
12	朱建琪	2	1	1	37
13	朱嘉平	2	1	1	38
14	周宛珍	4	2	2	39
15	吴文娟	5	2	3	39—2
16	徐可子	2	1	1	40
17	徐国东	2	1	1	39—1
18	徐海东	3	2	1	41
19	朱士兴	3	2	1	42
20	朱银喜	6	3	3	43
21	蔡桂初	6	2	4	44
22	杭荷秀	3	—	3	45
23	朱福兴	3	2	1	46
24	朱革命	2	1	1	47
25	朱建勇	4	3	1	48
26	朱产法	2	1	1	61
27	朱燕江	2	1	1	62
28	朱根荣	4	3	1	63

续表4-17

序号	户主	人数	性别		原门牌号
			男	女	
29	朱信一	5	3	2	100
30	朱信玉	2	1	1	101
31	朱革新	4	2	2	102
32	殷国琴	4	1	3	103
33	朱明法	2	1	1	104
34	朱永法	3	2	1	105
35	朱申荣	5	2	3	106
36	朱刚	3	1	2	110
37	胡林春	3	1	2	111
38	郁金娣	4	2	2	117
39	朱伯清	5	2	3	原121
40	朱峥平	1	1	—	原122
41	朱仁清	5	2	3	原123
40	朱建平	2	1	1	原125
43	朱伯荣	3	1	2	原125
44	朱伯林	2	1	1	原126
45	朱伟民	2	1	1	原127
46	殷仲庆	1	1	—	原128
47	朱余良	4	3	1	原130
48	朱可余	1	1	—	原131
49	朱炜	3	2	1	26
50	朱轶	2	2	—	26－1

（三）陆东

1958年，陆巷为舜一大队陆巷生产队。1980年分队，分为陆东、陆西两个生产队。2009年，陆东村民小组为舜柯社区陆东居民小组。陆巷位于舜一地区最北端，东、北与藕塘社区接壤。同年7月，因建职教园区而整体拆迁，居民迁入春光苑小区。2018年，陆东居民小组有户籍19户，人口67人，其中男性40人，女性27人。

2018年陆东居民小组村落情况一览表

表4-18　　　　单位:人、号

序号	户主	人数	性别		原门牌号
			男	女	
1	张俊峰	2	2	–	1
2	张金兴	5	3	2	2
3	张金炎	5	3	2	3
4	张金明	4	2	2	4
5	张敏	1	1	—	8
6	张和兴	5	3	2	9
7	张复兴	2	1	1	10
8	张金富	1	1	—	11
9	张彪	2	1	1	19
10	张向东	4	2	2	20
11	陆焕清	5	3	2	21
12	陆午清	3	2	1	22
13	陆春燕	2	1	1	22
14	陆伯清	5	3	2	23
15	陆静金	5	2	3	24
16	张其兴	4	3	1	27
17	陆云清	5	2	3	34
18	陆志高	4	3	1	36
19	杨国贤	3	2	1	44

(四)陆西

1980年,由陆巷生产队分队,成立陆西生产队。2009年,为舜柯社区陆西居民小组。同年7月,因建职教园区而整体拆迁,居民迁入春光苑小区。2018年,陆西居民小组有户籍27户,人口96人。其中男47人,女49人。

2018年陆西居民小组村落情况一览表

表4-19　　　　单位:人、号

序号	户主	人数	性别		原门牌号
			男	女	
1	张勇伟	4	2	2	5

续表4-19

序号	户主	人数	性别		原门牌号
			男	女	
2	张毓铨	5	2	3	6
3	张毓铭	5	3	2	15
4	张小江	3	1	2	15
5	陆建清	2	1	1	25
6	吴杏珍	5	2	3	28
7	陆新一	5	3	2	30
8	陆凤鸣	5	3	2	31
9	陆建平	2	1	1	37
10	吴秋芬	1	—	1	38
11	邵琴	1	—	1	39
12	陆建一	3	1	2	40
13	陆琴英	6	3	3	43
14	殷正钢	5	2	3	45
15	陆一林	5	3	2	46
16	陆瑞东	5	3	2	47
17	沈凤英	2	1	1	48
18	张华	3	3	—	49
19	张晓	4	1	3	49
20	张宝根	5	3	2	50
21	陶进法	6	2	4	52
22	陶建国	2	1	1	53
23	陶建新	2	1	1	54
24	陆建华	5	3	2	56
25	沈月娥	1	—	1	55
26	陆新	2	2	—	24
27	邵美暖	2	—	2	25

(五)石东

1958年,石巷自然村成立石巷生产队。1962年分队,为石东、石西两个生产队。2009年,石东村民小组为舜柯社区石东居民小组。石巷东邻吴巷,南与田肚相邻,西接壤里,北与陆巷相邻。同年7月,因建职教园区而整体拆迁,居民迁入春光苑小区。2018年,石东居民小组有户籍30户,人口103人,其中男性46人,女性57人。

2018年石东居民小组村落情况一览表

表4-20　　单位:人、号

序号	户主	人数	性别		原门牌号
			男	女	
1	石永朝	4	2	2	13
2	李福新	3	1	2	3
3	石建平	2	1	1	4
4	石伯荣	5	2	3	5
5	石永清	3	1	2	15
6	石志宏	4	1	3	29
7	石志明	3	1	2	30
8	石金昌	2	1	1	32
9	叶福良	3	2	1	33
10	叶祥英	5	3	2	34
11	唐燕娟	1	—	1	35
12	石建安	3	2	1	36
13	石建良	3	1	2	37
14	石兴昌	2	1	1	38
15	石海良	2	1	1	39
16	石海坤	3	2	1	40
17	石海东	2	1	1	41
18	石如祥	1	1	—	42
19	丁泉娣	6	1	5	43
20	杨建清	6	2	4	44
21	杨建平	5	3	2	石巷202 吴巷3号
22	石振一	3	2	1	46
23	石渊增	1	1	—	41
24	石洪清	5	2	3	48
25	石建中	3	1	2	54
26	石建勋	3	1	2	55
27	石如荣	6	3	3	58
28	沈惠芬	4	1	3	59
29	丁锡兴	5	2	3	60
30	石如泉	5	3	2	61

(六)石西

1962年石巷生产队分队,成立石西生产队。2009年,石西村民小组改为舜柯社区石西居民小组。同年7月,因建职教园区而整体拆迁,居民迁入春光苑小区。2018年,石西居民小组有户籍23户,人口78人,其中男性39人,女性39人。

2018年石西居民小组村落情况一览表

表4-21　　单位:人、号

序号	户主	人数	性别		原门牌号
			男	女	
1	石荣初	4	2	2	12
2	石江	3	1	2	7
3	冯金娣	4	2	2	8
4	石赛珍	1	—	1	14
5	曹国清	2	1	1	16
6	曹国兴	5	2	3	17
7	石锡良	2	1	1	18
8	石仁清	3	1	2	19
9	石仁法	4	3	1	20
10	石金华	3	1	2	21
11	陈月里	3	1	2	22
12	臧丽珍	3	1	2	23
13	石伯清	7	4	3	24
14	石建国	4	2	2	26
15	石勤章	1	1	—	27
16	朱永强	2	1	1	28
17	石德清	2	1	1	69
18	石荣兴	3	1	2	71
19	石建清	6	4	2	73
20	石焕良	5	4	1	74
21	杨凤秀	4	1	3	75
22	石晓江	4	2	2	78
23	钱荣度	3	2	1	80

(七)壤东

1958年,壤里自然村成立壤里生产队,1962年分队,成立壤东、壤西两个生产队。2006年4月，壤东村民小组因建职教园区而整体拆迁，村民移迁入春光苑小区。2009年，为舜柯社区壤东居民小组。壤里位于舜一地区最西端，西、北与藕塘社区相邻，南与藕乐苑社区相连。2018年，壤东居民小组有户籍22户，77人，其中男性41人，女性36人。

2018年壤东居民小组村落情况一览表

表4-22　　单位：人、号

序号	户主	人数	性别		原门牌号
			男	女	
1	殷国英	4	2	2	1
2	殷振宇	3	2	1	2
3	丁本度	2	1	1	3
4	边荷珍	4	2	2	6
5	曹煜清	5	3	2	8
6	丁洪庆	4	2	2	10
7	丁斌庆	5	3	2	11
8	丁建中	1	1	—	13
9	邱来根	5	3	2	14
10	谢惠明	3	2	1	15
11	谢永元	4	2	2	16
12	丁中立	5	2	3	17
13	丁丽波	3	2	1	17
14	丁兴泉	3	2	1	18
15	丁品根	5	3	2	19
16	邱洪根	2	1	1	27
17	邱荣根	5	2	3	52
18	丁革红	4	2	2	55
19	丁建兴	6	2	4	20
20	丁凤祥	2	1	1	22
21	陈静华	1	—	1	25
22	丁力	1	1	—	5

（八）壤西

1962年由壤里生产队分队，成立壤西生产队。2006年4月拆迁，村民迁入春光苑小区、春满园小区。2009年，为舜柯社区壤西居民小组。2018年，壤西居民小组有户籍28户，人口106人，其中男性55人，女性51人。

2018年壤西居民小组村落情况一览表

表4-23 单位：人、号

序号	户主	人数	性别		原门牌号
			男	女	
1	丁锡良	5	2	3	21
2	丁二宝	6	3	3	28
3	丁福民	3	1	2	29
4	丁正兴	3	1	2	30
5	丁寿兴	3	2	1	31
6	丁寿良	2	1	1	32
7	杨浓娣	4	1	3	33
8	丁华	3	2	1	34
9	丁和荣	6	2	4	35
10	张林生	5	3	2	36
11	丁珍娣	5	3	2	37
12	陈金祥	4	3	1	39
13	陈琪	2	1	1	39
14	丁彩娣	5	3	2	40
15	顾桂凤	4	2	2	41
16	周美娟	4	2	2	42
17	陈明祥	5	2	3	43
18	丁冬裕	3	2	1	44
19	丁虎裕	4	3	1	45
20	丁涛	4	1	3	46
21	陈建清	5	3	2	47
22	陈建平	2	1	1	48
23	丁锡平	5	3	2	49
24	丁春兴	2	1	1	50
25	丁国兴	4	3	1	51
26	丁建良	5	2	3	56
27	吴彩英	1	—	1	61
28	丁彬	2	2	—	32

(九)田肚

1958年,田肚自然村成立田肚生产队。田肚位于舜一地区西南端,西邻藕乐苑社区,南、北分别与殷巷、石巷相望。2009年,为舜柯社区田肚居民小组。2010年3月因建职教园区而整体拆迁,居民迁入舜柯家园小区、春光苑小区。2018年,田肚居民小组有户籍30户,人口101人,其中男性50人,女性51人。

2018年田肚居民小组村落情况一览表

表4-24 单位:人、号

序号	户主	人数	性别		原门牌号
			男	女	
1	殷梦良	5	3	2	1
2	殷永福	2	1	1	2
3	殷永其	5	3	2	3
4	殷惠敏	2	—	2	5
5	殷耀林	2	1	1	6
6	张仁仙	2	—	2	9
7	殷刚	4	3	1	12
8	邵南清	5	2	3	11
9	殷永叙	5	2	3	10
10	殷志刚	4	2	2	13
11	殷惠荣	3	2	1	14
12	殷志模	4	3	1	15
13	殷庆和	5	3	2	16
14	龚小钰	1	—	1	17
15	殷伟伦	3	1	2	19
16	殷建国	3	1	2	21
17	殷锡标	2	1	1	22
18	邵正平	6	3	3	23
19	殷玉成	3	2	1	24
20	殷建洪	4	2	2	25
21	殷建新	4	2	2	26
22	殷建成	5	3	2	40
23	殷红	2	1	1	202

续表4-24

序号	户主	人数	性别		原门牌号
			男	女	
24	夏国平	2	1	1	36
25	王凤娣	2	—	2	39
26	程静波	3	2	1	6
27	殷永恒	4	1	3	18
28	殷伟清	4	3	1	20
29	殷永康	2	1	1	—
30	殷裕刚	3	1	2	—

(十)殷巷

1958年,殷巷自然村成立殷巷生产队。殷巷靠舜一地区南端,南靠王巷,北靠田肚,旧时统称赤墩里,西接藕乐苑社区。2009年,为舜柯社区殷巷居民小组。2011年7月因建职教园区而消失,居民移迁入舜柯家园小区。2018年,殷巷居民小组有户籍27户,人口89人,其中男性46人,女性43人。

2018年殷巷居民小组村落情况一览表

表4-25　　单位:人、号

序号	户主	人数	性别		原门牌号
			男	女	
1	殷鸿疆	3	2	1	1
2	殷子明	5	3	2	2
3	殷正言	3	2	1	3
4	章玲华	2	—	2	4
5	殷宇澄	2	1	1	16
6	殷惕平	5	3	2	15
7	殷锡鹏	4	3	1	17
8	殷旭明	6	3	3	18
9	殷海中	3	1	2	19
10	樊明珍	3	1	2	20
11	许银珍	2	1	1	21
12	殷文贤	3	1	2	22
13	张全娣	4	2	2	23
14	殷旭昌	5	2	3	24

续表4-25

序号	户主	人数	性别		原门牌号
			男	女	
15	殷国平	4	1	3	25
16	殷国铨	2	1	1	27
17	殷焕金	2	1	1	29
18	殷锡平	5	3	2	30
19	徐开英	2	1	1	32
20	殷国超	3	3	—	33
21	殷宇中	2	1	1	34
22	殷放	2	2	—	34
23	殷殿	3	1	2	34
24	殷洪度	4	2	2	39
25	杨爱英	5	3	2	40
26	王毅芬	1	—	1	31
27	殷学平	4	2	2	6、14

（十一）王巷

1958年，王巷自然村成立王巷生产队，王巷位于舜一地区西南端，钱胡路北，东与沈巷相望，西至藕乐苑社区。2009年，为舜柯社区王巷居民小组。2018年，王巷居民小组有户籍56户，235人，其中男性114人，女性121人。

2018年王巷居民小组村落情况一览表

表4-26　　单位：人、号

序号	户主	人数	性别		原门牌号
			男	女	
1	张锡英	4	2	2	1
2	殷瑞余	3	2	1	2－1
3	殷刚	4	1	3	2－2
4	王彧	5	3	2	3
5	王英秋	6	3	3	4
6	殷荷度	5	2	3	5
7	汤贤惠	6	3	3	6
8	王杰	3	1	2	7
9	殷建峰	5	2	3	8－1

续表4-26

序号	户主	人数	性别		原门牌号
			男	女	
10	殷伟峰	3	2	1	8 - 2
11	汤炳惠	5	3	2	10
12	殷志平	5	3	2	11
13	王忠杰	1	1	—	12
14	王华东	4	1	3	13
15	汤敏杰	3	2	1	16
16	汤凤敏	4	1	3	17
17	张月珍	3	1	2	24
18	王福兴	4	2	2	26 - 1
19	王彩娣	2	—	2	20
20	王福泉	5	3	2	27
21	汤文惠	3	2	1	28
22	汤纪惠	4	3	1	29
23	殷亚芬	6	3	3	31
24	殷圻生	5	3	2	32
25	殷建生	6	2	4	33
26	王惠芳	5	3	2	36
27	王平东	2	1	1	37
28	王健东	4	1	3	38
29	王仁兴	6	2	4	39
30	王建红	4	2	2	40
31	徐富英	6	3	3	41
32	殷盘生	5	3	2	43 - 1
33	殷晓文	1	—	1	25
34	殷福生	5	2	3	44
35	殷明	3	1	2	45
36	殷东生	4	3	1	46
37	王中南	1	1	—	47
38	王南海	4	1	3	48
39	王志成	6	3	3	49
40	王爱珠	4	1	3	51
41	王庆贤	8	4	4	52

续表4-26

序号	户主	人数	性别		原门牌号
			男	女	
42	王旭	5	3	2	53
43	王建清	3	1	2	54
44	王伟东	3	2	1	55
45	王金龙	5	3	2	56
46	王淑琴	3	—	3	57
47	王伟安	4	3	1	59
48	王梦伟	4	2	2	62
49	王光华	3	1	2	63
50	王然兴	4	2	2	66
51	王善良	6	3	3	67
52	王国伟	4	3	1	69
53	王国平	4	1	3	68
54	陈忠	4	2	2	70
55	殷惠荣	5	3	2	71
56	殷伟清	6	3	3	72

(十二)沈巷

1958年,沈巷、东河头自然村合并成立沈巷生产队。1981年,东河头自然村划出成立东河头生产队,沈巷仍为沈巷生产队。沈巷位于舜一地区东南角,东邻钱洛路,北连东河自然村。2009年,为舜柯社区沈巷居民小组。2011年7月因建职教园区而拆迁消失,居民迁入舜柯家园小区。2018年,沈巷居民小组有户籍35户,人口119人,其中男性54人,女性65人。

2018年沈巷居民小组村落情况一览表

表4-27　　单位:人、号

序号	户主	人数	性别		原门牌号
			男	女	
1	沈国良	5	3	2	13
2	沈一清	3	1	2	57
3	殷建伟	3	1	2	14
4	陈亚娟	5	2	3	26
5	汤正福	4	1	3	27

续表4-27

序号	户主	人数	性别		原门牌号
			男	女	
6	汤仁华	3	1	2	32
7	汤仁吉	3	1	2	33
8	汤仁芝	5	2	3	34
9	王敏	4	2	2	37
10	王云	4	2	2	38
11	汤建平	4	1	3	40
12	杨小芳	2	—	2	41
13	沈建芬	4	2	2	42
14	沈福康	5	2	3	43
15	殷泉荣	2	1	1	45
16	殷建峰	3	2	1	45
17	殷海荣	5	3	2	44
18	殷渊	2	1	1	44
19	沈永康	3	2	1	46
20	张秋芳	4	2	2	47
21	沈镇铨	2	1	1	48
22	章荷秀	4	2	2	49
23	沈晓峰	4	2	2	50
24	沈镇庆	4	1	3	51
25	汤仁炎	3	2	1	53
26	殷凤刚	4	3	1	56
27	殷壬标	2	1	1	55
28	殷志刚	3	1	2	55
29	汤金花	1	—	1	54
30	沈家良	5	3	2	58
31	张建华	2	1	1	59
32	沈晓琳	3	1	2	42
33	汤秀娟	3	1	2	41
34	汤宝英	1	—	1	41
35	王玉芳	5	3	2	25

(十三)东河头

在人民公社成立后的前期东河头自然村属沈巷生产队。1981年从沈巷生产队分出,成立东河头生产队。2009年,为舜柯社区东河头居民小组。东河头位于沈巷北。2011年7月,因职教园区建设拆迁消失,居民迁入舜柯家园小区。2018年,东河头居民小组有户籍22户,人口81人,其中男性38人,女性43人。

2018年东河头居民小组村落情况一览表

表4-28　　单位:人、号

序号	户主	人数	性别		原门牌号
			男	女	
1	王国兴	5	2	3	1
2	缪正球	6	2	4	2
3	缪尤法	5	2	3	5
4	缪正明	3	1	2	6
5	刘金宝	3	2	1	8
6	徐美亚	2	1	1	11
7	王铮	1	1	—	10
8	王振兴	5	3	2	12
9	王尤良	5	3	2	15
10	王东	3	1	2	16
11	许仁娣	4	1	3	30
12	王才清	5	2	3	18
13	朱锦凤	4	1	3	19
14	王国清	5	3	2	20
15	王锦伟	6	3	3	21
16	王朝兴	1	1	—	204
17	王瑞宝	5	3	2	28
18	王尤中	1	1		203
19	王飚	2	1	1	31
20	王旭明	4	2	2	35
21	王尤表	4	2	2	39
22	沈镇菊	2	—	2	29

（十四）花园

花园是清末由外来人员组成的自然村。1958年，花园自然村成立舜一大队花园生产队。花园位于舜一地区东南部，钱洛路西，南与东河头、北与吴巷相望。2009年，为舜柯社区花园居民小组。2018年，花园居民小组有户籍22户，人口71人，其中男性35人，女性36人。

2018年花园居民小组村落情况一览表

表4-29　　单位：人、号

序号	户主	人数	性别		原门牌号
			男	女	
1	王荣	3	2	1	1
2	王政	4	2	2	2
3	王新瑜	3	1	2	3
4	花玉娣	4	1	3	4
5	何正福	3	2	1	5
6	赵桂凤	2	1	1	6
7	何正明	2	1	1	7
8	张士彦	5	3	2	8
9	朱琴华	3	1	2	9
10	朱润东	2	1	1	10
11	杜锡南	2	1	1	11
12	刘惠琴	4	1	3	14
13	张锡良	2	1	1	15
14	王度宝	2	1	1	18
15	王三宝	2	1	1	19
16	王林宝	5	3	2	20
17	刘邦年	2	1	1	21
18	杜国庆	3	2	1	22
19	朱冬英	4	1	3	23
20	张建政	4	3	1	25
21	张建东	5	2	3	26
22	杜维如	5	3	2	11

第五章 人口

宋元时期,历村、舜一地区土地肥沃,河网密布,灌溉便利,外地百姓纷纷前来定居。到明、清时期,境内人口逐步增多。民国三十七年(1948),历村、舜一地区23个自然村人口1612人。1964年第二次全国人口普查,历村大队有286户,人口1356人,舜一大队有265户,人口1209人。1975年,历村大队有户数370户,人口1633人,舜一大队有328户,人口1440人。1982年,历村大队有414户,人口1677人,舜一大队有388户,人口1450人。2010年全国第六次人口普查,舜柯社区有总人口3367人。2019年,舜柯社区有955户,人口3313人,其中60岁以上人口1115人,占人口总数35.82%;另有外来人口4819人。

第一节 人口总量

民国三十七年(1948),舜柯地区23个自然村人口总量1612人。二十世纪五六十年代,舜柯地区出现生育高峰。1964年,历村大队人口总量1356人,舜一大队人口总量1209人。

1964年历村、舜一大队各生产队户籍人口情况表

表5-1 单位:户、人

地区/项目/生产队	历村大队		地区/项目/生产队	舜一大队	
	户数	人口		户数	人口
上秦巷	23	110	吴一	26	114
东浜	23	105	吴二	30	138
西浜	32	148	陆巷	20	113
庄家	42	189	石东	20	86
蒋巷	19	89	石西	25	93
前周巷	18	73	壤东	22	87
后周巷	16	88	壤西	15	66
费巷	18	84	田肚	22	108

续表5-1

地区/项目/生产队	历村大队		地区/项目/生产队	舜一大队	
	户数	人口		户数	人口
缪家	14	71	殷巷	18	90
前芮巷	17	103	王巷	30	134
后芮巷	29	120	沈巷	23	125
前田舍	19	89	花园	14	55
后田舍	16	87	—	—	—
合计	286	1356	—	265	1209

进入20世纪70年代，历村、舜一大队在计划生育政策推行下，人口增速放缓。1970年，历村大队有户籍306户，人口1498人，舜一大队有268户，人口1327人。

1970年历村大队各生产队户籍、人口情况表

表5-2　　单位：户、人

生产队	户数		人口	
	总户数	其中：农业户	总人口	其中：农业人口
上秦巷	24	24	125	125
东浜	25	25	122	122
西浜	32	32	186	186
庄家	53	53	202	202
蒋巷	17	17	99	99
前周巷	18	18	80	80
后周巷	17	17	89	89
费巷	18	18	93	93
缪家	16	16	70	70
前芮巷	19	19	113	113
后芮巷	29	29	126	126
前田舍	21	21	103	103
后田舍	17	17	90	90
合计	306	306	1498	1498

1975年，历村大队总户数370户，人口1633人。舜一大队总户数328户，人口1440人。

1975年历村、舜一大队户籍、人口情况表

表5-3　　　　单位:户、人

生产队	历村大队 户数	历村大队 人口	生产队	舜一大队 户数	舜一大队 人口
上秦巷	31	133	吴一	33	133
东浜	28	139	吴二	37	153
西浜	47	198	陆巷	27	133
庄家	58	230	石东	22	100
蒋巷	22	102	石西	23	89
前周巷	27	97	壤东	20	91
后周巷	19	101	壤西	18	82
费巷	22	98	田肚	27	126
缪家	18	80	殷巷	22	111
前芮巷	21	112	王巷	46	201
后芮巷	35	140	沈巷	35	150
前田舍	23	105	花园	18	71
后田舍	19	98	—	—	—
合计	370	1633	合计	328	1440

1982年,历村、舜一大队进入人口高峰期,总人口3127人。其中历村大队总户数414户,人口1677人,舜一大队总户数388户,人口1450人。

1982年历村、舜一大队户籍、人口情况表

表5-4　　　　单位:户、人

生产队	历村大队 户数	历村大队 人口	生产队	舜一大队 户数	舜一大队 人口
上秦巷	33	129	吴一	40	130
东浜	37	150	吴二	42	157
西浜	44	176	陆东	17	64
庄家	66	257	陆西	23	82
蒋巷	28	108	石东	24	105
前周巷	27	108	石西	22	83
后周巷	25	104	壤东	24	90
费巷	23	100	壤西	22	83
缪家	20	89	田肚	31	121

续表5-4

项目 / 地区 / 生产队	历村大队 户数	历村大队 人口	项目 / 地区 / 生产队	舜一大队 户数	舜一大队 人口
前芮巷	29	112	殷巷	26	111
后芮巷	39	143	王巷	52	204
前田舍	22	95	沈巷	23	86
后田舍	21	116	东河头	22	72
—	—	—	花园	20	62
合计	414	1677	—	388	1450

是年9月，中共十二大把计划生育确定为基本国策，历村、舜一地区人口开始有所下降。1986年，历村、舜一地区人口总量3046人。

2000年，历村、舜一村总人口3038人，人口增长处于平稳阶段。

2010年11月，第六次人口普查，舜柯社区户籍人口3367人，其中男性1631人，女性1736人。

2010年11月1日全国第六次人口普查舜柯社区人口情况表

表5-5 单位：人

居民小组	总人口	其中		居民小组	总人口	其中	
		男	女			男	女
上秦巷	141	69	72	吴二	147	70	77
东浜	166	87	79	陆东	98	46	52
西浜	168	82	86	陆西	68	39	29
庄家	288	145	143	石东	117	50	67
蒋巷	129	62	67	石西	88	42	46
前周巷	135	65	70	壤东	86	42	44
后周巷	116	51	65	壤西	108	54	54
费巷	108	55	53	田肚	97	46	51
缪家	99	49	50	殷巷	90	46	44
前芮巷	107	53	54	王巷	222	114	108
后芮巷	161	72	89	沈巷	114	52	62
前田舍、后田舍	237	109	128	东河头	80	36	44
				花园	75	37	38
吴一	122	58	64	总计	3367	1631	1736

2019年,舜柯社区居民委员会人口由三部分组成。原历村、舜一地区老村巷留守人员552户(包括商品房入住户),人口2068人;入住安置房小区舜柯家园254户,747人;拆迁安置春光苑安置房小区149户,人口498人,入住人员户籍在苏庙社区,根据钱桥街道办事处的规定,行政管辖权仍属舜柯社区,属舜柯社区居民委员会成员,享受舜柯社区居民各项福利待遇。以上户数人员合计955户,人口3313人。另有钱桥街道其他社区安置在舜柯家园64户,人口162人,户籍在舜柯社区,但不入编舜柯社区居民委员会,也不享受舜柯社区福利待遇。

是年,舜柯社区有外来人口4819人。

1964—2019年历村(大队)村、舜一(大队)村、舜柯(村)社区户籍人口选年情况表

表5-6　　　　单位:户、人

年份＼地区＼项目	历村(大队)村		舜一(大队)村		舜柯(地区)社区	
	户数	人口数	户数	人口数	户数	人口数
1964	286	1356	265	1209	551	2565
1970	306	1498	268	1327	574	2825
1975	370	1633	328	1440	698	3073
1976	381	1658	336	1451	717	3109
1979	386	1673	398	1444	784	3117
1980	392	1654	363	1441	755	3095
1982	414	1677	388	1450	802	3127
1986	432	1613	383	1433	815	3046
2000	457	1631	407	1407	864	3038
2010	—		—		—	3367
2018	—		—		907	3342
2019	—		—		955	3313

第二节　人口结构

舜柯地区人口结构分为性别结构、文化结构、年龄结构。

一、性别结构

性别结构是影响境内人口婚姻、家庭、生育状况的基本因素，也与人口再生产、人口分布、人口迁移及劳动就业等人口因素有着直接的关系。

民国时期，历村、舜一地区人口性别男多女少的情况比较突出，民国三十七年（1948），历村地区14个自然村、舜一地区9个自然村男性859人，女性753人，男女性别比为114.08，男性明显多于女性。1964年，历村大队1356人，其中男650人，女706人，男女性别比为92.07，男性少于女性。舜一大队男578人，女631人，男女性别比为91.60。2000年，历村村男815人，女816人，男女性别比为99.88，男女性别基本一致。舜一村男681人，女726人，男女性别比为93.80，女性明显多于男性。2010年，舜柯社区男女性别比93.95，女性多于男性。2018年，男女性别比95.32，即男性占总人数48.8%，女性占51.2%，男女性别基本平衡。

1948—2018年舜柯地区（今舜柯社区范围）选年人口、男女性别比情况表

表5-7　　　　单位：人、%

年份	总人数	男性总数	男性比例	女性总数	女性比例	性别比例（女=100）
1948	1612	859	53.29	753	46.71	114.08
1964	2565	1228	47.88	1337	52.12	91.85
2000	3038	1496	49.24	1542	50.76	97.02
2010	3367	1631	48.44	1736	51.56	93.95
2018	3342	1631	48.80	1711	51.20	95.32

二、文化结构

民国时期，历村、舜一地区民众文化程度普遍较低，大多为文盲。民国三十七年，历村、舜一地区文盲占总人数比例为66.25%。1949年后，经过全民扫盲运动及青少年入学率普遍增加，人民群众的文化程度逐步提高，群众的文化程度变化较大。1964年第二次全国人口普查，历村、舜一大队有初中生330人，高中生59人，大学生6人，其中大学生占总人口的0.23%。

1964年第二次全国人口普查历村、舜一大队文化程度情况表

表5-8　　　　单位:人

大队	合计	12岁以下不在校儿童人数		不识字人数		初识字人数		初小人数		高小人数	初中人数	高中人数	大学人数
		小计	其中:7~12岁	小计	其中:13~40岁	小计	其中:13~40岁	小计	其中:13~40岁				
历村	1356	246	23	226	48	63	36	376	111	237	175	30	3
舜一	1209	237	39	213	41	42	11	274	77	256	155	29	3

是年,历村大队小学生比例占总人口45.21%,舜一大队占总人数43.84%。基本普及小学教育。历村、舜一初中生占比例分别为12.91%、12.82%,高中、大学生占比极少,历村、舜一大队占比不到2.6%。

60年代中后期,各大队普办农业中学,历村大队、舜一大队初中生比例大幅上升,初中教育基本普及。1977年,恢复高考后,历村大队(村)、舜一大队(村)大学生比例逐年上升。90年代,历村、舜一村基本普及高中、中等职业学校教育。2000年,历村、舜一村有大学本科生45人,是1964年的7.5倍。2010年,舜柯社区有大学本科以上学历126人。

2019年,舜柯社区基本普及中专、高中教育,大学本科生从1964年6人至2019年增加到280人,有硕士研究生13人,博士研究生5人。

历村(大队)村、舜一(大队)村、舜柯(村)社区大学本科生以上学历选年情况表

表5-9　　　　单位:人

年份	学生数(累计)	年份	学生数(累计)
1964	6	2000	45
1970	11	2010	126
1980	13	2019	280
1990	22		

三、年龄结构

1949年后,舜柯地区人口年龄构成变化较大,少年儿童人口比例逐年下降,

青壮年、老年人口比例逐年上升，年龄结构由年轻型过渡到老年型。1964年，舜柯地区60周岁以上老年人占总人口的7.5%。2003年，舜柯村60周岁以上老人占总人口的8%。2019年，舜柯社区60周岁以上老年人1115人，占总人口的35.82%。

第三节　劳动力构成

1963年，历村大队有劳动力685人，其中男劳动力329人，女劳动力356人，从事农业劳动力610人，占总劳力的89.05%。舜一大队有劳动力566人，其中男劳动力281人，女劳动力285人，从事农业劳动者484人，占总劳力的85.51%。

1963年历村、舜一大队劳动力资源与分类综合情况表

表5-10　　单位：人

项目＼大队		历村大队	舜一大队
劳动力资源		685	566
其中	男劳力	329	281
	女劳力	356	285
劳动力分类综合人数		685	566
其中	农业劳动者	610	484
	社会行政管理人员	4	3
	16岁以上在校学生	34	10
	家务劳动者	37	69

1966年，历村大队有劳动力621人，庄家生产队劳动力最多，达到90人，缪家生产队为29人，位居最后。

1970年，历村大队农村男女整半劳动力789人，其中实际参加农业生产的劳力762人，占男女整半劳动力的96.58%。

1970年历村大队劳动力情况表

表5-11　　　　单位:人

生产队	总人口	农村男女整半劳动力		占总人口的百分比
		合计	其中:实际参加农业生产的劳力	
上秦巷	125	78	75	62.40
东浜	122	69	66	56.55
西浜	186	97	94	52.15
庄家	202	114	111	56.44
蒋巷	99	59	57	59.60
前周巷	80	35	35	43.75
后周巷	89	47	46	52.81
费巷	93	54	51	58.06
缪家	70	41	41	58.57
前芮巷	113	52	50	46.02
后芮巷	126	55	52	43.65
前田舍	103	34	31	32.69
后田舍	90	54	54	60.00
合计	1498	789	762	52.67

1975年,历村大队人口总量1633人,农业劳力737人,工业113人,运输7人,文教卫生1人。舜一大队总人口1440人,农业劳动力578人,工业53人,建筑业3人。

1976年,历村大队男女整半劳动力922人,其中参加农副业劳动力804人。

1976年历村大队各生产队劳动力情况表

表5-12　　　　单位:人

生产队	男女整半劳动力合计	其中		附:在社办企事业的劳动力(不包括队办)					
		参加农业的劳动力	参加林牧副渔的劳动力	小计	社办工业	交通运输	建筑	文教卫生	其他
上秦巷	89	64	14	11	11	—	—	—	—
东浜	81	55	4	22	19	2	—	1	—
西浜	114	88	6	20	19	—	1	—	—
庄家	145	117	13	15	13	—	—	1	1
蒋巷	49	36	7	6	5	—	—	1	—
前周巷	60	49	3	8	7	—	—	1	—

续表5-12

生产队	男女整半劳动力合计	其中		附:在社办企事业的劳动力(不包括队办)					
		参加农业的劳动力	参加林牧副渔的劳动力	小计	社办工业	交通运输	建筑	文教卫生	其他
后周巷	57	46	6	5	5	—	—	—	—
费巷	61	52	4	5	4	—	—	—	1
缪家	48	40	4	4	4	—	—	—	—
前芮巷	57	46	6	5	5	—	—	—	—
后芮巷	67	43	17	7	6	—	—	1	—
前田舍	48	41	3	4	4	—	—	—	—
后田舍	46	33.5	6.5	6	5	—	1	—	—
合计	922	710.5	93.5	118	107	2	2	5	2

是年,舜一大队男女整半劳动力664人,其中参加农业的劳力542人,参加林牧副渔的劳力61人。在社办工业、事业单位的劳动力(不包括队办)61人,其中工业57人,建筑业1人,文教卫生3人。

改革开放以后,随着社会主义市场经济的不断发展,区域内的劳动力从农业转向工业、服务业。

1979年,历村大队参加农、牧、副、渔劳动力695人,其中农业劳力526人,林、牧、副、渔业劳力169人。参加社办企业劳力169人,均为社办工业劳力。到社以外的企业、集体单位的劳动力22人,到其他地方劳力10人。

是年,舜一大队参加农副劳动力448人,占总劳动力67.17%,参加社办工业劳动力209人,占总数31.33%,工业劳动力逐年增加。

1979年舜一大队各生产队劳动力情况表

表5-13　　单位:人

生产队	农、牧、副、渔劳动力			社办工业	到公社以外的企业、集体单位的劳动力
	小计	农业	林、牧、副、渔		
吴一	40	36	4	16	1
吴二	47	42	5	25	4
陆巷	52	48	4	18	—
石东	22	19	3	16	—
石西	20	17	3	15	1
壤东	21	18	3	17	1

续表5-13

生产队	农、牧、副、渔劳动力			社办工业	到公社以外的企业、集体单位的劳动力
	小计	农业	林、牧、副、渔		
壤西	15	14	1	16	1
田肚	41	37	4	13	2
殷巷	30	27	3	10	—
王巷	70	64	6	29	—
沈巷	63	58	5	26	—
花园	27	25	2	8	—
合计	448	405	43	209	10

1981年,舜一大队总劳动力722人,其中农业劳动力386人,林业劳动力31人,牧业劳动力10人,副业劳动力21人,从事农业劳动力占总劳力62.05%,参加社队办企业劳动力216人,占总劳动力29.92%,到公社以外各单位的劳动力58人。1982年,历村大队有劳动力891人。

1982年历村大队各生产队劳动力情况表

表5-14 单位:人

生产队	合计	劳动力				社办工业劳动力	建筑业劳动力	商业饮食服务业	科学文教卫生	到县以上的企业、集体、单位
		小计	农业	林牧副渔业	其中队办工业					
上秦巷	65	39	27	12	9	24	—	—	—	2
东浜	70	38	28	10	10	30	—	1	—	1
西浜	92	55	44	11	10	33	—	—	2	2
庄家	150	108	67	41	35	27	7	2	1	5
蒋巷	55	42	22	20	17	12	—	—	—	1
前周巷	59	40	22	18	15	15	1	—	1	2
后周巷	50	34	24	10	9	12	2	—	1	1
费巷	62	51	28	23	20	7	3	—	1	—
缪家	44	41	32	9	7	2	—	1	—	—
前芮巷	61	45	27	18	15	12	1	—	—	3
后芮巷	74	54	32	22	19	15	2	1	—	2
前田舍	51	45	35	10	8	5	1	—	—	—
后田舍	58	47	31	16	13	10	—	—	—	1
合计	891	639	419	220	187	204	17	5	6	20

是年，舜一大队总人口1450人，劳动力751人，其中务农334人，务副19人，工匠19人，务工379人（其中队办290人，社办73人，全民大集体16人）。

1986年，历村、舜一村从事种植业的劳力占总劳动力的10.75%，从事乡办、村办企业的劳力占71.05%，从事个体劳力占0.18%。

1986年历村、舜一村劳动力分行业情况表

表5-15　　单位：人

项目/村名	劳动力	农林牧副渔业					工业			
		小计	其中				小计	其中		
			种植业	林业	牧业	渔业		乡办	村办	个体
历村村	829	72	55	11	—	6	636	298	313	25
舜一村	715	135	111	23	1	—	490	217	269	4
合计	1544	207	166	34	1	6	1126	515	582	29

续表5-15

项目/村名	建筑业	交通运输邮电业	商业饮食业	卫生体育社会福利事业	教育文化广电事业	金融保险业	乡经济组织管理	其他劳动力	其中：到县以上企业、集体、合同、临时工
历村村	12	49	3	2	4	1	8	42	14
舜一村	11	10	2	—	3	1	10	53	46
合计	23	59	5	2	7	2	18	95	60

20世纪90年代末，本地农业劳动力在向工业大量转移过程中，已感明显不足，外地劳动力逐渐进入本地区。2000年以后，外地劳动力大量进入本地区。2019年，舜柯社区居民出租房屋692户，外地租住户人口达4819人。

第四节　外来人口

舜柯社区经济发达，乡镇企业众多，交通方便，地理位置优越，吸引众多的外地劳动者至区域内经商务工。2000年10月，历村村西北部一线成为钱桥工业园区溪南开发区，外地劳动者至区域内经商务工人员越来越多。2005年，舜柯村有外来人口686人。2006年，安徽、河南、四川、湖北、湖南、云南、贵州、内蒙古及本省苏北等地区的外来人口达2169人。至2019年,外来人口总数达4819人,其中外省市人口3537人,占总数的73.4%,本省市1282人,占26.6%。外省市中以安徽籍最多,达1711人,占外来人口的35.5%。河南籍710人,占外来人口的14.7%,四川籍410人,占外来人口的8.5%。

2005—2019年舜柯社区外来人口选年情况表

表5-16　　单位:人

年份	外来人口	年份	外来人口
2005	686	2009	3176
2006	2169	2010	4070
2007	1606	2016	2116
2008	2291	2019	4819

第五节　长寿老人

随着域内人民生活水平和医疗技术水平的不断提高,舜柯社区长寿老人越来越多。社区21世纪开始重视环境建设、卫生室改造、休闲公园和广场的建设等服务设施,使舜柯社区的居民,特别是老年人老有所乐、老有所依、老有所养。2018年,区域内有长寿老人167人,其中杖朝老人140人,鲐背老人27人。2019年百岁老人1人。

一、80~89岁老人

旧指80岁以上的老臣可以拄杖出入朝廷,后泛指80~89岁的老人为“杖朝老人”。2018年12月31日,舜柯社区80~89岁老年人口140人。

2018年舜柯社区80~89岁老人一览表

表15-17

居民小组	姓名、性别	居民小组	姓名、性别
上秦巷	秦浩清、秦听初、周月琴(女)、秦雪琴(女)	蒋巷	朱瑞秀(女)、庄志勤(女)、张可达、费兴秋、盛利雪(女)

续表5-17

居民小组	姓名、性别	居民小组	姓名、性别
东浜	吴凤英(女)、顾菊林、蒋祖荣	西浜	周仲谋、吴桂秀(女)、张兴娣(女)、景耀兴、张小岳、顾正献、顾根兴、钱英娣(女)、尤赛明、刘梅英(女)
前周巷	周伯生、周伯麟、周金清、刘云娣(女)、吴月秀(女)	庄家	朱锦仙(女)、费亚新(女)、吴炳辉、葛凤仙(女)、朱秀珍(女)、王锡英(女)、李梅宝(女)、吴炳兴、缪月珍(女)、王秀琴(女)、缪灿明、赵松勤、梁传娣(女)、庄秀芬(女)、周炳法、吴旭旦、庄凤兴、缪灿荣、张惠娟(女)
前芮巷	缪惠珍(女)、缪彩珍(女)、芮兰英(女)、邵菊英(女)、芮培兴、	后周巷	费盘清、庄珍娣(女)、
后芮巷	—	费巷	黄银仙(女)、沈荣兴、龚菊英(女)、费鼎秋、周根娣(女)、费金南、林凤妹
前田舍	邵兴娣(女)、赵阿琴(女)、丁梅凤(女)、吴惠兴、居梅英(女)	后田舍	张焕金
吴一	于生根、张仁昌、张正昌、张玉英(女)、张荣兴	吴二	许月娥(女)、朱天宝、周浓秀(女)、殷仲庆、朱根荣
陆巷	蒋正福、吴杏珍(女)、黄海燕(女)、陆琴英(女)、陆耀祥	石东	石永朝、石兴昌、朱秀英(女)、叶祥英(女)、石渊增
石西	石赛珍(女)、朱永强、陆细妹(女)、冯金娣(女)	壤东	边荷珍(女)、谢永元、虞志英(女)、丁品祥、吴锡英(女)、虞亚琴(女)
壤西	张梅英(女)、虞月娥(女)、陈明祥、陈金祥、吴彩英(女)	田肚	许秀英(女)、殷锡标、曹保贞(女)、邵南清、张湘珍(女)、殷永康、龚昭凤(女)
殷巷	殷焕良、殷旭明、殷金祥、张全娣(女)、殷旭昌	王巷	徐富英(女)、殷盘生、王志诚、沈金凤(女)、汤炳伟、王惠祖、孙月凤(女)、王爱珠(女)、张荣娣(女)

续表5-17

居民小组	姓名、性别	居民小组	姓名、性别
沈巷	袁彩英（女）、王耀初、周玉英（女）、殷壬表、王锦伟、王祥初、陈亚娟（女）、杨元娣（女）、汤金花（女）	花园里	蒋宝英（女）、王荷英（女）、王林宝、刘惠琴（女）

说明：统计时间为2018年12月31日

二、90~99岁老人

《诗·大雅·行苇》“酌以大斗，以祈黄耇。黄耇台背，以引以翼”。“台”与“鲐”通。鲐是一种鱼，背上的斑纹犹同老人褶皱的皮肤。后人泛指90~99岁的老人。2018年12月31日，舜柯社区90~99岁的老人27人。

2018年舜柯社区90~99岁老人一览表

表5-18

居民小组	姓名、性别	居民小组	姓名、性别
西浜	陈荷英（女）	后田舍	芮菊英（女）
庄家	张梅珍（女）	吴二	吴玉英（女）
缪家	张林秀（女）		朱如源
	缪文俊		郁金娣（女）
	冯辰亚	石东	沈惠芬（女）
后周巷	沐巧仙（女）	石西	石勤章
费巷	缪其生		石荣初
	费祖培	壤东	丁兴泉
	朱留娣（女）	壤西	丁二宝
前芮巷	芮叙法	田肚	沈菊英（女）
	冯根娣（女）		殷锡伦
后芮巷	陆寿生	沈巷	许仁娣（女）
	赵秀凤（女）	花园里	王大宝
	任月娣（女）		

说明：统计时间为2018年12月31日

三、百岁老人

《礼记·曲礼》:"百年曰期颐",意思是人以百年为期,应当颐养天年了,所以称百岁为"期颐之年"。2018年,舜柯社区已故百岁老人5人。至2019年12月31日,舜柯社区有百岁老人1人,

(一)2019年舜柯社区百岁老人

费巷:朱留娣(女)100岁,1920年5月8日出生。

(二)2001—2018年已故百岁老人

壤东:郭小妹(女)101岁,1900年2月23日出生,2001年3月4日去世。

吴一:张产荣(男)100岁,1902年3月1日出生,2001年5月9日去世。

王巷:秦盘娣(女)100岁,1913年1月14日出生,2012年7月11日去世。

缪家:缪潮根(男)100岁,1915年8月8日出生,2014年9月21日去世。

陆巷:陆胜根(男)100岁,1918年2月1日出生,2017年9月3日去世。

第六章　基层组织

据史料记载，舜柯地区在宋代以前的建置为“保”。宋至清代，该地域的行政建置为“图”。民国初期，区域内由“乡”直管，民国二十三年(1934)实行保甲制。20世纪50年代，舜柯地区建立历村、舜一高级农业生产合作社。1958年，人民公社时期更设为历村、舜一大队。1983年，更名为历村、舜一村民委员会。2001年，两村合并成立舜柯村。2009年，更设为舜柯社区。

20世纪40年代，舜柯地区已有中国共产党地下党组织活动，域内的张高漕小学为活动地之一。1950年，成立中共舜柯乡党支部。1956年，成立历村高级社党支部。1958年9月，成立历村、舜一大队党支部。1983年，历村、舜一成立历村村、舜一村党支部。2001年，历村、舜一合并成立中共舜柯村党支部。2009年，成立中共舜柯社区党总支委员会。

第一节　沿革

一、民国时期

民国元年(1912)5月，无锡县和金匮县合并为无锡县。设17市乡，历村、舜一地区分属开原乡、富安乡，实行地方自治，开原、富安乡设有乡议会组织。

民国十八年，无锡县区行政区改设为17个区，下设乡、镇。历村地区部分属无锡县第四区的溪山乡，乡长龚斗华，副乡长费仲良、龚揆。部分属居仕乡，乡长吴伯麒，副乡长是鹤九。舜一地区属无锡县17区的井亭乡，乡长殷承祖，副乡长朱英华、王鑑渊。

民国二十三年6月，无锡县17个区调整为10个区，乡镇同时裁并，分设78个镇，121个乡。实行保甲制，以10户为甲，10甲为保。溪山乡、居仕乡、井亭乡调整为保。保以下设甲，历村、舜一相应设保定甲。

民国二十六年11月25日，日军侵占无锡。此后，日伪统治曾两度变更行政区划。民国二十七年1月将10区恢复为民国二十三年前的17个区,又于民国三十年2月将17个区恢复为抗日战争前的10个区。该阶段伪政府仍然实行保甲制,历村、舜一地区随之。

民国三十七年8月,舜柯地区隶属新渎区藕塘镇管辖,保甲未变,其时上秦巷番号为二十保三甲。

二、1949年后

1949年后,舜柯地区开展农业合作化运动,各自然村相继成立各种形式的换工组、代工组、互助组等生产组织。

1950年5月,行政区划调整,设立藕塘区舜柯乡,舜柯乡辖历村、舜一及溪南地区,历村、舜一地区分成四村、五村、六村、七村、八村5个行政村。其中历村地区为六村、七村、八村,舜一地区为四村、五村。

1955年,各互助组以地域自愿组合,创办了历村、舜一初级农业生产合作社。

1956年,四村、五村合并成立舜一高级农业生产合作社。六村、七村、八村合并成立历村高级农业生产合作社。

1958年9月,钱桥人民公社成立,历村、舜一高级农业生产合作社更设为历村、舜一大队。

1983年4月,历村、舜一大队更名为历村、舜一村村民委员会。

2001年7月,历村村与舜一村合并,成立舜柯村村民委员会。

2009年10月,舜柯村始设舜柯社区居民委员会。

2010年9月,撤销舜柯村村民委员会,单设舜柯社区居民委员会。

第二节　中国共产党基层组织

解放战争期间,中国共产党在舜柯地区没有单独建立党组织,由当时的中共锡西地下党负责人陆道南领导舜柯地区地下党的工作,张高漕小学为地下党活动场所,校长胡其清时为地下党员,进步师生吴志勤、龚伦兴、龚一鸣先后秘密加入中共地下党组织。舜一吴巷头的朱茂人、朱灿根、朱锡椿等人也先后加入地下党,并参加革命斗争。

1949年后,钱桥镇建立了中共钱桥镇党支部,舜柯地区没有单设党支部。

1950年7月，成立中共舜柯乡党支部，属中共藕塘区委领导。1954年8月，中共藕塘区委撤销，舜柯乡党支部划归无锡市郊区区委领导。1956年3月，舜柯乡党支部并入钱桥乡党支部。

1950—1956年中共舜柯乡党支部书记任职情况表

表6-1

党组织名称	党支部书记(政治指导员)	任职时间
舜柯乡党支部	何鹤鸣(政治指导员)	1950.07—1955.07
	张金鹤(政治指导员)	1955.07—1956.03

是年，历村高级农业生产合作社在区域内建立党支部。

1958年，中共钱桥人民公社委员会成立，历村、舜一大队成立党支部。

1983年4月，中共钱桥乡委员会成立，历村、舜一大队党支部随之更设为中共历村、舜一村党支部。

1987年6月，钱桥乡撤销，成立钱桥镇。中共钱桥镇委员会成立，中共历村、舜一村村党支部隶属中共钱桥镇委员会。

2001年7月，历村、舜一两村合并成舜柯村，成立中共舜柯村党支部。

2007年11月，撤销钱桥镇，设立钱桥街道，钱桥街道党工委成立。中共舜柯村党支部属中共钱桥街道党工委领导。

2009年10月，中共舜柯村党支部更设为中共舜柯社区党总支。

2016年，中共舜柯社区党总支下设2个党支部，分别为行政党支部、农村党支部。

2018年7月，舜柯社区党总支下设4个党支部，分别为第1至第4支部。

2019年12月，舜柯社区党总支书记为陈鹏，下设4个支部。

2016—2019年舜柯社区党总支下设支部一览表

表6-2

党支部名称	党支部书记		党支部名称	党支部书记	
	姓名	任职时间		姓名	任职时间
行政支部	陈 鹏	2016—2017	第二支部	蒋玲	2019—
农村支部	杜国庆	2016—2017	第三支部	杜国庆	2018—
第一支部	陈鹏	2018—	第四支部	吴芳	2018—2019
第二支部	陆 丹	2018			

第三节　党政工作

1949年10月1日，舜柯地区党员群众参加藕塘、钱桥镇党支部举行的庆祝中华人民共和国成立大会。

1950年7月，舜柯乡党支部积极贯彻政务院和最高人民法院《关于镇压反革命运动的指示》，在域内开展镇压反革命运动，稳定了社会秩序。是年冬，舜柯乡党支部贯彻实施《中华人民共和国土地改革法》，组织全体党员和群众开展土改工作。是年，组织和发动群众开展抗美援朝、保家卫国运动。1950—1951年，舜柯乡先后有8名青年报名参加中国人民志愿军，奔赴朝鲜战场，打击美国侵略者。

1952年2月，舜柯乡党支部积极配合藕塘区委、区政府，组织开展反对贪污、反对浪费、反对官僚主义的“三反”运动，同时开展反行贿、反偷税漏税、反盗窃国家财产、反偷工减料和反盗窃国家经济情报的“五反”运动。组织域内党员、农民群众开展爱国增产运动。

1953年，舜柯乡党支部开展宣传、学习、贯彻、执行《中华人民共和国婚姻法》。是年冬，宣传贯彻社会主义工业化和农业、手工业、资本主义工商业的社会主义改造的“一化三改造”为主要内容的党在过渡时期的总路线，实行粮食统购统销政策。

1954—1956年，舜柯乡党支部和乡政府响应党和国家的号召，组织域内党员、农民群众开展互助合作运动，建立几十个互助组，引导农民在互助组的基础上成立初级社，走合作化道路。在初级社的基础上历村、舜一成立高级农业生产合作社，从而把农业合作化运动推向高潮。

1958年，历村、舜一大队党支部贯彻“鼓足干劲、力争上游，多快好省地建设社会主义”的总路线，组织域内党员、农民群众进行大兵团作战、大炼钢铁的“大跃进”运动。

50年代，历村大队有党员7人，舜一大队有党员9人。

1960年初，根据钱桥公社党委、政府要求，域内两党支部组织开展“整风整社”运动。由于受工作上的失误和自然灾害的影响，造成历村、舜一两大队粮食产量严重减产。11月起，域内实行粮食定量供应，提倡农民自力更生，艰苦奋斗，节约粮食，糠菜代粮。

1962年，历村、舜一大队根据钱桥公社党委贯彻国务院《民兵工作条例》精神，结合贯彻毛主席关于民兵工作做到“组织落实、政治落实、军事落实”的指示，将16~45岁的男性公民、16~35岁的女性公民全部编入民兵组织。基干民兵组织主要负责域内民兵训练、征兵工作、拥军优属以及公社人武部和大队另行安排的有关工作。

1964年，根据中央文件要求，在钱桥公社党委、政府的统一部署下，历村、舜一大队开展社会主义教育运动，贯彻《中共中央关于目前农村工作中若干问题的决定（草案）》（前十条）和《关于农村社会主义教育运动中具体政策的规定（草案）》（后十条）的“双十条”。历村、舜一两大队党支部和干部组织农民群众大搞农田基本建设，整田平地，实行农田格子化、水利河网化。

1965年，历村、舜一大队党支部组织开展“比学赶帮超”运动，组织农民群众掀起学习毛泽东著作热潮，开办《毛泽东选集》学习班。

1966年5月，历村、舜一大队按照钱桥公社党委部署，掀起大批判和破“四旧”（旧思想、旧文化、旧风俗、旧习惯）立“四新”（新思想、新文化、新风俗、新习惯）运动。

1968年4月，历村、舜一大队成立革命生产领导小组。

1971年，舜一大队团员青年在学雷锋活动中，开展积肥满仓活动，帮助五保户挑水、烧饭、推车、挑担等，全年共做好事1527件。是年，历村、舜一广大党员群众开展“批林整风”运动，进行路线教育，域内再次掀起“农业学大寨”高潮。

1979年，历村、舜一大队革委会全面贯彻中共党的十一届三中全会精神，坚持实事求是的思想路线，拨乱反正，引导域内以阶级斗争为中心转移到以经济建设为中心，大办农业、发展工业，调整产业结构，发展多种经济。

1980年，历村大队党支部有党员30人，舜一大队党支部有党员12人。

1981年，历村、舜一大队党支部贯彻中央《全国农村工作会议纪要》精神，全面实行家庭联产承包责任制，域内各生产队实施“人分口粮田，劳分责任田”，分田到户。

1984—1986年，历村、舜一村党支部、村委在钱桥乡党委的统一部署下，组织全体党员学习整党文件。同时，在完善和稳定农业生产责任制的基础上，发展多种经营，加快农业产业结构调整，促进商品经济发展。

1989—1991年，历村、舜一村党支部、村委在钱桥镇党委部署下，组织域内党员开展坚持四项基本原则反对资产阶级自由化教育运动，从而坚定了共产党员对社会主义的信念。

1992—1993年，历村、舜一村党支部、村委在抓好经济建设的同时，以党的基本路线“一个中心”（以经济建设为中心）“两个基本点”（坚持四项基本原则，坚持改革开放）和邓小平南方谈话为指针，贯彻落实党的十四大精神，在加大加快经济建设步伐的同时，做到精神文明和物质文明两手抓，两手都要硬。

1994—1999年，历村、舜一村党支部、村委，在抓好村集体企业进行转制的同时，组织党员学习邓小平理论，进行“三个代表”重要思想教育，促进经济建设有序、快速增长和三个文明（精神文明、物质文明、政治文明）同步协调发展。

2000年，历村村党支部有党员59人，舜一村党支部有党员48人。

2005—2006年，舜柯村党支部组织全体党员开展为期3个月的“保持共产党员先进性教育”活动。组织全体共产党员深入学习“八荣八耻”为主要内容的社会主义荣辱观教育。期内为配合无锡（藕塘）职教园建设，村委做好壤东、壤西两村民小组的拆迁工作，共计50户183人。

2009—2010年，舜柯社区党总支、居委会按照钱桥街道党工委、办事处的统一部署，开展“深入学习实践科学发展观”教育活动。两年间，动员陆东、陆西、石东、石西、田肚、吴二（10户）、殷巷、沈巷和东河头等9个居民小组拆迁，共计297户1019人。

2013年，舜柯社区党总支、居委会以“重振雄风、再创辉煌、赢得未来”为主题，着眼于“率先发展、科学发展、和谐发展”，着眼于“促进转型、靓丽社区、改善民生”，着眼于“凝心聚力、攻坚克难、争先进位”，以“有什么”“缺什么”“怎么干”为核心话题，培育“敢为人先、敢为担当”的精神，大力加快经济建设的步伐。

2014—2015年，舜柯社区党总支、居委会组织党员学习习近平总书记提出的“既严以修身、严以用权、严以律己，又谋事要实、创业要实、做人要实”的“三严三实”讲话精神，开展“三严三实”专题教育活动。在域内开展“第三批”党的群众路线教育实践活动，贯彻落实中央八项规定，着力解决形式主义、官僚主义、享乐主义、奢靡之风的突出问题。期间因地铁3号线的建设，党总支、居委会配合钱桥街道拆迁办完成西浜居民小组47户182人的拆迁工作。

2017年，舜柯社区党总支落实党内组织生活制度。全年召开支部大会2次，支委会12次，党小组会12次，组织生活会2次，党群民主议事会4次，举办党员统一活动日活动12次，开展远程教育固定学习日活动12次、远程教育培训周活动8次。开展"一社区一品牌"清风党建活动12次，开展"镇校联姻、建筑先锋堡垒"活动4次，开展"炬力空间"党建联盟活动5次。继续推进"两学一做"(学党章党规，学系列讲话，做合格党员)，使学习常态化制度化。全年邀请街道挂钩领导、街道党校宣讲员等讲党课15次，组织党员群众观看十九大开幕式、《十九大代表风采》纪录片。社区党总支、居委会全体干群深入村头巷尾、居民小区，了解群众所思、所想、所急、所盼，收集居民建议85条，企业建设性意见13条。解决景盛路4路车恢复通车等问题。年初党总支确立的"清风党建"4个项目(清新学风、亲和家风、清淳民风、清正党风)得到落实。全年新增党建宣传栏7处、党建宣传绘画墙10面。在建立的"舜皇故里"微信公众号上，发布党建报道82篇，其中在市级以上媒体发表7篇、惠山新闻发表7篇。全年志愿者组织服务活动72次，党员陆建英被评为"中国社区五星级志愿者"，党员庄技新评为"无锡好人"。社区经济工作有了一个飞速发展，全社区企业，全年共完成工业、三产开票销售17.86亿元，同比增幅28%。完成利税1.51亿元，比2016年增加3900万元，增幅35%，技改投入4500万元。实现村级固定收入930万元，居民人均收入3.66万元。"两委"在抓好党建工作、经济工作的同时，完成村庄整治工作。蒋巷、庄家的示范试点投资300万元。铺设道板砖1368平方米，清理乱堆放35处，建钢丝网320米，外墙刷新21700平方米，新建垃圾房5处，新浇水泥场750平方米，新造公共厕所1个，新修休闲小游园500多平方米。社区两委还配合水利站对向阳河、花园浜、周巷浜、芮巷浜进行河道整治，水环境得到明显改善。为配合舜柯家园二期建设，东浜41户163人成功拆迁。

2019年，启用党建文化广场，一幅幅党建宣传、廉政文化、舜文化、赤墩遗址等图片文字营造了浓厚的文化氛围。是年，党总支与域外8个党组织结对共建，联合开展了"茶香入画、情暖人心"、"一封家书"征集活动、"学习强国"平台教学党课系列活动；与溪南、洋溪社区联盟共建"炬力空间"再出发，到浙江南湖感悟"红船精神"，到市档案馆参观"不忘初心、牢记使命"主题教育。推行"1+10+N"

党员联户制度,通过党员入户走访等方式,引导广大基层群众积极参与基层治理和扫黑除恶专项斗争。继续把“清风党建”作为引领社区服务民生的总基调,举办“人生当如茶,清廉胜浮华”的“品茶悟廉”活动。全社区党员学习贯彻党的十九届四中全会精神,明确总支书记抓主题教育责任清单,举办“不忘初心、牢记使命”主题教育暨庆祝中华人民共和国成立70周年文艺晚会。邀请街道党校宣讲员辅导主题教育和贯彻学习党的十九届四中全会精神,上党课11次。充分发挥党员先锋模范作用,“中国好人”庄技新为党建结对学校学生介绍采茶知识;组织党员志愿者慰问社区老人,为行动不便的党员上门送学习资料;对身心残疾和常年有病的居民结对帮扶;关怀和慰问老年困难党员解决实际困难等活动66次。社区经济迅猛发展,全年工业开票销售20.37亿元,比上年增幅12%,实现村级固定收入930万元,居民人均收入4.21万元。这一年“两委”中心工作,一是提升村庄人居环境,投资1500万元进行环境整治项目,并通过街道验收。全面启动缪家、前田舍、后田舍、前芮巷、后芮巷、上秦巷的村庄人居环境工程,包括污水接管、拆除违章建筑6920平方米;清运垃圾1650吨,总投资1400余万元。为社区主干道中心路和舜欣东路投资130余万元,铺设沥青路面7000平方米。通过整治,拆除了违章建筑、乱搭建和乱堆放,并进行了污水处理、道路建设、房屋外墙刷白、文化墙绘制等,村容村貌得到改善,使社区天更蓝、地更绿、水更清、生活更美好。二是继续全力做好扫黑除恶专项斗争工作,成立以党总支书记陈鹏为组长的专项工作领导小组,多次召开办公会议、工作推进会,部署各阶段工作。加强宣传力度,全年共发放宣传手册700余本,宣传单1000余份,悬挂横幅135条,制作展板16块,张贴宣传海报140余张,微信公众平台宣传扫黑除恶专项斗争工作应知应会知识50余条。三是河长制工作不松懈,社区居委会每两月召开一次“河长制”工作例会,及时掌握情况、解决问题。对6条村级河道根据不同情况制定治理方案,请专业人员,用高压水枪、挖掘机等专用设备对河道内的垃圾、淤泥彻底清理。用人工对水草、漂浮物进行清理。并在原河塘基础上筑砌石驳岸,安装花岗岩栏杆等景观建设,使原河塘变成景观河塘,黑水变清水。四是根据街道拆迁工作要求,完成3家企业37700平方米的拆迁工作。五是进行土地复垦工作,年度对“一路发”周边65亩工业地块以及25亩门前山宕口地块进行土地复垦。舜柯社区被无锡市评为2018年度无锡市耕地保护先进单位。是年,舜柯社区党总支部共有共产党员160名，其中男党员124人，女党员36人。

2016—2019年舜柯社区获得荣誉一览表

表6-3

年份	获奖名称
2016—2018	江苏省文明社区
2017—2018	惠山区三星级和谐示范社区
2018	2018年度无锡市农村生活污水点源治理工作先进单位
2018	2018年度惠山区卫生计生工作先进单位
2018	2018年度惠山区五四红旗团支部
2019	无锡市人居环境整治先进社区

第四节　干部任职

1956年成立历村高级社党支部至2001年合并成舜柯村党支部，其间，历村高级社、大队、村党支部有8人任党支部书记，4人任副书记。同期有7人任社长、大队长或村委主任，5人任副大队长或村委副主任，5人任主办会计。

1956—2001年历村（高级社、大队）、村历届党支部、行政干部、主办会计任职一览表

表6-4

建置名称	党支部书记（副）		行政干部						主办会计	
	姓名	任职时间	正职			副职			姓名	任职时间
			姓名	职务	任职时间	姓名	职务	任职时间		
历村高级社	芮叙法	1956—1958	顾荣泉	社长	1956—1958	—	—	—	吴斌辉	1956—1958
历村大队	顾荣泉	1958—1974	芮产根	大队长、革委会主任	1959—1976	—	—	—	吴斌辉	1958—1959
	芮产根	1974—1976	—	—	—	邵菊英	革委会副主任	1974—1976	张洪坤	1959—1960
	邵菊英（副）	1974—1976	—	—	—	周松良	革委会副主任	1976—1981	—	—

续表6-4

建置名称	党支部书记(副)		行政干部						主办会计	
			正职			副职				
	姓名	任职时间	姓名	职务	任职时间	姓名	职务	任职时间	姓名	任职时间
历村大队	邵菊英	1976—1981	邵菊英	革委会主任	1976—1981	张建华	革委会副主任	1979—1981	吴斌辉	1960—1981
	张建华(副)	1979—1981	—	—	—	芮卓君	副大队长	1981—1983	—	—
	张建华	1981—1983	张建华	大队长	1981—1983	周志良	副大队长	1981—1983	杨三度	1981—1983
	芮卓君(副)	1981—1983	—	—	—	—	—	—	—	—
历村村	芮卓君	1983—1991	芮卓君	主任	1983—1985	周志良	副主任	1983—1985	吴一清	1983—2000
	潘伟良	1991—1994	周志良	主任	1985—1993	—	—	—	—	—
	周松清(副)	1991—2001	—	—	—	—	—	—	—	—
	芮凤歧	1995—2001	周松清	主任	1993—2001	—	—	—	陈 鹏	2000—2001

1956年成立舜一高级社，至2001年舜一村同历村村合并，期间1958年始设舜一大队党支部，舜一大队、舜一村党支部有11人任党支部书记，2人任代理书记，2人任副书记。舜一高级社、大队、村有12人任社长或大队长或村委主任，5人任副社长或副大队长或村委副主任，6人任主办会计。

1956—2001年舜一(高级社、大队)、村历届党支部(总支)、行政干部、主办会计任职一览表

表6-5

建置名称	党支部书记(副)		行政干部						主办会计	
			正职			副职				
	姓名	任职时间	姓名	职务	任职时间	姓名	职务	任职时间	姓名	任职时间
舜一高级社	—	—	朱荣增	社长	1956—1958	曹阿金	副社长	1956—1958	丁纪林	1956—1958

续表6-5

建置名称	党支部书记(副)		行政干部						主办会计	
			正职			副职				
	姓名	任职时间	姓名	职务	任职时间	姓名	职务	任职时间	姓名	任职时间
舜一大队	朱荣增	1958—1960	杜银荣	大队长	1958—1960	—	—	—	张觉仁	1958—1978
	杜银荣	1960—1961	—	—	—	—	—	—	—	—
	朱产根	1961—1963	朱荣增	大队长	1960—1963	—	—	—	—	—
	朱荣增	1963—1968	朱正茂	大队长、革委会主任	1963—1969	—	—	—	—	—
	邵福宝	1968—1973	石海良	大队长	1969—1970	—	—	—	—	—
	朱正茂	1974—1975	王天宝	大队长	1970—1972	丁伯荣	革委会副主任	1974—1983	—	—
	丁伯荣（副）	1974—1983	朱焕荣	大队长	1972—1974	—	—	—	—	—
	王子贤	1975—1978	王子贤	革委会主任	1975—1978	朱焕荣	革委会副主任副大队长	1975—1982	石煜清	1978—1982
	朱焕荣（副）	1975—1982	—	—	—	—	—	—	—	—
	朱荣增	1979—1982	朱荣增	革委会主任	1979—1982	殷惠忠	副大队长	1982—1983	—	—
	朱焕荣（代）	1982—1983	朱焕荣	大队长	1982—1983	石煜清	副大队长	1982—1983	—	—
舜一村	朱焕荣（代）	1983—1984	朱焕荣	主任	1983—1984	殷惠忠	副主任	1983—1984	张勤清	1984—1989

续表6-5

建置名称	党支部书记(副)		行政干部						主办会计	
			正职			副职				
	姓名	任职时间	姓名	职务	任职时间	姓名	职务	任职时间	姓名	任职时间
舜一村	殷惠忠	1984—1985.01	—	—	—	石煜清	副主任	1983—1984	—	—
	吴静燕(以副代正)	1985.01—1986.07	吴静燕	主任	1984—1985	丁伯荣	副主任	1984—1985	—	—
	丁伯荣（副）	1984—1989	丁伯荣	主任	1985—1989	—	—	—	—	—
	吴静燕	1986.07—1988	吴国清	主任	1989—1991	—	—	—	—	—
	李立初	1988—1992	陆凤鸣	主任	1991—1998	—	—	—	汤炳惠	1989—1999
	吴国清	1992—2001.06	缪正明	主任	1998—2001.06	—	—	—	汤仁芝	1999—2001.06

2001—2019年，舜柯村（社区）党支部（党总支）有4人任党支部（党总支）书记，4人任副书记，1人任书记助理，3人任（村）居委会主任，1人任主任助理，3人任主办会计。2019年，陈鹏任舜柯社区党总支书记、居委会主任，蒋玲任主办会计。

2001—2019年舜柯(村)社区历届党支部(总支)、行政干部、主办会计任职一览表

表6-6

建置名称	党支部(总支)书记(副)		行政干部						主办会计	
			正职			副职				
	姓名	任职时间	姓名	职务	任职时间	姓名	职务	任职时间	姓名	任职时间
舜柯村	吴立刚	2001.07—2001.11	周松清	主任	2001.07—2001.10	—	—	—	—	—
			缪正明	主任	2001.11—2009.03	周松清	副主任	2001.11—2007	陈鹏	2001.07—2009.03
	吴国清(副书记)	2001.07—2001.11	—	—	—	—	—	—	—	—
	芮凤岐(副书记)	2001.07—2001.11	—	—	—	—	—	—	—	—
	陈鹏(副书记)	2001.07—2009.10	—	—	—	—	—	—	—	—
	吴国清	2001.11—2007	—	—	—	吴国忠	副主任	2007.10—2009.10	—	—
	缪正明	2007—2009.10	陈鹏	主任	2009.03—2009.10	—	—	—	吴芳	2009.03—2009.10
舜柯社区	缪正明	2009.10—2017.08	陈鹏	主任	2009.10—	吴国忠	副主任	2009.10—2011.06	吴芳	2009.10—2019
	陈鹏(副书记)	2009.10—2010.08	—	—	—	杜国庆	副主任	2011.06—	—	—
	陈鹏	2017.08—	—	—	—	—	—	—	蒋玲	2019—
	陆丹(副书记)(女)	2017.08—2019.08	陆丹(女)	主任助理	2009.10—2017.07	—	—	—	—	—
	徐欣艺(书记助理)	2012.08—2019.08	—	—	—	—	—	—	—	—

第五节 条线干部

1958年,舜一大队成立妇代会,王梅秀任妇代会主任。1960年,历村大队成立妇代会,张凤娣任妇代会主任。

1960年,历村、舜一大队先后成立治安保卫事务办公室,顾正献、何正金分别任治保主任。

1959年、1962年,历村、舜一大队先后成立基干民兵营。

1959年、1962年,历村、舜一大队先后建立中国共产主义青年团。

1973年、1976年,历村大队、舜一(大队)先后设土地管理员。

1958—2001年历村、舜一(大队)村条线干部任职一览表

表6-7

职务	历村		舜一	
	姓名	任职时间	姓名	任职时间
妇女主任	张凤娣	1960—1967	王梅秀	1958—1979
	邵菊英	1968—1975	吴静燕	1980—1983
	朱云燕	1976—1979	石如珍	1984—2001
	龚洳湘	1979—2000	—	—
	缪润英	2000—2001	—	—
治保主任	顾正献	1960—1976	何正金	1960—1963
	谢林根	1977—1986	汤炳惠	1964—1970
	周松清	1986—1991	王士祖	1971—1975
	吴勤清	1992—2001	王国祥	1976—1983
	—	—	杨建平	1984—1988
	—	—	殷宇忠	1989—1992
	—	—	丁建立	1993—1997
	—	—	殷凤刚	1998—2001
民兵营长	吴斌辉	1959—1962	—	—
	庄凤兴	1963—1965	王天宝	1962—1970
	李玉和	1966—1970	—	—
	周志良	1970—1976	石海良	1971—1975

续表6-7

职务	历村		舜一	
	姓名	任职时间	姓名	任职时间
民兵营长	周松清	1977—1983	朱焕荣	1976—1982
	谢林根	1983—1986	谢耀民	1983—1987
	周松清	1986—1991	殷宇忠	1988—1991
	顾建鸿	1991—1994	殷凤刚	1991—2001
	吴国忠	1994—2001	—	—
农技员	黄德清	1964—1966	殷旭明	1956—1966
	吴金南	1967—1979	吴金海	1967—2001
	黄德清	1979—1981	—	—
	吴旭旦	1981—1984	—	—
	周国甫	1984—1991	—	—
	张纪度	1992—2001	—	—
土管(建房)员	周志良	1973—1976	王国祥	1976—1988
	谢林根	1976—1986	殷宇忠	1989—1991
	周松清	1986—1991	丁建立	1991—2001
	吴勤清	1991—2001	—	—
共青团书记	吴斌辉	1959—1964	殷祖凤	1962—1964
	周松良	1964—1972	—	—
	费满芳	1972—1974	朱月珍	1964—1969
	谢林根	1974—1977	石如珍	1970—1978
	孔建明	1977—1979	张勤清	1979—1982
	赵建东	1979—1984	谢耀民	1983—1987
	费锡贤	1984—1986	丁嘉忠	1988—1991
	缪敏燕	1986—1991	殷凤刚	1991—1998
	顾建鸿	1991—1994	杜国庆	1999—2001
	费红丹	1994—1999	—	—
	吴国忠	1999—2001	—	—
副业主任	邵菊英(蚕桑技术员)	1962—1972	李仁妹(桑蚕技术员)	1960—1972
	张纪度	1972—1975	王尤良	1971—1980

2001—2019年舜柯社区(村)条线干部任职一览表

表6-8

职务	姓名	任职时间
妇女主任	缪润英	2001—
治保主任	杜国庆	2001—2007
	龚志芳	2007—
民兵营长	杜国庆	2001—2003
	龚志芳	2003—2007
	吴丽星	2007—
土管员	丁建立	2001—2006
	殷凤刚	2007—2018
	吴丽星	2018—
共青团书记	吴国忠	2001—2003
	龚志芳	2003—2007
	吴丽星	2007—2018
	彭新丽	2018—

第六节 生产队干部

生产队是由社员组成的最基层一级集体组织。1958年,钱桥人民公社成立后,舜一大队下辖10个生产队,历村大队下辖9个生产队。自1962年贯彻中央以生产队为基本核算单位以来,生产队成为农村基层最基本的独立核算生产单位。各生产队之间生产发展和人民生活逐渐发生变化,甚至差距还不小。这一时期,生产队长既要组织生产、发展生产力,又要带头苦干。在人民公社时期,生产队长的作用不可小觑。1983年成立舜一、历村村民委员会,生产队更设为村民小组。期间历村村辖13个村民小组,舜一村辖14个村民小组。2001年,两村合并为舜柯村,下设27个村民小组。2009年,舜柯村更设为舜柯社区,村民小组更名为居民小组,下辖27个居民小组。

一、历村大队(村)

1958—1963年,历村大队分设9个生产队,期间,历村大队分5个片进行管理。1963年,从历村大队蒋巷生产队分出前周巷生产队,费巷生产队分出后周巷生产队，前芮巷生产队分出缪家生产队，田舍头生产队分成前田舍、后田舍生产队。1983年，历村大队改设为历村村，13个生产队同时改名村民小组。至2001年，历村村共有13个村民小组。

1958—1960年历村大队片长任职一览表

表6-9

片长姓名	分管自然村
赵宝根、顾盘根	上秦巷、东浜、西浜
周细狗、庄洪生	庄家、蒋巷
周银度	费巷
张荣兴、张文奎	前芮巷、后芮巷
王荣根、陈耀兴	田舍头

1958—2001年历村（大队）村民小组（生产队）干部任职一览表

表6-10

村民小组（生产队）	村民组长（生产队长）姓名	任职时间	会计姓名	任职时间
上秦巷	秦福南	1958—1962	秦荣昌	1958—1979
	赵根宝	1962—1965	吴寿兴	1979—1983
	徐根度	1966—1970	—	—
	吴士宝	1971—1975	—	—
	秦松清	1975—1979	—	—
	吴寿兴	1979—1981	—	—
	赵建东	1981—1985	—	—
	秦阿兴	1985—2001	—	—
东浜	顾盘泉	1958—1963	潘渭清	1958—1969
	杨盘兴	1963—1975	杨三度	1970—1978
	王国成	1975—1979	顾浩良	1979—1983
	杨三度	1979—1981	—	—
	杨承泉	1981—1984	—	—
	顾浩良	1984—2001	—	—
西浜	顾盘根	1958—1975	计菊生	1958—1972
	计金春	1975—1983	计金春	1972—1975
	黄志琴	1983—1993	周秋英	1975—1980

续表6-10

村民小组（生产队）	村民组长（生产队长）姓名	任职时间	会计姓名	任职时间
	景敖三	1993—2001	黄志琴	1980—1983
庄家	庄盘泉	1958—1961	庄福泰	1958—1983
	吴江申	1962—1976	—	—
	吴勤清	1976—2001	—	—
蒋巷	周细狗	1958—1971	张俊兴	1958—1965
	蒋泉昌	1971—1979	张国兴	1966—1968
	周士良	1980—2001	周士良	1968—1980
	—	—	张满兴	1980—1983
前周巷	周杏根	1963—1975	李金凤	1963—1966
	周大建	1975—1979	周志琴	1966—1968
	龚玲英	1979—1984	周炳炎	1968—1978
	周国甫	1984—2001	龚玲英	1978—1983
费巷	周银度	1958—1963	费泉根	1958—1963
	费培祖	1963—1977	缪伯兴	1963—1980
	费满芳	1977—1980	唐凤秀	1980—1983
	缪伯兴	1980—2001	—	—
后周巷	周银度	1963—1971	费泉根	1963—1964
	周满生	1971—1975	周仁美	1964—1966
	周仁法	1975—1979	周娟英	1966—1976
	倪树培	1979—1982	周亚珍	1976—1979
	登点干部	1982—1990	沈凤娟	1979—1983
	庄宪达	1990—2001	—	—
前芮巷	张荣兴	1958—1963	芮龙兴	1958—1977
	缪焕泉	1963—1970	芮仲达	1977—1983
	陶阿煜	1970—1972	—	—
	张世健	1972—1978	—	—
	芮仲达	1978—1979	—	—
	张世健	1980—2001	—	—
缪家	张荣兴	1963—1972	缪荣泉	1963—1973
	张国平	1972—1976	谢庄	1973—1979
	缪志勤	1976—1978	缪伯明	1979—1983
	缪其清	1978—1979	—	—
	缪云锡	1979—2001	—	—

续表6-10

村民小组（生产队）	村民组长（生产队长）姓名	任职时间	会计姓名	任职时间
后芮巷	张文奎	1958—1971	芮惠芬	1958—1970
	芮丁康	1971—1974	芮惠泉	1970—1975
	张荷宝	1974—1977	庞菊珍	1976—1983
	芮惠泉	1977—1979	—	—
	俞国良	1979—1986	—	—
	芮海根	1986—2001	—	—
田舍头	王荣根	1958—1963	吴金南	1958—1963
前田舍	王荣根	1963—1969	黄荣泉	1963—1964
	吴金度	1969—1971	吴金南	1964—1970
	黄荣泉	1971—2001	徐叙兴	1970—1983
后田舍	朱龙泉	1963—1970	吴一清	1963—1975
	张纪度	1970—1978	陈水草	1976—1983
	吴建清	1978—1980	—	—
	张小龙	1980—1982	—	—
	陈水草	1982—2001	—	—

二、舜一大队（村）

1958—1962年，舜一大队分设10个生产队。1962年，舜一大队石巷生产队分为石东、石西生产队，壤里生产队分为壤东、壤西生产队。1981年，陆巷生产队分成陆东、陆西生产队，沈巷生产队分出东河生产队，至2001年，舜一村共有14个村民小组。

1958—2001年舜一村（大队）村民小组（生产队）干部任职一览表

表6-11

村民小组（生产队）	村民组长（生产队长）姓名	任职时间	会计姓名	任职时间
吴一	吴继根	1958—1965	吴仁法	1958—1975
	吴仁法	1965—1975	张荣兴	1975—1983
	吴国清	1976—1979	—	—
	张学范	1979—1980	—	—
	陆根度	1981—1988	—	—
	吴金海	1988—2001	—	—

续表6-11

村民小组（生产队）	村民组长（生产队长）姓名	任职时间	会计姓名	任职时间
吴二	葛法南	1958—1962	朱爱珍	1958—1976
	朱荣昌	1962—1967	朱革新	1977—1983
	朱伯清	1968—1969	—	—
	蔡产根	1970—1971	—	—
	朱革新	1972—1976	—	—
	蔡仲初	1976—1978	—	—
	朱天宝	1978—1979	—	—
	徐可子	1979—1980	—	—
	朱建荣	1981—1988	—	—
	朱革新	1989—2001	—	—
陆巷	陆全根	1958—1959	陆瑞东	1958—1962
	陆根泉	1959—1960	陆琴英	1962—1980
	陆胜根	1961—1974	—	—
	陆凤鸣	1975—1977	—	—
	陆焕清	1978—1980	—	—
陆东	陆一平	1981—1988	张毓铭	1981—1983
	陆才东	1989—2001	—	—
陆西	陆焕清	1981—2001	陆琴英	1981—1983
石巷	石锡南	1958—1962	曹腊梅	1958—1962
石东	石永朝	1962—1978	石永培	1962—1978
	石如荣	1979—2001	蒋琴华	1979—1983
石西	石锡南	1962—1978	石煜初	1962—1978
	石伯清	1979—1988	石伟国	1979—1983
	石德清	1989—2001	—	—
壤里	丁锡焕	1958—1962	丁锡良	1958—1962
壤东	丁伯金	1962—1972	丁本度	1962—1976
	丁品根	1973—1975	丁建立	1976—1983
	谢永元	1976—2001	—	—
壤西	丁泉清	1962—2001	丁锡良	1962—1983
田肚	殷玉清	1958—1962	殷荣庆	1958—1970
	邵福宝	1962—1966	殷梦祖	1971—1972
	殷浩川	1967—1970	邵南清	1973—1983

续表6-11

村民小组（生产队）	村民组长（生产队长）姓名	任职时间	会计姓名	任职时间
	邵南清	1971—1973	—	—
	殷耀祖	1974—1975	—	—
	殷耀伦	1976—1979	—	—
	殷建成	1979—2001	—	—
殷巷	殷产根	1958—1968	殷子良	1958—1972
	殷天生	1969—1971	殷旭明	1973—1978
	殷旭昌	1972—1973	章玲华	1979—1983
	殷旭明	1974—1977	—	—
	殷子豪	1978—1979	—	—
	殷国平	1980—2001	—	—
王巷	王君良	1958—1962	汤炳惠	1958—1964
	王叙金	1963—1979	王惠芳	1964—1971
	殷东生	1980—1981	王梦惠	1972—1983
	殷惠忠	1982—1983	—	—
	王庆贤	1984—1985	—	—
	汤梦伦	1986—2001	—	—
沈巷	汤荣兴	1958—1966	王国祥	1958—1962
	汤阿泉	1967—1971	沈国良	1962—1983
	王国祥	1972—1975	—	—
	沈镇明	1976—1978	—	—
	缪正球	1979—1980	—	—
	汤仁芝	1981—2001	—	—
东河	缪正球	1981—2001	王月萍	1981—1983
花园	杜荣泉	1958—1970	王林宝	1958—1975
	王三宝	1971—1977	吴吉才	1976—1978
	杜锡南	1977—1978	王政	1979—1983
	张建政	1979—1980	—	—
	杜德法	1981—2001	—	—

三、舜柯社区（村）

2001年历村村与舜一村合并成立舜柯村，2009年变更为舜柯社区，全社区共有27个居民小组。

2001—2019年舜柯社区(村)居民(村民)组长任职一览表

表6-12

居民(村民)小组	组长姓名	任职时间	居民(村民)小组	组长姓名	任职时间
上秦巷	秦阿兴	2001—2016	缪家	缪云锡	2001—
	赵建东	2016—	前芮巷	张世健	2001—
东浜	顾浩良	2001—	后芮巷	芮海根	2001—
西浜	景敖三	2001—	前田	黄荣泉	2001—
庄家	吴勤清	2001—	后田	陈水草	2001—
蒋巷	周士良	2001—	吴一	吴金海	2001—
前周巷	周国甫	2001—	吴二	朱革新	2001—
后周巷	庄宪达	2001—	陆西	陆焕清	2001—
石东	石如荣	2001—2007	陆东	陆瑞东	2001—2003
	石建安	2008—		陶建新	2003—
石西	石德清	2001—	殷巷	殷国平	2001—
壤西	丁泉清	2001—2007	王巷	王旭	2001—
	丁锡良	2008—	沈巷	汤仁芝	2001—
壤东	丁品根	2001—	东河	缪正球	2001—
田肚	殷建成	2001—	花园	张建政	2001—2017
费巷	缪伯兴	2001—		杜国庆	2018—

第七节　社会团体

新中国成立后，历村、舜一地区在土改运动中成立农会。1987年，历村、舜一村相继成立老龄协会，还为老年人建立老年活动室。1998年4月、1999年8月，历村、舜一村分别成立工会组织。2018年，域内已有74家企业成立工会组织，会员人数达1634人。

一、农会

民国时期的历村、舜一地区农村设有农会，是农村基层政权的补充。解放后在土改运动中，为保障土改工作顺利进行，舜柯乡成立土改工作领导小组，随后发动历村、舜一的群众成立农民自己的组织——农民协会(简称农会)。历村地区的6~8村3个行政村，舜一地区的4~5村两个行政村成立农会。农会的主要职责是评定农村阶级成分，斗争恶霸地主，没收地主多余的土地、房屋，并分给缺地少屋的贫苦农民。1954年，历村、舜一地区农会撤销。

1950年历村地区农会主任任职一览表

表6-13

行政村名	农会主任	所辖自然村
第六村	朱光华	花园里、田舍头、芮巷
第七村	费培芝	庄家、蒋巷、周巷、费巷
第八村	秦福南	上秦巷、东浜、西浜

1950年舜一地区农会主任任职一览表

表6-14

行政村名	农会主任	所辖自然村
第四村	朱荣增	吴巷、陆巷、石巷、壤里
第五村	王叙生	王巷、殷巷、沈巷、田肚

二、贫下中农协会

1964年，舜一、历村大队相继成立了贫下中农协会(简称贫协)。贫协在上级党委领导下，贯彻党的路线、方针和政策，围绕党的中心工作带领贫下中农开展忆苦思甜活动，开展阶级斗争；组织成立贫下中农宣传队，宣传毛泽东思想；组织贫下中农管理学校；开展“斗私批修”、批林批孔运动，领导并参与教育改革，开门办学活动，当好大队党支部的参谋。1964—1982年，舜一大队贫协主任何永泉，历村大队贫协主任费银泉。

1982年，舜一、历村大队贫下中农协会撤销。

三、老龄协会

1987年，舜一村、历村村相继成立老龄协会。

1989年，历村村投资30万元在红庙头建造60平方米的老年活动中心。1991年，舜一村投资30万元，在舜一小学旁建造50平方米老年活动中心。两村活动中心安装电视，方便老年人的文化娱乐活动。安排人员专门为老年人烧水、开关门窗、搞卫生等工作，同时活动中心内放有报纸、杂志、棋牌、茶叶等。老年人可根据各自爱好尽情学习、娱乐。

舜一、历村村每年组织老年人外出参观、学习。老龄协会工作人员会同村领导对60岁、70岁、80岁、90岁寿星送上生日蛋糕。

2002年，舜柯村给老年人发放尊老、爱老金全年480元/人，并为60周岁以上老年人购买一份太平洋人寿保险。

1987—2019年舜柯社区（历村村）老龄协会会长先后为：芮产根、龚洳湘、石如珍、周松清、殷凤刚。

1987—2001年，舜一村历任老龄协会会长：朱正茂、汤炳伟。

四、工会

1998年4月、1999年8月，历村村、舜一村分别成立工会联合会。

2001年，舜柯村建立工会组织。村工会成立后配合两委工作，做好企业同职工的矛盾调解工作，依法维护企业职工的合法权益。贯彻《中华人民共和国劳动法》《中华人民共和国合同法》等政策、法规，检查、督促域内企业政策法规执行情况。

2009年，舜柯村工会更设为舜柯社区工会。

2017年，会员登记人数936人。

2018年3月，舜柯社区域内有74家企业，1634人参加工会组织，并联合钱桥街道总工会为企业开展集体合同的签约工作。组织企业职工开展各种文体活动，参加钱桥街道总工会组织举办的拔河比赛、"中国梦"演讲比赛、职工技巧比赛、最美工匠评比等。

在建立的职工书屋中，开展形式多样的读书活动，带动工会企业参加"关爱圆梦"助学帮困、扶贫、慰问孤寡老人的活动，创建模范职工之家。

1998—2019年，历村村、舜一村、舜柯（村）社区历届工会主席分别由周松清、缪正明、陈鹏、周志豪担任。

第七章 农业

舜柯地区自古以来是鱼米之乡，农业生产历史悠久。在赤墩遗址发掘中，发现水稻种子遗迹，确切证实5000多年前赤墩里已开始种植水稻。至隋唐，历村、舜一地区已形成稻麦两熟制复种技术。清代起，栽桑养蚕成为舜柯地区主要副业。民国时期，农民除种植稻麦外，还普遍种植大豆，并以大豆作为榨取食油的原料。农民少地、无地，收入甚微，生活艰难。民国二十三年(1934)大旱，舜柯地区花园里农民车水抗旱，经18重水车，才把水送到舜柯山下的农田里。

1950年9月，经土地改革，历村、舜一地区农民分得土地，生产积极性高涨，但仍承受着自然灾害和繁重的体力劳动。1953年，历村地区村民抗旱，曾用13重水车，靠人力车水。农民的劳动工具还是古老的锄头、铁耙、镰刀，少有用耕牛代替人工劳作。小麦脱粒仍然沿用古老的掼床、门板，依靠人力拍打，水稻脱粒使用脚踏轧稻机。1955年，试办初级社，农民土地入股，统一经营。1956年，办高级社，土地归集体所有，走上了农业集体化道路。1959—1961年，历村、舜一大队经历三年经济困难时期，农产品严重不足。1961年12月，历村、舜一大队实行“三级所有、队为基础”的以生产队为基本核算单位的农业经营模式，农业生产得到恢复和发展。1965年之后，推广种植双季稻(俗称双三制)，农民付出巨大的劳动代价，却没有得到应有的回报，人均年收入徘徊在100元上下。

1978年中共十一届三中全会以后，辖区内农民思想大解放，很多“禁区”被冲破。1981年，历村、舜一大队开始实行家庭联产承包责任制，把土地经营权还给农民。1982年，历村大队人均收入达到328元，舜一大队人均收入达到225元，比1977年翻一番多。1983年，历村、舜一大队耕作制度由“双三制”恢复稻麦两熟制。1985年，推广水稻化学除草，替代人工耥稻、耘稻；小麦推广免耕麦，大大减轻农民繁重的体力劳动，提高劳动效率。农民忙时务农，闲时务工，亦工亦农，促进了本地区经济的发展。进入90年代，农业内部结构由种植水稻、三麦向种植蔬菜、林果等高效益多种经营方向发展。至21世纪，舜柯地区工业、商贸服务业快速发展，耕地面积锐减，2007年，舜柯村水稻种植面积136.28亩，小麦播种面积26亩，涉及6个村民小组，82户种植户。至2008年，农耕时代主要农作物水稻、三麦、油菜全部退出历史舞台。

第一节　农业经济制度变革

解放前，历村、舜一地区的大量土地为少数人占有，广大贫苦农民只占有少量的土地，农业落后，农民贫困。新中国成立后，经过土地改革，区域内农民拥有了自己的土地，促进了农业的发展。改革开放以后，实行家庭联产承包责任制，极大地提高了农业劳动生产力。

一、土地改革

1950年9月，历村、舜一地区在舜柯乡政府的领导下，开展土地改革运动，实行耕者有其田，极大地提高农民的生产积极性，促进社会生产力的发展。但一家一户的耕作力量小，抵御自然灾害的能力低。

二、互助组

1954年，舜柯乡历村、舜一地区响应党和国家的号召，建立起几十个互助组。互助组时期，土地所有权属农民个人所有。

三、初级农业生产合作社

1955年，历村、舜一地区响应党的号召，走农业合作化的道路，历村地区成立历村初级社，舜一地区成立舜一初级社。初级农业生产合作社以社为统一核算单位。土地入股由合作社统一经营，劳动力统一管理，生产资料统一使用，收益统一按土劳比例分配，土劳比例一般为4∶6。初级农业生产合作社比互助组更具优越性，农田普遍增产增收。

四、高级农业生产合作社

1956年，在大办高级社的热潮中，历村、舜一相继成立历村高级社、舜一高级社，高级社取消土地分红，土地证全部上交，耕畜和大型农具作价归社。高级社实行集中领导，统一经营，下设生产队，生产队内实行定额管理和评工计分制度，坚持“按劳取酬”和“多劳多得”的社会主义分配原则。为了增加集体积累，高级社比初级社提高公积金、公益金提留比例，一般占总收入10%左右，主要用于对烈军属、困难户的经济补助和集体资金的积累。

五、人民公社

1958年8月,中共中央《关于农村建立人民公社问题的决议》发布后,同年9月17日,钱桥人民公社宣告成立,历村、舜一高级社成为钱桥人民公社所辖的历村、舜一两个大队。是年秋收秋种,历村大队社员集中吃、住在毛村,却到东北塘、堰桥劳动作业。家家户户拆小灶,办公共食堂,历村大队在上秦巷、庄家、芮巷、田舍头办了4个公共食堂,舜一大队在吴巷、陆巷、石巷、壤里、田肚里、殷巷、沈巷、王巷、花园里办了9个公共食堂。1959—1961年三年经济严重困难时期,社员口粮严重不足。1960年12月,根据中央指示精神,社员被平调的物资财产获得退赔。1961年农民月人均口粮10千克原粮。12月底,根据中央10月指示,历村、舜一大队实行"三级所有,队为基础"的以生产队为基本核算单位的政策,把生产资料所有权落实到生产队。1963年以后,历村、舜一大队农业生产和社员生活渐渐走向正常。1964年,历村、舜一人民在"农业学大寨"热潮中大搞整田平地、格田成方。

1965年,在农业生产上,一改过去稻、麦两熟制,不合实际地推行"三熟制",结果增加劳动成本,加重农民的劳作,降低了收益。在收益分配上,普遍推行"自报公议,以时记工"的评工计分制度,取消定额记工,再次出现劳动计酬上的平均主义。在家庭自留地种植上,限制群众种植白菜、番茄等经济作物。

六、农村家庭联产承包责任制

1978年中共十一届三中全会以后,对自留地、家庭副业、市场贸易放宽种种限制。历村、舜一大队农民思想十分活跃,受周边大队影响,1981年,实行家庭联产承包责任制,这一生产关系的调整,极大地解放生产力,出现社员干劲足,种植质量好,季节抓得紧的空前景象。真正做到人尽其能,克服生产"大呼隆",实行提高粮食产量,增加现金收入,从而使长期被束缚在土地上的农民解放出来。实行家庭联产承包责任制的第二年,历村大队878.5亩的三麦单产达336.75千克,总产超历史,达29.58万千克,历村大队有9个生产队总产超历史。

1982年历村大队三麦总产超历史的生产队情况表

表7-1

生产队	三麦面积(亩)	亩产(斤)	总产(斤)	总产比上年增		总产超历史值	
				数量(斤)	增(%)	数量(斤)	增(%)
西浜	118.9	669.2	79570	40715	104.8	7118	9.8
费巷	61.8	663.2	41012	25447	163.5	5131	14.3
后芮巷	94.9	579.8	55021	34188	164.1	3246	6.3
前田舍	68.4	665.0	45485	29651	187.3	7809	20.7
上秦巷	57.9	689.5	39920	19413	94.7	5247	15.1
蒋巷	58.5	569.7	33328	14327	75.4	2412	7.8
前周巷	51.3	561.4	28801	13010	82.4	484	1.7
缪家	59.4	634.7	37704	15974	73.5	8305	28.2
前芮巷	89.2	580.6	51786	24939	92.9	7546	17.1

实行家庭联产承包责任制是在土地、基本生产资料等公有制的前提下，把适宜家庭经营的耕地承包给农户，使农户获得经营自主权。生产队耕地按人分口粮田、按劳力分责任田，猪分饲料田的形式划分到农户自主经营。收获的粮食在保证交够国家的和留足集体的前提下，余粮全部归承包者所有。农户无法承担的部分仍归公社、大队合作经济组织经营。公社、大队合作经济组织为承包户进行农技、农机、灌水、植保等全方位服务，从而逐步健全这一“户为基础，统分结合”的农业双层经营机制，把农户经营的积极性和集体经营的优越性有机结合起来。随着农村劳动生产力的解放，大批农民从土地上解放出来，为发展社队办企业及其他企业提供“离土不离乡”、农忙务农、农闲务工的劳动力资源，成就一批新颖的产业工人，为后来的工业化奠定良好的基础。实行农村家庭联产承包责任制是舜柯地区农业生产、农村经济发展的一个重大转折点。

第二节　粮油种植

一、耕作制度

历村、舜一地区的农田有水旱田、旱田之分。水旱田夏季多种植水稻，秋季多种植三麦、油菜。旱田多种植蔬菜、瓜果、大豆、蚕豆、山芋等旱熟作物。

(一)水旱田耕作制度

历村、舜一水旱田传统习惯稻、麦连作,一年二熟。秋种时部分田块种植红花草、蚕豆、油菜、金花菜。秋种时农民习惯把金花菜菜籽与河泥拌和,成条浇播在稻板上;蚕豆在大元麦田间隔种,也有大元麦田套种西香瓜的。沿山种水稻,农民都有沿袭历史上种植早、中稻的习惯,为秋播作物提供早茬口,调节劳力。

1965年,历村、舜一大队推广种植双季稻,形成稻—稻—麦、稻—稻—油菜、稻—稻—绿肥二水一旱的换茬方式。1970年历村、舜一大队人均口粮分别为279.05千克、268.85千克。1976—1979年,历村、舜一大队实行100%双三制。农民每年有三个大忙,初夏抢收夏熟作物三麦、油菜,抢栽前季稻;7月中旬到立秋抢收前季稻,抢栽后季稻(俗称“双抢”);10月下旬到立冬抢收后季稻,抢种三麦、油菜。农民高强度劳作尤以“双抢”大忙为甚。此时正值盛夏高温酷暑,季节紧任务重,每天下田劳动从天亮做到天黑。双季稻出米率低,米质差,农民实际耗粮多,由于口粮不能满足需要,所以,小麦收割后,农民以麦片、面粉为主食,“以麦换米”要按计划分配。境内“双三制”时期高产量、高成本、低效益情况明显,据调查资料显示,1982年区域内种植双季稻每亩亏本20.27元。“双三制”期间,农民年人均生活水平徘徊在100元左右。1983年,历村、舜一农民恢复稻、麦二熟制,“双三制”退出历史舞台。从此农业走上快速发展的道路,并逐步走向以效益为中心的经济作物为主的种植模式。

(二)旱田耕作制度

历村、舜一地区旱田零星分布于河边、山麓、高墩、路边、宅旁。耕作制度主要有两种:一年两熟制,秋播种植麦类、油菜、蚕豆等,夏播以种植大豆、芝麻、瓜类、山芋等为主。一年多熟制,以常年种植蔬菜为主,春夏季以种植青菜、苋菜、韭菜、细菜、马铃薯、长豆、茄子、青毛豆、扁豆、蕹菜、莴苣为大宗,秋冬季则以种植菠菜、青大头、白菜、萝卜、大蒜、药芹、金花菜、豌豆苗、雪里蕻等居多。

二、粮油产量

(一)粮食产量

历史上舜柯地区长期沿用稻、麦两熟制,水稻产量高低直接关系农民的生活。解放前,受社会制度、小农经济、自然灾害制约,民国时期水稻亩产量200多千克。1950年,农民分得土地,生产积极性提高,水稻亩产提高到250多千克。

1959—1961年粮食产量大幅减少。1961年底,贯彻中央以生产队为基本核算单位的方针,调动农民生产的积极性,粮食产量迅速上升。1963年,历村大队1579亩水稻平均亩产342千克,1030亩三麦平均亩产101千克;舜一大队1343亩水稻平均亩产311.5千克,905亩三麦平均亩产71千克。20世纪70年代,粮食产量稳定增长。

图7-1　水稻

图7-2　小麦

1970—1975年历村、舜一大队粮食亩产量情况表

表7-2　　单位:斤/亩

年份	大队	三麦	前季稻	后季稻	单季稻	年份	大队	三麦	前季稻	后季稻	单季稻
1970	历村	250	664	419	830	1973	历村	262	633	572	949
	舜一	246	662	420	807		舜一	231	610	503	864
1971	历村	364	545	514	789	1974	历村	368	634	626	927
	舜一	327	611	501	749		舜一	341	634	549	895
1972	历村	244	611	464	726	1975	历村	387	670	584	727
	舜一	243	541	459	726		舜一	347	742	577	812

1973年历村大队、舜一大队各生产队粮食亩产量情况表

表7-3　　单位:斤/亩

历村大队					舜一大队				
生产队	三麦	前季稻	后季稻	单季稻	生产队	三麦	前季稻	后季稻	单季稻
上秦巷	285	707	665	1100	吴一	243	671	530	1005
东浜	281	625	542	1080	吴二	234	479	520	900

续表7-3

历村大队					舜一大队				
生产队	三麦	前季稻	后季稻	单季稻	生产队	三麦	前季稻	后季稻	单季稻
西浜	249	554	625	1056	陆巷	269	693	550	990
庄家	291	713	643	1027	石东	223	582	450	837
蒋巷	242	626	584	1000	石西	205	637	480	809
前周巷	261	611	571	1039	壤东	263	513	530	802
后周巷	253	619	537	800	壤西	257	744	550	935
费巷	318	664	525	900	田肚	191	557	480	783
缪家	281	644	593	907	殷巷	311	641	520	881
前芮巷	307	659	590	906	王巷	240	606	480	861
后芮巷	225	618	500	800	沈巷	139	544	520	826
前田舍	220	619	558	935	花园	220	537	480	754
后田舍	189	572	503	784					

1981年，历村、舜一大队实行家庭联产承包责任制，激发农民的生产积极性。农民种粮积极性空前高涨，粮食产量得到大幅度提高，粮食单产和总产实现了历史性跨越。1993年以后，历村大队、舜一大队水稻生产推广肥床旱育小苗，普遍使用壮秧剂，使水稻产量常年稳定在亩产550千克以上，区域内出现卖粮难的情况。

（二）油菜产量

民国时期至解放初，舜柯地区主要把大豆作为食油的主要原料。为了解决农民食油问题，20世纪60年代初引进朝鲜胜利油菜。1965年，历村大队种植油菜面积66亩，亩产58.5千克，舜一大队种植油菜面积25亩，亩产

图7-3 油菜

48.5千克。20世纪70年代，油菜籽亩产达100千克左右。80年代初，实行家庭联产承包责任制后，农民吃油从此自给有余。

1970—1981年历村、舜一大队油菜面积 产量情况表

表7-4　　单位：亩、斤

项目/年份	历村大队		舜一大队	
	油菜面积	亩产	油菜面积	亩产
1970	88.5	273.5	73.3	215.9
1971	84.5	310.6	75.8	257.7
1972	127.3	191.0	107.1	139.0
1973	121.6	205.0	102.0	184.0
1974	118.0	181.0	92.7	146.0
1975	127.3	191.0	107.3	139.0
1976	94.1	156.0	72.0	184.0
1977	123.0	64.6	99.5	63.0
1978	135.5	196.0	114.0	165.7
1979	162.1	144.0	116.3	128.0
1980	155.5	141.0	93.5	169.0
1981	188.1	203.0	139.0	200.0

90年代起，随着国家粮油市场全面放开，区域内油菜面积逐渐减少，直至消亡。

三、主要农作物栽培技术

（一）水稻栽培技术

1、育秧

传统水育秧，秧田大多为近村冬闲田。冬季耕捣冻酥，翌年开春做秧田上水之前把泥块捣烂，也有很多农户用红花草田、蚕豆田做秧田。新中国成立初期，农民做秧田整块地无沟，落谷时在田中踏几条脚路作分埨。早稻在谷雨至立夏，晚稻在小满左右浸种。浸种用蒲包装入稻种后沉入河中，或用缸加水浸种，2天后取出，待谷芽露白即播种。早稻秧田亩播种量100~125千克，晚稻秧田亩播种量100千克左右，秧田落谷后在秧板上普遍盖足秧灰。20世纪60年代提出培育“扁蒲带蘖壮秧”，种子经晒、泥水、盐水选种，药剂浸种等处理。20世纪70年代，

秧田使用化学除草。秧田亩播量降至40~50千克,秧大田比为1:8~1:10。20世纪90年代起,育秧方式发生重大改革叫肥床旱育。秧田利用冬闲田熟化培肥,也可利用农民自留地、菜地干做秧板,播种后浇足水分,撒秧灰,再盖薄膜。薄膜上再铺麦草,保温、保湿。当秧苗长成一叶一心时在傍晚揭膜。此育秧方法简单易行,秧田与大田比例由1:8扩大到1:30,省工、省力、省秧田。旱育秧优势是秧苗根系发达,栽入大田后爆发力强,栽后一片青,无败苗,为水稻高产稳产奠定坚实的基础。1993年,水稻壮秧剂问世,肥床旱育秧很快替代传统的水育秧,成为区域内育秧技术上的一次重大突破,使粮食亩产量稳定在550千克以上。

20世纪90年代,历村一农场开展工厂化育秧,有播种机1台。

2、移栽

单季稻秧苗移栽时间以起莳(农历夏至,公历每年6月20—22日)为始。谚有"头莳不抢,二莳不让"。秧苗移栽前,大田需干耕晒垡,施足基肥,多用草塘泥。上水后整平田地,移栽插秧。莳秧时每人一行,每横6棵,纵横对直。民国时期至解放初期,莳秧为稀植大棵,行距"伸手一托",株距"尽脚一缩"。亩栽1万穴,每穴7~8株。50年代末,普及小株方型密植,株行距5寸×5寸,亩栽2.4万穴。

图7-4 拔秧

图7-5 莳秧

二十世纪六七十年代推行"双三制"时期,栽插前季稻的冬闲田、红花草田在"五一"节前后开始移栽,麦田在5月下旬移栽,最迟不栽"芒种秧"。栽插密度3寸×4.5寸,亩栽3万~4万穴。为保密度,当时推行"拉线定点"莳秧。后季稻移栽季节更紧,7月20日前后进入移栽期,最迟至立秋栽插结束。1991年,历村村创办历村农场,农场有插秧机2台,100亩农田全部实行机械化作业。

3、管理

水稻移栽后一般深水护苗2~3天,活棵后浅水促分蘖。民国时期至20世纪

80年代初，农民一直采用耥稻、楼稻、耘稻等传统人工除草方法。为了不失农时，农民耥稻遇到黄梅天连续大雨，戴着箬帽，穿着蓑衣也得干。耘稻正值酷暑大伏天，农民们成天匍匐在田里，满身泥土、汗水，稻叶刺在脸上触痛难忍。1985年起，结合分蘖肥，在化肥中拌用化学除草剂一起施用后，节省大量除草人工，减轻劳动强度。据农业部门调查测算，使用除草剂后，每亩水稻用工13.53工，比1982年的33.02工，减少用工59%。由于化学除草深受农民欢迎，因此，当年使用就基本接近100%。

图7-6　耥稻

秧苗移栽至大田40天左右搁田，一般在"大暑"时进行，俗有"秋前不搁稻，秋后要懊恼"之说。搁田掌握"四周不发白，中间麻丝尺，表土新根发"为宜。以后整个孕穗期薄水勤灌，抽穗后稻田中干干湿湿。

图7-7　耘稻

（二）麦类栽培技术

历史上历村、舜一地区农户视三麦为"小熟"，耕作粗放。解放初，区域内种麦以"包心塥"为主，即麦塥中间2~3棵稻桩不耕翻，两边各2~3棵稻桩向中间翻土合拢，斩细泥块后撒麦子，称种麦。种麦时大多白田下种，不施肥。

三麦为旱性作物，不耐湿，易遭渍害，亩产量一般不足50千克。50年代中期起，推广麦田开沟排水防渍技术。俗话说"一尺不通，万丈无用"，麦田防渍是农民一项经常性的工作。播种前增施有机肥，薄片深翻，精细整地成"瓦背塥"。多种新举措并举后三麦产量开始逐步增长。

1983年，历村、舜一地区逐步推广免耕麦，即水稻收割后不翻土，撒播麦子后再起沟复土，省工简便，既抓住播种季节，又减轻农民的劳动强度。1985年，本地区全部实行免耕麦，并获得较高的产量。免耕麦的主要技术措施是控制播种量每亩4~5千克，施足基肥，播后及时起沟复土，施足穗肥，科学使用化学除草剂，及时防病治虫。

大麦（皮大麦），元麦（裸粒大麦）产量低、口感差，收割后一般都作猪饲料。因其成熟早，可以调节茬口，在粮食紧张年代还可用以“接熟”（青黄不接时作粮食使用）。大元麦栽培技术与小麦大致相同。

（三）油菜栽培技术

民国时期至20世纪50年代，本地农民以种植大豆为食油原料。1962年起，区域内引进朝鲜胜利油菜种子。传统种植方法为耕翻移栽种植。9月中下旬播种，推广稀播、间苗、足肥培育壮苗，水稻收割后及时移栽。1983年受免耕麦影响，免耕油菜面积迅速扩大，其方法在水稻收割后用铁锹在稻板上插缝栽插油菜秧苗，或劈沟后栽种，栽后管理须施足肥料，氮、磷、钾、硼肥配套，用好化学除草剂，防治病虫害，开沟排水，培土松土等。

四、选留品种

选留优良品种对作物产量影响较大，俗有“好娘养好囡，好种产量高”之说。民国时期历村田舍头就有小麦试验场，从美国、日本引进优良品种，加以选育。

（一）水稻、小麦、油菜品种

水稻品种：明代本区域已种植芦花白品种，清乾隆年间木樨球、铁梗青等稻种广为种植。民国时期，区域内大多种植“霜降一齐倒”的品质较好的地方品种，如大子籼、处暑黄，有芒早黄稻、无芒早黄稻、白谷糯、红谷糯、芦花白、木樨球、光头黄、一时兴、飞来凤及田舍头小麦试验场培育成的水稻新品种“草稻”等。新中国成立后，区域内推广以老来青、芦花白品种为主。60年代推广矮秆、耐肥抗倒、高产的晚粳良种农垦58（俗称“世界稻”）。双季稻主要种植品种，前季稻都是籼稻，有矮南早1号、二九青、原丰早，矮脚南特号，广陆矮4号。后季稻主要品种有武农早、桂花黄、东亭3号、农桂早3—7等。80年代双三制恢复稻、麦两熟制后，主要品种有锡丰1号、武复粳、农林百选，其中武复粳为当家品种。糯稻品种有紫金糯、804、香血糯、太湖糯等。

麦类品种有美国白皮麦、白麦、阿夫、扬麦4号、扬麦5号、宁麦9号、宁麦13号，大麦有早熟3号，元麦有浙114。

油菜品种：60年代引进推广甘蓝型朝鲜胜利油菜，以后陆续更新为沪油、宁油系列。90年代,推广种植中油821。

(二)种子选留

民国时期本地区农户稻麦种子大都自行留种,一部分农户串换、购买。新中国成立后,推广优良品种作为粮油作物增产丰产的重要措施。1962年以生产队为核算单位后,由各生产队自选自留种子。种子选留的方法有穗选、块选、田块单打单收,确保种子纯度。公社留有部分备种,供调剂备用。1981年实行家庭联产承包责任制后,村村建有种子仓库,由村集体供种。凡经审定推广的良种,由乡镇农技站负责引进试种,或引进原种繁育后推广。

五、田舍头小麦良种试验场

民国十年(1921),省立第三师范校长顾述之受上海面粉公会委托,在开原乡历村田舍头西南角开设小麦试验场。其地价及开办费,全由公会出资,经常费用由公会津补约3~4年,此后自立经营。顾述之嘱长子顾复(震吉)主其事,从事稻麦试验繁殖。小麦试验场有田地70亩,房屋10间,设有铅丝网室、玻璃室等设备。场中试验事项,全由顾复担任。第一年进行品种比较试验,向美国、日本及国内各省购买优良小麦种子,共122种,分行种植,根据其种植面积推算每亩收量,比较结果,选出较优者12种,供第二年选种之用;栽培法试验分播种日期、播种疏密、中耕壅土次数日期三类;以及轮栽试验、肥料试验等4项试验。第二年各种试验均继续进行,并注意育种,将第一年所选出的第一、第二、第三、第四的四个品种作为育种的基本种,施行纯系淘汰法。划出1区,专供育种用地,每个品种占地2分,用一粒播法,特别注意栽培方法,试验结果选出最优良的品种20个体,供第三年比较试验用。第三年各种试验仍继续进行,在上年育种之20个体中,留10个体,共种植面积1分,划为10方,每方1厘,种植1个体,培养出的种子,即一系统,其结果得出最优良的4个品种。第四年每系种植面积5厘,第一号种以第四系收量最多,出穗期最早;第二号种以第八、第十三两系为最优(第一号美国白皮、第二号日本赤皮),其他各种试验,亦都有明显结果。第五年起,按照普通栽培方法,再加以比较,第一、第二两号试验结果,继续优良,然后即从事繁殖。试验历程前后共6年。小麦试验场自民国十七年始,已有优良麦种供应。稻种试验自小麦试验场成立第三年起开始试验,注意育种及品种比较、肥料使用试验。是年,顾复在种子试验场育成“草稻”水稻新品种,引进日本晚稻“曲玉”优良品种,农民竞相串换种植。麦种中美国白皮、日本赤皮,均品质好、收量多、价值高,推行日广,大受农户欢迎。

历村田舍头小麦试验场,解放初还留有玻璃房5间、房屋数间。

附:

私立无锡小麦试验场推广良种报告

顾述之

本场设于无锡开原乡藕塘桥田舍头地方,系民国十年鄙人任职前省立第三师范校长时,受上海面粉公会之嘱,购地设立。其地价悉出之公会,而开办经常费用,则受公会津贴;约三四年,此后即经营自立,鄙人于三师卸职时,并将本场移交后任校长陈谷岑君接办,旋以经费奇绌,陈君仍嘱鄙人专任,义不容辞,又念育成良种,传播农村,为鄙人与小儿震吉所怀抱之素志,夙夜兢兢,冀偿厥责。十六年春,国民政府奠都南京,本省教育事业,大加改革,陈君去职,藕塘桥张高漕地方附属小学主任储君雄伯,亦联带去职,场事本委托储君兼管,另招接替,苦无其人,而震吉服务大学,不能兼顾,鄙人无奈,

教育與職業

■期數 每月一日出一期六月十二月停刊全年共十期
■零售 每册銀一角二分郵費國內二分國外四分上海商務印書館文明書局均有寄售
■預定 全年國內銀一圓郵費在內國外加郵費銀四角
▲本期係特刊專號零售銀二角▼

△第一〇八期目錄　農村經濟專號

「富教合一」主義	江恆源	三六三
發見兩件急需的農村重要工作	抱一	三六九
調查江蘇十七縣農民生計狀況後的感想	江恆源	三七五
農村經濟之調查	吟閣	三八三
日本來的幾封信	大悲	三九一
參觀歐美職業學校與其專家討論職業教育問題後之感想	劉湛恩	三九五
江蘇省合作事業指導委員會之組織及一年來之概況	唐啓宇	四〇一
私立無錫小麥試驗場推廣良種報告	顧述之	四〇五
中華職業教育社改進農村經濟計劃		四〇九
新豐區農村改進試驗計劃大綱		四一二
北平平民大學設立鄉村師範科計劃		四一八
江蘇省合作事業十八年度進行計劃		四二二
職業教育消息		四二七
社務報告		四三一
社務述要		四三三
社員運動消息		四三六
校友運動消息		四三七

選見各地報紙雜誌轉載本雜誌文字深爲榮幸以後歡迎轉載但請註明「轉載教育與職業」字樣爲荷　編者識

图7-8 《教育与职业》第108期目录

遂于是年之夏,屏弃他务,亲驻农场,督率农工从事耕作,至于试验事业,则仍由震吉主持,惟土壤瘠薄,且距河甚远,肥料人工,均至吃重,此本场之大概情形也。

本场于民国十年向国内各地征集良好麦种,共得一百二十二种,即于是年秋间从事种植,积经四载,并事育种及品种比较,与夫栽培法各种试验,均于四年之中,告有段落,乃专注重于育种,又历四年得良种四种,而尤以一二两种为胜。第一种来自美国,最初输入时,仅得种子二合,种植之初,选择数十本,分系栽培,历年比较,汰劣留优,最后乃得最优之一系,加以繁殖,其特征叶浓绿,茎粗壮,出穗早,穗长四寸余,无芒,白壳,麦粒淡黄而整齐,不易脱落,秆直立不倒,抵抗锈病之力极强。附近乡人,多索取试种,然最初不过为好奇心所驱使,认为玩赏之品

而已，乃试种以来，以其优点特多，(一)产丰：每亩产量最多至二石三斗，普通亦在一石五六斗以上。(二)质良：麦粒大而整。(三)分量重：每漕斛一石，较本地产小麦平均加重漕秤八斤至十斤。(四)出粉多而白：皮薄粒大，故每漕秤百斤，较普通小麦可多出粉六七斤。(五)吸水力强：所出之粉，用以制面，其吸水较普通小麦，可多十分之三四。逐渐推广本场所在地之周围，以及本县开化乡之吴塘门。武进循理乡之郭家桥一带。(均由本场前任职员鲍君耀西，及三师附属小学教员陆君觉人所传播。)历年栽种，已不下一二千亩。第二种来自日本，最初输入仅数穗，其种植比较淘汰而得最优之一系也，与前种同其特征，无芒白壳，穗长二寸以上，不过三寸，幼苗呈红色，成熟时茎亦变红色，早熟，麦粒赤褐色，一穗中部粒大，两端较小，不易倒仆，亦不发生病害，以故本场用此种为

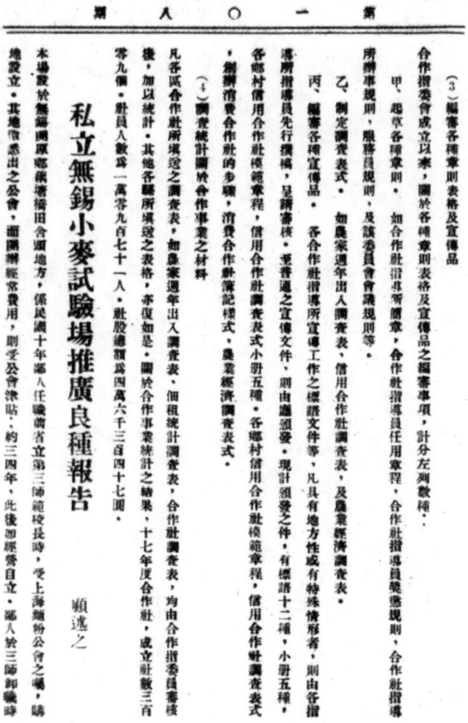
第一〇八期

(3)編審各種章則表格及宣傳品

合作指委會成立以來，關於各種章則表格及宣傳品之編審事項，計分左列數種。

甲、起草各種章則。如合作社指導所簡章，合作社指導員任用章程，合作社指導員獎懲規則，合作社指導所辦事規則，服務員規則，及該委員會會議規則等。

乙、制定調查表式。如農家週年出入調查表，信用合作社調查表，及農業經濟調查表。

丙、編審各種宣傳品。各合作社指導所宣傳工作之標語文件等，凡具有地方性或有特殊情形者，則由各指導所指導員先行撰稿，呈請審核。至普通之宣傳文件，則由處頒發。現計頒發之件，有標語十二種，小册五種，各鄉村信用合作社模範章程，信用合作社調查表式小册五種。各鄉村信用合作社模範章程，信用合作社調查表式，創辦消費合作社的步驟，消費合作社簿記樣式，農業經濟調查表式。

(4)調查統計關於合作事業之材料

凡各區合作社所填送之調查表，如農家週年出入調查表，佃租統計調查表，合作社調查表，均由合作指委員審核後，加以統計。其他各縣所填送之表格，亦復如是。關於合作事業統計之結果，十七年度合作社，成立社數三百零九個。社員人數爲一萬零九百七十一人。社股總額爲四萬六千三百四十七圓。

私立無錫小麥試驗場推廣良種報告

顧述之

本場設於無錫開原鄉蕩塘橋田舍頭地方，係民國十年鄙人任職省立第三師範校長時，受上海麵粉公會之囑，就地設立。其地皆悉出之公會，而關辦經常費用，則受公會津貼，約三四年，此後卽經營自立。鄙人於三師卸職時

私立無錫小麥試驗場推廣良種報告　一四〇五

图7-9　《私立无锡小麦试验场良种报告》入载第108期《教育与职业》农村经济专号

试验标准。其产丰质良，不下于第一种，分量虽不如第一种之重，然较当地小麦，每漕斛一石，亦加重漕秤四斤至六斤。两种在市场之上，价值已确定提高。第一种每石比当地最高市价，可增加至半元以上，第二种亦可增加三四角不等，惟第一种宜气候燥，土质美，肥料重，人工到四者。如有欠缺，即形减色，或致晚熟，倘霉雨早来，则影响极大，非若第二种，即遇湿年瘠土薄肥亦无大损，较易栽培也。

本场既已育成良种，急盼散布于各地，然外间多未知悉。本场又以经费支绌，自立不易，当小麦收获之后，正一年中气候最湿之时，又为从事稻作最忙之候，若专事保护麦种，则有碍稻作，即本场生存经费，大受影响。如果特建藏种室，以善自保藏，或增用场工，及早分发，又为财力所不能胜。最好一经收获，即得主顾。鄙人夙夜焦思，初欲求助于上海粉厂，继欲求助于各县新办之农民教育馆，而希望均难达到，计无所之，乃特备储种器物，精选第一及第二纯种共二十

石，冀谨慎储藏，待秋间督工外出，散布四方，乃机会猝来。本年以雨水太缺乏，气候太干燥之故，无锡及邻近各县小麦收成均大减色，量少质轻，较往年远逊，而试种本场之良种者，则收成不减，且分量不轻，市场放价收买，以故附近农民，来场调换种子者踵接，而太仓上海崇明靖江武进等处，及吾锡他乡诸友来信或并汇款订购本场之种子者，多至数石，少亦数斗，二十石良种，不二十日即告罄尽，后至者已无以应命，是诚始原所不及料矣。

本场除已育良种之外，于十五年春间，在无锡及附近各县还采优良麦穗，继续试验，尚未告有段落。再历数年，当又能选出数个优良品种，俾输入外种，与精选土种，并事育成，以供同好。即稻作亦从事试验，已育成者，有草稻（洋种收量多，而米粒整齐，且洁白软净，往年出卖时，当日市场机白高米每石价十元三角，而本场糙米每石竟售至十元二角，极为市场所重视）。晚稻（种名曲玉），亦来自日本，收量多而品质良，壳洁净，米整齐饱湛，前年收存净稻七十二担有零，满拟推为种籽，故悉数堆存吾锡北塘对岸和丰栈中，而仅得一知音（荣德生先生购去五担，以为种籽，试种结果优良，极为荣君所赞许）。往年夏初，乃嘱和丰砻米，据栈友之报告，晒经三次，绝无亏蚀，由壳砻成糙粳，合五七折，由糙粳做成白米，合九三折，均开锡米之新纪元。各一，其品质之良，亦为市场所未见。卖价提升每石比当日最高市价可增加五六七八角不等。以上报告，皆根据事实，倘远近同志，欲采购本场稻种，以及来年采育本场麦种，务望先期于未收获前示知，俾得多事选留纯种。良以选种为农事中关系最重要之举，不能苟且出之也。

民国十八年六月

六、肥料使用

（一）有机肥料

历村、舜一地区农民素有“庄稼一枝花，全靠肥当家”的农谚，所以农家人把家肥当宝贝。有机肥有猪灰、羊灰、兔灰（统称厩肥）、人粪尿、河泥、豆（菜）饼，红花草、豆萁、秸秆等。红花草、豆萁、稻柴用于搅拌于河泥之中发酵腐烂，亦可直接翻埋入土腐烂肥田。河泥是农家必备肥料，一到冬季，农民便开始罱河泥。天冷冰冻，罱泥网杆一出水，罱泥农民手上一把冰，冻得双手发麻。乡下河道中的淤泥每年被罱得干干净净，还要上无锡城罱河泥，河泥用稻草、秸秆混合，一到春天，不论男女都要挑河泥，把河泥挑到田间灰潭里。生产队每块田头都有1~2只灰潭，到红花草盛花期，农民把河泥从灰潭中搭上来，一人挑水，一人下灰潭，用一层红花草，一层河泥间隔，农民称之为“同灰”。水稻插秧前，农民把灰潭中经发酵后的河泥挑入田中做基肥，这是农耕时代传下来的造肥方法。20世纪60年代，新增水浮莲、水葫芦、水花生、绿萍（简称“三水一绿”）为有机肥源，后因水花生难以腐烂，再生能力强，非但未能成“肥宝”，反受其害。种植“双三制”期间，因肥源有限，历村、舜一农民摇船到无锡城里“捉垃圾”，城里每只垃圾箱都被农民掏得干干净净，还挨家挨户到市民家里收垃圾。垃圾运回队里用于种山芋、盖麦田。垃圾中偶有玻璃瓦片，生产队派人到田里及时捡掉，以防水田作业时划伤手脚。城市大粪更是紧张，农民不但要花钱，还要计划供应。每遇计划下来，生产队社员下午开船去城里，晚上作业，半夜船中装满大粪后摇回生产队，经过水上关口凭票通行。农民不管春夏秋冬，刮风下雨，城市计划大粪供应绝不会放弃。垃圾、大粪、河泥，通过农民的辛勤劳动，形成了大自然的良性生态循环。

（二）化学肥料

化学肥料俗称肥田粉，60年代起本地区逐渐使用含氮化肥，有碳酸氢铵，硫酸铵、氨水、硝酸铵、氯化铵、尿素。含磷化肥以过磷酸钙为主，含钾化肥有硫酸钾、氯化钾。70年代使用氮磷钾复合肥，八九十年代开始使用专用复合肥，如氮钾硅复合肥和除草型复合肥等。

（三）施肥方法

本地区农民传统习惯把有机肥作为基肥施用。水稻亩施80担草塘泥作基肥，或以人畜粪浇白田作基肥，麦田用堆肥作盖籽肥。20世纪80年代初，实行家庭联产承包责任制后，草塘泥逐年减少，并很快消失，农户用猪、羊、兔灰等厩肥作基肥。双三制时期，除前季稻施有机肥外，其余均以化肥当家。

七、作物保护

（一）主要病虫草害防治方法

区域内粮油作物的病虫草害随着耕作制度、品种、气候等因素变化，年度之间波动较大。

解放前，农民由于缺乏科学知识，把农作物发生病虫害常常视作天意，多用烧香拜佛，祈求消灾。新中国成立后，防治农作物病虫害贯彻“防重于治，人工防治为主”的方针。1952年，为防治螟虫，舜柯乡政府发动农民、学生开展挖稻根、歼螟虫的群众运动，农田掘去90%的稻根，并把稻根集中烧毁，杀死稻根中的幼虫。同时采用点灯诱蛾、采卵块等人工防螟方法。60年代初，尚缺药械，农民把农药粉剂装入纱布袋挑在竹竿上拍打治虫。1968年，稻飞虱大爆发，农民用古老的"滴油杀虫"方法，在水稻田中用竹筒拖滴柴油，再用竹棒振动稻棵，赶虫落水，稻飞虱触油而死。70—90年代，贯彻"药剂为主，综合防治"的方针，合理使用农药。2000年以后推广使用高效、低毒农药、确保农产品质量安全。

图7-10 喷洒农药防病除虫

图7-11 点灯诱杀螟虫

1960—2004年舜柯地区稻、麦、油菜、蚕豆主要病虫草害使用农药一览表

表7-5

农作物	病虫草害	使用农药	使用除草剂
水稻	二化螟、三化螟	666(666、1605、1059混合粉)、223、苏化203、西微因、马拉松、甲胺磷、乐胺磷、三唑磷、康宽	—
	纵卷叶螟	杀虫双、甲胺磷、乐胺磷、杀虫脒、乐斯本	
	稻飞虱、稻蓟马、稻象甲	混灭威、扑虱灵、吡虫啉、吡蚜酮、敌百虫、乐果、甲胺磷、乐胺磷、敌杀死	
	纹枯病、稻瘟病、稻曲病	稻脚青、三环唑、井冈霉素、芽孢杆菌	
	牛毛草、丁香蓼、瓜皮草	—	丁草胺、除草醚、稻田净
	稗草	—	敌稗
	矮慈菇、鸭舌草	—	二甲四氯
小麦	蚜虫(包括油菜)	乐果、敌杀死	—
	黏虫	敌百虫、乐胺磷、甲胺磷	—
	纹枯病	井冈霉素	
	白粉病、赤霉病	石硫合剂、粉锈宁、多菌灵	
	看麦娘、芒草	—	绿麦隆、异丙隆、骠马
	猪殃殃、牛繁缕	—	二甲四氯
油菜	菌核病	多菌灵	—
	看麦娘	—	稳杀得
蚕豆	赤斑病	多菌灵,结合轮作,增施钾肥	—

(二)施药机械

60年代后期起,区域内开始使用背负式喷雾器、手摇喷粉器施药。70年代,使用工农36型机动喷雾机。80年代,使用东方红18型弥雾机。1981年实行家庭联产承包责任制后,背负式手动喷雾器普及家家户户。2019年,背负式喷雾器成为域内主要施药器械。

第三节 农村分配制度

解放初至农业合作化之前，历村、舜一地区的农民都是一家一户各归各种田，田中出产的稻、麦在完成国家征购任务之后，自种自吃。有的农户也搞一些养猪、羊、鸡鸭等副业，以增加家中收入。1954年，互助组时期也只是一种帮工、换工的形式，还基本维持在自给自足的自然经济状态。1955年初级社时，土地入股统一经营，实行评工记分，收益统一按土劳比例分配，土劳比例一般为4:6。1956年成立高级社，高级社取消土地分红，耕畜和大型农具作价归社，收益按劳分配。

1958年9月，成立人民公社后，以公社为基本核算单位，农民吃饭不要钱，分配供给制。1959年3月，改为以历村、舜一大队为基本核算单位，以基本工资加奖励分配制，但弊病较多。1961年12月，以生产队为基本核算单位，实行"按劳分配"制度，劳动者实行评工计分，多劳多得。每年分夏、秋两季按大队、公社审批后的方案把粮食、柴草、现金进行分配，夏季预分，秋季决分。社员口粮分配实行基本口粮加劳动粮，以"三定"（定购、定产、定销）为基础，超产多吃，减产少吃。"文化大革命"期间，强调突出政治，实行以出工时间为标准的"大寨式"评工计分方式，取消定额计酬，1976年以后逐渐恢复定额计酬方式。木匠、泥水匠等"五匠"，在社队办厂工作的亦工亦农人员，除伙食补贴外，所有工资由工矿企业转到生产队，按同等劳力记工分，参加年终分配。前周巷生产队1976年人均收入161.5元，从历村大队前周巷生产队1977年决分方案中，农副业收入27636.58元，总支出8555元，净收入19081.58元，社员人均收入154元，人均口粮589斤，其中劳动粮人均110斤。1979年人均收入187元。是年，历村大队东浜生产队人均收入187元，这种分配形式从60年代起持续了20年。

1977年历村大队前周巷生产队秋季经济、粮食分配决算情况表

表7-6　　单位：元、斤

收入			支出			经济决算		粮食决算	
科目		金额	科目		金额	项目	金额	项目	数量
农业收入		13278.09	农业支出		7591.26	总收入	27636.58	三麦	10557
其中	三麦	989.19	其中	种子	1531.11	总支出	8555.00	前季稻	44918
	水稻	9229.89		化肥	2035.81	净收入	19081.58	后季稻	47453

续表7-6

收入			支出			经济决算		粮食决算	
科目		金额	科目		金额	项目	金额	项目	数量
其中	柴草	1138.10	其中	农药	612.38	扣除税金	751.07	多余种子	1300
	油菜籽	30.81		水电费	417.62	公积金	2071.11	合计（集体收入）	104228
	山芋	897.78		农具	465.65	公益金	829.00	国家三购	27293
	瓜果	601.84		积肥柴	400.00	社员分配	15430.40	集体留种	9683
	蔬菜	381.28		机耕费	160.66	人均收入	154.00	饲料	8941
	其他	14.2		家积肥	1967.23	每工单价	0.83	社员口粮	58311
副业收入		14188.37	副业支出		696.33	—		人均口粮	589
其中	养蚕	1372.51	其中	养蚕	191.91	—		其中劳动粮	110
	养猪	1055.08		养猪	452.47			合计（集体支出）	104228
	劳务	9875.91		养鱼	32.60			—	
	养鱼	100.00		其他	19.35				
	其他	1784.87		—	—				
其他收入		170.12	其他支出		66.41	—			

1981年，历村、舜一大队实行家庭联产承包责任制，承包户在完成“缴足国家的，留够集体的”后，其余全部归农户所有。乡村企业职工的收入由原“劳动在厂，分配在队”改为社队办企业直接分配，与企业经济效益挂钩。由此，农民收益分配由原生产队单一分配改为集体统一经营收入，承包经营收入、社队办企业工资收入、经济联合体经营收入、农民自行经济收入等多方面组成，从而增加了农民收入，开始走上了富裕的道路。

2004年，随着村级经济的不断发展壮大，为了明晰村集体资产产权，确保村民合法的经济权益，解决村民因户口变动、规划拆迁、住所易地、农村基层管理模式变化所带来的后顾之忧，根据有关法律、法规和政策，钱桥镇对村级集体经济组织进行股份合作制改革，组建村股份经济合作社。

村股份经济合作社通过资产清查，资产量化，明晰村资产产权，确保集体资产保值增值，确保村民的劳动成果和经济权益，促进经济繁荣和社区建设。同时，充分发挥村民对集体经济的监督作用，加强村委会勤政廉政建设，使村股份合作社成为一种产权明晰、经营科学、管理民主、分配合理的新型独立的经济组织，同时取消原村实业公司。根据上述原则，2004年10月12日，舜柯村股份经济合作社宣告成立。经钱桥镇资产管理部门核实审定，全村拥有粮田面积370亩，山地2400亩，非经营性净资产（办公楼、公益事业设施等）1087.96万元，经营性纯资产（货币资产、固定资产等）1059.97万元，资产清查的基准日为2004年7月31日。经济合作社对集体经营性净资产数额进行量化，以500元为一股，共设置21200股，其中集体股8480股，个人股中人口股5300股，劳动股7420股。股份一经量化和确认后，新增人口不再增加股份，减少人口原股份保持不变。人口股以2004年6月30日本村的在册农业户口（不包括享受离退休待遇的离退休人员）人员为依据，不同对象享受额也有所不同，劳动股的计算以村民在有效的年龄段（男16~60周岁，女16~55周岁）内的工作年数作为劳动股的计算年数。获得股权的人员发给股份合作社股权证，如本人或其继承人同意，股份可在合作社股东内部进行转让，但不得退股和提现。集体股主要是解决村委会日常的行政开支，集体股所有权归全体股东所有。股份合作社的纯收益在提取法定公积金、公益金后按股份分配红利，红利需经镇集体资产管理部门审核，并经股东代表大会讨论方可进行分配。

股份合作社有严密的组织管理机构，有股份经济合作社章程。按照章程，设立董事会和监事会，由股东代表大会选举产生，股东由各村民小组选举产生。董事会以发展经济提高效益为目标，加强对合作社资产的管理，依法搞好合作社的经营管理，盘活合作社资产存量，确保合作社资产保值增值。监事会负责检查、监督合作社财务报表，充分发挥股东对合作社的民主监督作用。

2019年，舜柯社区股份制收益分配76万元。2005—2019年，舜柯股份经济合作社收益分配合计972万元，广大股民从中享受到了红利。

第四节 水利

一、灌溉

舜柯地区地处舜柯山麓，地理环境是山地与河漕平原接壤，南北地形高低悬殊,可平原地区仍是河道纵横,河塘密布,水系变化大,旱涝都易成灾。5000多年前,舜柯地区的先民就种植水稻,水稻生长主要靠水灌溉,因此,舜柯地区先民对水利极为重视。在农耕时代,据资料显示,20世纪50年代,历村大队有河塘75个,舜一大队有87个,沿山地区都有大小不同、深浅不一、星罗棋布的河塘存在,尤其是山湾中都有一些大的河塘,如张湾老虎滩山脚下的大水渠,道士湾山脚下的三只头塘,都建有水闸,平时蓄水,到水稻需要灌溉时放水灌溉,风调雨顺时十分方便。如遇干旱年份,就靠这星罗棋布的河塘车水灌溉。如遇特大旱灾,塘水车干了,村民们得从连通洋溪河的河浜中车水,向上一级一级翻水。历村、舜一的很多村民都说以前最多用18重水车把水送到舜柯山下的农田。舜一村民说,民国时期花园里村民水稻灌溉曾用18番"拨车垛(水车)",才能把河水引入稻田。所谓"拨车垛",就是把大河里的水用木制水车,经过18次一级一级车水,把水一层一层往高田上送。解放后,当地政府十分重视山区水利建设,1952年原历村地区在张湾山脚下发动群众加深"大水渠",一个足有10亩左右的大河塘,以增加蓄水量,增强抗旱能力。历村费巷一位年长的老人说,1953年干旱(南门水位2.6米),他曾亲身经历过用13重水车把水送到沿山脚下的农田。

1954年,历村大队在庄家建设机械灌溉站,解决了部分地区的机械灌溉问题。1958年,东浜开跃进河,加深河床,延伸河道,并建成历村大队第一个电力灌溉站,为此还在钱姚公路下开挖一条横贯历村大队的防洪灌溉两用沟。电力灌溉站除为历村送水灌溉外,还把水送到邻村的张巷和舜一大队。

1969年,又建起了一个叫"庆九大电站",社员们称之为"二渡电站"。"二渡电站"通过跃进河电站一级提水,再跨过钱姚公路,经老虎滩下的"二渡电站",二级提水把水送达舜柯山下。历村大队全部实行电力灌溉,先人创造的水车,退出历史舞台。

舜一大队在顾山脚下,把几个相邻的小池塘挖去塘岸使之联通在一起,同时挖深塘底,成为一个小水库,下方修筑一条水渠,分级设置几个闸门,水稻需灌溉期间,只要闸门一开就可以。1972年,舜一大队修建花园浜电力灌溉站,实现灌溉机电化。

电力灌溉站建成以后,大队设专职管水员,每当水稻灌溉季节,按计划把水送到各生产队。生产队设专职管水员,负责把水送到生产队所有农田里。六七十年代，历村大队管水员为赵根宝、徐根大，舜一大队有曹阿金、张荣泉。80年代初，大队成立农业综合服务站，大队管水员称灌区主任。历村大队（村）灌区主任由芮丁康、周国甫担任，舜一大队（村）由张荣泉、吴金海担任。

二、排涝

舜柯地区北部，有许多河浜，直通洋溪河，地势低洼，常受洪涝灾害。1952年，前周巷龙岸，在当地政府组织号召下，修建圩堤，每当洪涝时组织机船抽水排涝。1976年，庄家"山京岸"在钱桥公社组织下，修建"山京岸"圩堤。是年11月至1977年4月，钱桥公社组织劳力新开向阳河，全长2.36千米。它把分属舜一和历村的几条河道贯通相连，直达洋溪河。它的贯通不仅有利用于航运，缩短舜一大队水运的路程，而且沟通了水系，对抗旱、排涝、泄洪产生不可低估的作用。2003年，在向阳河东端，夏虞河西岸建成向阳闸站，工程总投资400万元，是向阳河联圩的主要排涝闸站。向阳闸站建有4台32英寸排涝泵及4米升卧式防洪闸，排涝动力380千瓦，排涝流量8.0立方米/秒，排涝模数3.57立方米/秒/平方千米。2015年，无锡地区遇百年一遇特大洪水，南门水位达到5.30米，超过1991年的4.88米，由于向阳闸站的排涝功能，附近农户家中都没有进水，而在1991年特大洪水中，附近很多农户家中进水有半人多高，向阳排涝站功不可没。

图7-12　向阳闸站

第五节　农具与农机

20世纪70年代以前，舜柯地区农民都以镰刀、锄头、铁耙等传统农具从事农业生产。70年代以后逐渐由机械化农机具替代古老的锄头、铁耙等传统农具。现代农机品种繁多，功能不一，有的综合功能还较强。现代农机分耕作机械、植保机械、收脱机械、粮饲加工机械等。

一、传统农具

铁耙，按不同用途有方齿铁耙、尖齿铁耙、鸭脚齿铁耙、套齿铁耙，用于翻土等农田作业。

锄头，按形状可分为板锄、狭锄、老鹰锄、山锄等，狭锄用于中耕除草，山锄用于山地垦荒。

铁锹，有阔铁锹、窄铁锹，用于铲土、开沟、筑缺、筑田岸等。

镰刀，常用的有半月形镰刀和鲫鱼背镰刀，用于收割稻麦和柴草等。种植双季稻时期，发明锯齿形镰刀，仅用于割稻。

鸽尖(俗称洋镐)，独齿，一头尖，一头扁，用于起石块，坌树桩、垦山等。

桑剪，比普通剪刀大些，形状略有不同，用于修剪桑树、树枝、花木等。

丫枪，铁制的丫杈，装在2.5米左右竹竿一端，用于叉稻、叉柴。

铡刀，俗称“绞刀”，由上下两片刀片组成，两刀片的前端用螺丝连在一起，下面的刀片固定在长凳上，上面的刀片另一端有木柄，可用手握住，用于铡柴草。

耥，铁木合制，长约25~45厘米，宽10~15厘米，下面有4~6排铁钉，钉端成钩状，耥固定在竹竿上，有大耥和楼耥之分，用于水稻大田中耕除草。

扁担，用硬木或竹做成，用于挑运稻、麦、柴草和肥料等。

稻床，用于人工掼稻、掼麦的竹木制工具。

木砻，用硬木制成砻米的原始工具，解放初用这一工具砻米。

水车，又称“龙骨水车”，它由车轴、车筒、斗板、链头等组成，凭脚力踏动车轴，车轴带动斗板运转，斗板带水从车筒车出。根据水车的大小，由4~6人上车车水灌溉农田。还有一种牛拉水车，其结构同普通水车大同小异，所不同的是岸上有一个硕大的木制车盘。由牛拉动车水，其功效要比人工车水大得多，这样的水车舜一合作社颇多。

图7-13　龙骨水车

箬帽，即“斗笠”，用竹篾加油纸制成，圆顶、宽边，用于雨天头上遮雨，常与蓑衣配套使用，农民雨天劳动时常常穿戴它们。

畚箕，用竹片、竹篾由竹匠制成，用于盛搬运粮食、杂物、垃圾等。

土墢，用竹片、竹篾编制成畚箕状，在三角处系上绳索后，用于挑运泥土杂肥等。

罱网，用竹片、麻线合制成三角形状，两片合成，中间连接两根长竹竿，用于夹捞（罱）河泥。

蓑衣，用蓑草编织而成，即旧时农民穿的“雨衣”，20世纪70年代改用塑料雨衣。

草鞋，用稻草和小绳制成的鞋，代替布鞋、球鞋，农民在劳作时常穿草鞋。

担钩绳，用大麻绞合而成，在绳的一端系一小木钩，用于捆稻、麦、柴草等，利于挑运。

石臼，石制工具，与舂米榔头配合，用于舂米。

篾篮，用竹片、藤条制成圆状形，高约50厘米，并在两边扣上绳子，用于装乱柴、杂草、蔬菜等。

爪耙，用竹片制成三角弯曲状，连接竹竿，在稻、麦脱粒时，用于扒集乱柴。

连枷，用十多条小竹块拼紧后用皮筋绑住，制成长方形状，与竹竿灵活连接，用于拍打未脱净的稻、麦等秸头。

翻耙，用一根毛竹竿连接一块木板，用于翻晒粮食。

二、现代农机具

（一）耕作机械

解放前，农业生产处于落后的生产状态，耕作主要依靠人力和畜力进行。解放后，在较长的一段历史时期内仍维持原状。1970年，历村大队西浜生产队、舜一大队分别拥有第一台东风-12型手扶拖拉机，开始了农田机械耕翻作业。手扶拖拉机还有配套农具旋耕犁、开沟机、种麦机、压麦机和1吨拖车等，适合一般田块操作，担负耕田、耖田、开沟、浅旋耕种麦、压麦和田间运输等作业，很受农民欢迎。1971年，历村大队芮巷等3个生产队共同购买上海-50型中型拖拉机1台。1972年，历村、舜一大队相继建立农机队，队长分别为朱信一、吴金度。大队农机队在农忙时负责各生产队机械作业，农闲时跑运输。1974年，历村大队手扶拖拉机发展到5台，舜一大队发展到4台。1978年，历村大队共有手扶拖拉机12台，舜一大队有8台。至70年代末，历村、舜一大队分别有中型拖拉机5台、4台，农田耕作全部实行了机械化。2008年，稻麦生产在区域内消失，相应的耕作机械同时退出历史舞台。

（二）植保机械

60年代后期，区域内开始用手动施药器材。1970年，历村大队有手动喷雾器27台，喷粉器3台，庄家生产队增添了历村大队第一台工农-36型机动喷雾机。庄家生产队的机动喷雾机，工作效率高，防治质量好，节省了大量劳动力。防治病虫期间，庄家生产队经常支援其他生产队，很受广大干部群众欢迎。同年舜一大队有手动喷雾（粉）器33台。1973年，历村大队机动植保机械发展到11台，舜一3台。1981年，实行家庭联产承包责任制后，一般以适合一家一户生产的手动喷雾器为主。2019年，域内农户都以背包喷雾机施药。

图7-14　电动喷雾机

（三）收、脱机械

解放前，脱粒都是采用人工的方法，用稻床、门板、连枷等依靠人力拍打脱粒，解放后开始用脚踏轧稻机。1963年，历村大队有自动脱粒机10台，脚踏轧稻机2台，舜一大队有自动脱粒机11台，脚踏轧稻机5台。1965年后区域内普遍使用东垟式稻麦二用机动脱粒机。1971年历村大队有机动脱粒机17台。舜一大队有15台，1978年，历村、舜一大队分别有机动脱粒机29台、19台。1989年，历村大队购置桂林2号联合收割机1台。90年代历村大队有联合收割机5台，舜一大队有4台，实现了小麦收脱全过程机械化。水稻收割机“洋马”由外来户提供有偿服务。联合收割机的出现，是农业机械化的一个重要标志。自此，域内稻麦均由联合收割机收割，收割脱粒一气呵成。

图7-15　老式轧稻机

（四）粮饲加工机械

解放初，农民用木制的碾米工具木砻碾米，先把稻谷碾成糙米，然后再用杵臼，脚踏木碓舂成白米。许多农户还不经木砻碾米一环，直接把谷放在石臼之中，用双手舂或用脚踏着木板舂，功效低下。

磨粉用人力或牛拉石磨。20世纪60年代起使用碾米机、小钢磨轧粉机和饲料粉碎机。1971年，历村大队有碾米机2台，磨粉机2台，饲料粉碎机2台；舜一大队有碾米机、饲料粉碎机各2台。80年代，为方便农民碾米，有流动碾米机到各村巷流动为民服务。2008年起，舜柯村随着水稻生产的消失，不再需要粮食加工，居民直接到市场购买大米。

第六节 副业

一、蚕桑业

栽桑养蚕是历村、舜一地区历史悠久的传统副业。历史上无锡蚕丝闻名遐迩，享誉世界。清末、民国时期钱桥地区有多家茧行，创建于民国二十四年（1935）的无锡县蚕种场在钱桥境内，为本地区发展蚕桑事业提供了十分有利的条件。资料显示，民国三十年（1941）无锡生产的优质蚕丝占到全国蚕丝的1/3以上。1949年至20世纪80年代，历村、舜一地区每个生产队都有栽桑养蚕习惯，1963年，历村大队有桑田140亩，舜一大队57.4亩。种桑养蚕技术性很高，桑苗需进行嫁接、压枝等方式进行繁殖。养蚕技术难度更大，各大队都配备蚕桑技术员，60年代历村大队蚕桑技术员邵菊英，1971年起由芮翠娟任蚕桑技术员。1979年10月，历村大队在钱姚公路南进行大规模整田平地，开发大桑园。80年代龚洳湘任蚕桑技术员。舜一大队由李仁妹、吴静燕任蚕桑技术员，各生产队都配备蚕桑专业人员。1981年，实行家庭联产承包责任制后蚕桑业逐渐衰落，1989年，历村、舜一村蚕桑业全部退出历史

图7-16 蚕食桑叶

舞台。

1970—1979年历村、舜一大队栽桑养蚕选年情况表

表7-7　　单位:亩、张、担

年份	大队名称	桑田面积	全年蚕种张数	全年鲜茧产量
1970	历村大队	137.3	218.5	109.6
	舜一大队	69.3	120.5	56.9
1971	历村大队	140.7	203.5	100.7
	舜一大队	70.3	91.0	39.6
1973	历村大队	128.1	197.0	124.6
	舜一大队	58.3	88.0	52.1
1975	历村大队	128.1	196.5	123.8
	舜一大队	55.0	82.5	55.8
1978	历村大队	121.0	164.0	98.3
	舜一大队	48.3	76.5	49.2
1979	历村大队	121.0	192.0	125.0
	舜一大队	43.4	80.8	53.2

二、茶叶

20世纪60年代以前,舜柯山地区虽有山地,却无茶树栽培。70年代初,历村、舜一大队先后从浙江、福建引进福鼎茶树在山区种植。1976年历村有茶树70亩,舜一10亩。1978年,舜一大队茶树发展到60亩。是年,先后创办历村茶场、舜一茶场。1980年,历村有茶树85亩,产茶250千克,舜一大队有茶树60亩,产茶375千克。茶树喜旱,不耐湿,需种植于土壤肥沃、排水畅通的地方。历村、舜一大队发动青年、民兵把山坡地整成一块块梯田,挖成深50厘米的狭长小坑,拣清坑中的大小块石,挖掉各种树根,底层

图7-17　2001年舜一茶场无锡毫茶荣获第四届“中茶杯”特等奖

铺上稻草，边复熟土，边施有机肥料，茶苗种下后一般3年即可采茶。茶叶加工工艺非常重要，火候掌握不当，炒制技术不高，就炒不出好茶。历村、舜一茶叶一上市，就受到市场青睐。每年春茶上市，上门客络绎不绝。90年代初，历村茶场因无锡市公安局建戒毒所、看守所征土，面积逐渐缩小。1999—2002年，舜一茶场生产的无锡毫茶先后获“中茶杯”名优评比特等奖、一等奖，获江苏省“陆羽杯”名茶评比一等奖。2019年，历村茶场尚有茶树40亩，另有农户零星种植茶树80亩。舜一茶场因创办舜柯山公墓，茶场规模逐渐缩小，直至消亡。

图7-17　2002年舜一茶场无锡毫茶获得江苏省第十届“陆羽杯”名特茶一等奖

三、林果业

舜柯社区地处山区和半山区，逶迤数里的舜柯山由东向西横亘在舜柯社区全境。民国初期，政府提倡植树造林，舜柯山区多种植松柏。抗战时期，日本侵略军在舜柯山区滥伐树木，林业资源遭到严重破坏，山区大部分只是密密匝匝的茅柴及零星松树、杂木。1949年后，人民政府大力开展山区造林，发展经济林果业，组织护林防火。

（一）林果种植

1949年后，政府每年组织干部、群众进入山区开展义务造林活动，以种植马尾松为主。60年代末，历村、舜一大队相继成立林业队。1970年，舜一大队建苗圃8亩，造林15亩，栽种毛竹7亩，历村大队种毛竹1亩。1972年，历村大队建苗圃5亩，植树2万余株。发展果园，种植梨树23亩，桃树3亩，舜一大队发展桃园15亩。1974年，历村大队有毛竹10亩，杉木50亩。1975年，历村大队实有竹园面积117亩。1977年，历村、舜一大队有果园159.5亩，其中桃树110.5亩，年产水蜜桃927担。有梨树49亩。

70年代历村、舜一大队桃树、梨树种植面积情况表

表7-8 单位:亩

大队	年份/果树类别	1970	1971	1972	1973	1974	1975	1976	1977	1978	1979
历村	桃树	—	4	3	3	3	5.3	54	50	50	49
	梨树	—	—	23	26.9	27.5	22	10	10	10	—
舜一	桃树	11	14	15	12	25	20.5	60.5	60.5	69.5	68
	梨树	—	—	—	4	4	9	39	39	30	30

80年代初,因种植的梨树品种不良,梨果的品质较差卖不出去,农民称它为“木梨”,故区域内梨树逐渐淘汰消失。历史上舜柯地区就有种植水蜜桃的习惯,虽然果型不大,一般一斤3~4个,但口感很好,汁多味甜,香气浓郁,很受消费者喜爱,八九十年代,种植面积进一步扩大,还发展到水稻田种植。2011年,舜柯社区水蜜桃种植面积721亩(包括农户自留田),后因土地征用,舜柯社区已无基本农田,至2019年,农户自留地仍有零星种植的桃树80余亩。

图7-19 2019年张湾种植的梨树

山区林业在实行家庭联产承包责任制后,生产队管理体制名存实亡,一度处于失管状态,竹笋、毛竹滥拔滥砍,竹林面积急剧下降,历村大队(村)已长成林的毛竹全部消失,山区杉木林也无人管理。2019年,舜柯社区舜山湾尚有毛竹30亩。是年,舜柯社区有山林地总面积2143亩。舜柯山因长年封山护林,山上植被丰茂,已有野生灵芝出现,舜柯山已成为舜柯地区人民的天然氧吧。

(二)、山林防火

舜柯社区山林地面积较大,是惠山区森林防火重点地区,保护森林资源责任重大。解放后山林火灾时有发生,70年代初,舜柯山西山湾清明节上坟引发火灾,依靠部队官兵及舜一、历村大队群众用松枝拍打灭火。2007年,舜柯山张湾又发生较大火情,由于长期封山护林,火势较猛,时有消防队员用灭火机灭火。

2008年，舜柯社区设立专职护林员15名，对每个山头开辟防火隔离带，清除杂草，并抓好防火宣传工作，在进山道口、山区交通要道，林旁路边设立防火警示标语。2011年，建立半专业消防队伍，配有对讲机、风力灭火机、水枪等。2015年在张湾建造引水上山工程，在半山腰设置消防蓄水池。设立防火物资仓库2座，内有灭火弹、灭火机、水泵、水管、铁扫帚等，并有专人保管，确保每个道口都有防火物资。

针对清明节扫墓人多，易发生林区火灾，舜柯社区干部、群众在清明节扫墓高峰期间，配合钱桥街道农技站、民政办、交管所、城管队、派出所、卫生院等相关单位和部门，采取严格的交通管理和安全保障措施，届时社区干部、护林员全部上岗巡查，严禁火种上山。同时，配备专业消防队伍，现场待命。备足灭火器械及物资，制定防火预案，加强防火宣传等。2013—2019年，舜柯山区曾发生过火情二起，由于防范措施严密，及时扑灭，未造成较大损失。

四、蔬菜

图7-20 丝瓜

舜柯地区蔬菜资源十分丰富，春夏季有细菜、苋菜、莴苣、青蚕豆、长豆、茄子、丝瓜、冬瓜等，秋冬季有菠菜、大蒜、白菜、萝卜、金花菜、豌豆苗等。舜柯地区地处无锡近郊，历史上农民都有上城卖菜的习惯。人民公社化后，社员都有一份自留地，除种植蔬菜安排日常生活外，常以时令新鲜蔬菜到城里去卖，以增加日常零用钱。中共十一届三中全会以后，历村、舜一大队农民蔬菜种植开始大发展，并向规模化蔬菜基地发展。1992年，舜一村农民种植蔬菜基地面积87亩，有蔬菜专业户12户。1999年舜一村有培育蔬菜种苗专业户2户，建有82个育苗大棚，每年培育各类蔬菜种苗200多万株，不仅附近地区畅销，还远销常州、苏州等周边地区。2007年，舜柯村有种植蔬菜专业户5户，面积113亩，其中胡海种植蔬菜30亩，贾春海

31亩，侯金虎18亩，葛学云20亩，李公权14亩。

2010年，舜柯社区农户承包的土地全部纳入土地换社保，农户仅在家前屋后自留地上种植少量蔬菜。2019年，对舜柯菜场的调查表明，主要菜源来自山东、苏北，还有来自西宁、兰州、甘肃的包菜，内蒙古的土豆，云南的洋葱，海南岛的西兰花，福建的冬瓜等。本地蔬菜夏季占15%左右，冬季仅占8%左右。

五、赤墩里山芋钱桥豆

明崇祯十三年（1640），山芋（甘薯）开始从福建引种到境内，并逐步发展种植。历村、舜一地区地处山区，舜柯山下张湾、道士湾、舜山湾特别适宜种植山芋，20世纪50年代末60年代初，历村、舜一农民家家户户种山芋。山芋不但味香口感好，而且能替代粮食填饱肚皮。在三年经济困难时期，山芋对度过饥荒起很大的作用。舜柯地区的赤墩里山芋大多种在山脚下，沙质土壤，土质松软，水分少，肥料全部为有机肥垃圾、草木灰等，长出来的山芋外表光滑，外形圆润，没有

图7-21　赤墩里山芋种植地一角

虫斑。山芋煮熟后特别香，犹如大栗一般，既香又糯，口感上佳，颇受城里人青睐。赤墩里山芋种植面积大，1965年赤墩里山芋种植面积156亩，总产量3.415万千克，1971年种植面积123.1亩，总产量2.225万千克，赤墩里山芋量大质优，以至城里人出现了口口相传的俗语叫“赤墩里山芋钱桥豆”。2019年，域内仍有零星种植山芋。

钱桥蚕豆历史悠久，据史料记载，清乾隆帝南巡时，惠山寺僧进献钱桥青蚕豆，乾隆帝尝后赞不绝口。舜柯地区农民有句老话，叫“立夏见三鲜”，蚕豆为三

鲜之一。立夏以后，区域内家家户户少不了一盘炒蚕豆子，其味香糯甜嫩，不失为初夏一道时令佳肴。盛夏季节，旧时农民都喜欢吃咸菜豆瓣汤，常吃不厌。钱

图7-22 舜柯社区蚕豆种植地一角

图7-23 土特产钱桥白皮蚕豆

桥历史上，历村、舜一农民都有卖蚕豆的习惯，很受无锡市民青睐。解放后，区域内农民一般在沿山旱地、单季稻秧田及田埂边上种植，品种沿用老品种启东蚕豆，产量不高不稳。1985年，本地农民应用新品种慈溪白皮豆，产量大增，每亩收入增加200多元。随着栽培技术的提高，90年代，历村、舜一农民扩大到稻田种植，亩收入一般在500~700元，高的达千元，纯收入比种麦提高5~6倍，每到夏季，历村、舜一村农田几乎看不到麦子，面积急剧扩大到1000多亩。每到青蚕豆上市季节，家家户户卖蚕豆，有的甚至用卡车整车整车运到城里去卖，只要听说钱桥蚕豆，市民2.5千克、5千克竞相购买。历村、舜一农民种蚕豆有一套办法，在割稻时割一行稻种一埨豆，施上化学肥料钾肥，用泥土盖好豆塘，待水稻收场后起好埨沟，争得了播种时间，再加上播种时行距由原来的一尺多增加到2尺，通风透光条件好，所以钱桥蚕豆上市特别早，比其他地方早上市4~5天，能卖个好价钱。2000年后，由于土地征用，蚕豆面积逐渐减少，仅有农民在自留地上零星种植，种植面积已寥寥无几，但舜柯地区种植蚕豆的习俗犹存，每当青蚕豆上市季节，尚有城里人到钱桥舜柯地区寻觅蚕豆。

六、花卉苗木

1978年改革开放前，农民生活贫困，偶有人种些凤仙花、桂花之类的花木，只有公园里有花卉苗木栽培供游人观赏。

90年代，舜一村抓住国家大力发展绿化的机遇，成立舜一茶果场，在舜山湾

发展种植花卉苗木，由殷宇中任舜一茶果场场长。2003年，因舜柯山公墓扩建，舜一茶果场消失，原有花木由殷宇中个人经营，建立舜山茶林场，面积30亩。主要品种有红枫、广玉兰、腊梅、梅花、鹤顶红、丹桂、紫薇、雪松、青桐、无齿枸骨、茶花等几十个品种，无齿枸骨有许多不同的造型。红枫有2000多株，从浙江四明山、奉化等地引进。之后，随着公路建设，美丽乡村建设的需要，花木市场需求量急增，随之以种植花卉苗木为主的专业户不断涌现，至2008年，舜柯村有花木专业户8户，面积366亩。2019年，舜山茶林场仍有面积30亩，同时兼营绿化工程、苗木养护等。

2008年舜柯村花卉苗木主要专业户一览表

表7-9　　单位：亩

专业户姓名	面积	专业户姓名	面积
秦阿兴	15	王尤良	60
张素凤	15	石伯荣	28
殷宇中	30	潘光霞	70
周晓宏	60	曹志贤	88

金怡石斛种植有限公司

2014年，陆俊在张湾建立金怡石斛种植有限公司，面积40亩，并与南师大生命科学系建立合作关系，由南师大丁小余教授作技术指导。种植品种果树有桃

图7-24　金怡石斛种植有限公司种植的石斛

树、枇杷、梨、橘子树、冬枣、金桔、柚子等，花木有桂花、杜鹃、罗汉松、榉树、樱花、山茶、茶梅、瓜子黄杨、竹子、紫薇、银杏等。2016年金怡石斛种植有限公司投资300万元，种植石斛5亩，建连栋温室大棚2个。石斛种植技术很强，不用泥土，其根系均生长在腐朽的树皮之中，肥料只施用羊粪，而且只能是专吃草的羊粪。经三年精心栽培，长势良好。石斛需经栽培3年以上才有良好的药用价值，2020年可以加工投放市场。

无锡市玛亚园艺景观工程制作场

在无锡职教园文良路之北、显山路之东，朱亚云创办无锡市玛亚园艺景观工程制作场（其中部分土地属舜柯社区原舜一村）。2015年，玛亚与上海市花协仙人掌多肉植物专业委员会结成合作伙伴，主要栽培绿植、多肉等各种花卉植物4000多个品种，其中98.9%为进口品种，主要来自南美、北美、欧美、非洲等地，土壤全部采用德国进口营养土，年销售500多万盆，是无锡市规模最大、品种最多的多肉植物生产基地。

图7-25　无锡市玛亚园艺景观工程制作场的多肉植物

七、养殖业

（一）水产养殖

历村、舜一地区虽有大小100多个池塘，但主要用来灌溉水稻，仅有一些大池塘用来养鱼。1973年，历村大队养鱼面积28亩，产鱼2300千克，舜一大队养鱼31.5亩，产鱼3400千克。改革开放后，粮食有了多余，农村产业结构调整，政府允许在水稻田开挖鱼池，1983年，舜一吴一的吴金海在田肚的水稻田内，挖鱼池30亩，搞起家鱼养殖。2000年，历村前周巷周凤根，在龙岸里用推土机开挖鱼池20亩，搞特种水产蟹的养殖。蟹池建成后，四周围上尼龙薄膜、网，以防蟹外逃。蟹苗放养后，喂玉米、小鱼（经粉碎后喂入）。每当成蟹收获季节，傍晚时分，河滩四周满地都是蟹，是江南农民难得一见的靓丽风景。2001年，张建清在历村庄家承包农田35亩开挖鱼池养蟹。冯小英在西浜张塘岸开挖鱼池24.5亩，搞鱼、蟹养殖。周凤根、张建清养的蟹味道鲜美，在市场上小有名气，上门客络绎不绝。2007年，舜柯村有水产专业户石建安、石建良、张建清、汪兴度等4户，养殖水产总面积185亩。2010年，因土地征用、复垦，所开鱼池全部消失。

（二）畜禽养殖

家禽、家畜饲养是舜柯地区农民一项重要的家庭副业，是农民柴、米、油、盐、酱、醋支出的重要经济来源。早在战国时期，区域内百姓已大量饲养猪、牛、羊、鸡、鸭。1949年后，舜柯地区农民沿用传统习惯，家家户户都养殖家禽、家畜，以获得收益，补贴家用。在经济不发达的农耕时代，常有农民用鸡蛋换取一些生活日用品。养猪、羊、鸡、鸭，还能积得大量的优质肥料，用以垩地。1965年，历村大队养猪（年末圈存）441头，羊107只，兔555只，家禽872只；舜一大队养猪364头，羊74只，兔500只，家禽741只，70年代是社员家禽、家畜饲养的鼎盛时期。

1975—1980年历村、舜一大队家禽、家畜情况表

表7-10　　　　单位：头、只

年份	大队名称	猪	其中		羊	家禽	兔
		合计	集体	私人			
1975	历村	1049	619	430	269	1795	781
	舜一	344	39	305	231	1045	669
1976	历村	856	476	380	309	—	—
	舜一	513	155	358	233	—	—
1977	历村	771	409	362	386	1283	1295
	舜一	554	319	235	285	2190	1440
1978	历村	1041	611	430	454	1720	865
	舜一	446	113	333	274	2190	1440
1979	历村	1183	674	509	477	1745	845
	舜一	446	113	333	274	2190	1440
1980	历村	886	422	464	393	1645	773
	舜一	470	78	392	309	2760	1440

在农耕时代，农民用剩菜、剩饭、剩汤、菜皮、菜叶喂猪，很少厨余垃圾，用田间、路边杂草喂羊、喂兔，既增加了收入，又有利于农村生态环境良性循环。

80年代，养猪、养鸡向规模化发展，历村有养猪专业户庄小芳，1998年起每年养猪出栏最多100多头，另一位养猪专业户张俊娣，每年养猪出栏最多400多头。1999年，舜一村养鸡专业户杜锡南建舜一养鸡场，建筑面积800平方米。舜一养猪专业户朱焕荣，2003年养母猪5头，出栏肉猪100多头。2008年，舜柯村养猪专业户李德柱，年出栏肉猪114头。2009年，杜锡南规模养鸡存栏发展到6000羽，日产蛋350千克，年销量120吨，年纯收入9万元。2010年，朱焕荣到常州雪堰桥、胡埭养猪每年出栏200多只。2014年，为保护环太湖生态环境，区域内养猪全部退出。2018年7月，因生态建设需要，舜一养鸡场结束。

附：黎明农场

20世纪20年代，江苏省立第三师范学校校长顾述之在舜柯山麓的田舍头创办以培育优良稻、麦种子的试验场的同时，还在舜柯山的舜山湾里投资创办以培育、种植水果为主业的农场——黎明农场。

黎明农场地理位置优越，夹在舜柯山和西边的顾山的峡谷之中，光照充足，土地松软，土质肥沃，地势相对较为平坦。谷内水源充沛，有四五个自然形成的山塘，只要不是特大的干旱之年，山谷中农作物的栽培和生长就无需担心干旱。东部的舜柯山和南边山上野猪窝下来的山泉之水，经年潺潺不绝，注入谷地中的山塘，除灌溉外，给农场的职工生活也提供了水源。

农场有30亩左右的土地，以种植林果和花木为主，种植的果树品种主要有黄梨和水蜜桃，同时，在春夏季节还种植山芋，赤豆、豇豆等薯类、豆类作物，秋冬季主要种植蚕豆、豌豆等豆类作物。此外，还一年四季种植供农场职工吃的各种时令蔬菜。为了给果树和其他农作物提供有机肥料和解决山芋藤、瓜皮果壳、菜皮等副产品的出路问题，形成良好的生态环境，农场还养了多头猪。

黎明农场场部设在舜柯山麓“拖船路”的西侧，场部建有坐东向西的三间草庐，其间，生产(作仓库)、生活设施一应俱全。草庐的西部有一块高于农田三四十厘米的平整土场，供生产生活之用。场屋南边建有同样朝向的职工宿舍。刘德才夫妇长期在农场服务，负责日常的生产和管理工作及农场的看护工作，农忙季节则请临时工帮忙。

1956年，农场的土地收归舜一农业生产合作社所有。从此，存在近30年的黎明农场不复存在。

第八章 工业

明、清、民国时期至20世纪50年代初,舜柯地区为农耕社会,少有工业,仅有一些传统的手工业及手工工匠,如木匠、泥瓦匠、竹匠、鞋匠、弹棉花匠、豆腐水磨作坊等,他们与人民的生产、生活息息相关,倍受人民尊敬。

民国五年(1916年),历村庄家里人庄兰芳,在钱桥沿河南街开办庄源大油厂,民国二十四年,庄源大油厂入编无锡县政府编的《无锡概览》专栏上,成为舜柯地区的工业先驱。

20世纪60年代,历村、舜一大队先后办起为民服务的粮饲加工厂、山芋加工厂。利用本地自然资源开办采矿厂,为本地道路、农宅等基本建设提供石料服务。

20世纪70年代,历村、舜一大队开办五金厂、钢窗厂,产品开始跳出农业服务领域,融入城市工业。改革开放后的八九十年代,舜柯地区工业快速发展,建起了不锈钢冶炼厂、不锈钢带钢厂、铝合金门窗厂、印花厂、化工厂、塑料厂、冷弯型钢厂等。1989年6月,历村村创办的无锡县铝合金门窗厂与香港华昌有限公司合资,成立无锡金辉幕墙工程有限公司,成为江苏省首家内地与香港的合资企业,当时《人民日报》予以报道。

进入21世纪,舜柯地区工业如雨后春笋般地不断发展壮大。2008年,稻麦生产消失,农耕时代成为了过去。2019年,舜柯社区有工业企业49家,工业总产值20.37亿元。另有入驻园区工业企业111家。

第一节 手工业

一、传统手工业

传统手工业是农耕社会中一些手工技艺人,凭着他们手中简单的刀、斧、凿、锯、刨、钻、榔头等工具从事各种生产和生活必需品的生产、加工、制作、修理、服务等行业。所有从业者或兼职者称之为小手工业者，有的被民间俗称为“手艺人”“匠人”等。这些手艺人怀揣着自身“本领”和简陋的工具，四处闯荡天下，维持自己和家人的生计，故民间素有“大荒年饿不死手艺人”一说。

舜柯地区20世纪70年代之前是一个纯粹的农耕地区，但并不乏有各种手艺人。如农村几乎家家户户都利用饲养的羊、兔身上的毛，用来纺线。二十世纪五六十年代大人和孩子身上穿的本色羊毛衫，就是用一种竹木制作的简捷、轻便纺车将未经脱脂的自纺毛线编结的。那时，农家妇女，尤其是那些上了年纪的老太太，都会纺线和编织羊毛衫，这也是舜柯地区传统的一门手工业。

农村中的“五匠”是典型的传统手工业者，舜柯地区有不少这样的手艺人。“五匠”中的木匠、泥瓦匠人数最多，有30余人，其中以花园里的顾伯孝为代表的顾家木匠，可以说其木工技艺在附近是最好的，“大木”“小木”都会做，而且留下了不少称得上木制艺术品的传世之作。泥瓦匠中石巷的石湧泉、吴巷头的殷泉根都有一手好技艺。田肚里的竹匠邵阿文是竹器编织能手，是舜柯地区方圆十里有名的竹器编织领班，并收过历村的侯建堂、于胜根、舜一的朱永清等徒弟。吴巷头白铁匠朱富茂，12岁在上海就学艺，是技师级冷作工。吴巷头铁匠朱民法在舜柯及周边地区比较闻名。

舜柯地区传统小手工业者人数不少。这些小手工业者，给周边地区老百姓的生产、生活带来便利，对活跃农村经济起到积极作用。八九十年代以后，本地区工业快速发展，传统手工业大部分被现代化工业生产所取代而消失。

二、作坊

水磨作坊

20世纪50年代合作社成立后，在舜一吴巷头观音堂中开办水磨作坊。主持水磨作坊的主要有朱荣法和朱正茂二人，也有几个男社员在作坊中做辅助工作。

所谓水磨，是以绿豆、蚕豆为主要原料（20世纪60年代又以山芋为主要原料），经过浸泡，把这些浸透的原料，加入适量的水，在牛拉的大石磨中碾磨，磨细后就成了生豆浆或生山芋浆。豆浆和山芋浆中含有磨不细的渣滓（豆皮之类），然后用细白布筛滤，让极细颗粒的浆水滤入大陶缸中，剩下筛内的渣滓叫豆渣，豆渣可作上佳的猪饲料。舜一合作社靠豆渣养的大肥猪一头有六七百斤重，其照片还登上《新华日报》。缸底沉淀后的细水粉叫“湿淀粉”，可作烫粉皮，制凉粉，制粉丝的原料。如果淀粉要长期保存，水滤清后，再把块状淀粉掰小放在竹匾中在太阳下晒上几天，干淀粉就可以长期保存。

水磨作坊是集体开的，产值及利润都非常低，但比种粮食的收益要高一些，收入归集体，工作人员的报酬是工分，年终结账。1958年，水磨作坊结束经营。

豆腐作坊

二十世纪四五十年代，舜柯地区小有名气的豆腐作坊有三家：一家是舜一吴巷头张根泉夫妇开的豆腐作坊；另两家是历村芮巷的张文魁和豆腐阿三张仲文开的豆腐作坊。这三家作坊生产的豆制品都是纯正的绿色食物，质量上乘。

豆腐作坊投资并不大，有一二百元钱就可开办，生产场地是自家的住房，占用的面积不大。生产工具和原料：一副双推石磨，一两只陶缸，一口大铁锅，加上“点花”用的凝固材料，一块扯浆白细布，几只木制的豆腐箱或百叶箱，加上准备几十斤周转用的原料——黄豆等就可以开张了。

生产过程也不复杂：浸泡黄豆—磨浆—滤浆（去掉豆腐渣）—烧浆—点花（用盐卤或磨细的石膏粉，按比例混合到煮熟了的豆浆中去，让豆浆在冷却的过程中凝固）—装箱（把凝固的、似炖熟的鸡蛋状的嫩豆腐用工具倒入豆腐箱，或倒入一层层纱布之中），经滤干水头，豆腐和百叶就制作完成了。如果要制作老豆腐，还得把豆腐箱一一叠起来，顶部加块板，压上石块等重物，挤出豆腐中更多的水分就成。如果要制作素鸡，素同肠，五香豆腐干一类的豆制品，还得多1~2道工序，进一步加工才能完成。豆制品的每一道生产工序都得靠手工来完成，同时，还必须掌握每道工序的技术。制成的豆制品，一般放在家里，一清早或上午自有附近村民前来购买，或用黄豆调换，出一点加工费。如果一时卖不掉，女人会留在家里继续等人上门来买，男人则挑着装有豆腐、百叶的木桶，走村串巷叫卖。也可来料加工，每到春节前，生意更加红火。这几家豆腐坊都是夫妻老婆店小本经营，自产自销，收入不高，勉强维持一家生计。

1958年，各村办了公共食堂，农户不允许单独开伙，豆腐作坊失去顾客，舜柯地区的几个豆腐作坊关门停业。

第二节 庄源大油厂

庄源大油厂开办于民国五年(1916),由今舜柯社区历村庄家里人庄兰芳投资一万元创办,有职员2人,工人25人,每年产品总值为10万元,地点设在钱桥镇南街沿河,当年的油车弄以西就是油厂的生产场地。它是整个无锡地区第五家油厂,也是第四家由个人独资生产经营和管理的油厂。

油厂的主业为用大豆榨豆油,原料主要为无锡地区非常丰富的大豆,副产品为豆饼、酱油和后来的黄酒。它的开办不仅解决了锡西地区农民的大豆出路问题,满足了农民的食油、酱油等生活必需品需求,而且还可作猪饲料和有机长效肥料,活跃了钱桥的商贸经济。

民国二十二年(1933),庄源大油厂被民国政府实业部统计处专员顾毓芳(无锡籍人士)收入当年《实业统计特刊》。民国二十四年,又入编无锡县政府编的《无锡概览》专栏上。

1949年无锡解放后,庄源大油厂作为当时无锡县区的五大私营油厂之一,加入了无锡县工商联合会。

1956年,在私营企业的社会主义改造运动中,老板庄兰芳积极响应党的号召率先进行公私合营。是年,工厂搬迁后,在旧有手工酒坊技术和设备的基础上生产黄酒,后来又在惠山附近的通惠路东开办了酶制剂厂。公私合营之后,原庄源大员工全部转为正式工人,厂长为钱桥南巷的毛根兴。

1970年,工厂恢复黄酒生产,同时生产无锡白酒。工厂生产的惠泉牌黄酒和无锡老敖白酒,获江苏优质产品称号。

1982年,工厂更名为无锡市黄酒厂,后又易名为无锡市酿酒总厂。由于产品质量好,市场需求量大,为满足人民需求,扩大生产,工厂于是年移地马山太湖国家度假区扩建,并更名为无锡市振太酒业有限公司,钱桥南巷的殷金福任扩建后的首任厂长。

2007年5月,在布鲁塞尔国际评酒会上,惠泉十年陈酿黄酒夺得了唯一的黄酒类特别奖。2008年在布鲁塞尔国际评酒会上,惠泉五年陈酿黄酒获得银奖。2009年,工厂拥有的“锡山”“惠泉”商标被认定为江苏省著名商标,惠泉酒酿造工艺还获得了无锡市非物质文化遗产称号。

2019年，钱桥南街沿河完好保留着庄家在油厂东边的三开间两层楼老屋，成了庄源大油厂的一个历史见证。

第三节 历村大队(村)工业

20世纪50年代，历村地区仍处于典型的农耕时代。60年代，历村大队开办为农服务的粮食加工厂、山芋加工厂。1970年，历村大队利用下放工人懂工业技术的优势，开办五金厂。通过下放工人的牵线搭桥，与无锡煤机厂、纺机厂建立合作关系，引进设备，开始加工工业产品。1979年，利用五金厂的冷作车间，办起钢窗厂。是年，又办历村采矿厂，为村里及周边地区基本建设服务。80年代，历村大队五金厂通过“滚雪球”方式，积累一些实力。1984年，历村村创办无锡县第一家铝合金门窗厂。1985年，创办不锈钢冶炼厂，并加工不锈钢冷轧带钢。1988年，历村村委投入重金，创办无锡市不锈钢厂。1989年，创办无锡市江南不锈钢特种材料厂。是年，无锡县铝合金门窗厂通过与港商洽谈，引进港商资金，办起了江苏省第一个与港商的合资企业——金辉幕墙工程有限公司。这些厂的创办，正适合当时大规模基本建设的需要，有着广阔的发展前景，为历村大队(村)的工业发展奠定坚实的基础。至并村前2000年，历村村工业总产值1.17亿元，进入钱桥镇亿元村行列。

一、历村大队粮食加工厂

历村大队粮食加工厂起步于1966年，主要是为大队和周边地区的农户进行稻谷碾米和大米、小麦磨粉，其中轧米是主要业务。大米磨粉主要集中在春节前，家家户户要蒸糕做团子，往往要排长队等候。地点设在蒋巷庙东河西。初期有芮潮兴、周仁福、周泉法3个工人，芮潮兴为负责人。1983年转由周泉法承包，至2019年，基本以磨粉为主。

二、历村大队山芋加工厂

1969年，为了解决历村大队群众普遍种植的大量山芋的出路问题，历村大队创办山芋加工厂，主要产品为淀粉，使山芋附加值增加，同时淀粉还可进一步加工成粉皮、线粉。历村大队很多农户都会烫粉皮，既可加工变现，又能活跃市场。山芋渣又是养猪的好饲料，颇受群众欢迎。山芋加工厂设在上秦巷东侧的电灌站内,有简易房3间,面积100多平方米,20多个工人,负责人顾正献。1971年停业,改为饲料加工厂。

三、历村大队五金厂

1969年,由下放工人王振球牵头,与无锡煤机厂建立合作关系,开发翻沙配件,1970年9月,历村大队五金厂正式开张营业。地址设在蒋巷庙东河之西,厂长计菊生。由于农民不懂五金加工技术,技术骨干都是下放工人,先后有周伯生(原上海翻沙工人)、周仁清、秦福南、秦听初、秦桂根、杨海根、芮汉泉等。1978年,职工增至10多人,面积扩大到6间房,130余平方米。1982年,蒋泉昌任厂长。通过张湾变电所的关系,由无锡供电局提供2台车床,并与纺机厂联营,由纺机厂提供车床设备,工厂就这样发展起来。

1985年,利用五金厂资金厂房,在五金厂原址创办了不锈钢冶炼厂,厂长由蒋泉昌兼任。1987年,为了发展工业,村委决定把红庙头两层楼村委办公驻地交由五金厂发展工业。小小五金厂的创立与发展,为历村大队的工业奠定了基础。

四、历村大队采矿厂

1979年,历村大队利用舜柯山的自然资源开办历村采矿厂,开采白泥、块石,地点在芮巷南边的顾山上,厂长缪福兴。因为当时农村出行都是泥土路,修筑砂石道路需数以千万吨计的路基毛片,及大量轧制成的大小规格不同的石子。各生产队建猪舍,需要用黄石排地基、砌墙体。农村的水利建设筑石驳岸、砌闸门等同样需要大量石料,而这些绝大多数无山地区是无法提供这个廉价建筑材料的。随着经济的发展,筑路、盖房等基本建设高速发展,所以石料、石子、石砂有着巨大的市场需求。历村大队采矿厂的创办,既增加了农民收入,又解决了农村富余劳动力的出路。

1983年,在蒋巷黄塘岸东山上开了第二个塘,称“二车间”,厂长周大建。

1984年,黄荣泉任厂长,1985年起费满芳任厂长。

1989年,历村大队采矿厂采用承包制,厂长仍由费满芳担任,主要负责火药、安全等项工作。矿厂一车间有俞云良、吴争鸣承包,二车间由庄桂兴、周凤根承包。是年,块石、石子产量达12.71万吨,全年总收入114.75万元。1994年后,三车间、五车间先后由缪盘兴、芮云良、芮凤良等承包,生意久盛不衰。2004年,为加强环境保护,钱桥镇党委、政府作出禁止开山采石的决定,采矿厂关闭。

五、历村大队水泥制品厂

1979年，历村大队利用采矿厂原料充裕的优势，就在顾山上采矿厂旁创办了历村大队水泥制品厂，厂长顾明和。1981—1984年，张士兴任厂长。1984年后费满芳任厂长。1985年，历村村水泥制品厂与采矿厂合并，实行一套班子、两块牌子，费满芳任厂长。1991年，由周大建承包水泥制品厂。1994年，历村水泥制品厂关闭。

六、历村大队钢窗厂

历村大队钢窗厂，它的前身为五金厂的一个冷作车间，创办于1979年，地点设在红庙头南，厂长周志良。1981年，费满芳任厂长，时钢窗厂生意兴旺，最多时工人有30人左右。1984年，周松清任厂长。1985年，杨焕清任厂长。1986年，并入五金厂。

七、历村大队卷帘门厂

创办于1983年，地点在今盛昌路10号，厂长潘伟良。是年，历村卷帘门厂与广东佛山赖石卷帘门厂联营，1984年，通过与佛山联营的关系，创办无锡县铝合金门窗厂。1991年，由于市场因素卷帘门厂结束经营。

八、无锡钱桥电磁线厂

1984年，历村村委创办无锡钱桥电磁线厂，厂址红庙头，主要生产漆包线，厂长张士兴，1987年停办。

九、无锡县铝合金门窗厂

1984年，依托历村卷帘门厂创办无锡县铝合金门窗厂，厂长潘伟良。铝合金门窗厂其产品适逢其时，那个年头木材供应十分紧张，又正值工厂、民居都在急剧建造，需要铝合金门窗代替大量木门、木窗，时工厂生意红火，职工猛增至60多人，产值750万元。1989年，为适应新的市场需求，企业转型与港商携手，成立合资企业，并更名为无锡金辉幕墙工程有限公司。

十、无锡不锈钢冶炼厂

1985年，历村村委利用五金厂资金及厂房创办无锡不锈钢冶炼厂，主要产品为冶炼不锈钢钢坯，加工不锈钢冷轧带钢，厂长由蒋泉昌担任。1986年上半年正式投产，员工百余人，净利润超百万元。1988年6月，蒋泉昌调任明胶厂厂长，钱祖洁出任厂长。1989年，历村村委投资500余万元建造标准厂房两幢，后以冶炼厂新厂为基础，组建江南不锈钢特种材料厂，钱祖洁任厂长。1991年，村委又把冶炼厂与江南不锈钢特种材料厂分离，冶炼厂由黄德星任厂长，江南特材厂由钱祖洁任厂长。1995年，历村村委把冶炼厂、江南不锈钢特种材料厂承包给上海老板黄文秀，黄文秀以100万元人民币作抵押，聘用钱祖洁继续任两厂厂长，至1995年年底。1997年企业转制，江南不锈钢特种材料厂转制给上海老板黄文秀。转制结束后，冶炼厂无人问津，在此情况下，1998年钱祖洁出资62万元，向村委购买了冶炼厂的设备物资（不包括厂房），注册资金100万元，成为个人独资企业。

十一、无锡县明胶厂

1985年创办，厂长芮建华，厂址在钱胡路北、盛昌路西。明胶厂主要利用制革厂下脚牛皮，制成工业明胶。1986年后，先后有杨焕清、蒋泉昌接任厂长。1989年，转办江南丝绸印花厂，明胶厂停办。

十二、无锡市不锈钢厂

创办于1988年的无锡市不锈钢厂，由历村村委全额投资，厂址在红庙头西、中心路两侧，厂长芮建华，1997年转制（不含厂房），法人代表芮建华，1998年更名为无锡市瑞华不锈钢有限公司，注册资金250万元。

十三、无锡金辉幕墙工程有限公司

1989年6月，无锡县铝合金门窗厂与香港华昌有限公司合资，成立无锡金辉幕墙工程有限公司，注册资金50万美元，其中港商投资20万美元。由于产品畅销，工人一度增加到180人。金辉幕墙工程有限公司为江苏省第一家内地与香港合资企业，当时，《人民日报》曾予以报道。厂长潘伟良。1996年结束与香港合资。1998年转制（不含厂房），法人代表芮仲达。2009—2019年，法人代表潘亚萍。

十四、无锡市江南不锈钢特种材料厂

1989年，历村村委利用不锈钢冶炼厂新厂区（盛昌路8号），投资500余万元组建无锡市江南不锈钢特种材料厂，厂长钱祖洁。由于该厂设备比较先进，生产的带钢供不应求。1991年，村委又把冶炼厂与江南厂分离，无锡市江南不锈钢特种材料厂厂长仍由钱祖洁担任。1995年，村委把无锡市江南不锈钢特种材料厂承包给上海老板黄文秀，继续聘用钱祖洁任厂长，至1995年底。1997年转制（不含厂房)，无锡市江南不锈钢特种材料厂转制给黄文秀。1998—2000年，黄文秀身体不适，无锡市江南不锈钢特种材料厂由顾伯清负责具体业务。2001年1月7日，顾伯清以273万元买下经营权，包括无锡市江南不锈钢特种材料厂设备、设施、原材料、应收应付款等。

十五、江南丝绸印花厂

创办于1989年，厂址在钱胡路北、盛昌路西，厂长蒋泉昌。1992年，赵建东任厂长，1994年结束，为中诚印染厂的前身。

十六、钱桥金龙防盗门厂

金龙防盗门厂创办于1990年，厂址在红庙头西、中心路北。当时家家户户装防盗门，一时生意红火。1990年，厂长周明荣。1991—1994年，厂长缪约翰。1995年，厂长潘伟兴。1998年，工厂关闭。

十七、无锡市钱威挤压件厂

创办于1999年7月的无锡市钱威挤压件厂，厂址设在红庙头西、中心路北，厂长缪约翰，注册资金40万元。该厂生产的零部件是由液压机挤压而成，可节省原材料损耗，具有加工快、省材料等优点，在市场上尚具一定的竞争能力，每年上缴税收20多万元。

1966—2000年历村大队(村)工业企业一览表

表8-1

企业名称	创办时间	厂长(负责人)	厂址	备注
历村大队粮食加工厂	1966年	芮潮兴	蒋巷庙东河西	1983年起由周泉法承包
历村大队山芋加工厂	1969年	顾正献	大队电灌站内	1971年起改为历村饲料加工厂
历村大队五金厂	1970年	计菊生	蒋巷庙东河之西	—
	1982年	蒋泉昌	蒋巷庙东河之西	—
历村大队采矿厂	1979年	缪福兴	顾山	称“一车间”
	1983年	周大建、黄荣泉、费满芳	蒋巷黄塘岸	称“二车间”
历村大队水泥制品厂	1979年	顾明和、张士兴、费满芳、周大建	顾山旁	1994年关闭
历村大队钢窗厂	1979年	周志良	红庙头南	—
	1981年	费满芳	红庙头南	—
	1984年	周松清	红庙头南	—
	1985年	杨焕清	红庙头南	—
历村大队卷帘门厂	1983年	潘伟良	盛昌路10号	—
无锡县铝合金门窗厂	1984年	潘伟良	卷帘门厂内	—
无锡钱桥电磁线厂	1984年	张士兴	红庙头庙东河	1987年停业
无锡不锈钢冶炼厂	1985年	蒋泉昌、钱祖洁、黄德星、黄文秀	红庙头五金厂内	—
无锡县明胶厂	1985年	芮建华、杨焕清、蒋泉昌	钱胡路北、盛昌路西	1989年停业
无锡市不锈钢厂	1988年	芮建华	盛昌路7号	—
无锡江南不锈钢特种材料厂	1989年	钱祖洁、黄文秀、顾伯清	盛昌路8号	—
金辉幕墙工程有限公司	1989年	潘伟良	盛昌路10号	铝合金门窗厂内

续表8-1

企业名称	创办时间	厂长(负责人)	厂址	备注
江南丝绸印花厂	1989年	蒋泉昌、赵建东	钱胡路北、盛昌路西	—
钱桥金龙防盗门厂	1990年	周明荣	中心路北	—
	1991年	缪约翰	中心路23号	—
	1995年	潘伟兴	中心路23号	—
无锡市瑞华不锈钢有限公司	1998年	芮建华	中心路23号	前身为无锡市不锈钢厂
无锡市钱威挤压件厂	1999年7月	缪约翰	中心路23号	—
无锡中诚印染有限公司	2000年8月	赵洪超	钱胡路568号	前身为江南丝绸印花厂

历村大队(村)众多的工业企业从60年代始至2001年7月并村前工业总产值1.17亿元。在此期间,公社(乡、镇)办企业在境内有3家,分别是钱桥公社采矿厂、钱桥公社砖瓦厂、无锡县制革厂。

1965—2000年历村大队(村)各时期经济情况选年情况表

表8-2　　单位:万元

项目 / 年份	农业总产值	工业总产值	第三产业总产值	纳税
1965	20	0.9	0.8	2
1975	42	33	2	4
1985	120	350	6	31
1995	300	4320	480	260
2000	410	11700	900	450

第四节　舜一大队(村)工业

舜一大队工业起步较早。1962年就办起了舜一白泥厂,开挖白泥,为无锡市陶瓷厂和耐火材料厂提供原材料。1967年,矿厂转向开采山石,排了轧石子车,生产石砂、块石。至70年代,这些产品正赶上农民建房,国家、集体筑路等大规模基本建设,产品供不应求,生意红火,为以后村办企业的发展提供了资金。1976

年，舜一大队利用在上海工作的产业工人，创办舜一大队纸箱厂，销路全由其负责。同年，舜一大队办了五金厂，职工达100余人。80年代，舜一地质机械配件厂、舜一涂膜厂、舜一化工助剂厂、舜一油脂化工厂相继开办。90年代，创办舜一钢丝厂、舜一焊管厂。1999年，无锡市舜裕冷弯型钢厂诞生，舜裕冷弯型钢厂技术含量高，产品供不应求，年利润都保持在数百万元，成为舜一村最好的企业。至并村前2000年，舜一村工业产值2500万元，务工人员353人。

一、舜一大队山芋加工厂

舜一大队在50年代就有做水磨的设备和技术，山芋的加工工艺和流程同水磨的绿豆加工如出一辙，产品也相仿，只是山芋淀粉和绿豆淀粉罢了。60年代，舜一大队山芋出产多，1965年，在水磨作坊的原址——吴巷头观音堂办起了舜一大队山芋加工厂，负责人朱荣法，朱天宝、朱根荣为技术指导。山芋加工厂生意兴隆，客户除舜一大队群众，还有藕塘井亭、勤建和藕塘大队的群众。山芋的深加工产品有粉皮、粉丝、凉粉，舜一大队的陆巷、石巷等生产队还出现了许多烫粉皮的专业户。市场十分俏销，增加农民的收入，丰富市场供应。加工厂的副产品山芋渣，更是养猪的好饲料。1971年，由于山芋种植面积的减少和水稻推广“双三制”劳动力紧张，工厂歇业停办。

二、舜一大队粮食饲料加工厂

粮食饲料加工厂，虽说是小厂，却满足了舜一大队广大农民群众和周围地区部分农民群众的生产和生活所需。20世纪60年代初，舜一大队就使用小钢磨磨面粉。春节前帮农民加工糯米粉蒸糕、做团子，生意红火。1966年，舜一大队在吴巷头观音堂办起了粮食饲料加工厂，负责人先后有蒋清初、张泉生、朱信一、石如祥、张建政。加工厂增添的碾米机，由于电力驱动，速度快，功效高。解放初农民碾米使用木砻，轧出来的还是糙米，还要加工成白米，既费时又费力，用碾米机经几次加工，既速度快，且米、糠分得清清楚楚。建在群众家门口的粮食饲料加工厂，极大地方便了群众，很受群众欢迎。

饲料加工，主要是轧糠，这种机械叫打糠机。打糠的主要原料有山芋藤、干蚕豆萁、大麦柴、青草干等，这些草糠是养猪的主要食料，农民家家户户养猪，同样受到农民的欢迎。2009年，舜一地区粮饲加工厂随村庄拆迁而消失。

三、舜一大队采矿厂

舜一大队采矿厂的前身是创办于1962年的舜一白泥厂。舜一大队白泥塘的开采,得益于当地驻军在赤墩里山上挖战壕的时候,挖出了在石缝中一层层的白泥,当时谁也不当一回事,也想不到它是可利用的矿产资源。后被1958年参与创办钱桥耐火材料厂的厂长朱正茂在不经意间发现了。原来这种白泥就是制作炼钢炉用的炉芯耐火砖和制作缸、砂锅、饭钵的主要原料。而在龙山梢山麓的无锡市陶瓷厂用的这一原料,要从宜兴和更远的湖南、浙江等地运来,成本高,路途远,而舜一大队山上的白泥,正好是陶瓷厂和耐火材料厂需要的原料,从此舜一白泥塘就这样开始开采。

开始时,由殷焕良负责,大队从每个生产队抽调1~2名身强力壮的男性农民,组成了一支20余人的采矿和运输队伍。他们请来了公社采矿厂的老师傅及掌握爆破技术的专业人员作指导,在山下搭起了几间简易工棚。在技术人员的指导下,这些连黑炸药从未见过面,听到爆破声就腿发抖、头发怵的农民,在短短的时间里,就学会打炮眼、放炸药、放雷管的爆破技术。

1967—1975年,矿厂由王大海负责。1975—1978年由石海良负责。慢慢地白泥枯竭了,矿厂转向开采山石,排了轧石子车,石砂、块石是建造房屋的主要原料,经过加工轧成的多种规格的石子,又是筑公路、拌混凝土的材料。改革开放后,正赶上农民建房、修筑公路等基本建设大发展时期,甚至连下脚料山土都供不应求,生意红火。

1979—1988年,历任负责人殷耀伦、殷东生、陆焕清、张兴根。1988年,舜一矿厂采用承包制,承包人陆焕清。2003年,采矿厂年开采量80万吨。2004年,舜一采矿厂结束经营。

舜一采矿厂的开办为集体积累了资金,为以后村办企业的发展提供资金来源,解决部分富余劳动力的工作,同时为农民增加收入。

四、舜一纸箱厂

创办于1976年,地点在舜一大队部北一排新建的平房内。创办之初业务主要来自上海工作的朱荣南(吴巷头人),负责人朱荣法。创办之初,纸箱销售用挂机船运往上海,由朱荣南包销。1979—1980年工厂由沈正明负责。1981—1992年,厂长吴仁法。1993年,张金炎任厂长,1997年转制给张金炎。2011年拆迁至藕塘桥北。

五、舜一五金厂

创办于1976年，厂址在钱胡路北侧，沈巷东南部，厂长王锡其，主要业务为五金加工，后来以生产钢门窗为主。职工100余人，资产110万元左右。王锡其之后先后由殷刚、丁本度、石江负责，1993年石江任负责人，1997年转制给石江。2018年因拆迁搬迁至钱胡路564号。

六、无锡市舜宇地质机械配件厂

无锡市舜宇地质机械配件厂创办于1980年，厂址在殷巷仓库，产品为地质配件，职工11人，负责人殷宇澄。1988年，厂址搬迁至舜一村委南、五金厂东，面积1000平方米。1991—1996年先后搬迁至藕塘林业、舜一钢窗附件厂附近，建筑面积2140平方米。2018年，因拆迁搬迁至钱胡路569号，年产值300万元左右。

七、舜一涂膜厂

舜一涂膜厂1986年创办，厂址在村委办公室北，产品为灯具涂膜，负责人石伟国。年产值200万元左右，职工20余人，厂房建筑面积1500平方米。1996年，舜一涂膜厂转制给龚小妹。2012年因拆迁停办。

八、舜一化工助剂厂

舜一化工助剂厂1988年创办，厂址在村委办公室西南，负责人张勤清。产品为化工油脂，兼做医学用品。1993年转给张勤清，厂房办公楼建筑面积2000多平方米，职工20人左右，产值150万元。2010年因拆迁停办。

九、舜一油脂化工厂

舜一油脂化工厂创办于1988年，厂址在村委办公室西南，负责人王锡其。产品为冷冻油脂，年产值150万元左右，职工20余人。1996年转制给王云，有厂房3700平方米。2011年拆迁停办。

十、舜一钢丝厂

舜一钢丝厂1991年创办，厂址在村委办公室南，负责人石永清。产品为钢筋拉丝，年产值3000万元，建筑面积3000平方米。1996年转给石金华经营，2010年拆迁停办。

十一、舜一焊管厂

舜一焊管厂1995年创办，厂址在老钱胡路（今钱洛路）西，负责人殷宇中。

1998年，厂房出租，2001年转让给朱全海。

十二、无锡市舜裕冷弯型钢厂

无锡市舜裕冷弯型钢厂创办于1999年，厂址在村委东面，工厂建筑面积500平方米，有职工18人。厂长王国平，该厂原王国平等3人合办，2001年转为王国平个人独资企业。该厂产品为冷弯型钢，是一家制造汽车大梁和涵洞支柱的专业工厂，后搬迁至钱洛路28号。

舜一大队（村）工业企业一览表

表8-3

企业名称	创办时间	厂长（负责人）	厂址	备注
舜一采矿厂	1962年	殷焕良	北顾山（白泥）	—
舜一大队山芋加工厂	1965年	朱荣法	吴巷头观音堂	—
舜一粮饲加工厂	1966年	张泉生	吴巷头观音堂	—
舜一纸箱厂	1976年	朱荣法	大队部北	—
舜一五金厂	1976年	王锡其	钱胡路北，沈巷东南	—
无锡市舜宇地质机械配件厂	1980年	殷宇澄	舜山湾殷巷仓库	现钱胡路569号
舜一涂膜厂	1986年	石伟国	村委办公室北	—
舜一化工设备厂	1987年	王元贤	钱胡路	—
钱桥五金件厂	1987年	张伯清	钱胡路舜一加油站北边	—
舜一化工助剂厂	1988年	张勤清	村委办公室西南	—
舜一油脂化工厂	1988年	王锡其	村委办公室西南	—
舜一钢丝厂	1991年	石永清	村委办公室南	—
无锡赤墩精密机械制造厂	1994年	汤仁芝	景盛路11号	—
舜一焊管厂	1995年	殷宇中	村委办公室南	—
钱桥双喜橡塑制品厂	1997年	朱觉敏	村委东面	—
无锡市海达集装箱厂	1998年	朱全海	钱洛路55号	—
无锡市舜裕冷弯型钢厂	1999年	王国平	钱洛路28号	—
常宏冷弯型钢厂	2000年	杨建平	钱胡路（王巷门前）	
无锡市天源塑料制品有限公司	2001年	吴国清	钱胡路569号	

第五节 舜柯社区(村)工业

2001年7月,历村村与舜一村合并,成立舜柯村。2009年10月,设舜柯社区居民委员会。在此期间,舜柯社区(村)工业结构、工业生产水平和产品销售得到飞速发展。无锡市瑞华不锈钢有限公司、无锡市江南不锈钢特种材料有限公司、无锡市舜裕冷弯型钢厂等企业经过二三十年的努力,产品质量可靠、销售稳定,固定资产上千万元。成立于1998年的海达集装箱厂,凭借雄厚的技术力量和管理水平,企业运行质量上乘。短短十几年的时间,凭借积累的资金发展新产品,于2003年创办了海达玻璃有限公司,生产太阳能玻璃系列产品,公司先后从瑞士、意大利以及中国台湾地区引进全自动生产线11条,年生产深加工玻璃500万平方米。2012年,又发展成立无锡海达尔精密滑轨有限公司,并于2016年成功登陆新三板。海达集装箱厂、海达玻璃有限公司、海达尔精密滑轨有限公司占地面积6.28万平方米,职工550人,年利润3000万元,成为舜柯社区的骨干企业。另一家在新三板上市的江苏中诚印染股份有限公司,公司占地面积3万平方米,职工400余人,2019年销售产值3.5亿元。成立于2004年的广润金属制品有限公司,占地面积2.6万平方米,职工114人,2018年销售产值6.24亿元。

2019年,舜柯社区有工业企业49家,其中规模以上企业11家。

一、规模以上企业(按创办时间顺序排列)

(一)无锡市瑞华不锈钢有限公司

图8-1 无锡市瑞华不锈钢有限公司生产车间

无锡市瑞华不锈钢有限公司位于无锡市惠泉山下,周边交通发达,运输便捷。公司创建于1998年,注册资金250万元,法人代表芮建华。公司占地1.2万平方米,厂房面积8000平方米。公司有职工35人,工程技术人员3人。1998年开始不锈钢钢带的加工生产，公司的主要产品是生产宽度8~25毫米、厚度0.05~3毫米规格的不锈钢带，产品广泛用于汽车、电子、化工、机械等行业及延伸产品，并远销海内外。多年来经过全体员工的共同努力，公司已经发展成拥有年生产3000吨不锈钢冷轧钢带的能力，年产值4000万元。2006年，公司投资1000多万元，进行设备改造，引进分剪设备精轧机，不但产品质量有了保证，而且减少了劳动用工，由原来40~50人职工减少到20多人，提高了经济效益。2016年，产值3222万元，利税82万元。2017年，产值3633万元，利税91万元。2018年，产值3919万元，利税114万元。2019年，公司拥有固定资产1524万元，总资产达2223万元。

（二）无锡市海达集装箱厂

无锡市海达集装箱厂位于钱洛路55号，厂房面积1.28万平方米。无锡市海达集装箱厂成立于1998年。公司法人为朱全海，注册资金500万元，2017—2019年，年产值均在3000万元以上，平均每年缴纳税金100万元。是集设计与制造各类专用集装箱、集装架及各类工位器具和钢结构加工为一体的专业工厂。工厂成立21年来，取得了稳步发展，并通过了ISO9001质量认证体系。工厂拥有大型切割机、下料机、剪板机、折弯机、压力机、弯管机、电焊机及全套机加工设备，年生产专用集装箱、架10万套。

企业拥有职工100名，技术力量雄厚，其中硕士生1名、本科生2名、专科生10名、专业设计工程师2名，能根据不同用户及各类产品的特点和特性，设计和制造出满足客户要求、结构设计合理、货物运输安全、装卸货方便、堆放场地节约等优点的产品。

（三）无锡市舜裕冷弯型钢厂

无锡市舜裕冷弯型钢厂创办于1999年，法人代表王国平。2002年，加大技改投入投资50万元，添置300型冷弯机组一台，为无锡市首台大型机组，产品有汽车大梁、铲车升降机型钢、管部支架等难加工品种，逐步打开行业市场。

2012年，工厂从原舜一村村委搬迁至钱洛路28号，新厂占地面积4000平方米，有300型冷弯机组一台、180型机组两台。生产厚0.6~10毫米、宽600毫米各种卷材、板材。另外有冲孔机、电焊机等配套设备数台。产品广泛使用于汽车制造、集装箱制造、超市货柜、工业厂房建造、高速公路护栏立柱、各种悬挂输送机、家具行业、滑触线、导轨型钢、停车设备用波纹板等。产品生产均符合国家标准，获得惠山区技术监督局“产品质量验证证书”。

图 8-2　无锡市舜裕冷弯型钢厂生产车间

工厂以不断更新产品、更新设备、提高技术含量为理念，并“以质量求生存、靠管理出效益、以信誉拓市场、搞科研促发展”为宗旨，产品出口澳大利亚、日本等国家。工厂另一个理念，致富不忘老百姓，2011 年为东河头拆迁捐款 6 万元，每年为村里请锡剧包场演出等。

2017 年，工厂产值 3000 万元，销售 3000 万元，缴纳税收 60 万元。2018 年，产值 3500 万元，销售 3500 万元，缴纳税收 70 万元。2019 年，有职工 20 人，工程技术人员 2 人，年产值 3000 万元，销售 3000 万元，缴纳税收 60 万元。

（四）无锡市江南不锈钢特种材料有限公司

无锡市江南不锈钢特种材料有限公司位于太湖之滨、舜柯山下的历村盛昌路 8 号，交通发达，运输便捷。

公司创建于 2001 年 1 月，原名江南不锈钢特种材料厂。2013 年更名为无锡市江南不锈钢特种材料有限公司，法人代表顾伯清，注册资金 50 万元。公司是一家生产不锈钢带的专业厂家，有着一定的经济实力和技术力量，在同行业中享有较高的地位。现公司占地面积 6650 平方米，建筑面积 4850 平方米，有职工 35 人，其中

图 8-3　无锡市江南不锈钢特种材料有限公司车间一角

工程技术人员5名。全厂拥有固定资产645万元，流动资金1808万元，总资产达1853万元。主要产品为钢带，年生产能力1500吨，并相应配备完整的产品检测手段和理化检测设备。另外，工厂还开发出化工填料用网孔波纹填料材料，为企业今后的发展打好基础。

该厂按GB/T3280—2007标准和ASTM—A240标准生产的不锈钢带产品广泛应用于汽车、电子、机械、化工等行业。

公司实行严格的质量管理标准，以科学的管理、超群的质量、优质的服务深得广大客户的信赖，公司已通过ISO9002认证，确保了产品的质量和品牌。

2016年产值2367万元，利税90万元。2017年，产值2689万元，利税100万元。2018年，产值2617万元，利税80万元。

（五）无锡市银鑫钢管有限公司

无锡市银鑫钢管有限公司成立于2001年1月，2005年搬迁至无锡惠山经济开发区钱桥配套区景盛路22号，总投资840万元，公司法定代表人黄立平。公司占地面积7181.8平方米，建筑面积3742.64平方米，主要从事高精度精密钢管的制造。公司有职工25名。

公司有先进的设备和完善的工艺，年生产2万吨以上的各种优质钢管，产品广泛应用于汽车制造、超市货架、仓储货架、建筑、家具制造行业等。并可按客户要求生产特殊规格，所有产品采用优质钢材制造，各类物化指标均达到国家标准。

2016年，产值2633万元，销售2634万元。2017年，产值3289万元，销售3287万元。2018年，产值4097万元，销售4068万元。

（六）江苏中诚印染股份有限公司

江苏中诚印染股份有限公司坐落于无锡市钱桥工业园区钱胡路568号。公司的前身是创办于1989年的江南丝绸印花厂。2001年8月企业转制，成立无锡中诚印染有限公司。2015年1月变更为江苏中诚印染股份有限公司。公司占地面积3万平方米，总建筑面积6.5万平方米。

公司法人代表赵洪超，注册资金5000万元，在册职工400余人。公司主营各类全棉、涤棉、棉麻布、灯芯绒、高支高密和弹力布等织物的漂白、染色和印花，是中国20多家外贸公司出口面料的定点生产基地，年生产能力9000万米。公司规模较大、设备先进、技术力量雄厚，自动化程度高。“讲质量、拓市场、讲责任、求效益”是公司的立足之本。公司在技术、设备、质量、服务上远远领先于同行，正品率达99%。公司先后顺利通过了优衣库、H&M、宜家、GAP、ZARA等国际知名品牌的验收和合作，同时成为公安、邮政、铁路工装面料的生产供应商。

2015年6月，公司在全国中小企业股份转让系统正式挂牌，正积极推进主板上市工作。2016年4月成为军队物资采购合格供应商，获“江苏省科技型中小企业”、“江苏省民营科技企业”称号。公司拥有14项实用新型专利，2项发明专利。拥有科技研发人员及高级工程师60余人。2017年，获国家“高新技术企业”“无锡市科技研发机构”“纳税贡献领先单位”“无锡市企业技术中心”“经济发展特别贡献单位”称号。2018年9月，获国家级排污许可证，“工业经济发展先进单位”等荣誉称号。

2016年，公司销售达2.02亿元，净利润1614万元，缴纳税额1132万元；2017年销售达2.62亿元，净利润1776万元，缴纳税额1382万元；2018年销售达2.8亿元，净利润2200万元，缴纳税额1134万元。2019年销售达3.5亿元，净利润2800万元。

公司先后通过了ISO9000质量管理体系认证、ISO14000环境管理体系以及OHSAS18000职业健康安全管理体系认证，同时还获得OeKo-Tex欧标认证和OCS证书。

（七）无锡海达玻璃有限公司

无锡海达玻璃有限公司2003年3月13日成立，坐落于无锡市惠山区钱桥街道钱洛路55号，注册资金150万美元，法人代表朱全海。公司是一家以生产中高档安全玻璃为主的中外合资企业，主要产品为太阳能电池板玻璃、太阳能镀膜玻璃、家电装饰玻璃、汽车车窗玻璃等。公司占地面积2.5万平方米，拥有现代化标准厂房1万平方米，绿化面积4000平方米。

公司自2003年起先后从瑞士引进全自动玻璃切割线2条，从意大利引进大规格全自动的双边磨生产线2条（其中1条4米，1条2.6米），从台湾同昌公司引进水平钢化玻璃生产线6条，高精密度的全自动数控立式钻孔机1台，水切割机1台，丝网印刷流水线1条等先进的玻璃生产设备。年吞吐原片玻璃3万吨，生产深加工玻璃500万平方米。客户遍布国内外500强企业，主要销售企业有中电电气(上海)太阳能科技有限公司、中节能太阳能科技(镇江)有限公司、青岛海达瑞采购服务有限公司、圣戈班玻璃有限公司等。

公司2016年产值1.61亿元,销售总额1.61亿元。2017年产值1.91亿元,销售总额1.91亿元。2018年产值1.65亿元,销售总额1.64亿元,年上缴税额800万元,年利润额1000万元,公司拥有员工250人,具有雄厚的技术力量团队和管理团队。

图8-4 无锡海达玻璃有限公司生产车间

公司的经营理念质量第一、安全至上,以先进的生产工艺,完善的质量保证体系,向客户提供优质的产品,一流的服务。

(八)无锡市广润金属制品有限公司

公司成立于2004年11月,占地面积约2.6万平方米,厂房面积2.4万平方米,职工114人。产品为冷轧带钢及热镀锌钢带、防腐蚀金属复合材料。主要生产厚1.2~4.5毫米、宽70毫米以内的各种规格的带钢和热镀锌钢带。产品用于外墙幕墙、高速公路护栏、汽车零部件、结构件、冲压件、各种C型钢、Z型钢、楼层板、高频焊管、镀锌方管竖龙骨、电力桥架、网架、卷帘门用板、家用电器等领域。是江苏省民营科技企业、重合同守信用企业。近年来先后获得江苏省高新技术企业、江苏省民营科技企业、市重合同守信用企业,省、市两化融合试点、示范企业、市级企业技术中心等荣誉和资质。

公司创立之初就确定了"高起点、高品质、高标准"的原则,通过市场创新、技术创新、管理创新等现代经营手段,迅速在行业内树立了领先优势。公司一贯注重技术研发投入。

自2014年起,累计投资3000万元,进行生产封闭化、连续化、自动化的改造,非但提高产量降低能耗,而且提高质量。

同时,公司注重引进和培养技术人才并加以重用,使公司能迅速扩大。科技的进步，也使公司实现了跨越发展，2019年公司有职工114名。

2016年，产值2.75亿元，销售3.07亿元。2017年，产值4.22亿元，销售4.73亿元。2018年，销售6.46亿元，利税1112万元。

（九）无锡市弘基钢管有限公司

无锡市弘基钢管有限公司成立于2006年7月，坐落于江苏省无锡惠山经济开发区钱桥配套区舜南路2号，注册资金118万元，总投资350万元。公司占地面积1450平方米，建筑面积1980平方米。公司法定代表人华晓瑜，2019年公司有职工15名。

公司主要从事高精度精密钢管的制造和加工。拥有先进的设备和完善的生产工艺，年生产1万吨以上的各种精密钢管。产品广泛应用于汽车制造、建筑、工程机械、电机制造、家具制造等各行各业，产品质量各类指标均达到国家标准。

2016年，产值1938万元，销售2112万元，税金20万元。2017年，产值2021万元，销售2085万元，税金21万元。2018年，产值2530万元，销售2627万元，税金40万元。

（十）无锡海达尔精密滑轨股份有限公司

无锡海达尔精密滑轨股份有限公司是海达集团所属的一家专业生产精密滑轨的公司，坐落于风景秀丽的鸡笼山垅，2012年12月25日成立，占地面积2.5万平方米，拥有现代化的标准厂房1万平方米，绿地面积4000平方米，注册资金1000万元，法定代表人朱光达。2016年4月，公司成功登陆新三板。

图8-5 无锡海达尔精密滑轨股份有限公司车间

2019年，公司拥有10年以上滑轨行业经验的资深专家5名；具有雄厚技术力量的工程团队、管理团队，为客户量身定制产品与服务；有完善的集设计、研发、检测、生产和服务于一体的系统。专业生产家用电器和OA设备的滑轨（冰箱、洗衣机、烤箱、洗碗机、复印机、ATM机、汽车、高档家具）。

公司通过ISO9001:2008质量管理体系、ISO14001:2004环境管理体系和GB/T28001:2011职业健康安全管理体系认证，质量体系按照TS16949:2009汽车质量管理体系的标准运行。高标准、严要求，流程化、标准化管理体制为高品质的产品保驾护航。

2016年公司实现销售7867万元，2017年实现销售1.05亿元，2018年实现销售1.37亿元，年平均增幅达31.8%。公司2016—2018年共计上缴税费达2340万元，共计实现净利润4361万元，2019年，公司有职工200人，研发中心拥有20名工程师，其中有10名工程师行业经验超过了20年，海达尔还拥有一支年轻的充满活力的销售团队。

（十一）无锡市鼎益华精密钢管有限公司

无锡市鼎益华精密钢管有限公司成立于2014年2月，厂址位于风景秀丽的舜柯山下，钱胡路南，舜柯山公墓之西。公司注册资金101万元，法人代表吴烨。公司占地面积3000多平方米。

图8-6　无锡市鼎益华精密钢管有限公司

公司以质量求生存，以信誉求发展，致力于开发生产多规格的高频焊管，拥有3台高频焊管机组，为各类汽车配件厂、家具行业等众多客户及大型项目提供产品。品种规格齐全，广泛应用于能源、交通、轻工、重工、机电、建筑等行业，可根据用户规格定制各种焊管。公司年产各类焊管近万吨，每年为国家创造税收50万元。2017年产值2800万元，2018年产值3000万元，2019年产值3300万元。

2019年舜柯社区规模以上企业一览表

表8-4　　单位：万元

企业名称	法人代表	注册资金	经营项目	开办时间	企业地址
无锡市瑞华不锈钢有限公司	芮建华	250	不锈钢带	1998.2	盛昌路7号
无锡市海达集装箱厂	朱全海	500	集装箱架	1998.5	钱洛路55号
无锡市舜裕冷弯型钢厂	王国平	50	冷弯型钢	1999	钱洛路28号
无锡市江南不锈钢特种材料有限公司	顾伯清	50	不锈钢材料	2001.1	盛昌路8号
无锡市银鑫钢管有限公司	黄立平	84	精密钢管	2001.1	景盛路22号
江苏中诚印染股份有限公司	赵洪超	5000	各类织物漂白、染色、印花	2001.8	钱胡路568号
无锡海达玻璃有限公司	朱全海	150万美元	建筑安全玻璃	2003.3	钱洛路55号
无锡市广润金属制品有限公司	王军	2018	冷轧带钢	2004.11	钱胡路
无锡市弘基钢管有限公司	华晓瑜	118	焊管制造加工	2006.7	舜南路2号
无锡海达尔精密滑轨股份有限公司	朱光达	1000	滑轨钣金等	2012.12	舜欣路
无锡市鼎益华精密钢管有限公司	吴烨	101	钢管制造	2014	钱胡路

二、规模以下企业

2019年，舜柯社区共有规模以下企业38家，涉及机械、冶金、塑料、纺织等行业。

2019年舜柯社区规模以下企业一览表

表8-5　　单位：万元

企业名称	法人代表	注册资金	经营项目	开办时间	企业地址
无锡昌润冷轧带钢有限公司	支笑冰	500	冷轧带钢加工	2005	景盛路
无锡市雄诚冷轧带钢有限公司	曹静华	500	冷轧带钢加工	2003.6	威尔路1号
无锡市海鼎冷轧带钢有限公司	包敏	300	冷轧带钢加工	2005.5	舜南路2号
无锡市金辉幕墙工程有限公司	潘亚萍	500	幕墙、铝合金门窗	1989.6	盛昌路10号
舜宏塑料制品厂	石建清	1000	塑料板	2001.4	舜欣路
无锡市钱威挤压件厂	缪约翰	40	压制件	1999.7	舜柯中心路
无锡市三友液压缸体总成厂	陈锡文	50	总缸、气缸、液缸	2001.2	盛昌路

续表8-5

企业名称	法人代表	注册资金	经营项目	开办时间	企业地址
无锡市舜宇地质机械配件厂	殷宇澄	50	地质配件	1985	钱胡路569号
无锡市赤墩精密机械制造厂	汤仁芝	10	机械加工	1994.2	景盛路7号
无锡市陈氏纺织品整理厂	陈纪敏	40	纺织品加工	2005.4	景盛路1号
无锡市钱桥舜一纸箱厂	张金炎	14	纸箱制造	1997	锡陆路105号
无锡市天源塑料制品有限公司	邵荣元	50	塑料制品制造	2001.5	钱胡路569号
申钢门窗配件厂	石江	50	冲压机	1997.1	钱胡路569号
无锡市明达机械工具厂	陈国良	40	螺纹工具机械配件	2001.3	舜柯中心路
无锡市舜龙金属制造厂	王洪敏	50	金属制造	1998	舜南路3号
无锡市丰祥胶粘保护膜有限公司	缪祥兴	50	聚乙烯保护膜	1999.5	舜柯中心路
无锡市钱桥橡塑五金厂	朱福元	20	橡塑制品	1993	威尔路10号
无锡鼎新液压缸体有限公司	阮润贤	51	液压油缸	2005	景盛路5号
无锡市凯贝尔液压缸体制造厂	华文欣	51	液压缸体	2008.3	景盛路8号
无锡市舜达紧固件厂	徐国民	70	螺丝加工	2003	威尔路10号
无锡市新大祥建筑机械厂	陈卫新	40	建筑机械配件	2005.3	景盛路1号
无锡市海天环保设备有限公司	缪建栋	51	环保、污水处理	2003.8	景盛路9号
无锡双鹰特种钢管有限公司	陈新义	200	高频焊管	2003.6	金山路8号
无锡市求尚不锈钢制品厂	钱云峰	100	不锈钢带钢	2002	舜柯中心路
无锡瑞得元机械有限公司	景建忠	50	通用零配件	2009.6	景盛路2号
无锡明天自控工程设备成套厂	殷志伟	50	发电设备	2000.5	舜南路2号
无锡市昊栋机械设备制造厂	缪栋	840	机械设备	2006.1	盛昌路9号
无锡展鹏钢管有限公司	查惠文	100	镀锌焊管	2006.11	景盛路7号
无锡市钱桥顺达护膜厂	蔡国希	40	塑料制品	1998	舜柯中心路21号
无锡市永耀金属制品厂	朱劲松	600	扁钢制造	2007.1	金山路8号

续表8-5

企业名称	法人代表	注册资金	经营项目	开办时间	企业地址
无锡豪汇机械厂	周伟军	50	机械加工	2007	舜柯中心路迁至锦溢路16号
无锡市向军机械有限公司	边胜良	50	轧辊加工	2009.5	金山路10-1号
隆源冷弯型钢厂	殷晓光	50	冷弯型钢	2005	景盛路5号
军佳热处理厂	徐进淮	50.8	热处理加工	2005	景盛路3号
荣崎冷弯型钢厂	叶福良	51	冷弯型钢	2010	锦溢路88号
无锡市宇正木业有限公司	冯伟宇	100	木制品	2012.7	锡陆路105号
无锡市尤氏金属材料有限公司	尤雷	51	焊管、卷板	2008.6	舜柯中心路
无锡市路建建材有限公司（钢渣队）	陆云清	80	轧钢渣	2001	钱胡路南拖船路东

三、工业经济状况

2010年，舜柯社区工业总产值9.61亿元，2019年20.37亿元，达到了产值翻番。工业投入年保持3000万元以上，2018年达5000万元，上缴税金从2010年的2902万元增加到2018年的7318万元，增长152.2%。

2010—2019年舜柯社区工业经济状况情况表

表8-6 单位：万元

年份	工业总产值	销售收入	工业投入	上缴税金
2010	96050	96740	3000	2902
2011	105630	106630	5000	3065
2012	106400	107040	5200	3223
2013	106739	107360	5000	3660
2014	117460	118630	3000	3890
2015	125310	128550	3000	4304
2016	128890	129720	3000	4507
2017	150060	157850	4500	6313
2018	181090	182970	5000	7318
2019	203700	—	—	—

四、域外创业

20世纪80年代始，舜柯籍人士跨出了在域外创业的步伐。至2019年，域外创业企业达15家，行业涵盖制造、修理、安装、彩印等，其中无锡惠汕金属制品有限公司注册资金5000万元。

舜柯籍人士在域外创业一览表

表8-7　　单位：万元

企业名称	法人代表	注册资金	经营项目	开办时间	单位地址
无锡凯杰钢管有限公司	张杰	58	焊管制造	2007.7	锦溢路6号
无锡业成钢管有限公司	徐绿英	800	钢管制造	2011.9	溪南伟业路17号
无锡锦湖焊管厂	侯国平	358	钢管制造	2003.11	溪南伟业路17号
无锡市聚泰薄板有限公司	芮曙东	500	冷轧带钢	2006.5	石塘湾运河西路5号
无锡鼎益嘉管业有限公司	江先兵	50	焊管金属制品	2005.12	溪南伟业路7号
无锡惠汕金属制品有限公司	芮叶彬	5000	精密焊管冷弯	2012.1	钱桥锡陆路390号
无锡市云伟轻型焊管厂	秦云江	50	焊管制造	1998.3	胜丰工业园胜星路
无锡市金顺管业有限公司	张炜	300	焊管制造	2002.7	威尔路15－1
无锡市明谊管业有限公司	张明	300	焊管制造	2013.3	晓星江海西路
无锡市佳盛冷弯型钢有限公司	秦灵驾	55	冷弯制造	2002.12	胜丰工业园胜丰路
无锡市苏特异型钢管有限公司	王义萍	500	异型钢管制造	2011.10	溪南锦溢路25号
江苏维纳尔建设有限公司	缪驾良	1088	幕墙门窗安装	2013.10	钱胡路302号
无锡惠山区钱桥街道道丰型钢厂	朱琼蕾	5	型钢制造	2014.6	晓星工业园
无锡振华印刷有限公司	陆宇	200	彩色印刷	1986	钱桥育才路
无锡永昊不锈钢材料有限公司	谢兰芬	51	不锈钢带钢冷轧	2005.12	稍塘社区稍塘路23号

第六节　入驻园区工业企业

2000年10月，钱桥镇成立溪南工业园区，2001年纳入无锡惠山经济开发区钱桥配套区，范围包括溪南村和舜柯村。2019年，舜柯社区范围内入驻园区工业企业111家,其中无锡法斯特鼎元精密钢管有限公司、无锡联创薄板有限公司、无锡永凯达齿轮股份有限公司占地面积都在3万平方米以上,年产值超亿元,在园区内具有一定知名度和影响力。无锡市新兴建筑工程有限公司注册资金达1.5亿元,为园区注册资金最大的公司。无锡二泉映月矿泉水有限责任公司为入驻园区企业唯一一家利用本地资源开拓发展的工厂。

一、无锡法斯特鼎元精密钢管有限公司

无锡法斯特鼎元精密钢管有限公司成立于2002年,隶属于江苏苏嘉集团。

公司位于无锡惠山区经济开发区钱桥配套区钱胡路573号,占地面积6.4万平方米,建筑面积4万平方米。法人代表夏静,注册资金6000万港元,是集生产、经营于一体的科技型公司,也是主要从事精密钢管的生产与经营的独资公司。

图8-7　无锡法斯特鼎元精密钢管有限公司

公司基础设施完善,加工工艺先进,公司拥有10~200吨的链条及液压冷拔机,全自动天然气控制热处理炉、矫直机、高效切管机等辅助设备。有斯派克直读光谱仪,三思液压万能试验机、涡流及超声波等检测设备。专业生产各种材质、规格Φ10~Φ141.3毫米,壁厚为1~18毫米的冷拔无缝钢管,产品广泛应用于石油化工、锅炉、汽车、机械、建筑、电力、船舶等各个领域。2016年销售3.21亿元,上缴税收851万元,利润1275万元,职工人数389人。2017年销售2.54亿元,上缴税收762万元,利润326万元,职工人数382人。2018年销售4.70亿元,上缴税收819万元,利润450万元,职工人数394人。

公司通过中国质量认证中心CQCISO9001:2015质量管理体系认证,国家质量检验检疫局TSG特种设备体系认证,欧盟TUV及美国API5CT/API5L会标产品许可证。公司有效运行的质量管理体系,使鼎元产品具有极强的竞争力,市场前景广阔。

二、无锡联创薄板有限公司

无锡联创薄板有限公司成立于2005年8月18日,注册资金1000万美元,法人代表邹雄伟。公司坐落于钱桥工业园区舜柯社区金山路9号,占地面积3.27万

平方米。

公司是一家专业生产热镀锌带钢的企业。公司产品规格为：厚度0.6~3.0毫米，宽度680毫米以内，适用于耐腐蚀耐高压镀锌钢材、家用电器高档镀锌薄板、高强度电缆桥架材料及型钢、龙骨、钢结构檀条、货架、太阳能支架、汽车用材等。

图8-8　无锡联创薄板有限公司

2008年12月16日，公司通过ISO14001环境管理体系认证、企业资信等级AAA级认证。2009年8月16日，通过ISO9001:2008质量管理体系认证。2010年2月，获"劳动保障诚信企业"称号以及安全生产标准化、清洁生产标准化等管理体系认证。

2012—2014年，公司相继获得江苏省名牌产品、江苏省质量信得过企业、江苏省质量服务信誉AAA级优秀企业、江苏省著名品牌、依法管理诚信经营示范企业、江苏省民营科技企业及江苏省高新技术（后备）企业、江苏省企业设计中心等殊荣。

2015年，无锡联创薄板有限公司生产薄板19万吨，销售6.63亿元，利税360万元。是年，公司有固定资产4567万元，建有标准化厂房2.50万平方米，拥有4条热镀锌生产线、4组分剪机、氨分解等先进的生产设备和覆层测厚仪、硬度计、拉力机等先进的检测仪器。

2018年，公司生产薄板24万吨，总产值11.69亿元，销售11.77亿元，上缴税收424万元，利润1070万元。2019年生产薄板26万吨，总产值12.04亿元，销售11.56亿元，上缴税收1117万元，利润1630万元。

三、无锡永凯达齿轮股份有限公司

无锡永凯达齿轮股份有限公司前身为无锡市第二工业学校的校办企业——无锡市机械工艺设备厂，成立于1987年。1989年更名为无锡第二齿轮厂。2001年转制，更名为无锡永凯达齿轮股份有限公司。2005年12月，公司迁至无锡惠山经济开发区景盛路15号，法人代表荣兆明，公司总投资1.5亿元。占地面积3.33万平方米，建筑面积4.20万平方米。主要从事高精度齿轮及发动机皮带驱动系统的开发及制造。

2006年，公司通过美国汉胜PLU+3级审核。2007年，公司压缩零件首批出口美国，客户从一家发展到6家，不但在欧美市场立稳脚跟，而且拓展到日本、印度等市场。

图8-9 无锡永凯达齿轮股份有限公司

2015年，公司拥有主要设备380多台，其中有小巨人数控车床9台，富士数控车床3台，霍夫勒磨齿机5台，莱斯豪尔磨齿机5台，日本纪和加工中心2台，易孚迪热处理设备1台，数控滚齿机13台，测齿中心3台，三坐标测量机1台，数控齿轮测量中心一个。2019年，有员工282人。

公司工业总产值2016年1.41亿元，2017年2.09亿元，2018年2.39亿元。

四、无锡二泉映月矿泉水有限责任公司

图8-10 无锡二泉映月矿泉水有限责任公司

无锡二泉映月矿泉水有限责任公司的前身是位于舜柯社区东南端，舜柯山下的无锡市矿泉水厂，创办于1991年，法人代表蒋晓波。1992年先后通过了省级、国家级对矿泉水的鉴定。该矿泉水取源于舜柯山唐代就闻名的虎头泉，属于偏硅酸型饮用天然矿泉水。偏硅酸经历年检测，含量稳定在28~32mg/L。低钠、低硬度、低矿化度“三低”为该矿泉水最主要的特色之一，各项污染物指数均低于规定要求，水质可靠，水化学动态稳定。

1999年转制为具有独立法人资格的私营企业，主营桶装18.9升、瓶装500毫升矿泉水业务。

2000年企业整体租赁给无锡市中联水业有限公司经营。其中2002年至2004年6月曾作为可口可乐公司荣誉产品“水森活”桶装纯净水无锡厂生产基地。在此期间，装备较为先进的品控设施，对质量控制起到关键作用。

2010年12月31日结束与中联公司的租赁关系,2011年暂时停止所有对外合作,配合无锡市政府关于《无锡"十二五"城市规划》锡西新城区规划中的舜柯山水文化体验广场项目实施,全面实施舜柯山水文化体验广场项目。

2012年9月20日,锡西城投公司正式接管该厂,实施对水源地的彻底保护工作,完成对新厂房选址定位,并成立无锡舜柯山矿泉水有限责任公司。2013年9月1日由钱桥街道与无锡中联水业有限公司正式签约,由该公司接管水厂。当时,拥有二泉映月商标的隶属南方航空公司下的武汉金鹰食品有限责任公司占5%股份,无锡市中联水业有限公司占95%的股份,共同出资1000万元于2014年初注册将上述舜柯山公司改名为无锡二泉映月矿泉水有限责任公司。2016年12月初厂房正式交付使用。期间完成设备调试工作。12月底完成生产许可证的现场审查,领取SC证书开始试产。 公司生产规模为年生产瓶装矿泉水4800万瓶(400万标箱)。

公司立足主业、引进高尖技术、开发新系统,旨在矿泉水领域建立起质量优势,积极为打造国家级知名品牌。企业工艺水平业内领先,生产线是饮料行业第一条无臭氧无菌线,引领智能立体库已成为业内标准配置的典范。至2019年,设备和厂房总投资达1.2亿元。

五、无锡市新兴建筑工程有限公司

无锡市新兴建筑工程有限公司创办于1999年9月,法人代表强樊新。公司坐落于惠山经济开发区钱桥配套区钱洛路12号,是一家具有房屋建设工程施工总承包国家一级资质的施工企业,并具有市政工程、机电设备安装工程、建筑装修装饰工程、消防设施工程、起重设备安装工程等专业承包资质,注册资金1.5亿元。

图8-11 无锡市新兴建筑工程有限公司

公司以质量求生存,以速度树信誉,以创建求市场,多项工程获"扬子杯""太湖杯"、省高级优质结构、文明工地等荣誉称号。公司连年获"省建筑优秀企业""省安全生产先进单位""省银行资信AAA级"及市级多项荣誉。同时获得ISO9001:2000质量管理体系认证证书,工程质量保持在较高水平。2018年通过GB/T28001:2011职业健康安全管理体系和ISO14001:2015环境管理体系的认证。

2018年,公司生产业绩3.4亿元,上缴税收635万元。所有项目达100%优质工程。公司以安全生产、文明施工为首要前提,采取优化环境、控制扬尘、控制噪声等工作措施。

公司多年来热心支持社会公益事业,先后投入爱心基金数百万元。公司多次捐资市、区慈善基金会,并成为该基金会会员;四川抗震援建中获"抗震援建、大爱无疆"荣誉称号;公司被惠山区政法委、法院等6家政府部门授予"外来人员管理教育基地";公司连年获得"大爱惠山慈善明星""市希望工程爱心奉献奖"等荣誉称号。

2019年入驻园区工业企业一览表

表8-8

企业名称	法人代表	注册资金	经营项目	开办时间	企业地址
江苏普利玛斯轮胎科技有限公司	朱渊	1000万	轮胎、化工产品等	2017.9	钱洛路6、8号
无锡健特生物工程有限公司	陈青	200万	黄金搭档专用复合营养米粉	2003.2	钱洛路8号
无锡市华东电力设备有限公司	张文珍	10000万	电力设备及配件	1995.1	舜柯钱胡路569-1
江苏宝光新型材料科技有限公司	张杰	1000万	新材料设计研发	2015	钱洛路8号
无锡孙勤涂装有限公司	孙伏顺	100万	喷塑加工等	2018.2	钱洛路10号
无锡市新星源机电设备制造有限公司	黄绍勇	300万	通用机械等	2018.1	钱洛路10号
无锡市挺盛金属制品有限公司	祝红强	81万	金属制品	2013.11	钱洛路10号
无锡山海精工有限公司	盛荣	200万	金属切割、焊接设备	2015.10	钱洛路10号

续表8-8

企业名称	法人代表	注册资金	经营项目	开办时间	企业地址
无锡市三元塑胶有限公司	张杰	288万	塑料板材等	2010.8	钱洛路10号
无锡市新兴建筑工程有限公司	强樊新	15000万	土木工程建筑	1999.9	钱洛路12号
无锡埃力克钢管有限公司	夏静	600万美元	生产精密焊接钢管	2003.8	钱洛路51号
无锡诚智炼钢辅助材料有限公司	彭仁	1000万	炉墙砖、钢包砖	1999.5	钱洛路51号
无锡法斯特海元钢管有限公司	王家平	1000万	无缝冷拔管等	2007.1	钱洛路51号
无锡法斯特管业有限公司	龚育才	850万美元	焊管、无缝管等	2004.10	钱洛路51号
无锡海利建筑器材有限公司	浦炜	51万	脚手架踏板制造	2006.2	钱洛路59号
无锡市通亿金属材料有限公司	李惠芝	50万	金属材料、焊管	2006.2	钱胡路561号
无锡市瑞宏冷轧带钢有限公司	唐晓敏	200万	冷轧带钢制造	2005	钱胡路561号
无锡市金钰金属材料有限公司	唐瑞兴	60万	金属材料等	2011.6	钱胡路561号
无锡市瑞达钢管有限公司	唐晓敏	150万	高频焊管的制造	2002.5	钱胡路561号
无锡市同心源金属制品有限公司	徐华	51万	金属制品及加工	2011.4	钱胡路500－6号
无锡汇源焊管有限公司	缪虎度	60万	焊管、冷弯型钢加工	2001.9	钱胡路500号
无锡迪奥数控科技有限公司	陈立如	500万	机床及机床数控设计	2008.9	钱胡路500号
无锡市益多门窗有限公司	张琴珠	200万	铝合金、塑钢门窗等	2006.7	钱胡路500号
无锡市惠钱设备安装有限公司	毛志洪	1280万	承装电力设备、机电安装	2004.11	钱胡路500－5号
无锡市聚源欣金属制品有限公司	蒋文娟	100万	金属制品、通用设备制造	2016.2	钱胡路500号

续表8-8

企业名称	法人代表	注册资金	经营项目	开办时间	企业地址
无锡市奇能电气有限公司	潘祖粤	580万	成套电柜等	2010	钱胡路500－5号
无锡市鼎翰精密机械制造有限公司	陈高贵	100万	工业自动化设备及配件	2017.6	舜柯盛昌路10号
无锡法斯特鼎元精密钢管有限公司	夏静	6000万(港元)	生产石油用管油气输送管	2002.4	钱胡路573号
无锡利凯儿童用品有限公司	李飞	150万	婴儿学步车、儿童推车	2012.6	钱胡路576号
无锡市旺盛热处理有限公司	李耀良	150万	热处理加工等	2005.7	钱胡路576号
无锡市南热冲压件有限公司	李耀良	50万	冲压件制造等	2002.6	钱胡路576号
温岭市箬横花岗石装潢雕刻厂	蒋顺法	90万	石雕、花岗石加工	1993.6	舜柯村公墓旁（温岭市箬横镇李婆桥村）
无锡大西洋环保设备有限公司	李维松	200万	环保设备、金属制品	2017.9	钱胡路535号
无锡特倍林轴承有限公司	沈铁荣	200万	轴承及配件生产	2011.10	钱胡路563号
无锡全通机械制造有限公司	舒勇	20万	通用设备制造	2018.1	钱洛路28号 钱洛路563号
无锡市振宇基础工程有限公司	朱启文	500万	土石方工程、房建工程	2010	钱洛路28号
无锡文磊通用设备有限公司	王磊	100万	通用设备制造等	2017.12	钱洛路28号
无锡市黄氏电器制造有限公司	姚丽玲	258万	电器、微电机	2008.11	钱洛路6、8号
无锡市默弗尔科技有限公司	方正兵	200万	汽车消声器技术研究	2010.8	钱洛路8号
无锡市梦阳热处理有限公司	王国忠	55万	纺织器材热处理	2003.7	景盛路12号
无锡兄妹散热设备有限公司	黄爱猛	100万	钢管机械设备	2003.7	景盛路7号
无锡润阳焊管有限公司	于广生	80万	金属制品加工	2010.1	舜南路5－2号
无锡市亿伦金属制品有限公司	厉建忠	51万	焊管制造	2006.8	舜南路5－2号

续表8-8

企业名称	法人代表	注册资金	经营项目	开办时间	企业地址
无锡嘉德庆焊管有限公司	潘红夏	100万	焊管制造加工	2009.3	舜南路5－2号
无锡市华锐气体设备有限公司	陆敏	1000万	气体设备	2011.5	舜南路5号
江苏惠泉钢管有限公司	邹军	1000万	钢管、冷弯型钢	2013.12	舜南路5号
无锡市波龙精密钢带有限公司	濮晓新	800万	精密带钢制造	2005.5	舜南路7号
无锡市重本异型钢管有限公司	陈泽	500万	异型钢管生产加工	2016.12	舜南路7号
无锡百盛带钢有限公司	封涛	50万	冷轧带钢加工	2009.1	舜南路7号
无锡市宏和异型钢管有限公司	尤铭浩	500万	异型钢管制造	2014.4	舜南路7号
无锡市昌宏钢管有限公司	秦晓	200万	无缝钢管制造	2004.6	舜南路7号
无锡市佳辰异型钢管有限公司	谈虎	30万	金属材料	2015.2	舜南路7号
无锡市千将金属制品有限公司	孙小洋	200万	光伏支架加工	2018.5	金山路12号
无锡方勇包装材料有限公司	郭胜利	10万	塑料膜、五金	2017.1	金山路12号
无锡比特比机械科技有限公司	庄洪飞	500万	气动元件制造	2014.4	金山路12号
无锡市欣圣久机械有限公司	翁雄伟	50万	汽车的模具加工	2011.1	金山路12号
无锡市金伦晖科技有限公司	吕金雷	100万	冲压件加工	2016.9	金山路12号
无锡青创电机制造有限公司	林青	100万	直流电机制造	2017.6	金山路10号
无锡协辉机械有限公司	景留平	2000万	矿山机械配件	2008.6	金山路10号
无锡市德氟隆防腐设备有限公司	陈伟	1800万	反应釜加工	2002.6	金山路10号－1
无锡联创薄板有限公司	邹雄伟	1000万美元	镀锌带钢	2005.8	金山路9号

续表8-8

企业名称	法人代表	注册资金	经营项目	开办时间	企业地址
无锡君盛精密管带有限公司	陆君安	500万元	冷拔钢管制造	2004.3	金山路7号
无锡金豪科技型钢有限公司	王栋	1000万	冷弯型钢制造	2017.8	金山路8－1号
无锡钱伟精密钢管有限公司	钱惠娟	100万	液压油缸、钢管加工	2012.1	舜南路3号－1
无锡市立言机械制造有限公司	徐晓星	251万	冶金机械	2008.12	舜南路3号
无锡金源电力电信塑胶有限公司	沈鑫	1010万	电力电信电缆	1993.1	舜南路3号
无锡市东芳禾金属制品有限公司	陈建平	218万	集装箱焊管	2016.3	舜南路3号
无锡派瑞德精密机械制造有限公司	张志勇	50万	精密零部件	2011.5	舜南路3号
无锡永凯达齿轮有限公司	荣兆明	1518万	汽车零部件、齿轮制造	1987.6	景盛路15号
无锡市河马纵横节能科技有限公司	钱建云	1000万	铝合金遮阳、卷帘制造	2009.6	景盛路73号
无锡河马消防器材集团公司	贾建清	1000万	消防器材制造	1984.4	景盛路73号
无锡市木科班家具有限公司	朱芬波	1000万	实木家具制造	2017.8	景盛路73号
江苏舜翔有限公司	蒋亚杰	176万美元	衣架加工	2004.9	景盛路21号
无锡市鼎牌精密机械有限公司	张杰	100万	汽车轴承配件加工	2010.9	景盛路21号
无锡明炜电子设备有限公司	张勇	120万	焊接线路板	2014.3	景盛路21号
江苏尚瑞思科技有限公司	秦耀	1000万	家居用品	2016.3	景盛路19号
无锡市畅蓉机械制造有限公司	石天飚	50万	液压活塞杆加工	2010.6	景盛路5号
无锡市军佳热处理有限公司	徐进淮	51.8万元	热处理加工	2004.8	景盛路3号
无锡市达润轴承厂	杨淑英	—	机械轴承	1999.6	景盛路1号

续表8-8

企业名称	法人代表	注册资金	经营项目	开办时间	企业地址
无锡市鑫嵘钢管有限公司	黄振凤	51万	焊管制造	2013.12	景盛路6号
无锡市旭阳冷弯型钢有限公司	刘斌	51万	冷弯型钢	2006.8	景盛路8号
无锡景琳钢管有限公司	芮斌	80万	普通焊管加工	2005.5	景盛路12号
无锡云利机械制造有限公司	夏雨静	58万	焊管加工	2004.5	钱胡路569号
无锡市友盛印刷机械有限公司	张丽君	52万	印刷包装	2004.8	钱胡路569号
无锡市嘉荟博精密机械有限公司	石江琴	100万	机械配件	2018.1	钱胡路569号
无锡市大晨管业科技有限公司	林大荣	300万	汽车精轧钢管加工	2017.6	钱胡路569号－2
无锡市振业兴晟冶金材料科技有限公司	张琰婷	500万	合金包心线制造	2017.6	钱胡路569号－2
无锡市杰奇精密机械有限公司	刘成	100万	粮食通用设备	2015.11	钱胡路569号
无锡宁隆制冷设备有限公司	王汝忠	100万	空调配件	2011.10	钱胡路569号
无锡佳米泰机械设备贸易有限公司	周铁	500万	通用机械配件	2014.4	钱胡路569号
无锡新博瑞纺织有限公司	吴灿	2000万	服装及辅料制造	2018.1	钱胡路568号
无锡市荣耀自控工程有限公司	赵红妹	2000万	汽车阀门制造	2016.12	钱胡路568号
无锡舜达服饰标牌制作有限公司	杨桂根	500万	衣服标牌制造	2017.11	钱胡路568号
无锡市丰祥胶粘保护膜有限公司	缪祥兴	50万	胶粘保护膜	1999.5	舜柯社区中心路21号
无锡豪晨源机械有限公司	邵华	50万	钣金冷作	2013.12	中心路21号
无锡市锡羚节能环保有限公司	严玉芳	500万	催化剂铁钜框	2013.8	舜柯景盛路20号
江苏米可多农膜发展有限公司	佐藤晶英	148.3万美元	大棚农膜	1995.10	舜南路1号

续表8-8

企业名称	法人代表	注册资金	经营项目	开办时间	企业地址
无锡汇联钢管有限公司	姚仲良	51万	焊管制造	2006.8	舜南路2号
无锡市海鼎冷轧带钢有限公司	包敏	300万	黑色金属压延	2005.5	舜南路2号
无锡九零精密钢管有限公司	张敬好	50万	座椅钢管加工	2018.3	舜南路2号
无锡瑞锡祥钢管有限公司	袁久学	50万	焊管加工	2015.2	舜南路2号
无锡大裕机械有限公司	景福庆	50万	机械设备制造	2007.1	舜南路2号
无锡龙舜实业有限公司	宗良	2120万	塑料制品机械	1993.9	舜南路3号
无锡市圣佳力管业有限公司	毛晓军	122万	焊管制造	2006.1	舜南路3号
无锡品胜金属制品有限公司	奚伟俊	187.5万	园林机械工具	2014.8	金山路6号
无锡市东志冷弯型钢有限公司	肖尚东	1000万	光伏支架制造	2010.3	金山路6号
无锡东大汇鑫新材料科技有限公司	杨琳	1000万	滑板用耐火材料	2016.1	金山路1号
无锡新东大冷弯科技有限公司	朱一飞	500万	金属管材	2016.9	金山路1号
无锡君道绿色建筑科技有限公司	管莉萍	1000万	混凝土PC预制件	2017.5	金山路1号
无锡二泉映月矿泉水有限责任公司	蒋晓波	1000万元	饮用矿泉水	2014.1	山泉广场
无锡市钱中热处理厂	秦惠民	40万	金属热处理	1999.8	钱胡路(上秦巷)

第九章　商贸服务业

明清、民国时期，舜柯区域内无街区，也没有商贸集市，仅在舜皇庙会、节日期间有一些临时性的小商贩集市。

1949年后，在计划经济时期，历村大队和舜一大队各有钱桥供销合作社的一个驻村下伸店（双代店）。改革开放后，随着个私经济的放开，各自然村陆续出现了各具特色的小商店及连锁店。20世纪90年代，专供农民油、盐、酱、醋等日常生活用品的“双代店”转给个人经营。

进入21世纪以后，舜柯地区商贸服务业发生巨大变化，出现各式商铺，农贸市场的建成逐步形成商贸一条街，为方便群众的日常生活、活跃农村经济起到重要作用。舜柯山公墓的建立，各类商贸企业、个体工商户和驻外商贸机构的先后设立，近年来兴起的微商、网络销售、物流快递，由传统商贸向现代商贸进发，为舜柯经济发展起到重要的推动作用。2019年，舜柯社区商贸服务业开票收入2.5亿元。

第一节　小商小贩

民国时期，小商小贩都是以走村串巷形式做生意。区域内一些传统手艺人，方便了舜柯地区百姓。20世纪50年代的卖鱼三保、卖布阿二在区域内较有名气。

一、货郎担

民国时期至20世纪60年代，区域内处于农耕经济时代，农民以自给自足为主，常有一些货郎担走村串乡售卖一些日常生活消费品，满足人民生活需求。货郎担做生意本钱不大，他们肩挑货郎担、手持拨浪鼓，走村串乡一路叫卖。货郎担里主要就是一些针头线脑的家庭生活必需品，有的装有镰刀、木柄、斜凿、剪子、泥刀、铲刀、粪勺、草帽、扁担、喷壶等小型轻便的农业生产工具和生活用具。

有日常生活类的货品，盐、酱、醋、酱菜、毛巾、手帕、竹筷、蒸架、火钳、碗、盆、钵、匙、瓜刨、针、线等家庭生活必需品。还有为儿童准备的货品，弹弓、橡皮筋、铅笔、小刀、橡皮、蜡笔、簿子、糖果、甘草、橄榄等等。舜柯地区从事该经营的有石巷的石全金。

随着改革开放的发展，农民生活水平显著提高，交通越来越便利，小商小贩在农村失去了市场，货郎担随之消失。

二、卖布阿二

20世纪50年代，卖布阿二是一位专事贩布、卖布的生意人。他的“货担”为一块大包袱，包袱里装有布匹，走村串巷叫卖，为舜柯地区的百姓服务，小有名气。60年代三年经济困难时期后，棉布凭票供应，卖布阿二的营生就消失了。

三、卖鱼三保

20世纪50年代，卖鱼三保每天早晨四五点钟就翻山越岭去山南徐巷或管社批发鲜鱼，从赤墩里一带开始叫卖，到临近中午都能卖光。60年代后，卖鱼三保就不做这营生了。

四、手艺人

二十世纪五六十年代，舜柯地区有一些传统手艺人，有理发、箍桶、皮匠、杀猪、斩肉等，从事为村民服务，聊以谋生或补贴家用，比较有名的有壤里的竹匠丁五度，田肚里理发的殷坤兴，吴巷头换糖的王泉生，尤以吴巷头皮匠张阿茂在藕塘桥街上最为有名。

1950—1969年舜柯地区主要小商小贩一览表

表9-1

姓名	所在自然村	经营类别	经营方式
石全金	石巷	小百货	走村串巷(流动)
石冬生	石巷	老鼠药	街、镇流动
丁五度	壤里	竹篮、淘米篓等	各村子流动
殷坤兴	田肚	理发	各村子流动
王泉生	吴巷头	换糖	各村子流动
丁焕泉	壤里	杀猪、斩肉	流动
黄月郎	吴巷头	代杀猪、斩肉	流动
朱福良	吴巷头	代客箍桶	流动
张阿茂	吴巷头	皮匠	固定(藕塘街)

第二节　双代店

20世纪50年代末60年代初，舜柯地区历村大队、舜一大队分别为方便群众开办了“双代店”。

一、历村大队“双代店”

1959年，为贯彻“发展经济，保障供给”的精神，由钱桥供销社（合作商店）在大队中心地段的吴西房吴金泉家开设了历村“双代店”（代购代销）。营业员为庄二姐等2人，困难时期停办。1963年，在红庙头又开设了历村“双代店”，规模有所扩大。“双代店”主要是为供销社（合作商店）代销农民日常生活必需品，如盐、酱油、醋、火油、香烟、火柴、副食品等，有的品种要凭票供应，并代销化肥、农药、种子、农具等生产用品、用具，同时代办信件邮寄。

历村红庙头“双代店”开办之初，由孙美英等两人负责，既负责进货又负责销售。1972年，供销社把“双代店”的经营权交给大队，负责人顾根泉。1972—1993年，历村“双代店”营业员有周宝良、张敖度、芮炎生、李芬芳。1993年，历村“双代店”转为李芬芳、张敖度、芮炎生个人经营。

二、舜一大队“双代店”

1959年由钱桥供销社（合作商店）下伸开办的舜一“双代店”，借用吴巷头朱桂度家的西间堂屋，营业员为扬州人陈元宏。主要经营盐、酱、醋、香烟、糖、火油、火柴等家庭生活必需品，顾客大多为本大队社员，也有沿山井亭、朱巷上路过的群众。

1968年，“双代店”搬迁到了同村观音堂的东侧厢房，门面朝东。之后的十年中，先后有朱贵泉、杨秀凤、殷产根、丁永兴、陆凤鸣、朱祖法、陆根度、沈正民当营业员。

1986年，舜一村委办公楼、舜一小学建造后，“双代店”搬迁至村委办公楼西侧的马路边，搬入新址后，殷毅、丁泉清当营业员。

1993年转制，“双代店”转给丁泉清个人经营，直到2010年建无锡文化艺术学校，店被拆除。

1959—1993年历村、舜一“双代店”情况表

表9-2

双代店名称	开办时间	所在地点	经营类别	经营方式	营业员	备注
历村“双代店”	1959年	吴西房吴金泉家	油盐酱醋等	固定设店	庄二姐等	公社合作社商店下伸店
	1963—1972年	历村红庙头	油盐酱醋等	固定设店	孙美英等	
	1972 1993年	历村红庙头	日用品、化肥、农药等	固定设店	顾根泉、周宝良、张敖度、芮炎生等	公社供销社下伸店
舜一“双代店”	1959年	吴巷朱桂度家	油盐酱醋等	固定设店	陈元宏	公社合作社商店下伸店
	1968—1986年	吴巷观音堂	油盐酱醋等	固定设店	朱贵泉、杨秀凤等	
	1986—1993年	村委办公楼西侧	日用品、化肥、农药等	固定设店	丁泉清、殷毅、丁阿兴等	供销社下伸店
	1994—2010年	新的村委办公楼	日用品、化肥、农药等	固定设店	丁泉清	个体经营

第三节　个体工商户

明清时期，历村、舜一地区没有商店。20世纪50年代开始有“双代店”，为百姓供应日常生活用品。改革开放后，国家开始办理个体工商户营业执照。1988年，殷晓文在钱胡路开办南北烟酒杂货店。1990年，陆焕清在钱胡路边开办“一路发”饭店，其中一道“糖醋桂鱼”远近闻名，生意兴旺。进入21世纪，域内各类烟酒杂货店、餐饮店、熟食店、水果店、超市、烤鸭店、蛋糕房等应有尽有。至2019年，舜柯社区共有50多家各类个体工商户。

1988—2019年舜柯地区个体工商户一览表

表9-3　　单位：人

个体工商户名称	地点	开办时间	经营类别	法人或负责人	用工人数
好再来饭店	钱胡路王巷南	1989	餐饮	朱信竹	2
一路发饭店	钱胡路王巷南	1990	餐饮	陆焕清	5

续表9-3

个体工商户名称	地点	开办时间	经营类别	法人或负责人	用工人数
钱桥何秀小店	吴巷头	1993	烟酒杂货	杭荷秀	1
钱桥广丽烟酒店	吴巷头	1998	烟酒杂货	徐环东	1
钱桥向阳正东烟酒店	向阳农场内	1998	烟酒杂货	冯秀妹	1
南北烟酒杂货店	钱胡路	1988	烟酒杂货	殷晓文	2
舜山茶林场	钱胡路	1997	茶叶、苗木	殷宇中	6
宝宝烟酒店	中心路	1997	烟酒零售	吴志刚	1
万其洪手机店	中心路	2000	手机服务	万其洪	2
剪约理发店	中心路	1991	理发	周世开	2
美发空间	中心路	2017	理发	郁建芳	1
文武理发店	中心路	2000	理发	杨文武	1
新娣综合商店	中心路	2002	烟酒杂货	丁英娣	2
如意米业仓库直营店	中心路	2016	大米批发、零售	张祖周	1
晓明百货店	中心路	2006	日用百货	孙燕华	1
馨隆土菜馆	农贸市场1号	2015	餐饮	汝利艳	3
牛肉汤	农贸市场2号	2019	牛肉汤	王明春	2
久美超市	农贸市场3-9号	2014	烟酒百货	张亚军	2
嵇大厨饭庄	农贸市场10-11号	2018	餐饮	蒋晓燕	4
嘉伦光彩大药房	农贸市场12-13号	2015	药品零售	张志明	2
胡冉冉包子店	农贸市场14号	2017	糕点服务	胡冉冉	1
常乐人家小吃店	农贸市场15-16号	2017	面饭	程伟宽	2
玉叶面饭馆	农贸市场(内)2号	2015	面饭	邱志友	2
特色面馆	农贸市场(内)3号	2019	家常小炒	侯金成	2
山东粮油	农贸市场(内)5号	2011	生面	丁怀芹	1
文锦晨百货店	农贸市场(内)6-7号	2011	日用百货	张丽娟	2
士红百货	农贸市场(内)8-9号	2011	烟酒杂货	张士红	2
老侯烟酒店	农贸市场(内)10号	2018	烟酒杂货	侯金成	2
阿花烤鸭店	农贸市场(内)11号	2014	现制肉类	刘善花	1
香滋味蛋糕店	农贸市场(内)12号	2014	散装食品	李红琴	1
尚梅生面店	农贸市场(内)13号	2015	预包装品	付尚海	2
山东水饺	农贸市场(内)15号	2017	山东水饺	孟建华	1
上海八鲜舜柯熟食店	农贸市场(内)16号	2010	熟食	程志根	2
历村理发店	农贸市场(内)17号	2014	理发	张祖成	1

续表9-3

个体工商户名称	地点	开办时间	经营类别	法人或负责人	用工人数
舜柯馒头店	农贸市场(内)21-22号	2019	馒头	李玲璐	2
沈继礼小吃店	蒋巷58号	2017	小吃	沈继礼	2
舜柯水果店	蒋巷58号	2017	水果	时梅	2
丁菊琴棋牌室	蒋巷58号	2017	棋牌	丁菊琴	1
洛卉快餐店	蒋巷21号	2009	餐饮	喻晓兰	2
金亚杂货店	蒋巷5号	2012	烟酒	涂毛姚	1
烟酒杂货店	蒋巷24号	2010	烟酒	朱兰女	1
电动车修理店	蒋巷24号	2016	电动车修理	卞小磊	1
华联超市	景盛路12号	2017	百货	郓荣兆	4
方玉小吃店	景盛路12号	2008	餐饮	朱从厚	2
周俊小吃店	景盛路12号	2008	餐饮服务	周俊	2
钱胡超市	钱胡路566号	2009	烟酒食品	胡文强	2
胡世斌烟酒店	钱胡路	2006	烟酒杂货	胡世斌	2
芮巷综合商店	芮巷46号	2015	卷烟、食品	时品根	2
惠山区慧琳百货超市	舜柯家园1号	2016	烟酒食品	惠春华	2
小殷车行	舜柯家园12-13号	2016	电动车修理	殷作伟	2
田艺百货	舜柯家园9号	2015	烟酒	李田艺	1
历村液化气站	道士湾	1988	液化气	秦阿兴	3

第四节 商贸企业

舜柯地区商贸服务业随着经营品种、场地、资金等不断拓展，人们已不再满足于小敲小打的小商铺，而逐渐发展成具一定规模的商贸企业。

一、贸易公司

1989年，历村村不锈钢冶炼厂在上海人民路、城隍庙开办上海市光亮不锈钢经营部，经销不锈钢带钢。1998年，陈新义在浙江杭州开办钢材批发经营部，后发展为鹰浩钢铁有限公司，注册资金5000万元。进入21世纪，舜柯地区个人在杭州开办贸易有限公司4家，在安徽合肥开办1家。

1989—2019年历村村、舜一村、舜柯村(社区)开办经营部(贸易公司)情况一览表

表9-4　　　　　　　　　　　　　　　　　　　　单位:万元

企业名称	法人代表	注册资金	经营项目	开办时间	单位地址
上海市光亮不锈钢经营部	黄文秀	—	不锈钢经销	1989	上海市人民路 上海市城隍庙
无锡市光亮不锈钢经营部	钱祖洁	—	不锈钢经销	1997	钱胡路舜一加油站旁
无锡市新月塑胶有限公司	丁立群	50	塑料管经营	2001	阳山新渎桥
无锡万事通汽车维修有限公司	王敏	50	汽车修理	1998.10	锡山区东亭仓下凤威路80号
杭州锡荣金属材料有限公司	陈霞	200	钢材批发销售	2017	浙江杭州市塘康路33号
无锡市意贝尔焊管有限公司	汤旻辉	50	焊管产品销售	2004	钱桥西漳村
浙江省杭州鹰浩钢铁有限公司	陈波鹰	5000	钢材销售	1998.3	浙江省杭州市石祥路298号
合肥泉业物资有限公司	杨继业	50	钢材销售	2002.12	安徽省合肥市三环路北京路口
杭州天一钢管有限公司	缪伟江	150	钢管销售	2002.1	浙江省杭州市下城区世嘉君座8-307
杭州明光金属材料有限公司	缪伟国	50	金属材料批发	2006.3	浙江省杭州市下城区绍兴路116号
无锡市诚雯金属材料有限公司	周正文	58	金属材料	2007.5.15	无锡市北塘区钱皋路168号

二、电商企业

域内有无锡市邦越金属材料有限公司、江苏海达国际贸易公司两家电商企业,开设网络营销平台。

(一)无锡市邦越金属材料有限公司

公司成立于2010年11月15日,位于舜柯社区中心路23号,法人代表芮志梁。注册资金50万元,主要经营金属材料、金属制品、建筑材料、炉料、普通机械和五金交电等。公司专业代理销售太钢不锈钢、张家港浦项、宁波宝新、江苏甬

金等各类不锈钢卷材、板材及带材。

公司一贯以优惠的价格、及时供货和完善的服务给用户带来一定的便利。产品适用于汽车装饰、民用保温杯、化工设备、厨房设备等，同时适用于中石化和中石油设备的配套。产品远销全国各省市。公司在10年的发展中，形成了一支过硬的销售团队和技术团队，以“质量优，价格宜，服务好”为宗旨，连年得到客户的一致好评。

2019年，销售额1600多万元，上缴税收25万元。

(二)江苏海达国际贸易公司

2006年11月，江苏海达国际贸易公司成立，法人代表朱丽娜。公司办公地舜柯社区钱洛路65号。

公司自营和代理各种商品及技术的进出口业务、普通机械及配件、五金产品、矿产品、化工原料产品、电子产品、电器及器材、仪器仪表、针纺织品、工艺美术品的销售。

自开业以来，公司一贯遵循“用户为上帝，质量取胜”为宗旨。近年来主要商品的贸易往来为车用安全工具包、玻璃镀膜溶液等。常年为福特汽车的供应商，多年向沙特地区出口汽车配件，为土耳其、德国等国家提供出口货物。

2019年，有员工10人，销售额797万元，上缴税收23万元。

第五节 农贸市场

自古以来，历史上舜柯地区没有街市，东片历村地区农民上街买菜习惯上钱桥街，也有上藕塘街的。西片舜一地区一般上藕塘街。直至21世纪初，舜柯村为方便群众买菜，在景盛路边搭了250平方米简易棚作为农贸市场，有蔬菜、冷冻食品、豆制品、鱼摊、肉摊等。另在中心路南侧路边建了5间简易门面房，每间15平方米，由茂兴水果店、

图9-1 2019年舜柯社区农贸市场

久美烟酒店、小鸿烟酒店、周念东电话亭、周红梅补衣店租用，尤以久美烟酒店生意红火，顾客盈门。

2003年舜柯村农贸市场商贸户情况表

表9-5　　单位：户、人、平方米

经营项目	户数	从业人数	占地面积	备注
蔬菜	2	4	250	摊位
冷冻食品	1	1		摊位
豆制品	1	1		摊位
鱼摊	1	2		摊位
肉摊	1	2		摊位
久美烟酒店	1	3	15	门面房
茂兴水果店	1	2	15	门面房
小鸿烟酒店	1	1	15	门面房
电话亭	1	1	15	门面房
服装修补	1	1	15	门面房

2008年1月26至2月2日，因三场大雪，积雪深度30厘米，舜柯村简易农贸市场被压塌，停止营业，村民的日常生活受到了严重的影响。

2009年，舜柯社区两委根据大部分社区居民的提议，加上众多企业入驻域内工业园区，外来人口急剧增加，为解决买菜的需求等现实问题，结合实际情况，在社区中心地点的景盛路和中心路交会处，筹资280万元，建起了占地面积3346.70平方米、建筑面积1842平方米、内设十多个固定及非固定摊位、43间店面房的室内农贸市场。主要为舜柯社区居民和溪南工业园区职工提供生活服务。

该农贸市场摊位经营类别有水产、肉类、蔬菜、豆制品、冷冻食品、生面等，店面经营的项目有熟食、面饭、点心、烟酒、日用百货、日杂等。

2009年舜柯社区农贸市场商贸户情况表

表9-6　　单位：户、人、平方米

经营项目	户数	从业人数	占地面积
舜柯酒家	1	5	240
南北货店	1	1	—

续表9-6

经营项目	户数	从业人数	占地面积
肉摊头	3	3	—
鱼虾摊	1	2	—
豆制品	1	1	—
冷冻食品	1	1	—
蔬菜摊	3	6	—
水果摊	1	2	—
久美烟酒店	1	2	40
茂兴水果店	1	2	—
百货店	3	5	60
熟食店	2	4	40
理发店	1	1	20
生面店	2	3	40
小吃店	2	4	40

2015年，市场内设有固定摊位12个，分别是鲜肉、蔬菜、干货、水果、鲜鱼、冷冻食品、豆制品等，另有其他非固定、临时进行农产品交易的摊位。

2019年，为了规范市场秩序，确保食品安全和消防安全，社区成立了市场管理小组，制定了一系列规章制度，做到明码标价、亮证经营；督促集市的食品卫生和场地整洁；检查外来商贩登记和守法经营；协助查处违章违法活动，调解市场纠纷；管好用好市场服务设施，方便群众交易，促进了农贸市场的规范化管理。当年，农贸市场内有经营摊位12个，门面房有各类商店20家。

第六节　舜柯山公墓

1989年，无锡县政府在舜一村确定一个扶贫项目，依托舜柯山的地理条件，建办舜柯山公墓。1990年5月10日，经江苏省民政厅批准，公墓正式开工建设。公墓位于舜柯山北麓舜山湾，距赤墩遗址仅300米。1997年9月29日，锡山市土管局下发征用土地批复，获批58135平方米的土地使用权。初创7年后，公墓初具规模，建有一座简易楼、一处办公室、一个接待室、一个小型碎石面停车场，几条用碎石铺填的道路,总资产不足200万元。

2001年8月,历村与舜一合并建立舜柯村后,惠山区民政局与舜柯村十分重视舜柯山公墓的拓展。2001—2002年,舜柯山公墓被江苏省民政厅评为先进集体、省级行风建设示范单位、省民政系统创先争优先进单位。

图9-2 舜柯山公墓

舜柯山公墓为股份合作制企业,惠山区民政局占股51%,舜柯村占49%。

2005—2007年,舜柯山公墓对原无锡县钢铁厂在山湾内堆放的3.33万平方米废弃土地进行改造,拓展墓地规模。其间,舜柯山公墓被评为无锡市民政工作先进集体、无锡市文明示范窗口。

2010年,被评为无锡市行风建设示范单位、无锡市殡葬系统"优秀服务月"活动先进集体。2013年,被评为无锡市人民满意基层单位。

2015年,舜柯山公墓跻身于无锡市各大公墓之前列。公墓入口处建成舜柯山公墓牌楼;百米主道两侧建成永固的文化画廊、金石雕刻24孝的经典故事、塑造民俗文化的500罗汉;陵园深处一排24节气和12个花神画廊,反映中华文化的精髓;河中的龙亭镌刻着经文和易经文化,这些都提升祭祀文化品位。2019年,销售额3676万元。

当年,舜柯山公墓有管理人员及工作人员12人。

第七节 入驻园区商贸企业

2019年,舜柯社区境内入驻园区商贸企业26家,其中注册资金1000万元以上的有5家,100万元以上的有18家。行业涵盖房地产开发、日用品进出口批发、液化气储配、时装设计、私有资产管理、大型机械设备研发、化工设备零售、道路普通货物运输、计算机软硬件、金属材料的销售等多个领域。

1998—2019年入驻园区商贸企业一览表

表9-7　　　　单位:元

企业名称	法人代表	注册资金	经营项目	开办时间	单位地址
无锡华盛气体有限公司锡兴液化气储配站	高志刚	500万	液化气储配	1998.8	钱胡路南道士湾
无锡市新飞经贸有限公司	吴耀庆	50万	轮胎及橡塑制品	2001.12	钱洛路28号
无锡市盛世房地产开发有限公司	强樊新	6600万	房地产开发、经营	2003.9	钱洛路12号
无锡市建嘉冷弯型钢有限公司	秦建伟	51万	厂房出租	2004.8	景盛路8号
江苏永舜有限公司	毛文明	479万	时装设计	2004.9	景盛路9号
无锡尚德节能科技有限公司	潘红夏	50万	厂房出租	2006.7	舜南路5-2号
无锡市桓昌商贸有限公司	李志明	52万	食品配送	2006.9	钱姚路88号-8
无锡市伟彪贸易有限公司	严小波	51万	钢带销售	2008.6	舜南路7号
无锡英琦金属材料有限公司	荣新红	188万	汽车焊管的零售	2010.3	景盛路22号
无锡市盛新建筑劳务有限公司	强福良	110万	为建筑业提供劳动力	2011.1	钱洛路12号
无锡求尚贸易有限公司	谢毅峰	100万	黑铁质金属材料零售	2011.5	中心路21号
无锡市汉尚机械有限公司	陆志勇	50万	机械设备批发	2011.11	舜南路3号
无锡荣世资产管理有限公司	章晓岗	1000万	私有资产管理	2013.12	中心路21号
无锡市兰亭物业管理有限公司	徐庆丰	110万	物业管理服务	2014.11	钱洛路12号
无锡限时达货运有限公司	王少华	100万	道路普通货运	2015.1	钱洛路6号、8号
无锡市鸿迅电子商务有限公司	周岗	50万	网上销售文化用品等	2015.5	中心路芮巷
无锡天骏通信工程有限公司	刘龙青	500万	通讯工程设计	2015.12	景盛路3号

续表9-7

企业名称	法人代表	注册资金	经营项目	开办时间	单位地址
无锡市同兵货运代理有限公司	杜同兵	50万	国内货运代理	2016.1	钱胡路515号
江苏铂曼实业有限公司	周立武	2000万	日用品进出口	2016.11	钱胡路568号
江苏共拓装备科技有限公司	吕晓云	1000万	化工装备零售	2016.12	金山路6号
无锡天捷自动化物流设备有限公司	黄斌	2000万	大型机械设备分剪泵研发	2016.9	金山路1号
无锡博绿商贸有限公司	徐东	100万	日用品配送	2016.12	景盛路3号
无锡润利昌商贸有限公司	宋建军	500万	计算机软硬件	2017.3	舜南路7号
无锡恒润广机械有限公司	汤仁芝	100万	金属材料、金属制品的销售	2017.10	景盛路7号
无锡二泉映月文化发展有限公司	俞伟军	500万	茶具	2017.11	山泉广场
无锡众衡源商务服务有限公司	汝小亮	100万	办公服务等	2018.8	钱洛路8号

第十章　乡村建设

20世纪70年代前，区域内农村面貌少有变化，农民居住多为平房、草房，少有楼房。农民出行，都为泥土路，弯曲难行，村民要买些生活用品，都得步行三五里路。大宗日常农产品货物交换，一般以水路为主。

图10-1　20世纪60年代吴巷头农民住房

舜柯地区在20世纪70年代之前的漫长发展过程中，虽然村落破旧，但环境优美。境内的舜柯山，漫山遍野，密密匝匝的苍松翠柏等常绿及其他品种繁多的落叶树，让舜柯人民每天呼吸到新鲜空气。纵横交错的大小河流，分布于舜柯地区大地上的数百个池塘，河水清澈透底，游鱼在水中历历可见。农民种地，有机肥料的大量使用，猪、羊、鸡、鸭、兔、鹅粪便成了庄稼的“粮食”，就连农村的生活垃圾包括草木灰等成为种小麦、山芋不可缺少的肥料。这些成了一个完整的生态链，成了当时优良生态环境的可靠保障。

80年代以后，乡镇工业崛起，农村土地被征用建厂，原来当宝贝的肥料成了农村的污染物。21世纪初，舜柯村(社区)在经济发展取得显著成绩的同时，注重人与自然的协调发展，既要金山银山，更要绿水青山，把生态环境建设作为头等大事来抓。开展生活垃圾集中处理，农厕改造、河道治理、矿山整治等项工作。2010年，被江苏省评为省级生态村。2016年，舜柯社区积极响应上级政府提出的美丽乡村建设的号召，对社区内15个自然村全面规划。2017年，对庄家、蒋巷进行整治。2018年，对花园里等7个村庄进行美化整治。2019年，整治工作全面完成。舜柯社区被无锡市评为无锡市人居环境整治先进社区。

第一节 基础设施建设

一、道路建设

民国至解放初期，舜柯地区全部为泥土路，弯曲狭窄，下雨天泥泞难走。

1955年3月，由部队投资，境内有了第一条砂石公路钱姚路，1958年，4路公共汽车途经历村上秦巷、舜一赤墩里，给历村、舜一人民的出行与经贸往来带来便利。六七十年代，历村、舜一农民开办采矿厂，利用本地自然资源，用石片铺设道路；历村、舜一大队分别修筑东西走向的拖拉机路，和南北走向直通钱姚路的道路。改革开放后，集体经济逐步强起来，1986年，历村村浇制东西走向的水泥地中心路，并逐步联通到各个自然村落。1994年，舜一村修筑直通钱姚路的主干道舜欣路，以舜一桥为中心，把桥南的一段命名为舜欣南路，把舜一桥以北至陆巷的一段叫舜欣北路，东西向以钱洛路至舜欣1号桥为舜欣东路，舜欣1号桥至壤里为舜欣西路，并以舜欣路为主干道，修筑通往各自然村的村道。路面开始为石子路，2000年全部浇制成水泥路。

2001年始，舜柯村公路建设快速发展，2002年景盛路建成，把溪南和原历村直接贯通，从钱藕路直达钱胡路，为水泥路面，路宽12米，长1500米。2004年，随着工业园区建设，金山路、舜南路建成为水泥路面。2010年4月28日，景盛路4路公交车开通，在红庙头设立舜柯村站。2013年，无锡职教园区域内公路有文良路、显山路。2018年，景盛路完成柏油路面浇制。2019年，境内钱桥大道接通钱胡路，为柏油路面，宽42米。是年，历村中心路庄家、蒋巷段浇制成柏油路，中心路路面黑色化经多年分段实施全面完成。社区中心路和舜欣东路沥青路面铺设7000平方米，投入资金130余万元。至年底，舜柯社区主干道以柏油路为主，并形成五纵五横道路交通网络。

2019年舜柯社区交通道路一览表

表10-1　　　　单位：米

道路名称	起讫	长度（境内）	路面材质	建筑时间	备注
钱胡路	东浜、上秦巷—赤墩里	1500	沥青	2008年	2008年前为钱姚路
钱桥大道南延	西浜—钱胡路	150	沥青	2019年	分段修筑

续表10-1

道路名称	起讫	长度（境内）	路面材质	建筑时间	备注
社区中心路	钱桥大道—钱洛路	1200	沥青	1986年	1986年铺设水泥路
景盛路	钱胡路—钱藕路	1500	沥青	2002年	原为水泥路，2017年沥青路
钱洛路	钱胡路—钱藕路	1500	沥青	2012年	—
金山路	钱胡路—钱藕路	1500	沥青	2004年	—
舜南路	钱洛路—夏虞河	1170	沥青	2004年	—
道士湾路	钱胡路—道士湾	800	水泥	1994年	原为石子路
盛昌路	钱胡路——红庙头	350	沥青	2005年	—
显山路	钱胡路—钱藕路	1500	沥青	2013年	2019年接通钱胡路
文良路	钱洛路—新藕路	1000	沥青	2013年	—
舜欣路	钱胡路—陆巷	1000	水泥	1994年	—
	钱胡路至舜一桥	850	水泥	1994年	（舜欣南路）
	舜一桥—陆巷	150	水泥	1994年	（舜欣北路）
舜欣东路	钱洛路—舜欣一号桥	600	水泥	2000年	2019年铺设沥青路面
舜欣西路	舜欣一号桥—壤里	350	水泥	2000年	—

二、村庄建设

二十世纪五六十年代，区域内极少有农户建房，70年代始有少数社员开始建房。1973年，历村大队有蒋巷、庄家、后田舍、前周巷等6户农户开始批地基建房。1974年，舜一大队有田肚、吴一、吴二、石东等生产队7户社员开始建新房。1979年改革开放后，造房农户逐渐增多，历村、舜一两大队（村）因势利导，对农村建房进行规划，历村大队主要安排在中心路两侧，做到各自然村建房相对集中。历村芮巷还规划洋房村。70年代通上电灯，80年代开始使用自来水，90年代使用瓶装液化气，1992年、1993年历村、舜一村先后成为电话村，舜柯地区农民实现“电灯电话、楼上楼下”的多年梦想。调查数据显示，1995年，历村村人均住房面积66平方米，舜一村42平方米，配套设施也一应俱全。

进入21世纪，随着经济建设的速度和规模进一步扩大，乡村建设的规划又重新提上议事日程。21世纪初，区域内私人住宅停止审批，随着建设用地的大规模增加，2006年起，区域内先后有10个自然村先后整体拆迁，安置房建设成为新农村建设的一个亮点。

图10-2　舜柯家园住宅小区（2019年拍摄）

2013年，坐落在舜柯山北麓，钱胡路北的东浜村原址，集一幢幢现代化的安置房小区——舜柯家园小区拔地而起，一期工程占地面积14万平方米，有小高层电梯房。主要安置本社区拆迁户及适龄未婚青年的居住。2018年，舜柯家园二期工程开工，总建筑面积9万平方米，建有7幢大楼，层高18层小高层电梯房，共建住房504套，每套127平方米左右。另有配套用房2000平方米，人防工程地下室1万平方米。工程竣工后，符合条件的居民以每平方米1900元的价格购买安置房。

第二节　卫生村、生态村建设

二十世纪五六十年代，舜柯地区少有工业企业，工业污染少，农民种田使用大粪、垃圾、河泥，农民把它们当宝贝，全部清运到田里作肥料。70年代，农田片面追求复种指数，大量施用化肥、农药，造成水体富营养和环境轻度污染。80年代以后，乡镇工业崛起，工业废水、废气污染环境。同时大量农业劳动力转向工厂，农村土地绝大部分被征用建厂，因此，农村以大粪、河泥、垃圾等作为有机肥料的生态循环基本停止，导致河道淤塞，水质下降，农村垃圾随意乱放，成了严重影响村容村貌的污染物，农村环境整治提上议事日程。

一、生活垃圾处理

2001年，舜柯村两委对农村环境卫生进行整治，在做好宣传工作的同时，建立环卫队，人数13人。乡下农村“破天荒”地跟城市一样，普遍设立垃圾桶。舜柯村根据自然村大小，做到方便群众，设垃圾收集房85个，垃圾桶180只。添置垃圾清运车1辆，保洁车5辆，所有生活垃圾都做到日产日清，全部运到无锡市桃花山填埋场填埋。没几年，桃花山垃圾填埋场饱和并拒收，生活垃圾被转运至堰桥垃圾焚烧厂焚烧，每吨“标准”垃圾收处理费200元。农村环境卫生得到有效控制。2002年,舜柯村被江苏省爱卫委评为省级卫生村。

2006年开始,舜柯村对主要道路实行“路长制”管理,并对各主要道路“路长”进行道路容貌、环境卫生考核,确保道路整洁,无瓜皮果壳、废纸杂物。2019年,舜柯社区清运垃圾1650吨,村容村貌得到显著改善。

二、农厕改造

农耕时代,乡村中露天粪坑随处可见,对地表水和大气环境质量造成严重损害,而且是夏季蚊蝇孳生的主要之处,成为影响农村环境质量的顽症之一。2002年,舜柯村统一行动,取缔露天粪坑。农户家中卫生间普设抽水马桶,下设三格式化粪池。在外来人员聚居较多的自然村,由社区出资建起了新公共厕所,至2019年,先后在庄家、蒋巷、上秦巷、费巷、芮巷、王巷、吴巷、花园等建公共厕所12个,并有专人负责做好日常清洁卫生工作,改善了如厕环境,防止了随地大小便、乱倒马桶,方便了群众,美观了村容村貌。

三、河道治理

农村环境治理中一个“痛点”是河道治理,其中污水治理是水环境治理中的一项重要的治本措施,工业化后工厂排放的生产、生活污水,使河水浑浊,再是发黑发臭,老百姓对此怨声载道。河道污泥淤积,水生物和落叶在水中腐烂发臭。河边杂树、荆棘、藤蔓缠绕,河岸犬牙交错,河面上有肮脏的漂浮物、青苔等。据测定,2004年向阳河、夏虞河水质都为劣(V)类。为此,舜柯社区(村)党总支、居委会把河道生态环境建设作为社区(村)工作的重中之重,主要做好污水源头控制,打捞河道漂浮物、河道清淤整治等工作。

污水源头控制

河道污水治理的一个首要任务是源头控制,防止污水入河。原来,企业普遍存在生活污水不经处理随意排放,最终流入河道。2005年始,舜柯村配合企业和有关部门,区域内无锡市昌润冷轧有限公司、无锡广润金属制品有限公司、无锡鼎元精拔钢管有限公司、无锡中诚印染有限公司、海达集装箱股份有限公司等5家企业全部做到污水经处理后达标排放,循环利用。

2008年,钱桥综合污水处理厂投产后,区域内工厂生活污水全部按管,直通污水处理厂,实行雨污分流,从源头上控制污水流入河道。

2014年,区域内养猪全部退出。2015年,江苏中诚印染股份有限公司(由无锡中诚印染有限公司变更而来)又投入大量资金,将污水处理设施改造升级,日处理量达2400吨。2018年家禽退出饲养,减少污染,社区在做好宣传工作的同时,还对居民散养鸡每羽补贴30元,从源头上杜绝污染物入河。

打捞河道漂浮物

2006年始,河道实行"河长制"管理。(村)社区坚持定期组织工作人员到辖区内6条村级河道巡查,每月还召开一次"河长制"工作例会,掌握河道保洁情况。各河道组织专人管理,定期进行河道污物清理,把河面上漂浮的塑料纸、树叶、青苔等污物及时打捞清理。东浜、庄家浜、花园里浜、向阳河等多处主要河道都有专人用小船定期打捞。2019年,共打捞河面污物10余吨。

河道清淤整治

农耕时代,农民把河道中的淤泥罱得干干净净,是庄稼的好肥料,后来农田没有了,河道中的淤泥越积越厚,成为河道中的一个污染源。在冬春枯水季节,社区每隔几年就要做一次清淤工作,先把河道中的水抽干,然后用高压水枪冲刷污泥,再把泥水抽掉,直到把污泥全部清除掉。2018年,舜柯社区对向阳河吴巷头、王巷、花园里、田舍头、芮巷村段进行清淤,清淤1878立方米,对河道两岸的杂树、藤蔓、野草,河边所有的垃圾杂物全部清除,在河道两边修筑石驳岸和几个必须的河埸。石驳岸建好后,两边建起绿化带,重新种上观赏树木,形成景观带。绿化带内新建健身步道、凉亭等,供村民行走、赏景及休憩。向阳河畔吴巷绿化休闲带面积2480平方米,如今河中小鱼成群,岸上绿树成荫。

图10-3　整治后的向阳河

四、矿山整治

二十世纪六七十年代,为适应农村道路建设、水利建设,发展经济等需要,钱桥公社、历村大队、舜一大队先后在舜柯山下开办采矿厂。在近半个世纪的矿山开采过程中,矿山地质环境遭到严重破坏,被开采的山体悬崖陡壁,岩石裸露,险象环生,把原来美丽、和谐、自然的舜柯山搞得千疮百孔,疮痍满目。矿区大片土地坑塘残丘，晴天尘土飞扬，雨天泥浆流淌，严重破坏舜柯山一线的自然生态环境。

为加强舜柯山生态环境保护，2004年，钱桥镇贯彻上级政府的决定，对境内3家矿厂全部关闭。2005年，舜柯村配合钱桥镇把境内矿山环境治理工作作为“绿色无锡”工程的组成部分，把宕口整治定位到旅游休闲的功能上。从修复山体、消除隐患，平整土地、绿化环境、恢复生态，到坡面复绿、地面复耕、绿化等多种方式进行整治。并将开采后的裸露岩体遮掩复绿，种植绿色植物。结合旅游开发需要，把废弃的矿场建成供人民群众在茶余饭后、节假日休憩、娱乐的公园。2015年，舜柯社区矿山整治复绿工作全部完成，共投入资金1793万元，平面整治24.99公顷，坡面整治1.53公顷。舜柯山又成为一道靓丽的风景线，舜柯人民的天然氧吧。

图10-4　整治前的舜柯山

图10-5　整治后的舜柯山

2005—2009年舜柯（村）社区矿山整治情况表

表10-2　　　　　　　　　　　　　　　　单位：公顷、万元

矿厂名称	平面整治		坡面整治		整治总资金	整治资金中					收支结余
	面积	资金	面积	资金		余量资源费	市政府拨款	区政府拨款	省政府拨款	土地置换收益返回	
钱桥	7.83	82.25	0.74	721.50	803.75	155	264	32	—	235	-117.75
历村	7.83	124.25	0.61	591.50	715.75	225	254	27	100	355	245.25
舜一	9.33	9.33	0.18	175.50	273.50	—	18	9	—	280	33.50

附:清道光年间“保护舜柯山生态碑”碑文

特授江苏常州府无锡县正堂加十级记录十次陈

为严禁以石残毁坟茔、梗事,提厦生睹然,耆民马齐云、吴存礼、吴颖文、生员吴朝禄等联合本地棔缪承,以及连根荣、张希和、秦金陵呈:称切开山,无论公私坟墓,地棔宜统一造册,将松柴,坟田,山地画出图形,注明上下墓者,前明后察,纍纍毗连垅多,远年古墓,或子孙他徙,或山地耕植,废祸及过道。居民费胜桂等运石图利,于锡山开凿石岩,于景山将大石抛下,毁坏坟墩、坟墙及浮棺、松柏、石楠。为此,图董支浩明于道光五年呈请,前宪给示,谕案在禁。不料山民违禁仍肆无忌惮,毁坏坟墓、浮棺及荫芘树木。为保全全图,图董支浩明为舜山、西孔山、道士湾等处禁山、鉴石。此呈,请县到据,给示勒石。严禁将大石从景山抛下,该土地棔及居民人等知悉。嗣后如违者,有从舜山、西孔山、张湾、道士湾坟场间鉴山挖凿山岩,偷砌墓墙碑石,并于景山将大石抛下,压塌坟墙、松柏、毁坟者,准许即指名禀县,以凭立拿究。即该地棔有应行稽查之责,地棔敢隐情,察出并究。各宜凛送,毋违。

道光九年三月　立

注:此碑文保留在舜柯山张湾支浩明墓旁

第三节 美丽乡村建设

随着人们生活水平的提高,百姓对生活环境的要求也日益提高,舜柯社区党总支、居委会充分认识到村庄整治工作是提升社区居民生活水平的重要举措,把村庄美化整治工作作为为民办实事的工程来抓。2009年始,社区每年投入村庄美化整治资金超过80万元。2016年,社区积极响应上级政府提出的美丽乡村建设的号召,对舜柯社区15个村庄全面规划,不留死角,进行整治、绿化、美化工作。2017年,以庄家、蒋巷2个自然村为试点,进行环境优化、改善和美化工作。至是年12月,两村共铺设道板砖1368平方米,清理乱堆放、违章建筑35处,外墙刷白21700平方米,建文化墙98米。对居民家前屋后的菜园地,设置漂亮的钢丝网围栏320米,既保护农民种菜以满足自种自吃的渴望,又使舜柯社区的美化工程多了一道风景线,深受群众的拥护。对高低不平,破旧的水泥场地重新浇制,新浇水泥场地750平方米。为进一步提升村庄生态环境建设，在庄家浜，社区建设第一个微动力污水处理站，日处理污水50吨。是年，村庄整治共投入资金450余万元。

2018年，舜柯社区对花园里、王巷、吴一、吴二、前周巷、后周巷、费巷进行美化整治提升工程。

2018年舜柯社区村庄人居环境提升工程主要项目一览表

表10-3

项目＼地点	费巷、周巷	王巷	花园里	吴巷
墙面出新（平方米）	16604	9830	3830	11497
文化墙（平方米）	400	482	—	—
水泥路面翻新（平方米）	15337	6767	3700	3399
公厕（平方米）	35	50	10	35
驳岸（米）	61	327	85	651
铁丝围栏（米）	1900	905	325	949
不锈钢垃圾箱雨棚（个）	9	4	4	9
栏杆（米）	—	327	355	714
雨水管道（米）	420	304	87	—
排水井及井盖（套）	63	40	6	—
花池（平方米）	82	350	80	—
绿化（平方米）	—	—	550	2480
拆违、乱堆乱放整治（立方米）	—	—	590	—
入口景观石标识（个）	—	1	1	—
机动车停车位（平方米）	160	—	—	—

是年，整个工程投入包括村庄整治提升1000余万元，建污水点源处理站（4个）280万元，建提升泵站（2个）245万元，共计1500余万元。是年，花园里、王巷通过钱桥街道宜居村的验收（其余村庄于2019年5月通过验收）。同年，舜柯社区获得惠山区三星级和谐示范社区、农村生活污水点源治理工作先进单位、江苏

省文明社区称号。

2019年3月起，社区对剩余的缪家、前田舍、后田舍、前芮巷、后芮巷、上秦巷等6个村庄进行提升整治，主要工程有：铺设污水管道2900米，做窨井331个，拆除违章建筑6920平方米，清运垃圾1650吨，河道清淤4420.91立方米，回填绿化土方3516立方米，整地基、路基压实23689平方米，翻新场地、新建道路等碎石垫层21472平方米，浇筑C25砼面层23457平方米，铺设沥青道路8500平方米，砌筑用钢筋14210千克，粉刷砖墙、墙面6236平方米，建塑胶篮球场1035平方米，建停车位409平方米，新建厕所2个等主要工程项目50多个。整个工程投入共计1400余万元。

图10-6　吴一的钢丝围栏（2019年拍摄）

图10-7　整治后的芮巷（2019年拍摄）

2019年舜柯社区村庄人居环境提升改造工程主要项目工程情况表

表10-4

项目名称	内容	单位	数量
破碎混凝土面层	破碎厚度15~25厘米（含装车外运）	立方米	3032.32
土方外运	非利用土石方或余方弃置	吨	6803.99
挖沟槽土方	基坑或基槽、沟槽	立方米	3661.87
回填土方	沟槽回填土方及压实	立方米	1800.26
挖淤泥	挖机挖污泥装车外运	立方米	1005.72
清淤泥	水利清淤，淤泥输送到泥罐车外运	立方米	4420.91
垃圾清理	树枝烂叶、生活垃圾装车外运	车	50
人工挖运土方	挖沟槽	立方米	172.66

续表10-4

项目名称	内容	单位	数量
回填绿化土方	外购土方	立方米	3516.03
短驳混凝土	工厂机动翻斗车短驳	立方米	3508.13
整理地基、路基压实	场地、路或路基整平压实	立方米	23688.53
碎石垫层	翻新场地、新建场地、新建道路碎石垫层	平方米	21471.99
C25砼	浇筑C25砼面层或路面	平方米	23456.80
塑胶篮球场	厚度2厘米	平方米	1035.15
洗衣平台	供居民使用	个	4
C25砼基础	15厘米厚,含立模板、砌缝	平方米	1022.54
彩色花岗岩	不规则缝铺设花岗岩	平方米	85.56
花岗岩球	直径45厘米、高50厘米	只	121
坐凳	供居民休闲用	只	15
道路沥青	厚度8厘米	平方米	8500
玻纤格栅	—	平方米	8500
道路平石	C30砼预制平石,规格750×200×125	米	2170.9
道路侧石	C30砼预制平石,规格750×275×125	米	3260.77
人行道铺设	1厘米厚碎石垫层+15厘米C20砼基础+3厘米厚砂浆+6厘米厚彩色道板	平方米	2694.05
停车位	10厘米厚碎石垫层+1厘米C20砼基础+3厘米厚砂浆+6厘米厚彩色道板	平方米	408.75
粉刷砖墙花坛	M10砂浆粉刷	平方米	1321.68
花岗岩文化砖	10×20×2厘米厚度文化砖	平方米	483.21
DN75PVC-U管	雨水落水管	米	2054
DN225HDPE双壁波纹管	环刚度≥8kg	米	1142.6
DN300HDPE双壁波纹管	环刚度≥8kg	米	1015.8
雨水检查井	500×500砖砌方井1.5米深度以内	座	135
污水检查井	500×500砖砌方井1.5米深度以内	座	6
乙型单箅雨水口	含井盖,重型钢纤维	座	111
井盖	规格500×500,Φ800	套	156
砖墙明沟粉刷	M10砂浆粉刷	平方米	1220.3
雨水明沟盖板	C30砼预制成品	米	328.8
调整老井及井盖	重型	套	242
粉刷砖墙矮墙	M10砂浆粉刷	平方米	840.04
铁丝网网片	1厘米×1厘米方格间距	平方米	891.36
C25细石混凝土面层	平均8厘米厚度	平方米	891.36

续表10-4

项目名称	内容	单位	数量
浆砌块石	C20细石混凝土砌块石挡墙	立方米	1080.85
勾缝	凸缝	平方米	1063.94
砌筑钢筋	Φ8、Φ12钢筋用于基础、压顶	千克	14210.37
花岗岩栏杆	根据图纸施工	米	584.8
不锈钢栏杆	1.5毫米厚304不锈钢材料	米	15.4
木桩驳岸	长4米、直径18厘米	米	85. 7
围墙、挡墙C15砼基础	宽6厘米、厚20厘米	立方米	47.14
C20砼横向圈梁	挡墙平面、立面、断面,按图施工	立方米	32.74
围墙、挡墙钢筋	Φ8、Φ12、Φ14钢筋	千克	4948.58
粉刷砖墙、墙面	1:2.5水泥砂浆粉刷	平方米	6236.44
铁丝网栏杆	高1.5米,用于绿化、菜园地围挡	米	1948.05
石头村标	田舍头、芮巷、缪家石头村标	块	3
新建厕所	—	个	2
绿化	—	平方米	4500
油漆	—	平方米	30821
拆除违章建筑	乱搭乱建	平方米	6920

说明:表中人居环境改建工程项目为上秦巷、缪家、芮巷、田舍头自然村

2019年,舜柯社区共建提升泵站7座,后周巷、芮巷、田舍头、王巷、吴巷、花园里、上秦巷各建一个,每个提升泵站可储积污水50立方米,每当提升泵站污水达到一定量,提升泵会自动把污水泵入污水管道。污水接管工程、提升泵站的建设,对实现雨污分流,提升辖区内河道水质具有重要作用。年底,舜柯社区村庄整治工作全面完成,被评为无锡市人居环境整治先进社区。

舜柯社区南有山泉广场,东有党建广场等多个广场,山青水绿,天然氧吧,供居民休闲娱乐。

图10-8　吴巷休憩处一角(2019年拍摄)

第十一章 教育 卫生

自古以来舜柯人都崇尚读书识字。民国十六年(1927),无锡师范乡村实验小学(张高漕小学前身)创办。民国十九年,历村有芮巷私塾、上秦巷私塾。民国二十年,历村缪家开办私塾教育。民国二十四年,江苏省洛社乡村师范附属小学第二分校开办(历村小学前身)。1953年,创办赤墩里初级小学(舜一小学前身)。1958年9月,钱桥农业中学在上秦巷开办。1964年,历村、舜一大队相继开办农业中学。1968年,向阳中学开办。1970年、1972年,历村、舜一大队先后开办幼儿园。2010年8月28日,无锡城市职业技术学院入驻无锡职教园舜柯域内。2017年,无锡文化艺术学校入驻无锡职教园舜柯域内。

1949年前,舜柯地区的医疗事业落后薄弱,村民就医只能去市镇诊所或请走访郎中看病。1951年,本地区的农民就医还要到溪南毛村。1961年,北塘医院杨逸良医生至赤墩里设立卫生所,为当地农民看病。1968年,历村、舜一相继创办大队卫生室。1990年,历村村卫生室成为无锡县示范卫生室。20世纪末,历村、舜一村卫生室均有诊疗室、药房、观察室、健身室等,并配备治疗仪、电冰箱、空调、彩电、投影仪以及测身高体重器具等,为村民就医创造良好的医疗条件。

2006年,为加强村级卫生医疗服务体系建设,建立布局合理、设施与功能齐全、服务优质,满足村民基本医疗需求,构建"小病进社区、大病进医院"的框架,建立舜柯村卫生服务站。2010年,更名为舜柯社区卫生服务站。

第一节 私塾

民国时期,私塾为历村、舜一的主要教育单位。有富户延请塾师在家中教读子弟的家塾,有地方(村)或宗族捐资助材、聘师设立私塾以教贫寒子弟的村塾、族塾,也有塾师在自己家里或租屋开办的私塾。

私塾旨在培养仕途人才,从开蒙教方块字起,随塾生年龄增长,教读《大学》

《中庸》《论语》《孟子》《古文观止》以及经史子集等。

民国十九年(1930),溪山乡芮巷、居仕乡上秦巷开办私塾教育。芮巷私塾有塾生10人,上秦巷私塾有塾生28人。

民国二十年,历村缪家在缪文轩家开办私塾,有塾生3~5人(于民国二十八年停办)。民国二十一年,舜一石巷头、王巷分别有学生十余人进入私塾学习。

民国二十三年后,舜柯地区逐步开设国民学校,私塾教育被替代。1950年,舜柯地区私塾全部消失。

第二节 扫盲识字教育

解放前,舜柯地区大多农户食不果腹、衣不蔽体,谈不上供小孩读书,加上受教育条件的限制,上学的基本是富家子女。农民子弟失学者占70%,造成了本地区域内大量文盲。

1950年,舜柯地区开办夜校,开展扫盲运动,中青年文盲,尤其是妇女踊跃报名参加,附近小学教师及村里有文化的热心人士为义务扫盲教师。历村、舜一地区利用祠、庙或借用农舍,设立了上秦巷、赤墩里等6所农民扫盲识字夜校,历村60人、舜一68人分别在就近的夜校读书识字。

农民的识字夜校条件十分简陋,大多设在大的自然村中家里住房较为宽敞的农户的大厅上。自带家里的长凳或小矮凳,借来学校白天上课用的小黑板,条件好的夜校就点一盏汽油灯,条件稍差一点的就点"美孚灯"。上课的老师大多是附近小学里的老师或村里选拔出来的"文化人"。农民识字夜校大多办在冬季农闲的晚上,也有在夏忙和秋忙间隙的晚上。参加夜校学习的学员经过一段时间的学习,他们会看书、写字,会简单计算,摘掉文盲的帽子。

1950年历村、舜一地区扫盲夜校情况表

表11-1　　　　单位:人

夜校名称	开办地点	学生人数	教师	备注
上秦巷农民扫盲夜校	舜皇殿	20	秦福南、顾士秀	—
庄家农民扫盲夜校	大屋里	25	庄沈清、庄银泰、费月仙	—
田舍头农民扫盲夜校	蒋爱金家	15	朱申福	—

续表11-1

夜校名称	开办地点	学生人数	教师	备注
赤墩里农民扫盲夜校	王祠堂	20	胡健生	小学教师
吴巷头农民扫盲夜校	朱锡春家大厅	30	华淑珍	小学教师
石巷农民扫盲夜校	石祠堂内	18	石焕章	—

第三节 学前教育

1970年、1972年，历村、舜一大队相继开办幼儿园。2009年，历村、舜一幼儿园并入钱桥中心幼儿园。

图11-1 历村幼儿园(中间)（1989年拍摄）

一、历村幼儿园

历村幼儿园于1970年开办，开办时叫“红儿班”。开办初期为1个班，幼儿23名，配备1名保育员，由蒋杏英负责。1985年，增至两个班，幼儿56名，配备2名保育员，顾燕任负责人。2009年，班级增到3个，幼儿105名，配备保育员3人，周素香任负责人。

历村幼儿园虽然规模小，但解决历村人民的后顾之忧，幼儿有人照顾，同时启迪幼儿的心智。随着历史进程的演变，进入21世纪，钱桥镇决定村级幼儿园全部并入钱桥中心幼儿园。是年9月，历村幼儿园并入钱桥中心幼儿园。

二、舜一幼儿园

1972年，舜一大队幼儿园成立，当时也叫“红儿班”。开办时仅1个班，20名幼儿，1名保育员，由蒋正福负责。1984年，又增加1个班，幼儿45名，保育员2名，由石海芳负责。2009年，班级缩到1个，幼儿38人，保育员1名，由黄月华负责。是年9月，舜一幼儿园并入钱桥中心幼儿园。

1970—2009年历村、舜一村(大队)幼儿园选年情况表

表11-2 单位:班、人

幼儿园名称	年份	班级	幼儿	保育员	负责人
历村幼儿园	1970	1	23	1	蒋杏英
	1985	2	56	2	顾燕
	2009	3	105	3	周素香
舜一幼儿园	1972	1	20	1	蒋正福
	1984	2	45	2	石海芳
	2009	1	38	1	黄月华

第四节 小学教育

民国十六年(1927),无锡师范在原有的稻麦原种场田舍头附近征地6666.7平方米,建造无锡县历史上第一所乡村实验小学——无锡师范乡村实验小学(民国二十七年更名为张高漕小学)。民国二十四年,江苏省洛社师范附属小学第二分校开办(1968年更名为历村小学)。1951年,赤墩里王巷王祠堂内开办井亭小学分校,1953年命名为赤墩里初级小学,1968年更名为舜一小学。2000年7月,舜一小学并入钱桥中心小学。2001年3月,历村小学并入钱桥中心小学。

一、张高漕小学

民国十六年(1927),无锡师范在舜柯山北麓、田舍头西北侧征地6666.7平方米,建造乡村实验小学,作为师范毕业生的实习基地,命名为无锡师范乡村实验小学。办学规模为1~6年级完全小学,聘请龚巷龚汉良任校长。民国二十二年,无锡师范将乡村实验小学移交给江苏省洛社乡村师范,作为洛社师范附属小学,更名为江苏省洛社乡村师范附属小学,龚汉良续任校长。民国二十五年,唐醒璜接任校长。民国二十六年无锡沦陷,学校被迫停课,半年后复课。

民国二十七年9月,伪无锡县政府接收洛社师范附小,更名为无锡县张高漕小学,胡其清任校长。胡其清为暨南大学毕业生、中共地下党员,组织老师在学生中进行抗日救国教育,要求学生读书不忘救国,教唱《义勇军进行曲》《大路歌》《卖报歌》等歌曲,培养出一批革命志士,其中有沙家浜18个伤病员之一的吴志勤,有无锡市委副书记龚伦兴(后任中国仪征化纤工业联合公司副董事长、党委

书记兼扬州市委副书记)，有无锡市人民政府副秘书长龚一鸣，有离休干部朱茂人、朱如源、朱灿根等。民国三十四年，胡其清奉命调离。是年9月，陆觉人接任校长，学校更名为无锡县实验中心小学。民国三十六年9月，张建人任校长，学校与附近的种子试验场合作，组织学生参加劳动实践活动。

1949年4月23日，无锡解放，人民政府接管学校，更名为张高漕小学。张建人因隐瞒其伪区长历史被查明，押解到苏北老家接受处理，由秦荫圻接任校长。根据“维持与改造”的原则，教师全部留用。学校加强对师生政治思想教育，组织教师在做好教学工作的同时参加各项社会中心运动和政治活动。1953年9月，时国泉任校长。学校组织教师学习苏联凯洛夫教育学，着重学习教育原则和课堂教学5个环节，对于改造旧教育、实施新教育，提高教育质量起到积极作用。1958年3月，周惠娟任校长。时钱桥中心小学与钱桥医院建立中共联合支部，周惠娟任党支部书记。1959年8月，朱德法任校长。学校加强劳动教育，组织师生参加支农劳动，由于过多地参加社会活动，教学秩序受到影响。

1960年，国家处于困难时期，学校维持正常教学秩序。1963年，学校响应“向雷锋同志学习”的号召，好人好事不断涌现。1968年8月，张高漕小学撤销，改办向阳中学。

二、历村小学

历村小学的前身为洛社乡村师范附属小学第二分校。民国二十四年(1935)，校董费仲良和秦坤夫借用位于上秦巷的舜皇殿及附近农民赵英杰家的民房作教室，创办江苏省洛社乡村师范附属小学第二分校。成立之初，只开设1~4年级的两复式初级小学班。师资来源为洛师的实习生，由他们轮流执教。后来，聘请了专任教师何浩荣，学校董事会还聘请了魏锦镖当校长。民国二十六年停办。民国二十七年，学校复课，更名叫代用小学，后又经民国地方政府教育主管部门批

图11-2 1989年建造的历村小学 (2001年拍摄)

准，定名为上秦巷初级小学，魏锦镖仍任校长。民国三十三年，溪南毛村的地下党员吴志勤来校任教，还在文化教育的同时在师生中传播抗日救国思想。复课后到1949年新中国成立这段时间内，先后在此担任校长的还有张耀忠、张介伦、周济德、是文熙、俞世永。

1949年无锡解放后，人民政府接管上秦巷小学，俞世永成为第一任校长。1953年9月，姚文宝接任校长。1958年3月高俊南接任校长。1964年，金城接任校长。1967年，强贞娟出任学校负责人。1968年上秦巷初级小学迁出上秦巷，更名为“钱桥人民公社历村小学”，并由初小升格为五年一贯制的完全小学。校舍暂设在附近生产队的蚕室，还租借了民房。1969年，历村大队筹资，在红庙头的一处空地上建造两排共有20间房作教室及配套用房的全新校舍，中间院落作为操场用。1970年初竣工，暑期后，新学期开学时，历村小学的师生开始迁入新址上课。1976年9月，朱德法任校长。1978年，中共十一届三中全会之后，贯彻党的教育方针，着力培养“四有”新人。

1983年随着大队集体经济的增强，以及对基础教育的重视，大队为学校翻建了厨房，新建了教师办公室和教工宿舍。1984年村委决定校舍南迁，用新征的两亩土地扩建了操场，还为学校砌筑了围墙。1986年村委投资20余万元易地重建历村小学。这次重建使校舍增至35间，校容校貌也焕然一新。1988年8月，陆宝林任校长。1989年村委第三次易地重建历村小学，新址造在蒋巷南边的村中心地带，更方便各自然村的学生上学。新建的校舍为三层楼房，造型美观，教室、办公室显得更加宽敞明亮。1991年徐祝平任校长，1997年陈建平任校长，1999年徐明珠出任学校负责人。

20世纪90年代，学校通过了上级组织的“九年制义务教育”的合格验收，紧接着又实施教育现代化工程。同时，加强师资队伍建设，课程改革和教学方法改革等一系列旨在全面提高教育质量和学生素质改革活动，使历村小学的教育质量得到全面提升。2001年3月，历村小学正式并入钱桥中心小学。

三、舜一小学

1951年秋季，位于藕塘井亭里的井亭小学的校长黄泰东，为了便于赤墩周边几个村子的孩子上学，克服困难，在赤墩里的王巷王祠堂内开办1~3年级复式班教育的井亭小学分校，生源来自赤墩里周边村庄，教师由井亭小学派老师来轮流上课。井亭小学分校在赤墩里的开设，给赤墩里附近几个村的农家子弟的入学提供了便利，同时，由于学校办在“家”门口，提高了学龄儿童的入学率。

1952年，石元清、陆元清在石巷石祠堂创办青云小学。

1953年经无锡县教育局批准，井亭小学分校从母校独立出来成为“赤墩里初级小学”，由于生源限制，仍为一室1~4年级复式班，校长胡健生。1955年成耕象接任校长。学生四年级读完后分别转入井亭小学和张高漕小学读高小，完成小学的学业。同年，青云小学停办。

1968年，在把“公办小学下放大队来办”的号召下，舜一大队在大队部西边、石巷头东南的农田里，划出良田5亩，拆除了王祠堂和石祠堂的一半，用拆下来的砖、木料修建了11间平房作为校舍，命名为钱桥公社舜一小学。是年9月1日开学，农中教师王惠祖任学校负责人。此时，赤墩里小学和张高漕小学撤销，舜一籍新生和老生一律在舜一小学读书。

1969年舜一大队在小学校舍的北面，再造11间平房，其中，一半分给学校作教学用房，另一半留给大队作大队办公室用。中间空地作为操场，成了一个类似于四合院式的农村小学。

1973年9月，华维新接任校长。1975年9月，蒋正福接任校长。1979年3月，孙文元担任校长。

1982年，学校利用校办厂积累的资金和中心小学的支持，拆除西侧朝东危房，翻建成两层楼房，增设了图书室、少先队队室和学生活动室，并自制活动器材，丰富学生课余生活，改善办学条件。此时，学校有5个班级，180多名学生，8名教工。1984年3月胡国梁出任校长后，开展教学、教育改革，注重培养学生的能力，努力提高教育质量。其间，施教区的学龄儿童入学率，在校生的学生巩固率，以及小学毕业生的毕业率达到了100%。1991年在“普九”验收中，一次性通过了验收。

1991年9月，丁解军接任校长，期间为了实现教育的初步现代化，舜一村在经济困难的情况下，挤出资金投入30万元，易地在吴巷头二队南面征地16亩，新建三层楼校舍和活动操场，更新教育设备，进一步改善办学条件。

1998年9月，张文星接任校长。2000年7月，舜一小学并入钱桥中心小学。

第五节 中学教育

1958年9月,钱桥公社在历村大队上秦巷创办钱桥农业中学。1964年,历村、舜一大队相继开办农业中学。1968年,钱桥公社以从钱桥中学分流出来的历村、舜一、溪南籍学生为生源开办了向阳中学。

一、农业中学

(一)钱桥农业中学

1958年9月,钱桥农业中学开办。校址设在历村大队上秦巷。校舍是经动员后群众腾出来的农房。没有像样的教室、宿舍,甚至连教学器材都不完备。创办初期由朱荣增任校长,吴旭旦任副校长,陆才林任教导主任。

钱桥农业中学招收初一、初二两个年级各4个班级,学生180多人,是当时无锡县最大的农业中学。农中的课程除语、数、物等基础性课程外,主要是学习农业生产知识和农业技术。为此,公社还划拨了学农基地,供农中师生种植粮食作物和蔬菜等实践活动,半耕半读是最大的办学特色。1959年8月,钱桥农中由上秦巷搬迁至南西漳的威华庙内。

(二)历村农业中学

1964年10月,为解决农民子女中没有读上普通中学这部分人的升学问题,历村大队成立历村农业中学。地点设在位于大队中心地段的红庙之内。校舍狭小,才100余平方米,且设备、设施极其简陋,教室阴暗、潮湿。

办学伊始,仅有1个班级20多位学生。历村农中根据办学宗旨和培养目标,开设了以农业科学知识为主的课程,采取了半耕半读的教学形式,学生既学到文化知识和农业科学知识,又学到种田的技术。

办学之初,校长由生产大队长芮产根担任,具体教务工作由顾秀琴、芮颖秀、吴旭旦、费泉根等4位老师负责。1965年,学校发展成两班,学生也随之翻了一番多。1966年,历村农业中学停办。

(三)舜一农业中学

1964年,舜一农中是在钱桥回乡知青标兵、大队团支部书记殷祖凤的建议下,由大队党支部批准后成立的,校舍设在石巷头的石祠堂内。有现成的较为宽敞、明亮的房屋,院子和外边的砖场又能成为学生的活动场所,是大队较为中心的地段，方便四周村子的学生来往。经几个月的筹备，是年12月份正式开学上课。

学生的来源是本大队未上普通中学的小学毕业生，年龄15周岁左右。只要有求学意愿，无需考试，报名登记即可。

舜一农中开办时条件艰苦，上课用的课桌是长条木板，坐的凳子是农家配在八仙桌上的长凳，黑板是在墙上粉一层水泥，经打磨后涂了几层黑板漆组成的，教师没有像样的办公桌，没有电灯，一切都是因陋就简。

学校除开设语、数两门文化基础课程外，还开设了农业技术知识课程，同时，实行半耕半读——半天在校上课，半天回家从事农业生产劳动。

校长由大队长朱正茂兼任，大队团支部书记殷祖凤为教导主任，具体主持学校的工作。

1965年，随着学生班级和学生人数的增加，王仲荣来校当老师，1966年殷焕良（无锡县农技学校的毕业生）又加盟舜一农中教师队伍。1967年，教导主任殷祖凤返回青海农牧业学校工作，教导主任由王惠祖接任，从无锡师范毕业的吴巧英加入舜一农中的教师队伍。1968年，舜一农中停办。学生回生产队务农，教师于1969年由公社分配到刚成立的各点上普通中学任教。

二、向阳中学

1968年，在"学校应当下放到大队来办"的号召下，钱桥中学这所完全中学分成四部分，向阳中学就是钱桥中学分解出来的四分之一，校址设在原张高漕小学的旧址上。所有历村、舜一、溪南3个大队籍的初、高中学生，从钱桥中学分离出来，回新办的向阳中学读书。

当年分来的学生，高中1个班，初中5个班，学生人数超过200人，吴英奇任学校负责人。任课教师由钱桥中学随学生分下来的戴惠民、蒋未央、陆国芬等公办教师，吴炳康、王惠祖等5位农中教师及两位代课教师组成。向阳中学从成立之初，就成了乡村的完全中学。

学校成立之初，条件艰苦，交通闭塞。房屋由于多年失修，窗烂，门坏，屋漏，办公室、宿舍徒有四壁——没有像样的办公桌，没有床铺。通往各自然村的路，全都为泥泞不堪、高低不平的羊肠小道。

面对困难，创立之初的向阳中学全体师生，在负责人吴英奇的带领下，修缮教室。经师生的不懈努力，终于如期开学，正常上课。

由于是联办中学，为了节省开支，晚上办公点的是煤油灯，用水、喝水全靠井水，讲义正反两面都印。

1973年9月，祝振芳任学校负责人。1975年，学校抓住机遇，在溪南彩印厂的帮助下，因陋就简，白手起家，办起了加工塑料袋的小工厂。1976年，在公社党委、政府的协调下，学校出钱买建筑材料，3个大队出工匠、衬工，翻建了学校部分危旧房屋，消除了主要安全隐患，校容校貌也得到了一定程度的改变。

1977年，盛保兴任校长。在他主持工作期间，翻建了剩余部分的校舍，校容校貌进一步得到了改观。1982年，薛琪元任校长。在此期间，又一次对校舍进行了整修、改造。随着经济条件的好转，学校教学、教育器具又得到了添置、更换。1985年1月，芮林森接替校长职务，在此期间学校的各项工作都有了很大进步。1990年8月，在全镇中小学"普九"验收工作的关键节点上，朱重光接任校长。上任后他团结和带领全校师生顺利地通过了"普九"验收，并通过大胆改革，引入校办小工厂，整治环境，狠抓教育质量，使师生的精神面貌和学校的校容校貌得到了显著变化。

1993年秋，随着"撤点并校"的步伐，向阳中学并入钱桥中学。

第六节　高等职业教育

无锡职教园是无锡市"十一五"规划的"五大中心"重点项目之一，是无锡重点建设发展的集职业教育、科研、实训、文化旅游、生态、居住、商业于一体的综合性职教园区。2010年9月、2017年10月，无锡城市职业技术学院、无锡文化艺术学校两所高等职业技术院校先后入驻职教园区舜柯社区地块。

一、无锡城市职业技术学院

无锡城市职业技术学院的前身是江苏省无锡师范学校和无锡市工业学校。是一所百年老校名校。

清宣统三年(1911)，江苏提学使樊文宗委任顾倬(字述之)为监督(校长)，在无锡市中心地段的学前街上，创办了"官立江苏第三师范学堂"，开启了无锡历史上师范教育的先河。从此，三师也成了无锡地区培养小学教师的摇篮。

图11-3 无锡高等师范学校

第三师范学堂建立以后，可谓名师荟萃，名满天下，钱钟书的父亲钱基博、叔叔钱穆，还有沈颖若、向宾枫、胡汀鹭等著名学者先后在此执教。学校在“弘毅”校训的指引下校风严谨，办学成绩斐然，培养并造就出了如曾涛、薛暮桥、徐铸成、钱松嵒、吴冠中、杨荫浏、陈瘦竹、徐中玉、钱保功、汤定元、唐敖庆、胡福明等众多人才。

锡师百年来最大的成就是为无锡地区培养和输送了成千上万优秀的小学、幼儿园教师。这些教师成了无锡地区小学、幼教的“中坚”，对无锡地区的基础教育发展作出重大贡献。

20世纪20年代，奉当时的省教育厅厅长之命曾在洛社办起了乡村分校——洛社乡村师范学校，旨在培养在乡村执教的小学教师，发展农村教育事业。数年后，在形成一定办学规模后，就从锡师独立出来。洛师断断续续办了数十年，同锡师的渊源关系始终没有割断过。2002年9月，在新的形势下，洛师同锡师合并，在学前街原址组建新的江苏省无锡师范学校，扩大办学规模，提高教育水平。

2003年1月，无锡市委、市政府为了进一步优化高等教育的资源配置，调整教育结构，满足市场对不同人才的需求，将无锡市干部学校、江南学院旅游经贸分院、市职工大学、无锡市轻工职工大学这4所学校合并，组建成新的无锡市职工大学，并经报批由成人教育的职工教育学校转向为普通高校。2004年7月，经省政府批准又将无锡市城建职工大学并入无锡市职工大学，组建成无锡市城市职业技术学院。为了适应形势的发展，提升小学教师的学历层次，2005年4月，江苏省无锡师范学校更名为无锡高等师范学校。2006年8月，无锡高等师范学校又同无锡市工业学校合并，组建新的无锡高等师范学校。根据市委、市政府决定，2009年5月31日，无锡城市职业技术学院新校区在藕塘职教园区破土动工。2010年8月28日，新校区全部竣工，9月，无锡城市职业技术学院整体搬迁入园，校址位于钱藕路12号。2014年3月,无锡城市职业技术学院与无锡高等师范学校合并,成立新的无锡城市职业技术学院。

2015年,无锡城市职业技术学院新校区占地66.67万平方米,建筑面积30万平方米。整个校区融江南水乡建筑与人文生态景观于一体,颇有现代气息。学校拥有700余名教职工,在专任教师中,具有硕士以上学历教师的比例达60%以上;高级职称的教师比例达35.71%,在这些教育“中坚”中,有国家教学名师1人,享受国务院津贴的中、青年专家1人;省“六大人才高峰”高层次人才项目2个,省“333工程”培养对象12人,省高校“青蓝工程”中青年学术带头人2人,省“青蓝工程”骨干教师培养对象6人,此外还有市级的中青年专家与名师,形成一支高素质的教师队伍,取得市、省以上十多项荣誉的办学成果。

2018年,学院设立40多个专业,有酒店管理、建筑工程技术等国家级重点专业2个;江苏省品牌专业酒店管理1个;江苏省重点专业群旅游(含酒店管理、旅游管理、会展策划与管理、涉外旅游、休闲服务与管理共5个专业)专业群、物联网工程技术(含物联网应用技术、计算机应用技术、计算机网络技术、应用电子技术共4个专业)专业群2个;江苏省特色专业会展策划与管理1个;无锡市品牌专业酒店管理1个;无锡市特色专业视觉传播设计与制作1个。学院有近300个班级,学生上万人。

二、无锡文化艺术学校

无锡文化艺术学校的前身是创建于1959年5月的无锡市锡剧学校,校址设在惠山的忍草庵中,办学条件十分简陋。创办之初,教职员工仅11人,招收学生40名,设表演、器乐、伴奏各1个班级,学制4年。

图11-4 无锡文化艺术学校

1960年7月,更名为无锡市艺术学校,除锡剧班外,新开设了歌舞、越剧、沪剧等专业。同年9月,学校又迁至惠山直街的“鲁班殿”，教职工增至30人。

1973年，更名为无锡市戏曲学习班，招收锡剧、沪剧专业的学生各13名，戏曲音乐专业学生8名。1979年学习班迁址至位于北仓门的一幢“小洋楼”内。

1980年，戏曲学习班恢复学校建制，校址迁至后西溪29号（原中医院旁），定名为无锡市艺术学校，有教职员工23名。是年，招收锡剧、越剧、滑稽、戏剧音乐等专业学生共68人。

1984年11月，经省政府批准，学校定名为无锡市戏剧学校，性质为全日制艺术中等专业学校。

1986年，由于后西溪的校区狭小，搬迁到钱荣路12号，由市政府拨款新建校区。这座建于横山东麓的新校区，不仅占地面积和建筑面积等扩大了数倍，而且教室、练功房、琴房、图书室等设施完备，学生和教职工有所增加。另外，学校还大胆进行“教改”，迈出定向、直接为剧团培养、输送人才的新路子，受到使用单位的欢迎。

1989年，学校不仅招收老专业——锡剧专业的学生，而且招收舞蹈专业和群众文化专业的学生。在电视剧艺术勃兴之后，学校根据市场和社会的需要，又新开设了话剧与影视表现专业。在学习理论的同时，该专业师生还参加演出实践活动，先后参与了《公安局长》《井冈山》《神医喜来乐》等影视剧的拍摄工作，开拓出了一条办学的新路子。

1994年学校再次更名为“无锡文化艺术学校”，与此同时成立无锡实验艺术团。

在新旧世纪交替之际，文化艺术学校逐步形成舞蹈、音乐，话剧与影视三大新的主干长线专业，为学校在新世纪的发展奠定坚实基础。

跨入21世纪初，学校根据市场和社会的需求，又新增3个热门专业——国际舞专业、民族器乐演奏专业及流行音乐演唱专业等。这些新专业的增设，扩大了招生渠道，增加了学生人数。2004年，又承担了由市书法艺术教育中心转移过来的书法艺术教育和杂志编辑的教学任务。

2005年，抓住钱荣路拓宽、改造的机遇，学校新建了音乐楼、教师公寓、球场等教学、活动和安居用房，占地面积拓展至10万平方米以上，建筑面积达1万平方米以上，教职工有62人，成了一所颇具规模的中等专业艺术学校。在此期间，国家为了让中职学校的优秀学生有继续深造的机会，制定了与普通高等院校有关专业对接的“对口”单招的政策，向这类学校的优秀毕业生敞开了一条升入高校之路。学校抓住这一机遇，每年选送一批优秀毕业生，报考相关院校，并取得了录取率达83.3%的成绩。此后，每年均有同等比例的毕业生步入高校，为国家“多出人才，快出人才”作出了一定的贡献。

在学习戏剧表演理论知识的同时，学校还十分注重对学生的表演艺术的实践，让他们在舞台上摔打成长。在艺术实践中，取得不俗成绩，如儿童剧《今天我是升旗手》就公演了50余场。央视三套《舞蹈世界》就先后录制了学校原创的7个舞蹈，并制成专集播放。

2017年10月，由钱荣路12号搬迁至新建的位于藕塘职教园区显山路28号的无锡文化艺术学校，是无锡市唯一的全日制艺术中等专业学校。新校区占地面积105亩，建筑总面积4万余平方米，总投资2亿元。是江苏省三星级中等职业学校，“江苏省平安校园”、“无锡市依法治校示范校”、“无锡市文明单位”、无锡市第二批“智慧校园”建设试点学校。2018年还被省教育厅评为“江苏省优质特色职业学校”。

学校重视师资队伍的建设，2019年，有专任教师56人，本科以上学历的教师占到89.2%，有2人为研究生学历。在专业技术职称中，具有高级职称的教师有11人，中级职称的12人，中级、高级职称教师占专任教师的35.4%。

第七节　舜柯学子

舜柯地区从1949—2019年有280余人获得大学本科及以上学历，并有多人在国内外名校获得硕士、博士学位。1995年起，历村村、舜柯社区(村)对考上重点中学的学生发放奖学金500元/人，考取本科以上学生发放奖学金800元/人。

1949—2018年舜柯地区大学生情况一览表

表11-3

序号	所在自然村	姓名	出生年	毕业院校(在读)	学历学位
1	上秦巷	秦波	1981	苏州大学	本科
2	上秦巷	赵琪	1984	盐城工学院	本科
3	上秦巷	秦伟杰	1987	淮海工学院	本科
4	上秦巷	徐程	1988	长沙医学院	本科
5	上秦巷	秦嘉妍	1990	无锡太湖学院	本科
6	上秦巷	秦雪燕	1994	无锡太湖学院	本科
7	上秦巷	秦嘉均	1998	哈尔滨工业大学	在读
8	西浜	秦佳	1985	盐城工学院	本科
9	西浜	顾程程	1986	南京工业大学	本科
10	西浜	顾淼淼	1986	南京气象学院	本科
11	西浜	顾丽娜	1986	江南大学	本科
12	西浜	顾仑龙	1988	南京人口管理学院	本科
13	西浜	景汝峰	1989	中国矿业大学	硕士研究生
14	西浜	顾丹丹	1992	江苏科技大学	本科
15	西浜	周奇凡	1993	南京工业大学	本科
16	西浜	顾梦芝	1995	南京师范大学	本科
17	西浜	杜星月	1997	西安工程大学	在校生
18	东浜	顾文霞	1962	徐州师范大学	本科
19	东浜	杨敏东	1974	苏州大学	本科
20	东浜	顾伟峰	1978	淮南工学院	本科
21	东浜	吴伟东	1979	西北农业大学	硕士研究生
22	东浜	杨浩	1983	南通工业大学	本科
23	东浜	杨敏芳	1992	泰州师范学院	本科
24	东浜	杨亦琪	1992	江苏大学	本科
25	东浜	杨翌	1992	安徽师范大学	本科
26	东浜	杨亦峰	1996	西安理工大学	在校生
27	东浜	杨珏瑜	1997	湖南大学	在校生
28	东浜	顾一丹	1999	苏州大学	在校生
29	庄家	庄金泰	1935	浙江大学	本科
30	庄家	庄宁	1975	江苏教育学院	本科
31	庄家	毛琳珠	1979	江南大学	本科

续表11-3

序号	所在自然村	姓名	出生年	毕业院校(在读)	学历学位
32	庄家	吴晓刚	1979	无锡轻工大学	本科
33	庄家	庄海峰	1981	南京经济学院	本科
34	庄家	缪丹	1982	中国矿业大学	本科
35	庄家	赵敏	1983	复旦大学	本科
36	庄家	杨帆	1984	江苏大学	在校生
37	庄家	吴卉	1988	沈阳鲁迅美术学院	本科
38	庄家	吴一飞	1988	江南大学	本科
39	庄家	吴文佳	1988	金陵科技大学	本科
40	庄家	高军	1988	南京财经大学	本科
41	庄家	缪芸	1989	盐城师范学院	硕士研究生
42	庄家	庄豪冰	1991	南京邮电大学	本科
43	庄家	庄裕	1992	南京工程学院	本科
44	庄家	吴晨	1992	常州师范学院	本科
45	庄家	庄筱婷	1996	南京林业大学	本科
46	庄家	吴佳美	1996	苏州大学	本科
47	庄家	庄旸	1998	河海大学	在校生
48	庄家	庄晓杰	1998	南京中医药大学	在校生
49	蒋巷	张勇	1977	同济大学	本科
50	蒋巷	张洁	1979	苏州大学	本科
51	蒋巷	侯芳	1987	徐州师范大学	本科
52	蒋巷	张顺	1989	南京信息工程大学	本科
53	蒋巷	周凌	1989	徐州师范大学	本科
54	蒋巷	庄虹	1990	淮海工学院	本科
55	蒋巷	张睿	1991	南京工业大学	本科
56	蒋巷	周俊	1992	南京工业大学	硕士研究生
57	蒋巷	张开云	1992	南京工业大学	硕士研究生
58	蒋巷	缪琦	1992	南京理工大学	本科
59	蒋巷	蒋庭佼	1993	中国传媒大学	本科
60	蒋巷	张雷阳	1995	无锡太湖学院	本科
61	蒋巷	周赟洁	1998	徐州工程学院	本科
62	前周巷	周国兴	1939	山东大学	本科
63	前周巷	周生良	1942	华东师范大学	本科

续表11-3

序号	所在自然村	姓名	出生年	毕业院校(在读)	学历学位
64	前周巷	周中华	1974	复旦大学法学院	硕士
65	前周巷	周烽	1978	南京经济学院	硕士研究生
66	前周巷	尹霞	1979	江苏师范大学	本科
67	前周巷	周志豪	1980	江南大学	本科
68	前周巷	周静微	1983	苏州大学	本科
69	前周巷	周爱泮	1983	中央广播电视大学	本科
70	前周巷	周俊杰	1986	苏州大学	本科
71	前周巷	周英杰	1987	南京中医药大学	本科
72	前周巷	周霞	1988	江南大学	本科
73	前周巷	周怡	1990	南京大学金陵学院	本科
74	前周巷	庄鹿艳	1991	南京晓庄学院	本科
75	前周巷	周静洁	1992	东华大学	本科
76	前周巷	周妍婷	1997	江苏科技大学	在校生
77	后周巷	庄稼	1931	中国人民大学	本科
78	后周巷	费红萍	1974	南京师范大学	本科
79	后周巷	周伟	1976	华东船舶学院	本科
80	后周巷	周玲	1987	安徽财经大学	本科
81	后周巷	周芸芸	1997	南京师范大学	在校生
82	费巷	费仲兴	1944	华东水利学院	本科
83	费巷	费仲芳	1946	上海外国语学院	本科
84	费巷	缪静	1967	武汉理工大学	硕士研究生
85	费巷	缪晖	1969	复旦大学	博士
86	费巷	缪伟峰	1981	无锡轻工大学	本科
87	费巷	缪敏娜	1982	西安交通大学	硕士研究生
88	费巷	费娟	1982	苏州大学	硕士
89	费巷	缪敏	1982	南京工程学院	本科
90	费巷	费斌	1984	南京理工大学	本科
91	费巷	费琴艳	1987	南航金城学院	本科
92	费巷	费佳君	1988	哈尔滨工业大学	本科
93	费巷	费颖	1993	盐城师范学院	在校研究生
94	费巷	缪颖兰	1994	南京晓庄学院	本科
95	费巷	缪斌	1994	东北林业大学	本科
96	费巷	缪艺	1999	南京林业大学	在校生

续表11-3

序号	所在自然村	姓名	出生年	毕业院校(在读)	学历学位
97	缪家	缪胜清	1934	安徽大学	本科
98	缪家	缪国荣	1973	成都电子科技大学	本科
99	缪家	张庆	1976	东南大学	本科
100	缪家	缪坚栋	1977	无锡轻工大学	本科
101	缪家	张江	1979	南京航空航天大学	本科
102	缪家	缪因知	1981	北京大学(法学院)	博士研究生
103	缪家	缪晨凯	1994	无锡太湖学院	本科
104	缪家	张赟蕾	1996	浙江树人大学	本科
105	缪家	张云菁	1999	西安工业大学	在校生
106	前芮	芮凌峰	1977	华东船舶学院	本科
107	前芮	芮志东	1977	南通工业学院	本科
108	前芮	时振伟	1978	南京工业学院	硕士研究生
109	前芮	张萍芳	1978	南京中医药大学	本科
110	前芮	芮钧	1978	河海大学	博士研究生
111	前芮	芮晓明	1980	江南大学	本科
112	前芮	张晓刚	1983	成都理工大学	本科
113	前芮	芮旭明	1985	江苏科技大学	本科
114	前芮	缪晓伟	1988	中南大学	本科
115	前芮	时梦萍	1991	安徽新华学院	本科
116	前芮	芮骅	1993	南京工业大学	本科
117	前芮	陶威	1993	南京晓庄学院	本科
118	前芮	钱龚伟	1994	南京邮电大学	本科
119	前芮	谢顾飞虹	1997	江苏第二师范大学	本科
120	后芮	芮旭东	1973	无锡轻工大学	本科
121	后芮	芮震峰	1976	南京大学	本科
122	后芮	张震东	1976	无锡轻工大学	本科
123	后芮	俞魏源	1980	淮海工学院	本科
124	后芮	芮敏峰	1981	江南大学	本科
125	后芮	芮春霞	1982	南京师范大学	本科
126	后芮	芮叶彬	1984	南京大学	本科
127	后芮	芮冬健	1988	成都西华大学	本科
128	后芮	芮丽君	1990	中国传媒大学	本科

续表11-3

序号	所在自然村	姓名	出生年	毕业院校(在读)	学历学位
129	后芮	张瑛	1994	扬州大学	本科
130	后芮	胡瑞馨	1996	临沂大学	本科
131	后芮	芮莹雪	1996	南京师范大学	在校生
132	后芮	芮一犇	1997	江南大学	在校生
133	后芮	林凤	1997	湖南大学	在校生
134	后芮	芮葛苗苗	1997	江苏大学	在校生
135	后芮	俞栎君	1999	河海大学	在校生
136	田舍	芮庆芳	1980	江南大学	本科
137	田舍	王静	1985	淮阴工学院	本科
138	田舍	王寅	1986	扬州大学	本科
139	田舍	朱亮	1989	无锡太湖学院	本科
140	田舍	邹建	1990	南京农业大学	本科
141	田舍	吴亚美	1991	东北财经大学	本科
142	田舍	张震雷	1992	西北农林科技大学	本科
143	田舍	黄晓琳	1992	南京审计学院	本科
144	田舍	徐澜	1995	无锡太湖学院	本科
145	田舍	吴志远	1995	盐城工业学院	本科
146	田舍	陈怡帆	1996	西南财经大学	本科
147	田舍	吴铭洲	1997	南京工业大学	在校生
148	田舍	徐洁	2000	扬州大学	在校生
149	吴一	吴巧妹	1957	扬州大学	本科
150	吴一	李瑛	1966	苏州大学	本科
151	吴一	张战萍	1967	江南大学	本科
152	吴一	张战卫	1969	扬州大学	本科
153	吴一	李剑波	1971	中国人民大学、同济大学	硕士
154	吴一	吴大伟	1971	南京理工大学	本科
155	吴一	朱锡霞	1975	徐州师范学院	本科
156	吴一	吴静红	1977	苏州大学	本科
157	吴一	朱振华	1985	南京农业大学	本科
158	吴一	张钧	1986	南京工业大学、日本早稻田大学	研究生
159	吴一	李向东	1988	苏州大学	本科
160	吴一	于菲菲	1991	江苏师范大学	本科

续表11-3

序号	所在自然村	姓名	出生年	毕业院校(在读)	学历学位
161	吴一	张虹玉	1991	南京财经大学	本科
162	吴一	张自贞	1995	无锡太湖学院	本科
163	吴一	陆馥瑛	1997	南京航空航天大学	在校生
164	吴二	朱如源	1927	江南大学	本科
165	吴二	朱重光	1946	南京师范大学	本科
166	吴二	殷振华	1967	上海大学	本科
167	吴二	朱国华	1969	南京医科大学	本科
168	吴二	朱振伟	1973	南京建筑工程学院	本科
169	吴二	朱峥平	1974	苏州大学	本科
170	吴二	朱轶	1976	东南大学、复旦大学	硕士
171	吴二	朱迎波	1977	湖南大学	本科
172	吴二	朱伟	1977	上海理工大学	本科
173	吴二	朱燕红	1979	扬州大学	本科
174	吴二	朱叶飞	1981	江苏大学	本科
175	吴二	朱寿芳	1982	南通大学	本科
176	吴二	朱婷玲	1984	苏州大学	本科
177	吴二	朱晓江	1984	南京信息工程学院	本科
178	吴二	黄晓东	1987	江苏理工大学	本科
179	吴二	朱雷明	1987	南京工程学院	本科
180	吴二	朱光飞	1988	东南大学	本科
181	吴二	朱艳佳	1990	南京金陵科技大学	本科
182	吴二	殷昊栋	1991	厦门大学	本科
183	吴二	刘莹	1995	山东枣庄大学	本科
184	吴二	朱月	1997	云南大理学院	本科
185	吴二	朱凌嘉	1998	淮阴工学院	本科
186	吴二	朱昊天	2002	南京大学	在校生
187	陆东	王青兰	1984	盐城工业学院	本科
188	陆东	陆静金	1985	盐城工业学院	本科
189	陆东	张嘉磊	1996	南通大学	本科
190	陆西	陆新	1967	江南大学	本科
191	陆西	陆洋	1974	上海财经大学	本科
192	陆西	陆丹	1990	安徽建筑大学	本科

续表11-3

序号	所在自然村	姓名	出生年	毕业院校(在读)	学历学位
193	陆西	陆娴雷	1990	江苏科技大学	本科
194	陆西	陆然力	1992	美国俄亥俄州州立大学	读博士
195	陆西	陶杨杰	1993	河海大学	本科
196	陆西	陆锦亮	1995	无锡太湖学院	本科
197	石东	石建明	1962	南京农业大学	本科
198	石东	石茗华	1970	江苏大学镇江分校	本科
199	石东	杨小芳	1983	盐城师范学院	本科
200	石东	石磊	1987	徐州师范大学	本科
201	石东	石丹	1987	徐州师范学院	本科
202	石东	石静波	1989	南京审计学院	本科
203	石东	石丽华	1989	南京林业大学	本科
204	石东	石梦亚	1990	盐城师范	本科
205	石东	石艳	1992	西南大学	本科
206	石东	石圣明	1994	武汉大学	本科
207	石东	叶锋	1996	常熟理工学院	本科
208	石西	刘志敏	1981	江南大学	在读研究生
209	石西	石春艳	1983	南京审计学院	本科
210	石西	石飞	1984	江南大学	本科
211	石西	石莉莉	1987	上海师范学院	硕士研究生
212	石西	石丹	1987	南京邮电大学	本科
213	石西	石花	1988	常州大学	本科
214	石西	石珂杰	1993	苏州大学	本科
215	石西	石中玮	1994	扬州大学	本科
216	壤东	丁弘	1983	北京大学	本科
217	壤东	丁晓丹	1983	南京医科大学	本科
218	壤东	丁镭	1987	徐州建筑工程学院	本科
219	壤东	谢君	1988	哈尔滨工业大学	硕士研究生
220	壤东	丁晓莉	1991	南京师范大学	本科
221	壤东	丁少栋	1991	南京铁道职业技术学院	本科
222	壤西	丁卓锦	1988	南京师范大学	本科
223	壤西	丁彬	1989	盐城工业学院	本科
224	壤西	陈煜	1999	常熟理工学院	在校

续表11-3

序号	所在自然村	姓名	出生年	毕业院校(在读)	学历学位
225	田肚	殷祖凤	1938	青海大学	本科
226	田肚	殷保萱	1939	北京林业大学	本科
227	田肚	殷雄	1954	中国人民大学	本科
228	田肚	殷菁	1955	中国中医医药学院	本科
229	田肚	殷宏	1960	中国人民大学	本科
230	田肚	殷群新	1976	江南大学	本科
231	田肚	殷燕东	1978	南京理工大学	本科
232	田肚	殷怡	1981	南京财经大学	本科
233	田肚	殷凌	1981	江苏工业学院	本科
234	田肚	殷元璋	1986	南京审计学院	本科
235	田肚	殷科	1987	江苏师范	本科
236	田肚	殷姣	1988	江苏工业学院	本科
237	田肚	邵韵倩	1992	无锡太湖学院	本科
238	殷巷	殷宏伟	1973	华中电力大学	本科
239	殷巷	殷玉明	1975	江南大学	本科
240	殷巷	殷烽	1980	南京工业大学	本科
241	殷巷	殷连杰	1986	南通大学	本科
242	殷巷	殷宇超	1989	盐城工业学院	本科
243	殷巷	殷汎慰	1999	中国矿业大学	在校生
244	王巷	王惠龙	1957	华东水利学院	本科
245	王巷	仲丹	1979	苏州大学	本科
246	王巷	蔡堪誉	1982	武汉地质大学	本科
247	王巷	王岚	1984	苏州大学	本科
248	王巷	王超	1986	解放军通讯工程学院	本科
249	王巷	殷洁	1986	江南大学	本科
250	王巷	王竹萍	1988	南京三江学院	本科
251	王巷	殷丽丹	1991	北京航空航天大学	本科
252	王巷	王竹琳	1992	常熟理工学院	本科
253	王巷	王梨燕	1993	南通大学	本科
254	王巷	殷诞萍	1993	无锡太湖学院	本科
255	王巷	王梓昊	1993	江南大学	本科

续表11-3

序号	所在自然村	姓名	出生年	毕业院校(在读)	学历学位
256	王巷	王志韬	1994	清华大学	本科
257	王巷	王愉茜	1995	桂林大学	本科
258	王巷	汤志毅	1998	南京工程学院	在校
259	王巷	殷俊杰	2000	东南大学	在校
260	沈巷	汤小芳	1981	南京师范大学	本科
261	沈巷	汤芳华	1983	苏州大学	本科
262	沈巷	沈丽萍	1983	南京农业大学	本科
263	沈巷	汤佩玉	1984	南京理工大学	本科
264	沈巷	汤小华	1986	徐州师范学院	本科
265	沈巷	王正洋	1990	南京航空航天大学	本科
266	沈巷	冯正吉	1991	英国曼彻斯特大学	硕士
267	沈巷	王新娴	1992	江苏信息职业技术学院	本科
268	沈巷	汤吉	1995	南京理工大学	本科
269	沈巷	沈唯	1997	南通大学	本科
270	东河	王敏玉	1963	南京师范大学	本科
271	东河	王茜	1991	南京信息工程大学	本科
272	东河	缪雨宏	1991	南京财经大学	本科
273	东河	王静媛	1993	苏州大学	本科
274	花园	王承	1983	郑州轻工业大学	本科
275	花园	杜红栏	1985	南京邮电大学	本科
276	花园	张玲	1986	南京财经大学	本科
277	花园	王卞静	1988	武汉理工大学	本科
278	花园	张唯	1992	重庆理工大学	本科
279	花园	王秋吉	1995	南京信息工程大学	本科

1995—2019年历村村、舜柯社区(村)录取重点中学、大学奖学金情况表

表11-4　　单位:人、元/人、元

年份	录取大学生人数(本科)	发放标准	合计	录取重点中学人数	发放标准	合计
1995	4	800	3200	6	500	3000
1996	1	800	800	5	500	2500
1997	3	800	2400	6	500	3000

续表11-4

年份	录取大学生人数(本科)	发放标准	合计	录取重点中学人数	发放标准	合计
1998	6	800	4800	3	500	1500
1999	3	800	2400	2	500	1000
2000	3	800	2400	5	500	2500
2001	7	800	5600	8	500	4000
2002	10	800	8000	1	500	500
2003	5	800	4000	—	—	—
2004	5	800	4000	5	500	2500
2005	9	800	7200	4	500	2000
2006	10	800	8000	1	500	500
2007	9	800	7200	7	500	3500
2008	3	800	2400	1	500	500
2009	9	800	7200	—	—	—
2010	14	800	11200	3	500	1500
2011	11	800	8800	2	500	1000
2012	5	800	4000	5	500	2500
2013	8	800	6400	6	500	3000
2014	10	800	8000	—	—	—
2015	11	800	8800	—	—	—
2016	14	800	11200	1	500	500
2017	3	800	2400	4	500	2000
2018	8	800	6400	2	500	1000
2019	10	800	8000	5	500	2500
合计	181	800	144800	82	500	41000

第八节 医疗卫生

民国时期，舜柯地区医疗事业相当落后，普遍缺医少药，治病只能靠个体医生或走访郎中。农村普遍贫穷，贫苦农民根本无钱就医，遇到生病时，只能靠土法治病或采取求神拜佛的迷信方式。

20世纪50年代，舜柯地区没有一家医疗机构，那时农民生病，常常是小病扛着，大病拖着，求神拜佛的迷信方式仍很流行。少有经济条件好的，因农村道路交通条件差，外出看病也十分艰难。万不得已时只能让病人躺在藤榻上，用一根毛竹杠棒，两头用麻绳连接起来，两人扛着出行送医。随着农村道路的改善，病人外出看病可躺在塌车（板车）上，下面垫一些柴草，铺上一条旧棉被，病人外出看病稍微舒适一些。

1961年，北塘医院杨逸良医生至舜一大队赤墩里设立卫生所，为当地农民行医。60年代初，生产队有备用红药水、紫药水、十滴水、土霉素之类的简单药物。1967年，在党中央"把医疗卫生工作的重点放到农村去"的号召下，农村"赤脚医生"制度应运而生，舜柯地区农村医疗卫生事业得到根本性转变。1968年，历村、舜一大队分别利用大队办公室的两间房，简单粉刷装修，配上办公桌和简易病床、药橱及必要医疗器具，创办大队卫生室。

1968年历村、舜一大队创办卫生室情况表

表11-5

大队	房屋面积（平方米）	药资（元）	医务人员（人）	简易床（张）	负责人
历村	40	500	3	1	周永良
舜一	50	1000	4	1	朱月琴

是年12月，历村、舜一大队相继派遣周永良、朱月琴到藕塘公社医院进行"赤脚医生"培训学习。历村大队"赤脚医生"先后有周永良、顾惠芬、周焕泉、陆建英4人。舜一大队先后有朱月琴、王福兴、王中南、殷金华、殷星瑛、丁煜华、殷建新、吴向群8人。村民有病就可到大队卫生室看病，不管用药费用多少，村民只需付5分钱。平时，"赤脚医生"还轮流出诊，方便病人就医。有的村民夜间遇有突发毛病时，常常到赤脚医生家里喊开门叫看病，他们都会上门就诊。

1970年，陆建英时为历村大队"赤脚医生"。1979年，经无锡县卫生局考核获得"赤脚医生"证书（1989年12月获无锡市人事局"乡村保健医师专业技术"资格证书，2003年9月，获中华人民共和国"乡村医生"执业证书，并获医师职称）。同获乡村保健医师资格证书的有周焕泉、朱月琴、王福兴、殷星瑛、殷建新、吴向群。另有周永良、王中南、殷金华3位"赤脚医生"成为钱桥公立医院执业医生。

80年代，历村大队"赤脚医生"周焕泉在抢救溺水病人时发挥了很大作用。一个3岁溺水女孩生命垂危，其父亲将女儿倒挂肩上，可女孩面色惨白，嘴唇发紫，十分危急。周焕泉赶到后立即把女孩平放地上，给女孩做心肺复苏，进行人工呼吸，女孩唇色渐渐变红，"哇"的一声哭出声来，随后立即打120叫急救车，把女孩送往医院,由于送院前得到及时救治,赢得了抢救病人生命的宝贵时间,女孩终于转危为安。周焕泉成功抢救溺水儿童还有2例。1983年,历村、舜一大队卫生室更名为历村、舜一村卫生室。1987年,历村、舜一村卫生室完成规范化整顿,验收合格。1990年,历村村卫生室成为无锡县示范卫生室后,两村卫生室随之进行新建、扩建或改建,医疗条件得到了一定的改善。

1990、2000年历村、舜一村卫生室情况表

表11-6

村名	1990年				2000年			
	房屋面积(平方米)	药资(元)	医务人员(人)	简易床(张)	房屋面积(平方米)	药资(元)	医务人员(人)	简易床(张)
历村	95	2000	2	2	100	3500	2	2
舜一	75	2000	4	1	75	3500	2	1

2001年并村后,为方便原舜一村群众就医,原舜一村卫生室仍保留,继续为原舜一村群众提供医疗服务。

2006年,舜柯村创建卫生服务站,地点设在红庙头。医疗设施进一步改善。房屋面积扩大到120平方米,病床增加至5张。满足人民群众基本卫生服务需求,形成"小病进服务站、大病进医院"的农村卫生医疗服务格局。2008年,钱桥街道卫生服务中心派遣南京医科大学1997届大专生陈春燕到舜柯村卫生服务站工作。2009年,又派本科生沈晓红到卫生服务站工作(2011年调离),提升了舜柯村医疗卫生服务水平。是年,舜一卫生服务站并入舜柯村卫生服务站。2010年,舜柯村卫生服务站更名为舜柯社区卫生服务站。资料显示,时每天门诊量达30余人次,年门诊量万余人次。舜柯社区卫生服务站逐步走上常规化、规范化管理轨道。主要有以下几项服务举措。

1. 建立家庭健康医生服务制度,全社区签约270户,373人。凡签约人诊疗费只收1元钱,定期为他们提供上门服务,免费体检。

2. 建立个人健康档案,全社区建档共计5281人(包括外来人员)。其中高血压慢病患者677人,定期为他们测量血压,电话咨询血压情况和是否坚持吃药等。糖尿病人210人,每年至少4次面对面访谈,一年免费测血糖4次,困难群众提供一年一次专项体检。对以上情况,街道卫生服务中心进行每季度考核一次,除进行台账核对外,并

随机抽查，直接与患者联系情况是否真实。残疾人建档76人，其中精神病人17人，对精神病人建立每月回访制度，了解患者精神状况，有否坚持吃药等，每年进行专项体检一次，并进行季度、半年度、年度考核。建立儿童、孕妇随访制度，并有专人负责他们的健康服务工作。

3. 每年举办6~9次健康知识讲座，有慢性病防治、肿瘤知识、健康养生、中医治疗等。

4. 建卫生宣传栏，每月更换一次，根据不同季节宣传慢性病、常见病防治及健康知识。

5. 坚持卫生服务人员学习制度，提高专业水平。钱桥街道卫生服务中心每月至少对他们业务培训一次，使卫生服务站在配药、注射、输液、卫生、消毒等方面做到规范化管理。

2018年，根据上级卫生部门少用抗生素的指令，社区卫生服务站停止对患者挂盐水，虽减轻了工作量，但医疗服务进一步加强。

2015年、2019年舜柯社区卫生服务站情况表

表11-7

2015年				2019年			
房屋面积（平方米）	药资（元）	医务人员（人）	简易床（张）	房屋面积（平方米）	药资（元）	医务人员（人）	简易床（张）
120	80000	3	5	145	72540	4	—

2019年，在钱桥街道卫生服务中心领导下，为拓展服务内容，舜柯社区卫生服务站在诊所内增设了“中医阁”，设病床两张。添置了经络模型、针具、火罐、神灯、刮痧板等器具设备，增添了灸条、艾叶、丁香、肉桂、白芷等中草药。新增服务项目有艾灸、推拿、针灸、拔火罐、刮痧等，同时宣传中医养生知识。主要服务对象为中老年人腰肌劳损、颈、肩、腰腿痛等常见病患者。舜柯社区卫生服务站负责人陈春燕。

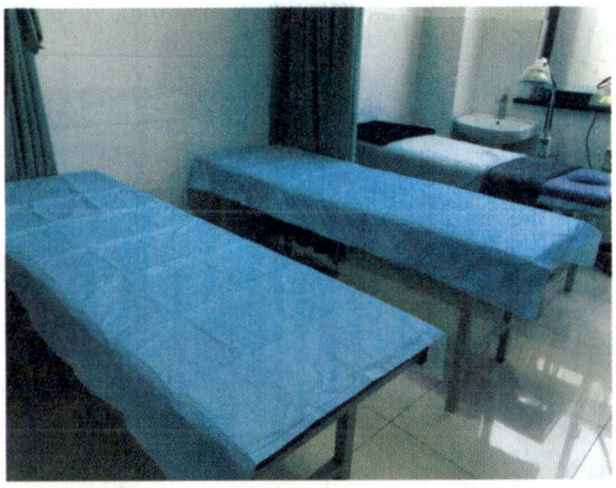

图11-5　中医阁

第九节 医疗保险

一、农村合作医疗

1968年，历村、舜一大队在设立卫生室的同时，实行农村合作医疗制度，合作医疗基金由个人、生产队、大队三方筹措。起初的标准为每人每年6元，三方各负担2元。时域内的农民都参加合作医疗，每人建卡，凭卡就医，只需付挂号费。

1976年，农村合作医疗分户建账，配备会计负责农村合作医疗进账、核算。合作医疗基金的收入包括合作医疗基金、挂号费、药品材料利润和财政补贴，支出包括杂支、购药。赤脚医生的工资收入由大队评工记分，纳入年终分配。

1984年，农村合作医疗费用全部由历村、舜一村委负责筹集。1987年，村卫生室医务人员的工资由村委年终支付。

1996年，钱桥镇推行社会医疗保险制度。2003年，推行农民医疗保险制度，农村合作医疗不再实行。

二、社会医疗保险

1996年，无锡市在全市范围内推行社会医疗保险制度。医疗保险对象个人的医保账户金额只能用于支付门诊药费，或在医保定点药店购买医保范围内的规定药品，用完为止。在法定的退休年龄办理退休时，缴纳医疗保险最低年限男必须满30年、女满25年方可在退休后享受医疗保险。不足此年限的需按上年度社会平均工资和当年医疗保险缴费一次性补缴，方可享受退休人员医疗保险待遇。

2006年，社会医疗保险参保范围扩大到民营和私营企业职工。舜柯村参加医疗保险的人员达到566人。

2010年，缴纳医疗保险费的最低年限调整为男满25年、女满20年。参保人员持经办机构发放的社会保障卡、IC卡和医疗保险病例证在定点医疗机构就诊、配药，或持医保专用处方到定点零售药店购药。是年，社会保障卡、IC卡统一换成市民保障卡，简称“市民卡”。舜柯社区享受此类医保人数为583人。

三、居(农)民医疗保险

2003年7月，钱桥镇全面推行农民医疗保险(简称新农合)制度。新农合参保对象每人每年享受门诊费用20元，实行家庭门诊费包干制度，住院医疗全年累计最高结报金额5万元，按医疗费的35%结报。2004年6月7日，全面展开第二轮农村医保工作，进一步完善农村医疗保险，减轻农村居民医疗负担，缓解“因病致贫、因病返贫”问题，从而促进了经济发展和社会稳定。

2007年，舜柯村农民参保人数为453人。

2009年，惠山区人民政府规定农村新型合作医疗制度结报标准提高到个人全年累计门诊最高金额600元，优抚对象700元。参加新农合的对象按40%结报；患高血压、糖尿病等慢性疾病者，在社区卫生服务站门诊常用药费按60%结报。住院医疗的人员，全年累计最高结报15万元，在惠山区内定点医院住院的结报标准为医疗费在300~5000元结报75%，5000~10000元的结报85%，1万元以上结报90%。至市级定点医院住院的结报标准为医疗费600~5000元的结报35%，5000~10000元的结报50%，1万~2万元的结报80%，2万元以上的结报90%。

2011年1月1日起，根据上级规定，舜柯社区的农村新型合作医疗和城镇居民基本医疗保险制度进行一体化整合，统一实施无锡市区居民基本医疗保险规定，在社区卫生服务中心住院医疗的结报80%；至市内和市外医院住院的，必须在社区卫生服务中心办理转诊手续，医疗费结报分别为60%（门诊特殊病种治疗80%）和50%；未办理转诊手续的减半，年最高限额结报17万元。门（急）诊医疗费用年累计600元（含600元）以内的，居民医保基金和个人共同负担，在社区卫生服务中心就医的结报50%；在市内、外就医并办理转诊手续的统一结报40%，未办理转诊手续的减半。参保妇女住院分娩的医疗费用（包括分娩用药和诊疗项目费用）纳入住院医疗费用支付，每次不超过3000元。

2013年，舜柯社区落实上级规定，实施城乡居民大病保险，享受对象为市区居民基本医疗保险和城镇职工医疗保险的所有参保人员。大病医保不分病种，住院和门诊特殊病种治疗的医疗费用符合规定的全部纳入报销。报销比例及标准为个人负担医疗费用在1.8万~5万元（含5万元）的，按50%予以补助；个人负担医疗费用在5万~10万元（含10万元）的，按60%予以补助；个人负担医疗费用在10万元以上的，按80%予以补助。

2019年，舜柯社区居民参加新农合医保人数412人。

四、体检

1998年始，历村、舜一村委组织正副职干部、村民小组组长、个体企业厂长进行体检,2000年第二次体检。2001年舜柯村委组织正副职干部、居民小组组长、厂长以及全体党员进行体检。以后每两年体检1次。

2002年起,村委组织60岁以上的老人到钱桥医院进行体检,之后每年体检一次,2019年体检人数728人。

第十节　卫生防疫

民国时期,域内流行的天花、脑膜炎、霍乱、麻疹、百日咳、伤寒、白喉、肝炎、疟疾等多种传染病时有发生,几乎没有防疫措施。

1952年,钱桥联合诊所在舜柯地区对儿童接种防治鼠疫等疫苗。1955年,开始服用脊髓灰质糖丸。

1958年,舜柯地区开展除“四害”爱国卫生运动,灭蚊、灭蝇、灭鼠、灭麻雀全面铺开。

1960—1963年,区域内开展灭血吸虫病、钩虫病、蛔虫病、血丝虫病“四病”活动和宣传改善营养不良、防止食物中毒等知识。

1963—1964年,区域内开展接种麻疹疫苗及接种预防霍乱、伤寒、百日咳、流脑等疫苗。

1964,区域内开展以防霍乱为中心,防肝炎为重点的卫生防疫工作。

1970年,为防止血吸虫病蔓延,历村、舜一大队开展查螺灭螺运动,舜一大队在田肚浜、花园浜发现钉螺,大队组织专业人员彻底消灭钉螺。历村、舜一大队无发现一例血吸虫病。

1983年春季,历村大队突发流行性急性甲型肝炎,并呈迅速蔓延之势,公社、大队迅速组织力量,对周围环境做好消毒工作,对病人进行隔离,病情严重的30多人及时送无锡市传染病医院进行救治,其他病人利用庄家生产队在田野中的废旧猪舍(便于隔离)进行隔离治疗,由于措施及时得当,病情很快得到控制。是年,历村大队发病人数250多人。

1995年,区域内开展工业生产中有害有毒物质对职工的健康危害进行调查,并进行职工健康体检,做到早发现早治疗。

2001年,区域内进行麻风病畸残康复需求调查登记。

2003年，舜柯地区按钱桥镇党委、政府部署，成立了“防非典”工作领导小组，以党支部书记为组长、村委主任为副组长、各部门及村卫生室负责人为组员，沉着应对、措施果敢、依靠科学、有效防治、加强合作、完善机制，有效控制了“非典”的入侵，区域内无一例“非典”患者。

2008年，手足口病纳入了丙类传染病管理，区域内对娱乐场所开展艾滋病干预活动。5月，扩大计划免疫规划，将甲肝疫苗、流脑疫苗、乙脑疫苗、麻腮风疫苗纳入免疫规划，免疫疫苗增加到11种。

2009年，开展对甲型H1N1流感纳入传染病管理，并开展对甲型H1N1流感疫情的控制，全力应对疫情，加强对发热病人的管理。

2011年，钱桥街道设立艾滋病防治全球基金项目，舜柯社区组织人员，积极开展艾滋病防治宣传活动，提高预防知识水平。

2013年，H7N9禽流感纳入法定乙类传染病。舜柯社区成立禽流感防控领导小组，加强对社区群众的宣传工作，

2015年，域内接种二类疫苗，如水痘苗、HIB疫苗、流感疫苗、7价肺炎疫苗、23价肺炎疫苗、轮状疫苗、A+C结合疫苗、五联疫苗等。

2019年，舜柯社区卫生服务站周焕泉负责卫生防疫工作。

第十二章 文化 体育

历村、舜一有6000多年的文化传承。解放前的舞龙、舞狮、走高跷等文化活动都以传统节日、庙会为载体。改革开放后,历村、舜一大队积极参与各种文艺活动和体育活动,特别是成立舜柯社区以后,域内文化和体育活动得到蓬勃发展,文化体育活动更加活跃。

第一节 文化

解放前,舜柯地区文化活动一般都是春节期间的舞龙、舞狮、走高跷等吉庆活动。50年代初,舜柯地区是钱桥地区第一个放映露天电影的地方。进入六七十年代,大队文艺宣传队、黑板报、快报等作为宣传主阵地。八九十年代,电视普及家家户户。进入21世纪,全民看春晚,进大戏院看戏为居民文化生活的主要活动。2018年始,流传数千年的舜文化,得到传承,在域内举行两届舜文化节。

一、群众文艺

舜柯地区百姓在春节期间有舞龙、舞狮、走高跷等文化娱乐活动,是农村中一个传统文艺,演员都是农民中的文艺积极分子,服装都为节日穿的新衣新裤,村中的打谷场就当舞台。锣鼓一敲,吆喝几声,村里男女老少不约而同从家中走出来,蜂拥至打谷场。凡有喜事人家,龙灯队逢场必到,以示庆贺,喜事人家包个红包,与其同乐。

每年农历三月十五和十一月十五,历村舜皇庙会为区域内最热闹的文化活动,一年两次进行采茶灯活动,附近村民手提五彩缤纷的花灯,排成一条长龙,场面蔚为壮观。

解放初期,舜柯百姓流行跳秧歌舞。20世纪50年代,历村、舜一百姓普遍以民歌、民谣用口头传唱娱乐为主,口头山歌有"山歌好唱口难开",劳动山歌有"牵砻歌"、"养蚕歌"、"摇船山歌",其他歌谣有"无锡景"、"哭七七"、"叹五更",还有"小热

图 12-1 舜柯社区广场舞队表演

图 12-2 广场舞队获得惠山区“夕阳红”广场舞大赛第一名

图 12-3 舜柯社区山茶花舞蹈队在“走进舜柯社区中秋文艺晚会”上表演文艺节目

昏”、“唱春”、“唱道情”以及“摊簧”等。历村地区自排自演的锡剧《双推磨》，由西浜头村民顾根兴扮演何宜度，东浜头村民杨月珍扮演苏小娥，演得活灵活现。每逢节日或农闲时间演出时，全村男女老幼齐出动，场内人头济济，还有吴西房吴荣庆叫卖豆腐花，西浜头秦海根叫卖瓜子长生果的小摊头，热闹非凡。顾根兴扮演的何宜度，不但演技好，唱功也好，演出场次多了，历村村民都叫顾根兴为“何宜度”。

“文化大革命”期间，历村、舜一大队成立毛泽东思想文艺宣传队，宣传战无不胜的毛泽东思想，政治宣传占领一切舞台。期间，观看革命样板戏《红灯记》《沙家浜》《智取威虎山》成为群众的主要娱乐活动，以至许多百姓都会随便哼上几句。

改革开放后，舜柯地区群众参加钱桥文化站自办的文化节目，有锡剧专场、国庆文艺会演、合唱比赛、迎新春文体娱乐比赛等，群众文艺活动逐渐丰富。1998年，历村村成立了腰鼓队。

进入21世纪，群众文艺空前活跃。舞厅、卡拉OK、腰鼓队、广场舞、文艺晚会等吸引更多的群众参与。2001年并村后，腰鼓队人数增加至20人，并经常外出参加钱桥镇文艺表演。2002年，舜柯村成立了山茶花舞蹈队，队员16人。2012年，舜柯社区又创办一个广场舞队、一个民族舞队，参加人数31人。2016年

5月，舜柯社区广场舞队在无锡市惠山区“夕阳红”广场舞大赛中获得第一名。

2019年舜柯社区文艺团队情况表

表12-1　　单位：人

文艺团队名称	创办年份	队员数	活动项目	负责人
舜柯腰鼓队	2001	20	舞蹈、腰鼓	周文娟
舜柯山茶花舞蹈队	2002	16	舞蹈	张咏梅
舜柯广场舞队	2012	20	广场舞蹈	毛灵红
舜柯民族舞队	2012	11	民族舞蹈	张咏梅

2019年10月14日，舜柯社区举办“不忘初心，牢记使命”文艺晚会，有入党宣誓、歌咏比赛、舞蹈等节目，域内不少居民前往观看。

二、电影

20世纪50年代初，舜柯地区是钱桥地区露天电影放映最早的地区。历村、舜一沿山自然村都住着在舜柯山挖山洞（坑道）的工程施工部队，战士们白天打坑道，晚上回到驻地休息。为了丰富官兵们的业余生活，加强部队政治思想教育，部队电影放映队每隔一段时间为官兵放映电影。电影放映点就设在上秦巷村的打谷场，附近村民就坐着或站着，在解放军的两侧和后边观看电影。

90年代之前，钱桥（公社）乡电影放映队以跑片形式，在几个（大队）村同时放电影，百姓们经常跑东跑西看电影。舜柯地区每隔半月、一个月就能看到一次。待到放映的日子，百姓们吃过中饭就扛着长凳早早去放映场上排凳，吃过晚饭就等候电影的放映。90年代初，随着藕塘、钱桥（乡）镇电影院的建造，大部分村民到电影院观看电影，有的还上无锡城中电影院观看电影。

进入21世纪，随着电视的普及，露天电影基本上很少在社区放映，但每年仍有巡回电影放映，只有少数居民和外来人员观看。2010年后，城镇建成多个豪华影院，放映立体电影、3D电影。

三、黑板报、墙体标语

解放不久，农户墙上就出现“抗美援朝，保家卫国”“一人参军，全家光荣”“坚决镇压反革命”“庄稼一枝花，全靠肥当家”“鼓足干劲，力争上游，多快好省地建设社会主义”“人民公社好”等大幅醒目标语，标语一般由当地小学老师书写。

60年代初，历村、舜一大队都开始设有黑板报，历村的红庙、舜一的观音堂的墙上都做成一块黑板，尽管表面不光洁，但粉笔字还能清晰可见。黑板报由大队指定专人缮写，正在师范读书的朱重光成了舜一“专职”缮写员。黑板报内容有党的方针、政策，有上级下发的重要文件、有国内外大事、有农广新闻、农业知识等。

黑板报一般建在“要道”和人口密集村子或大队行政中心，提供的信息过路群众只要能识点字一般都可以看懂。

四、快报

20世纪60年代，舜柯地区一度出版过一周一期的“快报”。“快报”是农村在农忙期间临时编辑出版，用钢板刻写，蜡纸油印的一种地方性“报纸”。历村、舜一大队找几个人采访、撰稿、组稿、排版、刻印和分发。负责这一工作的大多是农忙期间分下来参加劳动的中小学老师。“快报”刊登的内容切合实际，同农忙、农民、生产、生活等密切相关。有上级党委政府关于农忙的指示，党和国家政策、法规，也有农忙中涌现出来的好人好事、典型事例等等。“快报”刊载的文章以通讯报道为主，有评论、简讯、一句话新闻，也有诗歌、短篇小说、散文等等。

五、有线广播与电视

1958年，历村、舜一大队在各生产队中心地段的大树上装有线广播。1968年，有线广播开始装到各家各户。1969年，钱桥公社广播站是全县传输效率、质量最好的放大站。每当夏收夏种、秋收秋种期间，舜柯地区的田头广播和家家户户的广播从上午9时准时播音，下午3时重播，报道公社领导对农忙的工作安排、当前工作，大忙中的好人好事及自办文艺节目。

1978年，历村大队庄家生产队已开始有3台黑白电视机。电视机有一根伸缩天线，用于接收电视节目。

1982年，历村大队有电视机36台，舜一大队有电视机17台。

1989年，钱桥镇始建广电站，首次开通有线电视(部分)转播节目。

1992年，钱桥广电站自办有线电视节目《钱桥新闻》，每周一期。1995年，舜柯地区全部开通有线电视。是年，历村村庄家村民小组已有64台电视机，户均0.91台。

1997年，随着电视事业的发展，钱桥广播放大站停止运行。从此，舜柯地区结束广播节目播出。

进入21世纪,区域内电视普及。

六、画廊、橱窗

20世纪80年代起,历村、舜一村、舜柯(村)社区,在显眼的墙上和公共场所都建立了宣传橱窗,橱窗内有宣传图片、报刊、公告以及政策性宣传资料。2015年,舜柯社区共有宣传橱窗、宣传画廊4处,分别设在社居委、舜柯农贸市场、舜柯家园、庄家活动场。舜柯社居委还设有电子显示屏幕。宣传橱窗、画廊的主要内容有党务、政务,有财务公开栏、法制宣传栏、治安警示栏、老年养生保健栏、文明新风宣传栏、消防知识宣传栏、道德宣传栏等。

图12-4　庄家宣传画廊

2019年,墙体宣传内容为宣传社会主义核心价值观,尚德务实和谐奋进的无锡城市精神、市民守则,还有宣传传统文化中的仁、义、忠、信、严、孝等内容。

2019年舜柯社区宣传画廊、橱窗一览表

表12-2　　　　单位:平方米

地点	宣传内容	创办年份	面积	负责人
社区居委会	党务、政务、财务公开、法制宣传、计划生育、卫生、健康知识	2001	20	吴芳、蒋玲、缪润英
舜柯农贸市场	法制宣传、卫生、健康知识	2009	2	周大鹏
舜柯家园	公告、法制宣传、健康卫生	2013	3	黄新红
舜柯庄家活动场	宣传好人好事、法制宣传、健康知识	2017	4	吴丽星

七、党建文化广场

2018年,舜柯社区建设党建文化广场,开展深入学习习近平新时代中国特色社会主义思想以及"不忘初心,牢记使命"主题教育活动,宣传学习和弘扬中华民族优秀的传统文化及红色文化。党建文化广场占地面积1500平方米。

图12-5　党建文化广场一角

党建文化广场除弘扬文化外,还成了

舜柯社区居民体育锻炼、广场舞的地方。

八、舜文化节

2018年4月28日，第一届"无锡·钱桥舜文化节"在花千谷文化广场开幕。

2019年4月11日，惠山区第六届社区文化节暨第二届"无锡·钱桥舜文化节"在花千谷主题公园开幕。第二届舜文化节历时6个月，除开幕式外，还举行钱桥民俗巡游、寻"味"钱桥美食展、惠山区非物质文化遗产展示、"山水相牵，花开千古"广场文艺演出、"寻舜足迹开拓健行"大型徒步活动、"孝悌为家"征文比赛、"舜皇梵音"无锡市非物质文化遗产舜皇庙会、"承虞舜美德，颂时代华章"朗诵、"金科集美壹品杯"广场舞大赛、志愿同行日之"舞动青春"主题活动、"我和我的祖国"青春激荡一百年快闪活动、志愿同行日之"绿色环保"践行活动、"红色经典"传承活动、"追梦科学，畅享创新"科技夏令营、志愿同行日之"拥军爱民"共建活动、"尊师重教"感恩活动、"温暖夕阳"敬老活动、诚信惠山（钱桥）主题宣传活动等。10月，举办庆祝中华人民共和国成立70周年大型文艺会演暨舜文化节闭幕式。

第二节　体育

解放前，历村、舜一地区体育活动以群众体育活动为主，群众体育活动都是自发开展，以传统节日、庙会为载体，与民俗风情、民间艺术和强身健体的日常锻炼、习武相结合，形式丰富多彩，有调龙灯、调狮子、调马灯、踩高跷和举石担、扔石锁、抓石笋、舞大刀、飞叉、打沙袋、太极拳、练气功等，游泳、棋类活动等比较普遍。

图12-6　抛铁箍

20世纪50年代，域内少年体育活动也较为丰富，如跳绳、跳橡皮筋、踢毽子、滚铁箍、"斗鸡鸡"、"老鹰抓小鸡"等，很是流行。

进入六七十年代，除延续传统项目外，丢铜板、打弹子、打噼啪管、甩烟壳、扔镰刀以及夜间学生们进行拔敌旗等体育活动丰富多彩。期内，中小学召开体育运动会，各年级选派有专长的学生参加年级田径、乒乓球比赛等，男女学生们在午休期间，进行乒乓球对练活动。

改革开放后，农民体育活动蓬勃发展，参加的体育活动有乒乓球、篮球、象棋、羽毛球。每年还举行登山比赛，拔河比赛。

进入21世纪，域内群众体育活动飞速发展，由于物质生活逐步富裕起来，广大人民群众不断追求“求知求乐求健求美”新的生活方式，体育活动更加活跃，节庆活动、健身活动与经常性活动相结合，有组织活动与群众自发性活动相结合，活动项目多，参与面广。

图12-7 庄家健身场

2005年，占地257平方米的道士湾健身路径建成，方便了舜柯地区群众体育健身需求。

2008年，舜柯村建立了篮球队，队长吴丽星。篮球队自发组建，平时12人，最多时16人，已经成了一支较有特色的队伍。是年，在参加钱桥街道“工会杯”篮球比赛中获得第1名。

2010年，舜柯社区建设社区健身房19平方米。

2012年3月25日，舜柯社区出资2万元承办的“幸福舜柯杯”男子团体乒乓球比赛在钱桥中心小学乒乓球馆举行，共有15个团队参赛。2013年，占地860平方米的田舍篮球场建成，场南边建有健身场地、路径和健身点。是年，舜柯山下的山泉广场建成。每天接纳休闲、散步、登山健身者达2000~3000人。

2005—2013年舜柯社区体育健身地、公民健身点情况表

表12-3　　　　单位：平方米

名称	建成年份	占地面积
道士湾健身路径	2005	257
社区健身房	2010	19
王巷健身路径	2013	250
吴巷健身路径	2013	70
田舍篮球场	2013	860
田舍健身路径	2013	105

续表12-3

名称	建成年份	占地面积
芮巷健身广场	2013	436
庄家健身路径	2013	126
东浜健身路径	2013	113
芮巷健身路径	2013	77
舜柯健身路径	2013	87
庄家健身广场	2013	442
舜柯家园一期健身路径	2013	500

2013年第六次全国体育场地普查舜柯社区体育场地情况表

表12-4　　单位：片、件、张、平方米

健身路径	健身器械	乒乓球台	篮球场	用地面积	场地面积
8	63	1	1	3728.70	2613.60

2014年6月1日，在钱桥街道乒乓球协会组织的"创威冷轧杯"男子乒乓球团体比赛中，舜柯社区乒乓球队获男子团队第3名。是年，舜柯社区参加钱桥街道组织的"工会杯"篮球比赛，获得第4名；"东风杯"男子团体乒乓球比赛，获得第5名；"洋溪杯"男子团体乒乓球比赛，获得第6名。是年，舜柯社区获 "惠山区老年文体特色村(社区)"称号。

图12-8　钱桥街道"工会杯"篮球比赛

2015年7月7日，舜柯社区在田舍篮球场举行篮球邀请赛，舜柯社区篮球队获得第1名。

2009—2018年舜柯社区篮球队历年篮球比赛名次一览表

表12-5

年份	参加比赛项目	比赛规则	名次
2009	钱桥街道"工会杯"篮球比赛	3人制	3
2010	钱桥街道"工会杯"篮球比赛	5人制	2
2011	钱桥街道"工会杯"篮球比赛	3人制	2

续表12-5

年份	参加比赛项目	比赛规则	名次
2012	钱桥街道“工会杯”篮球比赛	5人制	2
2013	钱桥街道“工会杯”篮球比赛	3人制	5
2014	钱桥街道“工会杯”篮球比赛	5人制	4
2015	钱桥街道“工会杯”篮球比赛	3人制	1
2016	钱桥街道第一届“篮协杯”篮球比赛	5人制	1
2017	钱桥街道“工会杯”篮球比赛	5人制	4
2018	钱桥街道“工会杯”篮球比赛	5人制	4

2019年，田舍篮球场进行改造，球场全部改建成塑胶场地，成为标准球场。是年，舜柯社区体育健身设施有健身室40平方米、乒乓球室80平方米、棋牌室200平方米、篮球场1035.15平方米、健身广场1500平方米（其中健身器械80件）。

图12-9　田舍健身运动场

第十三章 舜文化

舜柯社区有一座闻名遐迩的舜柯山，舜柯山得名由来已久，被列为无锡市第一批历史地名保护名录。

清《乾隆无锡县志》载：“舜山与柯山连，亦名历山，上有舜田，不种而禾，岁产数穗。有井，曰舜井。村曰历村。又有小山名石盆，其与龙尾陵道相接。”又载：“柯山在舜山西，两峰相望，土人合名之曰舜柯山。”

舜皇宽宏大量，行使了61年的治理大权，各种事情办得井井有条，天下的人十分佩服。百姓为纪念舜皇，在舜柯山麓的上秦巷为弘扬舜皇功绩和舜文化建了一座远近闻名的舜皇殿。每年农历三月十五和十一月十五，一年两次的舜皇庙会，都为了祭祀先祖舜皇。

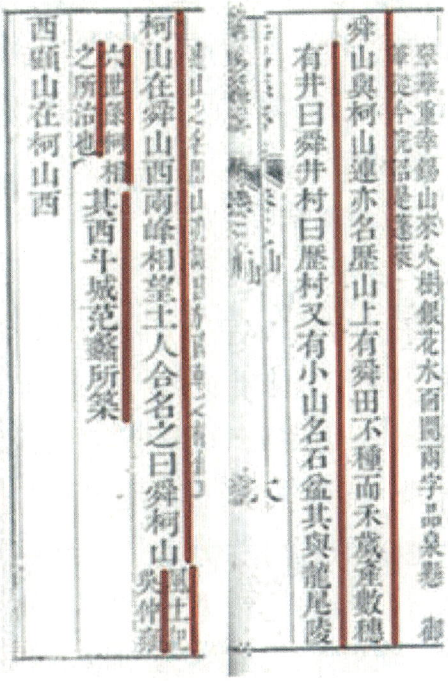
舜山與柯山連亦名歷山上有舜田不種而禾歲產數穗
有井曰舜井村曰歷村又有小山名石盆其與龍尾陵
柯山在舜山西兩峰相望土人合名之曰舜柯山
其西斗城范蠡所築
西顧山在柯山西

图13-1 清《乾隆无锡县志》复印图

许多民族的原始社会的历史，都是从神话故事开始的。舜柯地区民间世代流传的故事反映了一部分社会的历史。虞舜是道德文化的鼻祖，列为24孝道之首，舜文化包含忠、仁、义、勤、孝等道德形式，推动了文明社会的发展，舜柯民间流传的传说故事及古迹，古今文人吟诵舜相关的诗词歌谣，印证了舜文化的普世价值。

第一节　舜皇

舜皇即舜帝，冀州（今河北一带）人。他是中国古代传说中的“五帝”之一，本姓姚，名重华，号有虞氏，史称虞舜。他也是“五帝”中的另一位“君皇”颛顼一脉的子孙。

《史记·五帝本纪》中说：“冀舜者，名重华。”根据历史记载，重华的父亲叫瞽叟，瞽叟的父亲叫桥牛，桥牛的父亲叫句望，句望之父亲叫敬康，敬康的父亲叫穷蝉，穷蝉的父亲就是“五帝”之一的颛顼了。颛顼的父亲叫昌意，而昌意的父亲就是中华的人文始祖黄帝。

相传虞舜还在孩子的时候，他的母亲就因病去世。舜母死后不久，他的父亲瞽叟就娶了后妻，舜的这个后妈叫嚚。这后妈和父亲结婚后，为舜生了个同父异母的弟弟叫象。瞽叟和嚚结婚生了儿子象后，非但不喜欢舜，而且，一直心怀叵测，处心积虑地要杀掉舜。据史料记载，舜父、后妈和弟弟三人多次合谋要除去虞舜。第一次是舜父瞽叟与后妻让舜在空旷之处修筑仓廪。远古时代住所和粮仓等建筑物的主要材料是草和木。这两样东西都是易燃品。仓廪建成后，舜父瞽叟命舜从顶上开始涂上一层经拌和过有黏性的泥土。当舜爬到顶部开始涂层的时候，父亲竟然从下边纵火。烧廪的目的十分明显，就是要烧死自己的儿子舜。如果舜不及时逃跑，那必然烧死无疑。在生死抉择之际，舜“乃以两笠自扞而下，去，得不死。”可见，这一次舜以自己的机智和勇敢凭借着两个毡笠如降伞一般从上而下，逃脱火海。瞽叟见儿子侥幸得脱，并没有就此罢休。他见一计不成，又与后妻嚚所生的儿子象合计共谋，再次设计谋杀虞舜。过了几年，瞽叟又让舜去开凿水井。舜吸取了上次的教训，在凿井的过程中，趁父亲和弟弟不注意的时候，在竖井边暗暗地横着打了个逃生斜洞。当舜将井开得深度差不多的时候，瞽叟与象一起又使出了毒招，共同把挖出来的泥土回填到井里去，企图把舜活埋于井中。幸好舜在挖井的过程中留了一手，发现父亲及弟弟活埋自己的图谋后，赶紧从事先挖好的斜洞之中悄悄逃出去，再次逃脱这一生死劫。

可是，瞽叟和象并没有发现舜已经从斜洞中逃脱，土把井填实后，两人都以为舜这次必死无疑了。事情办完后，象以为心腹之患已去，就提出与其父母分开居住，自立门户。他还说：“舜妻尧二女，与琴，象取之。牛羊仓廪予父母。”象本人则占据舜的宫居，还企图霸占两位嫂子(舜的两位妻子)。正在这一时刻，大难不死的舜突然回来了，象看到自己的哥哥居然还活着出现在自己面前，“鄂不怿。”惊愕之后，就故作镇静地对哥哥说：“我思舜正郁陶！”虞舜听后，也不揭穿其阴谋，顺着他的意思回答曰：“然，尔其庶矣！”然后，舜又回到了自己的宫居。

按理说，父亲、继母、弟弟三人多次合谋，欲谋杀自己，这就成了势不两立的仇人，舜一定会以牙还牙，给予报复。

然而舜却没有采取冤冤相报的做法，既没有同父亲反目成仇，又没有同继母和弟弟势不两立，欲诛之而后快，而是一如既往，“复事瞽叟，爱弟弥谨”。也就是说，他不失子道，兄弟孝慈。正如史书中评论说的“欲杀，不可得；即求，尝在侧”。

虞舜20岁时就因为孝而闻名天下。30岁时，唐尧在征询老百姓哪一个人可以接替自己位置的时候，全国各地的百姓都推荐了虞舜，说他可以当接班人。于是，唐尧把两个心爱的女儿娥皇与女英嫁给虞舜。唐尧的目的是让儿女们在家里观察舜的一举一动。他还派了9位男子给舜当助手来观察其在外边的表现。后来，舜在山西、河北一带居住时，他的行事处世更加小心。唐尧的两个女儿也不因为自己出身高贵而娇惯蛮横，非常遵守妇道。而尧派出的9个男子，做事也更加踏实。舜在历山耕作时，历山下的群众都主动让出田界；在湖边捕鱼时，湖边群众全部让出居住的地方；在河边同老百姓共同制作陶器的时候，老百姓在舜的带动下，个个勤劳，不敢偷懒。一年之后，老百姓都聚居到舜周边，两年后成为一个村子，三年之后成了一个小都市。尧知道这些事后，把代表权力、身份的细布衣服与琴瑟赠送给了舜。

史书中还有这样的记载：有一天，舜到大山脚下巡狩，突然遇到了狂风、暴雨和雷电，可舜一点儿也不害怕，从容地完成了任务。这时，尧才真正相信，凭舜的品德、胆识和能力，足以把天下交给他来治理。唐尧年迈后，把巡狩天下权力交给了舜。舜行使巡狩天下的权力20年之后，尧就把所有的权力放心地交给了舜。舜行使管理国家的权力8年后，尧死了，舜待三年守孝期结束后，就把心思完全扑在治理天下上，而且成绩卓著，有目共睹。舜在晚年到处巡视，最后一次，他巡视到苍梧地区(今广西壮族自治区东北部和湖南省南部一带)，得病死了。舜帝在位61年，把君位让给了大禹，终年110岁。舜的两位夫人娥皇、女英闻讯，泪洒君山斑竹，双双投江而亡，死后传说化为湘水之神。

舜的一生，宽厚待人，孝顺父母，慈爱兄弟，为政仁和，古代24孝的故事里挂头牌的就是这个舜。《史记》中是这样记载舜以德报怨事实的：“舜之践帝位，载天子旗，往朝父瞽叟，夔夔唯谨，如子道。封弟象为诸侯。舜子商均，亦不肖，舜乃豫荐禹。”这里我们可以清晰地看到舜的宽厚待人的品德。史称，尧、舜在位，能使九族和睦，民风质朴，克勤克俭，深得百姓爱戴。

第二节　舜皇殿

图13-2　重建的舜皇殿

舜柯山麓的上秦巷，建有一座远近闻名的舜皇殿。舜皇殿历史久远，原为西乡一绝。它是舜柯地区的舜皇传人为纪念自己的远古先祖——中国历史上“五帝”之一的虞舜（舜皇），以及弘扬舜皇功绩和舜文化而建立的。舜皇殿山门面对历山湾（张湾），东边山坡形似一只威武的卧虎，虎的尾部有一泉，名虎泉，后名为舜虎泉；西边山坡似凤凰开屏，山坡上有一棵小松树，好似凤头耸立。原舜皇殿址分布形状呈龟形（称八卦）。殿址四周有一条护殿河，是山洪下泄时形成的沟渠。护殿河之东南、东北、西南、西北设有4座石板桥。正殿建在龟形正中央最高处，五门楹厦，檐高丈余，规模宏大。殿堂屋脊两头高翘，屋脊中间有一个葫芦形建筑，两旁嵌着“风调雨顺、国泰民安”八个大字。殿正中上方悬挂“舜皇宝殿”匾额，下方供奉舜帝塑像。正殿的东西两侧都有侧厢，各有5间，东侧厢供奉3个神像，西侧厢供奉蚕花娘娘。舜皇殿院内另有配套杂房，还设有消防水龙宫。

据上秦巷周边的老人回忆，舜皇殿大殿有五开间门面，飞檐画栋，气宇轩昂。殿内供奉着舜皇的金身塑像，庄严肃穆，神情安详。殿内供奉的另一位“神仙”则是舜柯地区所有的祠堂、观音堂普遍供奉的——蚕花仙子。这应该是同百姓普遍养蚕有关。由于是女仙，故塑像“长袖善舞，裙带飘逸”。除此之外还有一些小仙塑像。

殿内历年香火缭绕，殿外的大院内有一棵粗大、高耸的数百年树龄的古银杏树，周边还有多株古柏。

山门正对着两山之间的豁口，殿前有古井一口，井栏圈用青石雕凿而成，其上有用篆体字刻成的“历山牺井”4个古篆字特别引人遐想。井圈沿口，留有深深的绳勒痕迹。

民国二十四年，利用舜皇殿部分房屋开办洛社乡村师范附属小学第二分校。新中国成立后，在舜皇殿内开办上秦巷初级小学。20世纪70年代初舜皇殿被毁。

第三节 舜皇庙会

舜皇庙会不仅仅是一种群众性的祭祀活动，还是寺庙里外的一种临时性集市，每年都有相对固定的时间。后来，庙会逐渐演变成了一种范围更为广泛的物资和文化交流活动，后又成为一种招商引资的经济、文化、物资交流活动。

传统舜皇庙会的时间为每年农历的三月十五和十一月十五，一年两次。这种庙会还囿于祭祀活动这一范围之内。

祭祀活动是在祭祀日的当天早上六七点钟开始，村民们自发地或由松散的民间组织通知后，从四邻八村聚集到舜皇殿内，摆上贡品，点上香烛，在香烟缭绕之中虔诚面对舜皇塑像跪拜叩首，然后敲木鱼、诵经、颂德。活动人数少则上百，多则上千，络绎不绝，但秩序井然。

当夜幕降临之后，附近的村民还要举行舞采茶灯的传统民俗活动。人们手提五彩缤纷的花灯，排成一条长龙，沿舜柯山舞动行走，场面蔚为壮观。

2013年1月28日，舜皇庙会入选无锡市非物质文化遗产名录。

2018年起，庙会同舜文化节与社区文化节融为一体，其内涵更加深刻，影响日益扩大，参加的人数越来越多，成了锡西地区一个重要的民俗文化活动。

第四节 舜的民间故事

舜青年时期在舜柯山一带耕作之传说，已流传了数千年，有各种版本，都是颂扬舜的品德，传达人们对舜的怀念之情，表达中华民族的人文精神。

八亩廿三区，九亩一长埝

相传舜年少时，母亲不幸早亡。舜的父亲虽然是个有眼疾的人，但由于是黄帝的后裔，所以还有妇女争着嫁给他为妻。其中就有一个部落酋长的女儿，经过其父一番活动，终于成为舜的后娘。后娘心术不正，特别是当生有自己的亲生儿子象后，原形毕露，处处为难舜，设法虐待舜。舜的童年过得相当凄惨，经常遭到后娘莫名其妙的打骂，还常常饿着肚子下田干活。天不亮上山拾柴，半夜才上床歇息。可是，舜却从不说后娘的不是。部落里很多人都看不惯后娘的行为，帮着舜说话。舜却规劝部落里的人不要去责备后娘，尽孝道是人之天职。为此，舜自小就成为大家公认的有仁义之心的人。

舜成年后，后娘与舜父商量，决定划分祖田让两兄弟各自包干，为将来两个儿子分家自立打下基础。分地时，存心不良的后娘就把舜山山麓桃花坡下九亩一块的好地分给亲儿子，把舜山坡丘上零零碎碎的23块垦出来的八亩荒田分给舜种，还要求舜收的麦子、谷子不能比弟弟少。由此，民间传唱：亲子心头肉，九亩一长埝；养子牛马肉，八亩廿三区。划分田地明显的不公平，引起部落里不少人议论。舜却说："就是让我来挑选，也要把那九亩好地让给弟弟，我是哥哥，老大应该多干点。"舜还给大家讲，那八亩廿三区地是他心甘情愿要的。舜的言语和行动显示了他高尚的德行情操，这让部落里的人更加对他敬佩有加。

自此之后，舜就鸟鸣起床，清晨迎着太阳干得欢，收工时伴着月亮走，干了一块又一块。由于他的勤劳，23块地收拾得井井有条，麦苗长势喜人。弟弟象在九亩田里干活，由于一埝太长，好像永远干不完，心情很不好，干脆常常卧在田埂上睡觉，虽然在后娘催促与帮助下不断耕作，但收到的麦子远不如舜廿三区的多。

于是百姓中流传着："亲子一长埝，睡到夜黄昏；养子八亩田，麦子沉甸甸。"

夜里落雨日里晴

千百年来，在舜柯山下的民间流传着舜在历山农耕的故事。传说自从舜的后娘生养弟弟象后，视舜为眼中钉、肉中刺，想尽办法折磨舜，一心想赶走舜。象长大后身高马大，蛮力十足。在兄弟俩一起下田劳作时，舜却总是让着弟弟，脏活累活抢着干。可象却一点不领哥哥的照顾之情，相反与其母亲一样经常使坏，回到家中还说舜的坏话。

象种的九亩良田坐落在历山脚下，不但土地肥沃，而且山涧冲出的一条小溪就在田边，便于耕灌。布谷鸟一叫，象撒肥莳秧，9亩田里披上绿装。后娘心里高兴，逢人就夸亲生儿子有出息。

舜自从分得山坡上8亩23块小田后，除草垦荒，挖石填土，整理田块，疏通水沟，起早贪黑地干。由于路远田散、花了九牛二虎之力，舜才管理好了这23块小田，总算也莳上了秧。

然而，天公不作美，这年夏天偏逢干旱，烈日如火，久晴无雨。象的稻田在山下，地势低平，靠近溪边，便于车水，九亩水稻田长势良好。舜就惨了，山坡上的八亩23块高高低低的小田就靠积在小沟里的雨水才种上水稻。由于天旱，眼下水沟见底，山下的远水又解不得近渴，已莳下的秧苗本来长势还好，而今却禾苗半枯。舜辗转在山坡间，越看心里越急。在万般无奈之下，舜把扛在肩上的锄头紧握在手中，对着路边一块大石头狠狠叩了三下，欲泄心头之愤。从此，历山上就有了“舜皇锄印石”。这块舜皇锄印石一直在舜柯山下。

不料此石灵气十足，击石之声震动天庭。于是，天帝召集百官询问原因，知道舜的遭遇后，即令雷公雨婆商议救助之策，决定“白天烈日当空，夜间雨落山头”。

当月亮爬上山顶，舜还在山上悠转，思量如何才能救活禾苗。突然间，天上黑云密布，雷声隆隆，不多久，就下起倾盆大雨。舜自觉奇怪，淋着大雨，奔走在山坡上的23块小田间，看着雨水浇灌着禾苗，心里乐开了花。心想，今晚总算可以睡个安稳觉了。自此，“夜间落雨日间晴”成为历山一道独特的自然景观。“天神相助孝感动，舜柯天子坐龙庭。夜间落雨日间晴，两季丰收享太平”，历村村民哼的吴歌代代相传。

日子一天天过去，后娘看舜每天耕作返家泰然自若，心想:“到秋收，一定有你好看!”夏去秋到，秋谷登场。舜弟的九亩田地收成确实不错，眉开眼笑。后娘跑前忙后,显摆着稻谷。舜呢?"七尺扁担两头挑。稻穗沉沉喜眉梢。谷粒饱满金光闪,稻垛堆得比弟高。"后娘一看,目瞪口呆。

青鸟衔种

稻谷登场,舜、象兄弟俩一番较量,8亩23区的稻谷收得比九亩一长堘的多,舜赢了。后娘心里十分不舒畅,一条更恶毒的计谋又在头脑中生出来。

秋种开始了,后娘把麦种从屋里搬出来,本来只要把麦种一分为二就可以,可是,后娘却把麦种用簸箕簸清,分成饱麦一堆、秕麦一堆。这时,场头树枝上正好有只喜鹊看到麦种堆,就"鹊,鹊、鹊"地欢叫,飞来转去想要啄麦子。后娘一看,慌忙用枝条赶,用砖头掷。

当天晚上,后娘暗暗地把秕麦种先炒熟,后浸水,天一亮又搬到场上晾干,晾干后的秕麦看起来"饱满",实际上已是熟麦,不可能长出麦苗。

几天后,兄弟俩都已翻好地,做好麦堘,只等麦种下田。后娘悄悄把象领进后面库屋,让他把饱麦种拿去下种。象看到给他的麦种不如场上的饱满,要娘换场上的麦种。后娘悄悄告诉儿子:"那场上的麦种是坏麦种,你快把这麦子去种。老娘不会亏待我的亲儿子的。"舜也来拿麦种了。后娘指着场上的一堆麦种,说"我给你最好麦种三斗,粒粒都饱。不过,明年得收三石扬净麦。如果做不到,我要你好看。"舜看到麦粒饱满,高高兴兴,挑着麦种去了8亩23区。

几场秋雨淅淅沥沥。象的九亩长堘田里的麦粒儿纷纷伸懒腰,翻个身,那嫩绿嫩绿的芽,从麦子中钻了起来。后娘与象走在田头,喜在心里,暗想:这次看你舜还有什么话说。舜走在8亩23区田里,翻开土块,没有看到一点麦粒儿发芽的气息。舜拣出那些麦粒儿,瞧瞧、闻闻、摸摸、尝尝,惊了,突然感觉到莫非这麦粒炒过?熟了的麦子不可能出苗。

那几天,象高兴得满田转悠,后娘也整天眉开眼笑。可是,后娘千想不到,万想不到,这一瞒天过海的阴毒手法却瞒不过树梢上那喜鹊。喜鹊了解事情的全部经过,知道后娘为难舜、陷害舜,就一个短信告知天庭王母娘娘身边的鸟总管——青鸟。青鸟一听,勃然大怒,天下竟有如此阴毒的后娘?立即下令召集天下鸟公鸟婆,鸟子鸟孙要为舜伸张正义,联合行动。次日清晨,群鸟汇集于九亩一长堘与八亩廿三区里,仅一袋烟工夫,就无声无息地将兄弟俩麦田里的种子换了个遍。太阳爬上了山头。舜来到田头一看,惊呆了。原来无声无息的麦粒今日里竟然粒粒精神，生机一片。舜不知道这是为什么，但他知道，善良勤劳一定会有好报。从此，舜掮着锄把，整天转悠在麦田里，倾听着山上百鸟美丽动听的歌声，伴随着潺潺流淌的山涧溪水，欢快地耕作着。

后娘与象却不一样，突然间看到这九亩一长堎本来绿油油的麦苗没有了，翻开土块看那麦粒，更是惊呆了。后娘想，是不是自己把麦种给错了。转念又一想，不对，昨天九亩一长堎地里的麦子已发芽，怎么会搞错呢?后娘百思不得其解。于是，后娘和象匆匆赶到舜的八亩廿三区去看，更是惊讶，怎么一夜之间麦子全长出来了呢！后娘和象不信，走了一坡又一坡，一脚不小心，从山上双双滚下坡来。回家后两人唉声叹气，只能到九亩一长堎田里再去补种麦子。

舜锄石

在“拖船路”靠近舜柯社区山顶一侧，山道右侧有一块几百千克重的黄石，粗看起来它同周边的山石没有多大的差别，连它的颜色也同其他山石没有什么两样，经来过往的人往往不会加以关注。可是，这块同寻常黄石一起屹立在山道边的山石，有着同其他山石不一样的经历和留下一个鲜为人知的故事。

原来，几千年前，虞舜在经唐尧多年来的反复考察之后，唐尧觉得此人就是他要“禅让”的接班人后。就刻意加以“栽培”，非但派信得过的人到舜手下当差，以考察舜的人品，还把两个女儿女英与娥皇嫁给舜作妻子，以观察他的德行，并对他进行训导。

图13-3　舜锄石

唐尧年迈后，非常放心地把部落首领之位禅让给了虞舜。

虞舜即位之后，不负“先皇”之托，带领部落群众在舜柯山北麓开荒种地，兴修水利，传播远古农耕文明。

舜所处的年代距今4000多年，那时，还处于新石器时代，人们的生产工具主要是经打磨过的石锄、石铲、石锛等简陋的工具。这些石制农具，其强度和锋利程度远不如铁制的农具,就是与青铜器相比,其质地还有许多差距。可他们凭着这简陋的工具,要在荒蛮之地上叩石垦壤,开辟成可以种植庄稼的田地谈何容易?这些石制的工具,不要说碰到坚硬的石块要坏,即使是泥土,也要变钝,甚至损坏。为此,得不断地在坚石上磨(制)、修理这些带有尖角或锋口的石制工具,否则,垦荒种地就更加不易。中国有句老话叫"脚踏留痕",还有句老话叫"水滴石穿",舜也是这样,由于他经年累月地在山道旁边的硬石上磨石制工具,久而久之,山石上自然留下痕迹了。由于磨得最多的是石锄,所以这块"磨刀"石上留下的痕迹就是锄痕了。正因为如此,后代的人们就把它称之为"舜锄石"。这块"舜锄石"历经千百年的风雨沧桑,长期默默地静卧在"拖船路"的山道之侧。

舜柯山公墓建立以后,为了不让这块蕴含人文故事的"奇石",湮灭在历史的尘封之中,舜柯社区的几位群众把它移到了公墓道口路畔,供络绎不绝前来祭扫先祖的各地群众观瞻。

拖船路的故事

在舜柯社区的舜柯山公墓附近,有一条通往梅园的坡度较缓,路面较"宽"的山路,叫作"拖船路"。这条山路是山北通往山南梅园最为近便的一条山路。几千年来,南来北往的人,大多数从这条山路上通过。但是,为什么这条路叫作"拖船路",这里,蕴含一个千百年来在舜柯山麓群众中口口相传的生动民间故事。

虞舜从坐上"龙庭",当上部落首领后,带领部落群众夜以继日地开垦荒地,使属下这块原本荆棘遍地、杂草丛生,野兽出没的荒蛮之地,成了一片富饶良田。群众安居乐业,到处呈现出一派祥和、欢乐、幸福的景象。但是,到近在咫尺的水草肥美、鱼虾成群的浩渺太湖中从事生产经营活动非常困难,同生活在山南边的部落群众交流也不太容易。同南北群众交流必须有路,到太湖捕鱼捉虾必须有船。有了船,由山北到山南太湖,必须绕道才能到达。要是这样,往返一次恐怕要整整一天时间。舜了解情况后,召集部落群众商议,决定利用农闲时间,发动所有青、壮年,由南北两边的山凹同时向山峰筑路。会上有人提出,路修通了解决南北群众往来的生产、生活问题,可解决不了山北的船上太湖捕鱼捉虾的问题。问题一提出,难倒了在场的许多人。这时,一位智慧的长者提出了一个解决办法,他说:"修路的时候,路要修得宽点,坡度要尽可能小一点,我们出湖捕鱼的船都不大,大多在二三百斤,上山时,可由三五个青壮年把船抬到山脚,然后在船的一头系上粗大的绳子，几个人合力在路面铺满细砂的路上，把船拖上山顶。下山路则顺着山路的坡度，把船系住，让它缓缓下滑，一直可滑到湖边，几百米的路，不用一个小时就可到达。”这个方法立即得到群众的一致同意。在舜亲自带动下，部落群众经过一个冬天的不懈努力，一条通向湖畔的路终于建成。从此，部落南北群众的交往，山北群众的出湖生产经营活动，出入再也不迂了。后来，人们把这条南北的交通“要道”取名为“拖船路”。此后的几千年中，人们也一直把这条路叫作“拖船路”。

舜皇殿畔的“仙人”塘

在历村舜皇殿西南有一口水塘，面积不大，在当地名气却不小。由于塘水是历山山水与泉水汇聚于此，故塘水清澈，口感甜醇。

史料显示，距今4000多年前传说中的虞舜就和部落群众一起集聚在舜柯山下耕作了。劳动休息时，他们经常会来到这一口水塘旁歇息，并蹲在塘边的一块阳山石上洗手、喝水。久而久之，这块阳山石上就留下了“舜”在历山生活的印记——大于常人一倍多的深深的两个脚印。

千百年来由于是舜生活过的塘与水，又多了一些神秘色彩。也多了一个传说。如果当地谁家的小孩生了结膜炎，眼红肿了，大人就会拿这塘里的水给孩子洗眼睛。说也奇怪，用塘里的水几天洗下来，孩子的结膜炎很快就好了。有人肠胃不好，拉肚子，只要用塘里的水煮沸后喝几碗，肠胃就好了。甚至有人生病，不管远近，家属都会步行好多路，来塘里取水后回去煎中药，药效好，病又好得快。从此，一传十、十传百，越传越广，人们就把此塘称之为“仙人塘”了。

仙人塘边石头上留下的大脚印，是舜在历山农耕时留下的足迹，也是舜德泽百姓的见证。

舜皇吃蟹

相传，舜幼时由后母抚养。时年16岁，舜务农为生，自耕自作，生活在舜柯山下。这里蓝天白云，青山绿水。霜降节气，从河道、小溪、田头冒出一些螃蟹，大摇大摆地横行在村道、田岸、稻丛。年复一年，螃蟹数量倍增。每年稻子收割归仓后，村民总在族长带领下焚香祈祷上苍，请求召回螃蟹，还百姓安宁的环境。

一年秋收，舜田间劳作收工回家，正准备用瓦罐烧水，不小心手指被螃蟹的螯钳住，痛得舜皇连连喊叫。不经意间，舜皇将手指与螃蟹一起放入有水的瓦罐中。因为螃蟹有遇水松口的习性,舜皇才得以抽出手指,盖好瓦罐,去找草药疗伤治痛。待舜皇敷好草药,回到屋中,瓦罐中水已烧开,一股香味扑鼻而来。舜急忙揭开瓦罐盖子,掰开蟹壳,肉质洁白细嫩,蟹膏辣赤金黄,吃到嘴里,肥而不腻,真是绝品佳肴。舜边吃边想,何不将此美味推荐给乡亲们品尝,这样既可以消除螃蟹泛滥,又可以增添桌上一道美味。从此,吃蟹的习俗经历村百姓传播到江南水乡,遍及全国。

此后,历村的百姓和厨师不断丰富以蟹为主料的饮食文化内涵,菜肴品种越来越多。钱桥乃至无锡的饭店、酒店还隆重推出“舜皇宴”招揽食客。

嘉庆二十五年(1820)十二月,苏庙图董支浩明为百姓引水抗旱开通显应桥蒙冤昭雪回家时,就用“舜皇宴”招待众乡亲。20世纪60年代,支浩明第七代孙支国祥还提供当年支浩明用蝇头小楷书写的一份《舜皇宴》菜谱。

一亩三分地

“一亩三分地”寓意拥有自己相对自主权的一片小天地。

相传,4000多年前三皇五帝之一的尧帝传位于舜。舜帝以德治天下,百姓和顺、民风淳朴、天下太平。一年春天,舜帝从湘地回到钱桥舜柯山,登上赤墩大祭坛祭祖。礼毕,舜帝遥望四周一派春意盎然、生机勃发的喜人景象。

舜帝禁不住缓步走向田野,不知不觉走到一间屋前。这屋实在太小了,以几根竹子为支架,搭成“人”字形,两边用稻草覆盖挡风避雨。屋内停放着一具棺柩,一位10岁左右的小男孩正跪在地上烧纸钱,无大人陪伴。舜帝甚为惊讶,问地方官:“小孩何故?”地方官曰:年前这孩童随母亲来到赤墩寻找父亲,得知其父为了治理太湖水患,早在5年前因公殉职了。孩童的母亲一病不起而亡。乡亲们可怜孩童年幼,又念其父亲有功于民,所以用族田拨租给孩童“一亩三分地”,供其自耕自作,维持生计。孩童自己搭了一避雨处,为母亲守灵三年,然后再将父母的灵柩运回家乡,叶落归根。舜帝闻之,曰:“小小年纪,立志守孝三年,扶柩回乡,让父母入土为安,此尽孝道之心不易,应大力表彰。”于是下旨免其“一亩三分地”租米,免服徭役。此后,舜柯山下赤墩周边百姓孝道蔚然成风,“一亩三分地”这句俗语也一直流传。

泪别历山

后娘多次设计陷害舜的计谋连连失败之后,很是懊悔让自己的亲生儿子象吃了大亏。于是,后娘和亲儿子天天想着怎么把舜从家里赶走,甚至时时在寻找着可以杀害舜的机会。一年冬天,一个天黑风高的夜里,后娘在舜的茅房上放了一把大火,企图把舜烧死在屋内。

部落里的乡亲们见到火光,一看方位,大家都心照不宣,知道舜出事了。于是,众乡邻互相呼喊着,奔到舜的茅屋前去扑灭大火。因为众人及时赶到,扑救时齐心尽力,很快就把大火扑灭。舜也从火场中被众乡邻救出。乡亲们看到舜一次次遭到迫害,一次次身陷险境,深深地为舜的安危与未来担忧。大家纷纷规劝舜赶快离开。

在众人劝说之下,考虑再三,为了不让后母背上杀子的恶名,不让父亲为难,舜毅然决定离家出走,离开这块生他养他的土地,离开和睦相处的乡亲。舜含泪跪拜历山,告别乡亲,辗转千里去了山西。

第五节　舜歌与古今诗词

钱桥舜柯社区有5000多年的历史,有赤墩遗址的佐证。它是无锡地区古代文明的发祥地之一,境内的舜山,历山的文化更印证了这里的灵山秀水和人文荟萃。正因为如此,深厚的历史文化底蕴,既有舜歌,代代传唱,吸引了历朝历代不少迁客来此观瞻,甚至旅居,并留下了不少具有文学价值和史学价值的墨宝。

一、舜歌

朗诵词

天地玄黄,宇宙洪荒。尧传虞舜,神州发祥。
遥思舜帝,敬天孝祖。沧海桑田,源远流长。
耕历山,渔雷泽,陶河滨,三江五湖,文明开创!
舜歌《南风》[①],解民愠兮。箫韶九成,凤凰来仪[②]。
孝悌天下,心怀苍生。故人西去,风流今朝。
政昌明,与时进,百业兴,凛凛古风,韵味悠长!

歌词

三月里来春光好哎,春光好;

采茶姑娘满山忙哎，满山忙；

弯弯茶山像游龙哎，像游龙；

引来凤凰[3]栖枝上哎，栖枝上；

啊！

手采茶儿片片香，舜王历山耕作忙。

采到东来采到西，千秋盛世美名扬。

啊！

五谷丰登念故人，采完嫩茶插禾秧。

山前山后歌声亮，舜王功德永传唱。

啊！

注：①《南风》，相传虞舜作五弦琴，歌南风。《史记·乐书集解》有此诗。歌云："南风之薰兮，可以解吾民之愠兮。南风之时兮，可以阜吾民之财兮。"

②箫韶为颂歌的乐舞。《尚书·益稷》："箫韶九成，凤凰来仪。""九成"就是九奏、九章。这里是说萧韶之曲连续演奏九章，凤凰也随乐声翩翩起舞。仪：配合、匹配。《诗经·鄘风·柏舟》："实雏我仪。"

③凤凰：指舜的两位夫人娥皇与女英。

二、古代诗词

无锡县历山集诗

南北朝·江淹

愁生白露日，思起秋风年。窃悲杜蘅暮，揽涕吊空山。

落叶下楚水，别鹤噪吴田。岚气阴不极，日色半亏天。

酒至情萧瑟，凭樽还惘然。一闻清琴奏，歔泣方留连。

况乃客子念，直置丝竹间！

龙山、舜柯山

清·秦瀛

天辟西神九点烟，枕中名与华山传。

舜柯峰下龙陵道，万古虞姚一稜田。

三、现代诗词

舜柯山虎头泉

陈祥华

舜柯山麓虎头泉，岩底深藏亿万年。
百姓饮储甘洌水，自流不息惠乡贤。

仰舜柯山

张产胜

寒来暑往四千春，虞帝柯相事业醇。
求雨山头求雨迹，神锄石畔留锄轮。
仙人塘水传医术，缪巷灯笼照舜巡。
四岳举贤谁接力，重华心底最亲民。

舜柯山下仙人塘怀古

丁剑华

仙水小塘何所由？循山探迹问清流。
沧桑岁月讲详事，虞舜昔时耕稼畴。
工后劳累池畔歇，水浆饮解釜中忧。
而今塘水洗双眼，犹如甘霖治疾眸。

浣溪沙·舜锄石

佟云霞

谁染舜柯山麓幽？盈眸姹紫百化稠。松涛竹韵忆风流，击石感天奇故里。霏霏雨沛沃芳洲，春光是处古今讴。

舜皇庙会

殷毅中

季春人拥庙门中，俎豆姚皇泽未穷。
舜舞翩翩仁义传，梦圆盛世继遗风。

第十四章　人民生活

第一节　经济收入

清末、民国时期社会动荡不安，经济发展水平落后。农民经济收入低，温饱都难以解决。

1950年9月，农村开展土地改革运动。舜柯地区的贫苦农民分得了土地、房屋，实现“耕者有其田，居者有其屋”。农民家家有了属于自己的土地，生产积极性得到空前提高，农业发展水平大大提升，农民的经济收入也逐年增加。1953年始，舜柯地区的农民，经过互助组、初级社、高级社等互助合作生产组织，生产水平得到提高，农民经济收入进一步提高，人均年收入达到60元左右，农业生产成为他们的主要收入来源。

1959—1961年，三年经济困难时期，人民生活水平急剧下降。由于口粮严重不足，农民营养不良，有些人患上浮肿病。

1961年12月，舜柯地区贯彻中央“调整、巩固、充实、提高”的八字方针，落实以生产队为基本核算单位的政策，激发社员群众的生产积极性，经济收入有所回升。

1966年，生产秩序遭破坏，农业生产再次受挫。之后10年时间内，人民生活水平始终徘徊在人均年收入100元上下的水平。

1975年历村、舜一大队各生产队人均收益分配情况表

表14-1　　　　单位：元/人

大队 / 项目 / 生产队	历村大队	大队 / 项目 / 生产队	舜一大队
	收益分配		收益分配
上秦巷	140.30	吴一	80.95
东浜	163.70	吴二	83.30
西浜	160.00	陆巷	93.84
庄家	170.50	石东	77.15

续表14-1

生产队 \ 大队 / 项目	历村大队 收益分配	生产队 \ 大队 / 项目	舜一大队 收益分配
蒋巷	132.74	石西	71.62
前周巷	97.40	壤东	98.34
后周巷	94.70	壤西	114.00
费巷	130.50	田肚	77.03
缪家	131.80	殷巷	91.00
前芮巷	161.69	王巷	87.20
后芮巷	109.85	沈巷	90.74
前田舍	127.18	花园	66.10
后田舍	116.50	—	—
平均	138.85	平均	86.00

1978年中共十一届三中全会以后，舜柯地区农民大力贯彻“解放思想、实事求是”的思想路线，很多禁区被冲破。1980年、1981年舜柯地区实行家庭联产承包责任制，农民的生产积极性空前高涨，人民生活水平也开始快速增长。

1971—1984年历村大队(村)、舜一大队(村)人均收入、人均口粮分配一览表

表14-2　　单位:元、斤

年份 \ 大队 / 项目	历村大队(村)		舜一大队(村)	
	人均收入	人均口粮	人均收入	人均口粮
1971	118.10	581.00	97.90	543.80
1972	—	—	88.60	545.80
1973	124.80	575.00	83.40	554.00
1975	138.85	580.00	86.00	567.00
1977	148.20	—	105.50	—
1978	147.40	647.00	126.80	629.00
1979	170.54	649.00	152.66	—
1980	182.00	615.00	157.00	595.00

续表14-2

年份 \ 项目 \ 大队	历村大队(村)		舜一大队(村)	
	人均收入	人均口粮	人均收入	人均口粮
1981	202.00	—	188.00	—
1982	328.44	639.00	225.00	590.00
1983	358.28	680.00	288.60	649.00
1984	587.00	—	385.00	—

1984年,历村村人均收入分配587元,是改革开放前的1978年人均收入分配的近四倍。舜一村人均收入385元,是1978年的3倍多。

90年代,农业劳动力大量向工业转移,农民除农业收入外,还有工资收入、经营性收入、投资性收入等。农民生活水平继续保持良好的发展势头。1995年,历村村庄家村民小组人均收入6677.6元,是1978年的44倍,其中工资收入占36.38%,经营性收入占55.21%,投资性收入占4.1%。

1978—2019年农民收入抽样调查情况表

表14-3 单位:万元

项目 \ 年份	1978年	1995年	2005年	2015年	2019年
家庭/人口	70户/203人	70户/246人	70户/252人	70户/282人	73户/292人
农业收入	2.106	—	—	—	—
副业收入	0.267	1.77	2.20	0.44	4.00
工资收入	0.67	59.76	118.85	545.12	877.46
经营性收入	0.03	90.70	75.00	245.5	252.60
财产性收入	—	0.30	15.10	70.13	81.56
投资性收入	—	6.73	20.00	22.8	—
其他收入	—	5.012	9.251	2.33	10.00
收入合计	3.107	164.27	240.4	886.32	1225.62
人均收入(元)	151.40	6677.60	9540.00	31430.00	41973.29
家庭存款总数	2.82	152.90	1038.00	1570.00	2749.75

说明:调查地点为庄家村

2001年7月,历村、舜一两村合并,居民收入迈上一个新台阶,人均收入近万元。从此，舜柯地区的农民开始真正走上富裕的道路。

2009年，舜柯村增设舜柯社区居民委员会。2010年，舜柯村撤销，舜柯社区居民收入一年上一个台阶。

2010—2019年舜柯社区经济发展、居民收入情况表

表14-4　　　　单位：万元、户、人

年份	国内生产总值	居民户数	总人口	居民人均收入
2010	17413	860	3367	1.36
2011	18980	853	3475	1.57
2012	19160	880	3200	1.81
2013	19320	870	3089	2.08
2014	20997	805	3011	2.40
2015	22882	807	2987	2.76
2016	23349	831	3038	3.18
2017	28410	828	3028	3.66
2018	32935	907	3342	4.17
2019	38789	955	3313	4.21

2019年，舜柯社区国内生产总值38789万元，是2010年的2.23倍，居民人均收入4.21万元，是2010年的3.1倍。

第二节　住房

1949年前，舜柯地区农民多数住的是低矮平房，砖木结构，有的房屋内墙为土坯墙，泥土地坪，芦菲木椽。屋面上用小块玻璃开设一两个明瓦，用来透光，也有的屋顶是稻草盖的茅草屋。屋内阴暗潮湿，一遇下雨，用脸盆、缸盆、脚盆等放在屋漏之处接水。往往许多农户一家数代挤居一屋。

解放初期至20世纪60年代，住房变化不大，农民居住的仍大多是祖上传下来的低矮的、又潮又黑的破旧平房，有的农户还人畜混杂于一屋。进入20世纪70年代，区域内一些经济条件较好的农户，或子女多的农户，开始建造新房。1973年3—9月，历村大队庄家、蒋巷、前、后田舍、前周巷等村有7户社员建造新房。1974年4—9月，舜一大队有田肚、吴巷头、石东等村有9户社员开始建造新

房。一般3.8米开间，以平房为主。刚开始造房的时候，舜柯地区没有砖瓦厂，农民"靠山吃山"利用山上松枝等到很远的地方去换取砖瓦。为了适应农民建房需要，钱桥公社、历村、舜一大队采矿厂提供砂石，石砂冲洗后的水砂当黄沙使用。1976年，钱桥公社在历村大队东浜头建造砖瓦厂。

80年代初，实行家庭联产承包责任制后，随着经济的发展，农民收入大增，又有空闲时间，舜柯地区农民家家户户盖新房。一般审批好地基后，先把墙基开好，排好"大方脚"，过几年造一层平台，再过几年把楼房建好，然后粉刷、装修。随着民用建房的增加，历村大队对农户建房进行规划，大多住房安排建在中心路两侧。统计资料显示，1979—1982年，历村大队建新房469间，舜一大队建新房312间。1982年，历村大队社员拥有沙发54张，缝纫机93台。舜一大队社员拥有沙发25张，缝纫机75台。80年代末，历村村还在芮巷规划洋房区。

至20世纪90年代末，舜柯地区一部分先富起来的人家开始建造洋房、别墅，有的还请专业人员设计，厨房、卫生间设施配套，高档家具、电器应有尽有。

2006年始，舜柯地区壤里、石巷头、陆巷、田肚、殷巷、沈巷、东浜、西浜自然村因建设需要拆迁至春光苑、舜柯家园等安置房小区，其中有高层电梯房，小区绿化、物业设施配套，住房条件又上了一个档次。

1978—2015年舜柯地区农村住房抽样调查情况表

表14-5　　单位：人、平方米

时间 \ 项目 \ 地点	庄家			田肚		
	人口	面积	人均	人口	面积	人均
1978	203	2018	9.94	124	1365	11.01
1995	246	16290	66.22	100	4194	41.94
2005	252	19110	75.83	98	5346	54.55
2015	282	19980	70.85	101	6519	64.54

抽样调查数据表明，至2015年历村地区庄家人均居住面积70.85平方米，比1978年增加6.13倍。舜一田肚人均居住面积64.54平方米，比1978年增加4.9倍。

2018年，舜柯社区居民有商品房317套，安置房852套，洋房11幢，居民们住房达到了宽敞舒适的程度，同时家庭资产（房产）也有较大的增值。

2018年舜柯社区居民拥有商品房、安置房、洋房情况表

表14-6

自然村	商品房(套)	安置房(套)	洋房(幢)
上秦巷	14	9	1
东浜	11	84	3
西浜	1	127	1
庄家	25	1	1
蒋巷	12	0	1
前周巷	13	0	0
后周巷	13	0	0
费巷	9	0	0
缪家	15	0	0
前芮巷	10	0	0
后芮巷	13(一套店面房)	0	0
前田舍	14	0	0
后田舍	13	0	0
吴巷头(东)	20	6	1
吴巷头(西)	23	33	0
陆巷(东)	8	44	0
陆巷(西)	7	57	0
石巷(东)	9	60	1
石巷(西)	9	50	0
壤里(东)	7	42	1
壤里(西)	3	53	0
田肚	13	65	1
殷巷	6	72	0
王巷	24	12	0
沈巷	5	76	0
东河头	2	59	0
花园	6	2	0
合计	317	852	11

第三节　衣着　饮食

一、衣着

1949年前，舜柯地区农民普遍贫穷，衣着一般都是最廉价的土布衣服，式样普遍是中式，颜色单调，以黑、青、蓝色为主色调，且男女差别不大。农民干活时戴草帽、穿草鞋，冬天戴罗宋帽，穿件破棉袄，腰间束条布带或草绳，脚上穿布鞋或芦花蒲鞋，雨天外出穿钉鞋，春秋穿两用衫。少数青年穿中山装、学生装。士绅、文人都穿长衫，也有穿长衫马褂的，有钱人戴瓜皮帽。

解放初期，舜柯地区盛行蓝色、灰色列宁装、中山装，质地仍以藏青色土布、棉布为主。老年人仍穿中式服装，女子以旗袍、两用衫为主。老人小孩冬季戴罗宋帽，成年男子冬天外出时外束竹布裙。

70年代，衣着要凭布票且数量有限，农民不得不节衣缩食，过上了“新三年，旧三年，缝缝补补又三年”的日子，兄弟姐妹多的“头穿新、二穿旧、三穿破、四穿布头筋”，农村穿“百衲衣”的随处可见。农民千方百计想办法，用旧时的纺纱机纺纱织土布，穿起了“粗纱布”衣服。后来市场有了化纤布，老百姓穿衣开始有了一些改变。青年男女一度流行草绿色军便装，年长者都穿中山装。

改革开放后，农民家庭生活水平逐年提高，购买衣物渐多。90年代，衣着逐渐开放。人们穿的衣服从款式、质地、花样紧跟时代的潮流，棉的、化纤的、毛料的、丝绸的、羊毛的都有，西装、休闲装、茄克衫、裙子、牛仔裤应有尽有，经济条件好，穿戴讲究者开始穿起品牌衣服。皮鞋开始普及，青年妇女以中高跟皮鞋为时尚。

进入21世纪，舜柯社区百姓衣着更考究，追求更精细，面料、质地、款式更高档。

二、饮食

1949年前，舜柯地区农民祖祖辈辈靠种田维持生活，一日三餐，一般中午为米饭，早晚为稀粥。吃菜均为场前屋后自家种植的蔬菜，自给自足。粥菜常为自家腌制的萝卜干、雪里蕻咸菜。下饭菜常为萝卜、青菜、韭菜、菠菜、长豆、白菜等。如遇天灾人祸，只能“糠菜半年粮”，吃了上顿无下顿。一年到头难得吃上一次荤，家里养的鸡下的蛋也舍不得吃，拿到市场上去换点油盐酱醋，百姓中常有“馋嘴老小(小孩)盼年到，荤汤萝卜吃一饱”之说。小孩都盼望除夕早点到来，可以放开肚子吃一次荤菜。

1949年后,舜柯地区农民生活逐步走向温饱。1958年,农民吃食堂。紧接着三年经济困难时期,农民吃糠、吃野菜艰难度日。

60年代中期至70年代,农民吃粮问题基本得到解决,但由于种植双季稻,经济效益不高,农民体力消耗大,还只能省吃俭用,勤俭持家。

80年代初,舜柯地区农村实行家庭联产承包责任制后,家家户户粮食自给有余,人民生活明显有了改善。随着社队工业发展,政策开放,农民收入年年增长,市场繁荣,商品繁多,人们的饮食档次逐渐提升。90年代,鸡鸭鱼肉已成为每家餐桌上的家常菜。进入21世纪,舜柯社区居民生活越来越好,家中寿庆、婚事、小孩满月、子女考取名牌大学都要挑选酒店办喜酒,菜肴丰盛。

根据抽样调查,1978—2015年舜柯地区百姓衣着饮食消费成倍上升,1995年比1978年增长10倍,2005年比1978年增长30倍,2015年比1978年增长50倍。2019年,舜柯社区居民人均衣着饮食消费2109.58元。

1978—2015年舜柯地区衣着饮食抽样调查情况表

表14-7　　单位:人、元

调查地点 / 项目 / 年份	庄家			田肚		
	调查人口	衣着饮食消费	人均	调查人口	衣着饮食消费	人均
1978	203	7580.00	37.30	128	4352.00	34.00
1995	246	101330.00	411.90	100	39680.00	396.80
2005	252	312200.00	1238.90	98	121300.00	1237.80
2015	282	577100.00	2046.50	101	206000.00	2039.60

第四节　出行

新中国成立初期,舜柯地区多为泥土路,羊肠小道,有路名的仅有“官路”、拖船路两条。每逢下雨落雪,道路泥泞不堪,难以行走。舜柯地区北部为平原地区,河道纵横,百姓远行或外出购物或出售农副产品,常以船作交通工具,许多情况下,还得靠步行。1955年3月,由部队投资修筑了钱姚公路,砂石路面,途经舜柯地区。上城可到钱桥街镇乘轮船到无锡市区。1958年,4路公共汽车由钱桥街镇延伸到藕塘井亭里、丁村，历村大队设有上秦巷站，舜一大队设有赤墩里站，为舜柯地区的农民出行带来方便。

20世纪60年代末70年代初，历村大队、舜一大队农村道路普遍得到改善，用石块、石子修筑拖拉机路。70年代，区域内百姓逐渐使用自行车外出。据抽样调查，1978年，历村大队庄家生产队社员有自行车25辆。80年代中期，区域内农户摩托车逐渐增多。90年代开始有私人小汽车、面包车。公交车线路又增设了26路。2000年以后，舜柯地区私家车、各类运输车辆快速增加，人们外出，汽车已成为主要交通工具。公交线路增设206路、115路等线路，而且班次密集，票价便宜。2010年4月，公交4路车直通红庙头，公交车通到了农民家门口。70岁以上老人乘公交车还免费。人们近距离外出以电动车为首选，远程外出则乘坐火车、飞机。

2019年舜柯社区境内公交线路一览表

表14-8

公交线路名称	起点	终点	过境站名	每班间隔时间
4路	复兴路	胡埭停车场	舜南路、舜柯村（景盛路）、历村（钱胡路）、赤墩里、舜柯村（舜柯山公墓）	15~25分钟
26路	锡惠公园	胡埭	上秦巷、历村、赤墩里、舜柯村（舜柯山公墓）	6~15分钟
206路	无锡职教园	公交三场	无锡城市学院、钱胡路（文良路）	8~16分钟
115路	江南影视学院	无锡中央车站	无锡城市学院、钱胡路（文良路）	4~12分钟

1978—2015年舜柯地区家庭车辆抽样调查情况表

表14-9　　单位：人、辆

时间	调查人口	自行车	电动车	摩托车	三轮电动车	轿车	面包车	货车
1978	203	25	—	—	—	—	—	—
1995	246	70	—	27	—	—	1	—
2005	252	44	49	33	3	8	2	—
2015	282	27	69	11	4	48	3	1

注：调查地点为庄家村

2015年舜柯社区庄家居民小组70户家庭抽样调查：电动车、摩托车、三轮电动车共84辆，户均1.2辆，轿车、面包车、货车计52辆，户均0.74辆。

2018年，舜柯社区计户数829户，有汽车796辆，户均0.96辆。

2018年舜柯社区居民拥有汽车情况表

表14-10　　单位：辆

居民小组	汽车	居民小组	汽车	居民小组	汽车
上秦巷	33	后芮巷	42	壤西	15
东浜	34	前田舍	28	田肚	31
西浜	40	后田舍	23	殷巷	24
庄家	53	吴一	33	王巷	51
蒋巷	37	吴二	36	沈巷	36
前周巷	37	陆东	18	东河头	28
后周巷	16	陆西	20	花园	18
费巷	20	石东	25	合计	796
缪家	26	石西	19		
前芮巷	31	壤东	22		

第五节　家用电器

民国时期，舜柯地区百姓无家用电器。1963年，历村、舜一大队的大队办公室开始拥有老式手摇电话机，无家庭私人电话机。70年代后期，部分家庭开始使用“菊花牌”电风扇，少数家庭开始拥有黑白电视机。1978年，历村大队庄家生产队拥有黑白电视机3台。

改革开放后，人民生活水平普遍提高，家用电器开始进入普通家庭。

1982年历村、舜一大队社员拥有电视机、电扇情况表

表14-11

项目名称	大队名称	
	历村大队	舜一大队
总户数	404户	362户
总人数	1670人	1461人
电视机	36台	17台
电扇	68台	40台

90年代,家庭拥有家用电器数量日益增加。1995年,历村村庄家村民小组电视机拥有量64台,户均0.91台。进入21世纪,农民家庭已普遍使用家用电器。

2015年,据抽样调查,庄家居民小组拥有电脑户均0.91台,手机、电话机户均3部。

1978—2019年舜柯地区家庭主要家电抽样调查情况表

表14-12　　　　单位:台、部、架

项目/年份	电视机	洗衣机	电冰箱	空调	气电热水器	太阳能热水器	电脑	手机电话机	照相机摄像机
1978年	3	—	—	—	—	—	—	—	—
1995年	64	51	47	11	7	-	2	51	1
2005年	121	74	74	101	50	12	37	152	3
2015年	150	92	103	156	72	18	64	209	7
2019年	210	112	121	245	105	23	69	307	7

说明:调查地点为庄家村

2019年,舜柯社区庄家居民小组拥有电视机等9种主要电器共计1199件。

第六节 旅游

改革开放前,舜柯地区的农民生活相对闭塞,世代居住在偏僻的农村。那时农村贫穷,农民劳动繁忙,也根本谈不上外出旅游。少数富裕人家,偶有带着孩子到梅园、鼋头渚游玩。春秋两季有学校组织学生到风景区游玩。改革开放后,

农民有了多余的钱，少有富裕人家开始外出旅游。一些先富起来的农民，开始到杭州、普陀山、黄山、鼓浪屿等地方旅游。20世纪90年代后，湖南张家界、四川乐山大佛、长江三峡、北京故宫、长城等远途名胜景区，成为居民外出旅游的首选。1993年，历村村委组织在厂职工外出旅游，时有不锈钢厂、江南不锈钢特种材料厂、金辉幕墙工程有限公司等企业，由厂长带队，带领全厂职工去北京旅游。

进入21世纪，一些年轻人已经不满足国内旅游，出国游兴起，新加坡、马来西亚、泰国、韩国、日本、澳大利亚、新西兰等国家为热门旅游地。在旅游大潮中，舜柯地区上了年纪的老人也不待在家里，经常结伴外出旅游。适合老年人旅游的“农家乐”，浙江长兴、宜兴是舜柯地区老年人最受欢迎之地。2002年，舜柯村委顺应老年人的愿望，每两年组织他们一次外出旅游，并补贴部分旅游费。2008年后改为发放旅游费。

2002—2018年舜柯(村)社区老年人旅游费发放情况表

表14-13

年份	老年人数(人)	发放标准(元/人)	小计(元)
2002	621	80	49680
2004	650	90	58500
2006	690	100	69000
2008	720	110	79200
2010	750	120	90000
2012	790	130	102700
2014	820	150	123000
2016	895	150	134250
2018	948	150	142200
合计	6884	—	848530

2018年，舜柯社区的一些人还在海南等旅游胜地购买房子。每到旅游旺季，可以较长时间的在海南游玩，旅游已成为舜柯社区居民的一种“时尚”，成为日常生活的一部分。

2019年，舜柯社区享受旅游补贴的老年人998人，发放旅游费14.97万元。

第十五章　社会保障

解放初期，舜柯地区机关、事业单位工作人员享受国家养老保险制度。1951年，区域内国有、大集体企业职工享受企业职工养老保险制度。舜柯地区除极少数人享受养老保险待遇外，广大农民无养老保险。20世纪80年代，舜柯地区乡镇企业职工开始有了养老保险。1986年，(乡)镇管干部实施退休养老制度。2001年，舜柯村企业职工开始纳入城镇职工基本养老保险范围，农民享受到了与城里人一样的退休养老待遇。2005年10月1日起，舜柯村所有农民均可享受无锡市农民基本养老保险制度。2006年，舜柯村失地农民可以以土地换社保，对不符合条件的老年农民，实行被征地农民基本生活保障，享受政府保养。自此，舜柯社区所有老年农民都享受到了养老保险。

舜柯地区农民在享受基本生活保障的同时，对困难户、老弱病残、因病致贫、五保户、老年群体等进行社会救助，使舜柯社区社会稳定、民心安定、生活幸福。

第一节　养老保障

在数千年农耕时代中，农民没有养老保险。养子防老、积谷防荒是广大农民长期以来传统的养老选择。人民公社时期，农民都靠挣工分吃饭，赡养一个老人以60个人工为标准。20世纪80年代，党和政府开始对农民实施养老保险制度。

一、乡镇企业职工养老保险

1984年，钱桥乡人民政府出台政策，乡镇企业职工男满50周岁、女满45周岁，可办理退休手续，退休后可享受养老金。养老金由乡一级地方财政按职工的工龄、干龄、技术级别等不同档次，核定乡统筹月养老金标准，经核定后按月发放，开始时每人每月几十元。是时，历村、舜一村有141人享受这一待遇。后来随着乡镇、街道经济的发展，乡镇企业职工退休养老金不断提高，到2018年底，此类退休人员养老金标准因人而异，200~600元不等，舜柯社区有147人享受这一待遇。

二、农村居(村)民养老保险

2005年10月1日起，钱桥镇实施无锡市农民基本养老保险制度。制度规定，凡区域内男性满60周岁，女性满55周岁，未享受城镇职工社会保障待遇或享受保障待遇低于农民基础养老金标准的，每人每月发放基础养老金61.8元。2008年10月起提高到100元。2010年10月起，舜柯社区实施无锡市城镇居民养老保险制度，凡参加对象不再享受农村居民基本养老保险，被征地农民享受政府保养。

三、城镇职工基本养老保险

2001年，钱桥镇所有企业职工全部纳入城镇职工基本养老保险，舜柯地区参加对象为具有舜柯地区户籍、年满16周岁、未参加养老保险的人员，经费由企业补贴及个人选档缴纳经费组成。自此，舜柯村农民也可参加城镇职工基本养老保险。享受条件为连续缴社保费15年，女年满50周岁，男年满60周岁即可按月领取养老金。当年退休人员工资水平560元。此后，国家连续14年对退休人员提高养老金，第一批退休人员月养老金已达2000元以上，同时享受城镇职工基本医疗保险。至2019年，符合条件的舜柯籍人员参保率达100%。

四、被征地农民基本生活保障

2000年以后，随着舜柯村的土地被征用，农民失去了生活保障后，2006年，钱桥镇开始为历次被征地的农民办理生活保障手续。凡16周岁以上的人员全部纳入保障范围。其中已参加城镇职工养老保险人员可选择增加3~10年社保缴费年限，或一次性领取补偿金2万元。是年，舜柯村第一批土地换社保有586人。2009年，第二批土地换社保有603人。但男性满60周岁、女性满55周岁以上的人员，只能选择政府保养。是年，保养金每人每月370元，舜柯社区共有保养人数459人。此后，保养金逐年提高，2019年政府保养金提高至每人每月980元，保养人数412人。在社会医疗保险上享受农民医疗保险。

2006—2019年舜柯(村)社区被征地农民政府保养人员享受金额、人数一览表

表15-1　　　　单位：元/人、人

年份	每月享受	享受人数	年份	每月享受	享受人数	年份	每月享受	享受人数
2006	200	445	2011	470	473	2016	770	441
2007	300	453	2012	540	490	2017	830	435
2008	300	457	2013	610	520	2018	920	423

续表15-1

年份	每月享受	享受人数	年份	每月享受	享受人数	年份	每月享受	享受人数
2009	370	459	2014	670	527	2019	980	412
2010	400	467	2015	710	453			

说明:表中保养金调整后增加数均计入下一年度,2019年7月政府保养金调整为每人每月980元

五、(乡)镇管干部的养老制度

舜柯地区中乡镇管干部人数不多,主要是党支部书记、会计等。1986年起,实行退休干部养老制度,是年,平均每人每月享受38元,1988年为80元,1997年164元,2001年为250元。2006年,当适龄居民大批办理城镇职工养老保险、土地换社保的时候,当时有一条规定,男性满60周岁、女性满55周岁以上的人员,只能选择政府保养。政府保养金为每月200元。退休镇管干部同时享受政府保养金和镇管干部养老金。随着镇管干部养老金和政府保养金的逐年增加,至2019年,镇(街道)管干部的养老金一般在2000元左右,医疗保险享受农民医疗保险。

第二节　社会救助

一、扶贫帮困

1949年后,困难户补助由当地政府出资救助。1955年,农业合作化后,合作社都有公积金、公益金提留,除用于公益事业外,还对烈军属、困难户进行救助。二十世纪六七十年代,舜柯地区社员都在生产队劳动,依靠劳动工分生活。80年代,实行家庭联产承包责任制后,农民生活水平逐渐提高,温饱已解决,该阶段主要补助对象是一些自然灾害损失户。

舜柯社区的居民虽然都有了各种社会保障,但难免还有一些家庭因各种原因,如因病致贫、因残致贫、老弱病残等,成为域内极少数贫困群体。社区党总支、居委会每年对各居民小组的贫困户进行一次排队摸底,做到一户不缺,确保每一个贫困户都能得到帮困扶贫,生活都有保障。

2010年,舜柯社区补助贫困户200户,补助金额最低300元,最高1500元,当年支出补助金18.19万元。2015年,补助居民430户,补助金额最低300元,最高

2500元，共支出补助金34.30万元。2019年，补助户数512户，补助支出34.88万元。2010—2019年，共有3938户次得到困难补助，社区共支出补助金302.04万元。

2010—2019年舜柯社区扶贫助困一览表

表15-2　　　　单位：户、元/户、元

年份	补助户数	补助金最高额	补助金最低额	合计金额
2010	200	1500	300	181900
2011	250	1500	300	211500
2012	320	2000	300	232500
2013	380	2500	300	266000
2014	410	2500	300	279300
2015	430	2500	300	343000
2016	448	1000	300	362600
2017	478	1000	300	386800
2018	510	1000	300	408000
2019	512	1000	500	348800
合计	3938	—	—	3020400

2019年，社区通过区红十字会“惠爱舜柯”基金救助23人，共计68000元。

除经济上帮困外，社区居委会还经常组织志愿者服务队，对老、弱、病、残等贫困户定期上门服务，帮助他们解决生活中的各种困难。组织对贫困户节假日的慰问工作，送上过节所需的日用品。社区居委会干部率先带头对贫困户开展“一帮一”的结对子活动，每年从个人工资中拿出一部分工资来帮扶。

二、最低生活保障

1996年起，根据上级规定，舜柯地区开始执行最低生活保障制度。当年农村村民家庭人均年收入不足1200元的为最低生活保障户。之后，随着生活水平的提高，最低生活保障费也逐年提高。2015年舜柯社区有低保人员17户，发放低保金97124元。2016年，有低保户9户，发放低保金55104元。2017年，有低保户6户，发放低保金41304元，2018年，有低保户3户，发放低保金23640元，2019年，有低保户2户，发放低保金17640元。

2015—2019年舜柯社区低保金发放情况表

表15-3　　　　单位：户、人、元

年份	户数	人数	发放金额
2015	17	36	97124
2016	9	19	55104
2017	6	12	41304
2018	3	11	23640
2019	2	4	17640
合计	37	82	234812

第三节　敬老养老

一、五保户的养老

舜柯社区对“五保”老人的照料，主要有以下几个方面。

对那些虽步入“退休”年龄但年事不高，身体尚好，有生活自理能力，本人又暂时不愿上养老院的人，采用居家养老的方法。他们住在自己或社区集体提供的房子中，衣、食、住、行、医的开销由街道、社区两级负担，按月发放生活费或发放生活必需品，确保他们的生活。有了病可以凭医保卡去医院看病。生了大病、重病则通过医疗的统筹基金及大病医疗保险来解决。住院期间的陪护工作，则由社区或居民小组派人担任，也有志愿者上门（院）服务。

对那些因病、因残、生活自理能力较弱和那些年事高，力衰体弱，基本失却生活自理能力的人，则由社区安排送他们上敬老院或康复院养老，费用由社区和街道共同负担。“五保”老人在敬老院（养老院）的衣、食、住、行、医均由院里负责。“五保”老人离世，火葬、骨灰安放均由政府民政部门及养老院共同处理，经费由集体承担。

逢年过节，尤其是重阳节时，舜柯社区领导带上礼品、礼金前往慰问敬老院老人。平时对因病住院“五保”老人，社区还会派人前往医院探视。

二、老龄工作

舜柯社区秉承多年来大队、村沿袭下来的尊老、敬老、助老的优良传统，并在新的历史条件下有所发展和提高。根据社区的财力，结合本社区的实际，从多角度、多方位竭尽全力为老年人着想，为他们服务。

老龄协会　1987年，历村、舜一村建立起老年人自己的组织老龄协会。这是一个完全属于老年人自己的组织，它所代表的是老年群众的心声和诉求，同时，它又是同村级、社区组织沟通的纽带和桥梁，也是村级和街道一级组织倾听老年人诉求的一条有效的渠道。舜柯地区的老龄协会成立以后，积极开展各项工作。

老党员工作　高度重视老党员的作用，让他们发挥“余热”。（村）社区老党员，虽然因年迈养老在家，但由于他们中许多人都做过生产队、村、乡或单位中的干部，政治素质好，在群众中的影响力、号召力都比较强，许多棘手的工作，由他们出面帮助处理比在职干部都强。如让他们参与民事家庭纠纷中的调解，是他们的特长，也是敬老、爱老的一种最好体现。故此，（村）社区在开展支部学习、活动时，鼓励老党员针对老年人的诉求，认真做好协调工作。同时老党员春、秋季节的外出参观学习活动，社区两委都是全力支持。

老年活动室　历村和舜一村在并村之前，就分别建立起老年活动室。并村后，除在村委驻地历村继续保留并扩大老年活动室外，为了照顾原舜一村西片的老年群众，原舜一村的活动室一直保留，直到因职教园区需要拆迁，才被拆除。老年活动室配有电视、音响、扑克牌、棋类等，并免费提供茶水，为老年人提供文体、娱乐活动场所。广场舞、健身操是在21世纪兴起的一种老年群众参与率极高的活动。舜柯社区及时投资在各自然村建起文体广场，其中有适合老年人活动的各种活动器材。

在“重阳节”到来之前，（村）社区给老年人发放节日礼金或礼品，并上门慰问。春节等传统节日，同样对老年人进行走访、慰问。

每年为老年人做好一年一度的体检工作。

老年人补贴　1985年起，历村村对60岁以上老年农民发放生活补贴费，每人每月8元，全年共发放17184元。1989年，舜一村对60岁以上老年农民每人每月发放生活补贴费8元，全年共发放16224元。是年，历村村增加到每人每月10元，1990年舜一村增加到每人每月10元，1991年历村、舜一村每人每月发放15元，1993年发放20元，1995年发放40元。按此标准，历村、舜一村发放老年人补贴直至两村合并。

1985—1995年历村、舜一村发放老年农民补贴人数、金额选年情况表

表15-4　　单位:元/人、人、元

村名	年份	每月发放标准	发放人数	发放总额
历村	1985	8	179	17184
舜一	1989	8	169	16224
历村	1989	10	190	22800
舜一	1990	10	171	20520
历村、舜一	1991	15	375	67500
历村、舜一	1993	20	382	91680
历村、舜一	1995	40	425	204000

两村合并后,2002年起,舜柯村组织老年人每2年旅游1次,费用由村委适当补贴。每年重阳节每人发50元慰问金。对70岁、80岁、90岁老人,每年春节村里都要送一份礼品,以表示祝贺。对80岁以上老人,每年分夏、冬两次送慰问品。2003—2006年,舜柯村每人每月发放老年农民补贴标准增加到50元。2007年发放标准增加到100元,是年,对百岁老人一次性发放慰问金2000元。

2004—2019年舜柯社区(村)老年农民补贴发放标准、金额情况表

表15-5

年份	每月发放标准(元/人)	发放人数(人)	发放金额(万元)	年份	每月发放标准(元/人)	发放人数(人)	发放金额(万元)
2004	50	681	40.86	2012	100	679	81.48
2005	50	679	40.74	2013	100	530	63.60
2006	50	685	41.10	2014	100	510	61.20
2007	100	673	80.76	2015	100	467	56.04
2008	100	664	79.68	2016	100	452	45.20
2009	100	659	79.08	2017	100	436	43.60
2010	100	643	77.16	2018	120	413	49.56
2011	100	656	78.72	2019	120	406	58.46

2014年始,舜柯社区对组织老年人旅游改为发旅游费,每2年1次,每次150元。2018年起,老年人每人每月补贴增加到120元。是年,社区对年满60岁的老人每人送40元人身意外保险。2017年,投保1002人,2018年投保1075人,2019年投保1102人,合计缴纳保险费12.72万元。这一举措使因病住院病人可以多报

销10%的医疗费用。

三、金婚、钻石婚夫妇

随着人们生活水平的提高,各种养老待遇的贯彻落实,社区内金婚、钻石婚夫妇逐渐增多。2018年,社区内有金婚(结婚50周年)夫妇69对,钻石婚(结婚60周年)夫妇7对。

2018年舜柯社区金婚、钻石婚夫妇情况表

表15-6

序号	所在自然村	金婚夫妇		钻石婚夫妇	
		丈夫	妻子	丈夫	妻子
1	上秦巷	秦荣昌	周东珍	—	—
2	东浜	蒋祖荣	潘士娣	—	—
3	东浜	顾菊林	王杏芬	—	—
4	东浜	杨承泉	盛祥珍	—	—
5	西浜	张小岳	张凤英	—	—
6	西浜	—	—	顾根兴	钱英娣
7	西浜	顾正献	樊和香	—	—
8	西浜	周根南	周秋英	—	—
9	西浜	周仲谋	吴桂秀	—	—
10	西浜	景耀兴	刘梅英	—	—
11	西浜	景敖度	陈惠珍	—	—
12	西浜	秦寿兴	丁荣珍	—	—
13	西浜	景敖二	吴秀珍	—	—
14	庄家	吴斌辉	缪月珍	—	—
15	庄家	吴炳兴	王锡英	—	—
16	庄家	吴锡元	李梅宝	—	—
17	庄家	赵松勤	梁传娣	—	—
18	庄家	周炳法	张惠娟	—	—
19	庄家	吴旭旦	朱桂秀	—	—
20	庄家	庄荣兴	李龙娣	—	—
21	庄家	缪灿荣	费银娣	—	—
22	蒋巷	张可达	庄志勤	—	—

续表15-6

序号	所在自然村	金婚夫妇		钻石婚夫妇	
		丈夫	妻子	丈夫	妻子
23	蒋巷	蒋泉昌	吴梅英	—	—
24	前周巷	周伯麟	陈祥娣	—	—
25	前周巷	—	—	周金清	吴月秀
26	前周巷	周仁清	陆政红	—	—
27	后周巷	费盘清	庄珍娣	—	—
28	费巷	费鼎秋	周根娣	—	—
29	费巷	费金南	林凤妹	—	—
30	费巷	费银南	黄玉芳	—	—
31	前田舍	吴惠兴	居梅英	—	—
32	前田舍	黄荣泉	边梅英	—	—
33	前田舍	王祥兴	边燕萼	—	—
34	前田舍	吴三南	唐宏梅	—	—
35	后田舍	朱申金	时惠琴	—	—
36	后田舍	吴一清	周志琴	—	—
37	吴一	冯欣	张亚琴	—	—
38	吴一	—	—	于胜根	张玉英
39	吴一	吴仁法	李金秀	—	—
40	吴二	徐可子	赵凤英	—	—
41	吴二	—	—	朱天宝	许月娥
42	陆巷	蒋正福	陆琴英	—	—
43	陆巷	陆德丰	黄海燕	—	—
44	陆巷	陆耀祥	吴杏珍	—	—
45	石巷	石如荣	李梅芬	—	—
46	石巷	石海良	丁菊娣	—	—
47	石巷	石兴昌	朱秀英	—	—
48	壤里东	丁本度	虞亚琴	—	—
49	壤里东	丁品根	吴锡英	—	—
50	壤里东	张林生	江兰珍	—	—
51	壤里东	—	—	陈明祥	虞月娥

续表15-6

序号	所在自然村	金婚夫妇		钻石婚夫妇	
		丈夫	妻子	丈夫	妻子
52	壤里东	丁锡良	黄丽娟	—	—
53	壤里东	刘玉正	丁珍娣	—	—
54	田肚	殷锡标	芮荷娣	—	—
55	田肚	邵南清	张湘珍	—	—
56	田肚	殷永康	龚绍凤	—	—
57	殷巷	殷旭昌	朱梅英	—	—
58	殷巷	—	—	殷焕良	张全娣
59	殷巷	殷金祥	徐开英	—	—
60	殷巷	殷旭明	何正英	—	—
61	沈巷	王耀初	陈亚娟	—	—
62	沈巷	沈镇铨	吴秀英	—	—
63	沈巷	殷壬表	杨元娣	—	—
64	沈巷	王尤良	缪瑞珍	—	—
65	沈巷	王锦伟	施英兰	—	—
66	沈巷	王菊义	孙一鸣	—	—
67	王巷	殷东生	倪燕玉	—	—
68	王巷	王仁兴	殷志芬	—	—
69	王巷	王伟祖	张荣娣	—	—
70	王巷	汤炳惠	孙月凤	—	—
71	王巷	汤贤惠	石银秀	—	—
72	王巷	王福兴	王彩娣	—	—
73	王巷	王惠芳	王杏娣	—	—
74	王巷	殷荀度	石玲娣	—	—
75	花园	王三宝	俞亚金	—	—
76	花园	—	—	王林宝	王荷英

第十六章　姓氏 宗祠 宗谱 古迹

2018年，舜柯社区姓氏有王、计、朱、尤、庄、杨、芮、吴、沈、张、陆、石、叶、刘等55个姓氏，分布在舜柯社区27个居民小组。

历史上，域内殷氏祠堂、王氏祠堂、石氏祠堂等宗祠有一定规模。《朱氏家谱》《芮氏宗谱》《殷氏家谱》等保存完好。2019年，续修完工的有《周氏家谱》《缪氏大统宗谱》《费氏宗谱》等9部宗谱。

第一节　姓氏

2018年，舜柯社区有55个姓氏，分布在27个居民小组。

一、历村

历村地区姓氏有王、计、朱、尤、庄、杨、芮、吴、沈、张、陆、缪、陈、周、孟、赵、侯、俞、费、秦、顾、徐、陶、黄、蒋、谢、景、潘、时、邵、钱、夏、任、刘、余、魏、郁、章、高、龚、邹等41个。

2018年历村地区各居民小组姓氏人口情况表

表16-1　　单位：户、人

居民小组	姓氏	户籍数	家庭人口
上秦巷	秦	28	112
	赵	5	17
	徐	1	2
	吴	2	8
	沈	1	1
	张	1	1
	魏	1	1

续表16-1

居民小组	姓氏	户籍数	家庭人口
东浜	潘	3	13
	吴	2	6
	孟	1	4
	杨	17	61
	顾	18	79
西浜	周	6	20
	顾	12	55
	景	10	41
	秦	8	37
	陆	2	4
	计	2	6
	张	1	7
	尤	1	1
	黄	2	5
	王	2	5
	郁	1	1
蒋巷	侯	2	9
	张	11	37
	庄	1	4
	缪	2	5
	章	2	8
	周	13	43
	蒋	3	13
庄家	陈	4	19
	周	5	20
	吴	19	71
	顾	2	9
	庄	30	121
	赵	2	8
	高	2	9
	缪	3	12
	龚	4	16

续表16-1

居民小组	姓氏	户籍数	家庭人口
庄家	沈	1	5
	王	1	1
前周巷	周	34	122
	庄	2	6
后周巷	周	20	72
	费	6	23
	庄	5	18
费巷	费	15	57
	周	3	12
	沈	1	5
	缪	8	31
缪家	缪	18	77
	张	5	17
前芮巷	时	3	12
	芮	14	46
	谢	4	13
	陶	3	11
	张	4	16
	朱	1	1
	邵	1	1
	钱	1	4
后芮巷	芮	24	100
	俞	7	29
	张	8	30
	任	1	1
	赵	1	1
	陆	2	10
	刘	1	1
	夏	1	1
前田舍	王	5	23
	芮	4	16
	吴	13	45
	徐	1	6

续表16-1

居民小组	姓氏	户籍数	家庭人口
前田舍	黄	1	6
	张	2	8
	余	1	1
后田舍	陈	7	30
	张	8	33
	邹	1	5
	朱	5	18
	吴	8	30
合计	—	482	1834

二、舜一

舜一地区姓氏有丁、王、石、叶、朱、刘、汤、杨、吴、何、邱、沈、张、陆、陈、邵、钱、徐、殷、陶、曹、蒋、蔡、缪、胡、葛、李、谢、夏、华、杜等31个。

2018年舜一村各居民小组姓氏人口情况表

表16-2　　单位:户、人

居民小组	姓氏	户籍数	家庭人口	何时迁移入村
吴一	朱	12	39	—
	吴	8	21	—
	张	14	52	—
	陆	2	9	—
吴二	朱	42	139	—
	徐	3	7	—
	蔡	2	9	—
	吴	1	5	—
	胡	1	3	—
	殷	1	1	1987年
陆东	张	11	35	—
	陆	7	29	—
	葛	1	3	—
陆西	陆	12	41	—
	张	7	29	—
	陶	4	11	—

续表16-2

居民小组	姓氏	户籍数	家庭人口	何时迁移入村
陆西	邵	1	2	—
	蒋	1	6	—
	殷	1	5	—
	王	1	2	—
石东	石	22	69	—
	杨	2	11	—
	丁	1	5	1976年
	李	2	9	—
	叶	2	8	—
	陆	1	1	1970年
石西	石	18	65	—
	曹	2	7	1958年
	朱	1	2	1963年
	钱	1	3	解放后
	徐	1	1	—
壤东	丁	14	47	—
	殷	1	3	1989年
	曹	1	5	—
	谢	2	7	—
	邱	4	15	解放前后
壤西	丁	20	77	—
	陈	6	19	—
	张	2	10	—
田肚	殷	27	88	—
	邵	2	11	—
	夏	1	2	1994年
殷巷	殷	27	89	—
王巷	王	33	128	—
	殷	16	74	—
	汤	6	29	—
	张	1	4	1991年由安徽迁入

续表16-2

居民小组	姓氏	户籍数	家庭人口	何时迁移入村
沈巷	沈	12	44	—
	汤	9	28	—
	殷	6	24	—
	王	4	18	—
	张	1	1	—
	华	1	4	1987年
东河头	缪	3	14	—
	刘	1	3	解放前迁入
	王	18	64	—
花园	王	6	19	—
	何	4	11	—
	张	5	20	—
	朱	2	5	—
	杜	4	14	—
	刘	1	2	—
合计	—	425	1508	—

第二节　部分姓氏溯源

一、吴巷头朱氏溯源

舜柯社区吴巷头绝大部分人姓朱。距今约4600年前，黄帝作为中华民族的始祖——五帝之一，姓姬，史称轩辕黄帝，黄帝的儿子叫昌意，昌意的儿子颛顼被尊为五帝之一。相传颛顼“生十年而佐少皞，十二年而冠，二十年而登帝位，在位78年，号高阳氏”。颛顼有个曾孙叫吴回，他的妻子叫女嬇，两人结婚后，女嬇怀孕了三年，孩子却没有生下来。没办法，只得冒险进行剖腹产，结果生出6个儿子。她的第5个儿子叫安(有的书上说他叫晏安)。由于吴回与颛顼有血缘关系，吴回的儿子得到了封赏，安被封在曹国，并赐姓为曹，所以晏安改叫作曹安，曹安为曹操的祖先。曹安的后裔(四十一世孙)叫曹挟，西周初年(前1046)曹挟被封在邾国(今山东邹城一带)，并赐姓为邾。曹挟的七世孙叫邾颜时，所在的邾国被楚国吞并，邾颜时被诛。邾国朝中有个大夫叫邾荑鸿，他在灭国时侥幸得脱，逃到江苏的沛县，在此隐姓埋名，并把邾姓改作朱姓。朱黄鸿被朱氏尊为朱氏的肇始祖。

唐元和元年(806)，朱家的后代朱敬则任朝廷中的丞相，退职后，携儿子朱介(光迪公)南迁建邺(今江苏南京)定居。[还有一说是唐代宗元年(762)，朝廷中的枢密使朱宏昭带了重孙朱介迁居建邺]。朱介长大后，在建邺生活了一段时间就举家迁到安徽的婺源，朱介就成了婺源的始祖。朱介生有4个儿子，他的小儿子叫朱禹一曾任过山东济阳县令。朱禹一的儿子叫朱师古，唐大中十一年(857)，朱师古为殿中丞。黄巢发动农民起义时，为躲避战乱，朱师古带着家人回到安徽歙县黄墩居住。朱师古也生有4个儿子，他的第2个儿子叫朱古僚。唐天祐元年(904)，收复婺源，朱古僚担任制置茶院，率兵3000戍守婺源等4个县，因政绩突出，被朝廷封为制置茶院元帅。期间，举家又由黄墩徙居婺源。朱古僚生有3个儿子，第2个儿子叫朱廷俊，官任安徽徽州刺史兼番汉总管。他生的一个儿子叫朱昭元，朱昭元的次子叫朱惟甫。朱惟甫也生有3个儿子，幼子叫朱振。朱振生有4个儿子，他的第2个儿子朱绚(朱熹曾祖)，又生有4个儿子，朱绚的幼子叫朱森(朱熹的祖父)。朱森的长子叫作朱松(朱熹父亲)，他是宋徽宗政和八年(1118)的进士，被皇帝授迪功郎。宋宣和五年(1123)，朱松调任福建建州政和县当县尉，侨寓建阳崇安，于是举家由安徽的婺源迁入福建政和县。朱松也因此成了建阳朱氏的始祖。后来，朱松又改任南剑尤溪县尉。南宋建炎四年(1130)朱熹(朱介第十二世孙)出生于尤溪。朱熹生有3个儿子，长子叫朱塾。朱塾生的儿子叫朱鉴，朱鉴生有两个儿子，他的次子朱湆，又回到安徽歙县老家定居。朱湆生儿子朱杰，朱杰于元朝元贞年间，迁居灵台。朱杰生的儿子叫朱彦。朱彦于明洪武年间迁居阳邑朱家岸，他由此成了朱家岸始祖。朱彦之子叫朱子琅(韫山公，朱介十八世孙)于明洪熙年间迁居无锡藕塘的井亭里。朱子琅成了井亭里朱氏始祖。朱氏后人为尊祖敬宗，于清道光年间在井亭朱巷建立朱氏宗祠。朱氏宗祠大门上方方砖上刻有"沛国风流"4个字，意为朱氏从沛县迁来。朱子琅生有3个儿子，长子朱明益迁居舜一吴巷头，次子朱明艺留居井亭朱巷，三子朱明珊迁居藕塘桥朱巷，这兄弟三人皆为朱介公第十九代孙。

舜柯村吴巷头自朱明益迁居以来，已传至三十九代，54户人家，人口178人。

2019年，吴巷头的朱姓住户，除10户因职教园区建造无锡文化艺术学校而被拆迁，搬入舜柯家园，同族中的徐塘湾，前、后方桥因拆迁搬迁移居藕乐苑小区等地之外，其余尚居住于原址。

二、缪家缪氏溯源

缪氏先祖可追溯到周代鲁穆公。鲁穆公名显，战国人。鲁穆公死后，谥号为“缪”，古代“穆”“缪”通用，鲁穆公的庶出子孙以谥号为氏，遂留下姬姓缪氏一支，即为缪氏之始祖。

汉时，缪氏即住于兰陵郡（今山东枣庄东南一带），之后1500余年间，受战乱的缘故向南迁移，由山东到赣、闽、浙、鄂、湘、豫、皖、滇、川等地。北宋末年，金人破汴京（今河南开封），北宋丞相行八公随徽、钦二帝北移，其子缪瀚随高宗南迁临安（今杭州），缪瀚长子缪继书五传至缪胜景、缪胜览、缪胜山。缪胜山一支初居无锡迎遐亭（今无锡市商业大厦一带）。宋末元初，为避兵扰，移居历山北夏虞桥，子孙分迁江阴申港，无锡东湟、历村、西高山，宜兴楝树港，武进运村等处。2012年，钱桥山泉广场建设（原历村舜柯山下），在耱场上地下发现一石棺，内有十世孙历村支缪衷的墓志铭，为明代名人缪昌之父。缪衷父缪思敏，由夏虞桥婿居历村缪家里，为历村支始迁祖。自宋至2019年繁衍生息已至三十余世孙。

三、芮巷芮氏溯源

据芮氏古谱模布追远图考载：“平原芮氏，黄帝之裔，始姓姬，至夏中兴，夏后少康之子盈公，与夏之旧臣靡戮力复国有功，受封冀州之域，国号芮，爵为伯。历夏至殷太戊时，扈公仕商有殊勋于王室，世食采于平原，以后世世号为伯，袭芮伯，直至殷季未尝废。”从上可见，芮国国君的封号，从夏朝就开始，至今有4000余年历史了，而平原芮氏则始于殷商的太戊时期，至2019年也有3000余年历史了。

芮氏封伯以后，其数代子孙一直事于王室，芮氏勃兴于商代中晚期的武丁年间，但真正兴盛起来则是数百年后的周武王年间，此时，可谓“英达迭起”，英才辈出。周成王时，芮伯（良夫）被拜（封）为司徒，受命辅佐年少的康王。周厉王即位后，好利近莫，芮良夫对厉王竭力进行劝谏。后来，他又曾经同虢仲、梁伯、贾伯等人一起以王命讨伐曲沃，立下战功。芮在商、周两朝的1000余年时间里，芮氏先祖立下的功勋，彪炳于时世。战国时期，秦国在横扫六合，统一中国的同时，作为小诸侯国的芮国也同时湮灭在历史的长河中。芮国虽不复存在，可他的子孙就开始以国名为姓。

在历史演变的进程中，芮氏中的一支由中国的西北向东部迁徙。其中的一支其始祖叫芮毓，字蕴秀，北宋徽宗年间，在河南的汴梁为官，在朝廷的枢密院供职，担任右司郎一职。他一生中生育了8个儿子，这8个儿子均按八卦中乾、坎、艮、震、巽、离、坤、兑的次序取名。“靖康之变”时，第5个儿子芮巽在殿前任捲簾使一职，任上，同宋徽宗一起不幸被金国抓为俘虏。此后，芮毓奉诏率领剩下的7个儿子，以及芮巽的儿子芮山六，护驾康王赵构由河北南渡长江赴浙江的临安（今杭州）。在南迁途中，在溧阳的马前村居住过。南下后，虽然没有金兵的袭扰，暂时得到了安宁，但芮氏一家居安思危，决定分头迁徙各处：大公子芮乾在溧阳的芳溪定居下来，二儿子芮坎在溧水荆塘定居下来，三儿子芮艮定居至高淳西舍，老五芮巽的儿子芮山六则招婿至安徽的旌德洪溪，老六芮离定居于溧阳蒋淀，老七芮坤赴安徽当涂湖阳定居，第4个儿子芮震及第8个儿子芮兑则留在溧阳马前居住。赵构迁徙至临安后，称帝，史称宋高宗皇帝。赵构称帝后，由于芮毓护驾有功，加授他为奉政大夫。他的妻子高氏也夫贵妇荣，被封为兴郡夫人。

历村芮氏的二世祖是芮毓第3个儿子芮艮，字有文。他从溧阳的马前徙迁到高淳西舍安仁里。四世祖担任过御史中丞的芮国瑞又从西舍迁居至高淳的湖头。五世祖芮漳又从湖头迁居武进县。六世祖芮稔则世居于武进县城北的德泽乡的前桥。七世祖芮伯辅又从武进前桥迁至武进安善东乡德胜河上芮庄。十二世祖芮文忠又从芮庄迁徙至武进县的观巷。十七世祖芮秉效又从武进的观巷迁至无锡县江阴巷的南埠头（常州府金匮县天授乡四图）。第二十一世祖芮志起与芮志仁两人则又从江阴巷迁至今钱桥历村的芮巷定居下来。所以，今历村芮巷的芮姓，都是芮志起、芮志仁两位先祖的后裔。至2019年，已繁衍了九代人。

四、石巷石氏源流考

据《石氏续修宗谱（敦本堂）》载，石氏为北宋时代的石曼卿之后，宋代以前的石氏源流不可考。

舜一石巷的先祖为石邦彦，由四川迁至江苏如皋，他是宋绍兴二十四年（1154）进士。倪瓒称他“精研五典”。

石邦彦迁居江邑，成为江邑始祖。石邦彦的后代，第四世孙石孟昭、石仲昭、石季昭三人之中的石仲昭“俱归如皋”。第五世孙石赞元、石補元中，石補元成为洪庄分祖。石赞元传至第八世孙时，前分祖世系不详。八世孙中老二石子实迁居四川，老三石子成“东分祖系不详”，老四石子厚“西分祖系同样不详”。第九世孙为石久诚和石八诚，石八诚之子第十世孙石交渊。石交渊生两个儿子石瑚和石琏为第十一世孙。其中，石瑚仍居四川，石琏则由四川徙居来无锡的井亭下。于是，石琏成了井亭下石巷一支的始祖，石巷的石氏自十一世孙开始。石琏在舜柯社区的石巷定居后，其子孙除十四世孙石惟义徙居上海的嘉定，十九世孙石仲琳迁居汤家桥，石忠义迁居仓浜，石啟源迁居瓦屑霸等处外，其主脉一直在石巷生产、生活，繁衍，传至2019年已三十三世，历二十三代，数百年的时间。

第三节 宗祠

舜柯地区有赤墩里的殷氏祠堂、王氏祠堂，石巷头石氏祠堂以及壤里的丁氏祠堂。区域内百姓称宗祠和祠堂，亦称家庙，是宗族供奉祖先和祭祀的场所。在历村、舜一地区的宗族文化里，宗祠除作为祭祀场所，又是执行族规家法的地方。区域内族人的冠礼、婚礼、丧礼等都在宗祠内进行。族人之间或族人家庭中发生矛盾纠纷，都到祠堂中裁决。各个家族都会给本家族的祠堂取个名号，这个名号就叫“堂号”。堂号是本族的象征，让本族子孙知道家族的来源，纪念祖先的功德。宗祠虽然是封建社会的产物，但在新的历史时期仍有其积极的意义和社会作用。改革开放后，全球华人寻根热潮兴起，宗祠具有帮助人们寻根问祖、缅怀先祖、激励后人互相协作的积极意义，对加强中华民族的凝聚力具有很大的作用。2019年，区域内宗祠已全部消失。

殷氏祠堂

清光绪元年（1875），殷氏开始筹款，至光绪十四年筹得了建祠堂的大部分公款。光绪三十二年四月开始购地，先后向汤涌泉、王新磊、殷渭泉三人购得连在一起的桑麻旱地共1亩七厘。同年秋天，开始购买各种建筑材料，第二年春季破土动工。据《殷氏宗谱》中《创建祠堂记》记载新祠堂落成的时间为宣统元年（1909），从开工到全部竣工，经历了4年。

新建祠堂占地面积一亩多（含祠堂前场面、祠内大院），一排4间平房，共两进，中间有一个大院，院中央栽有柏树，院中东边还有侧厢房，总建筑面积200多平方米。中间厅取名曰“壬丙堂”。祠门上方有“殷氏祠堂”几个字。祠堂外观呈明清时江南建筑典型的灰瓦、白墙。祠内供奉着自十四世孙以来的列祖列宗牌位，气氛庄严、肃穆。

2014年，村庄拆迁时，殷氏祠堂随同殷巷被拆除。

王氏祠堂

赤墩里的王氏祠堂，位于王巷的村西边，它同赤墩里的殷氏祠堂相近，建筑年代无从查考。

解放前，王氏祠堂是赤墩里周边的王氏子孙用来祭祀自己祖先聚餐的地方。同时，它也是执行族规之处。

王氏祠堂一进四间，祠门进去有一个小院落。四开间的中间两间，供奉的是写着已故祖先的名字和去世的具体日期的牌位，每年有固定的祭祖的日子。届时，家家户户、老老小小依照辈分的长幼，依次祭拜先祖。

解放初，王氏祠堂成了朱灿根领导的“土改”工作队的办公室。“土改”结束后，王氏祠堂内办过农民扫盲班夜校。50年代初、中期，王氏祠堂又成藕塘井亭小学的一个分部，开设(1~3年级)复式班一个。1968年，王氏祠堂改成了舜一小学的一个复式班。是年下半年，王氏祠堂被彻底拆除。

石氏祠堂

位于舜柯社区西片石巷头自然村最西侧的石氏祠堂，是舜柯地区最大的祠堂之一，它有三开间阔，进深有三造(三进)，总面积300多平方米。由于有三造进深，加之其间有大的天井，故而显得特别进深。里边墙上林林总总的神龛之内供奉着石氏列祖、列宗的牌位。每年清明或过年氏族在祠堂中共同祭祀。

石氏祠堂在扫盲运动中办过夜校、扫盲班。1951年土改时，政府安排村里的两户无房户在已经拆毁了神龛和牌位的祠堂之中长期居住。

1958年，村里的公共食堂办到了石祠堂之内，生产队的仓库也在其中。

“文化大革命”之前，祠堂作为农中的校舍。

1968年，在建造舜一小学时，拆走了前造三间所有的建材，后造三间让村民拆除后在此地基上造了两层楼民居，中间一造三间保持原样。2006年，职教园建设征用拆除。

丁氏祠堂

在舜柯社区最西部的壤里，一口池塘北边的高地上，建有面积140平方米的丁氏祠堂。始建于清同治八年(1869),是一座典型的清代建筑。

丁氏祠堂的整体建筑呈球门形,东西12米,南北12米。跨入大门是个天井,两侧各有一间侧厢房,天井后边是坐北朝南的三间平房。丁氏祠堂大门两侧的厢房中央的墙上各开有一个侧门,同大多数祠堂只有一个大门不同。

丁氏祠堂内,除通常所设丁氏列祖、列宗牌位的地方外,还另设清明节祭祖时丁氏家属聚餐之处,里边常摆着公共的八仙台10张,还有长台、碗橱、椅子之类,聚餐时器具一应俱全。

2006年,丁氏祠堂在壤里村拆迁时一并拆除。

第四节　宗谱

舜柯地区自解放后至20世纪末未续编宗谱。2002年以后,区域内兴起修谱热潮,至2019年续修完成的有《周氏家谱》《陆氏宗谱》《殷氏家谱》等9部。

2002—2019年舜柯地区续修姓氏宗谱情况表

表16-4

自然村	宗谱名称	堂号	续修时间	主修	存藏单位或珍藏者
周巷	《周氏家谱》	宁远堂	2002年	周国甫	周国甫
陆巷	《陆氏宗谱》	仰贤堂	2007年	陆焕清	陆焕清
殷巷	《殷氏家谱》	善庆堂	2007年	殷耀伦	殷耀伦
吴巷	《吴氏大统宗谱》	至德堂	2009年	吴伯雄	吴伯雄
石巷	《石氏家谱》	—	2010年	石福良	石福良、石振一、石振明
沈巷	《缪氏宗谱》	敦本堂	2014年	缪正明	缪正明
吴巷头	《朱氏宗谱》	存远堂	2015年	朱重光	无锡市图书馆
芮巷	《芮氏宗谱》	—	2017年	芮林森	芮林森
费巷	《费氏宗谱》	尚志堂	2018年	费仲兴	费仲兴

第五节 家风 家训 家规

舜柯地区的历村、舜一村所有宗谱中，均编入家风、家训、家规，其中有的是传统的族规家训，有的是新编的族规家训，都具有一定的教育作用。族规是家族自己制定的约束和教化族人的家族法规，亦称家法、家约、家范等。家训是传统文化的重要组成部分，对个人的修身、齐家发挥着重要的作用，具有稳定社会秩序的力量。家训中还有许多治家教子育人的名言警句。《缪氏宗谱》仁训中说："人而不仁，则心已死"，"仁如桃李核中仁，一得生机，勃然而生，生枝生叶、而开花、而结果，皆从此仁始。使此仁有损，生机早以绝矣"。信训中说："人之有信，如马之有足，车之有轮也"。这些形象生动的教育、育人语言，脍炙人口，教育着一代又一代的舜柯后人。

殷氏家规

1、勤修谱系 2、务欲勤俭 3、务立碑记 4、勤修祠宇 5、及时祭祀

6、孝顺父母 7、睦宗族 8、厚姻党 9、教子孙 10、正妻妾

11、明嫡庶 12、严内外 13、崇礼仪 14、守耕读 15、力农亩

16、端心术

缪氏家规宗训(摘自2014年续修《缪氏宗谱》)

家规十八条

凡为家长，必谨守礼法，以御群众，裁省冗费，禁止奢华。

凡诸卑幼，事无大小，毋得专行，必咨禀于家长。

凡子载父母，妇事舅姑，昧爽省问。子供药物，妇具晨羞，容貌必端，执事必谨，应对必下气怡声，不可涕唾，喧哗于其侧。

凡子受父母之命，必籍记而佩之，时至而速行之。若不可行，则和色柔声，具是非利害，别白之。虽父母怒达之流血，不敢疾怨，起敬起孝。

凡为子弟者，不敢以富贵加于父兄宗族。

凡为人子者，出必告，反(返)必面。

凡为宫室，必辨内外，深宫固门，外、内不共井，不共沐，不共厕，妇人无故，不窥中门。出中门必掩蔽其面，男仆不入中门，入中门，妇人必避之。

七岁男女不同席，不共食。八岁男子就席饮食，必后长者。十岁男子出，勿居宿于外。

凡所读书，必择精要者读之。非圣贤书勿使妄观，以惑乱其志。

女子则教以婉顺听从，及女工之大者，蚕织、裁纺、饮膳之类。君子生则敬养，死则敬享，思终身勿辱也。君子有终身之丧，忌日之谓也。

男女不可于幼小时便议婚姻，盖富贵贫贱更迭不常，男女贤否，年长乃见。

亲戚故旧于厚密时，不可尽语以私事。一旦失欢，辄凭以争讼。愤怒之际，不可指人隐讳，而暴其祖父之恶，彼必深恨入骨，没齿不忘。古人谓伤人之言，深于矛戟是也。

妇人亲族，有为僧道者，不许往来。

三姑者，尼姑、道姑、卦姑也；六婆者，牙婆、媒婆、师婆、虔婆、药婆、稳婆也。盖与三刑六害，同有一于此，而不致奸盗者几希？若谨而远之，如避蛇蝎，庶乎！净宅之法，凡宗族妇女不得习为华丽，耽于酒麯，性务端庄、静一，寡言慎行。奉舅姑以孝，事丈夫以谨，待妯娌以和，接子孙以慈。凡有吉凶，务在谨内外，别尊卑，辨亲疏。惟守闺门之礼，不与阁外之谋。《易》曰："男正位乎外，女正位乎内，男女正，天下之大义也。"

凡居家不可争讼，讼则我欲胜彼，彼亦欲胜我，仇仇相报，势必破荡家产，祸延子孙。岂若含忍退让，使邻里称为善人，子孙亦蒙其福。

凡处家宜俭勤，俭则物无浪费，可免饥寒。勤则百废具兴，无虞毁败。古人陈《无逸》咏《豳风》，无非教人勤俭也。我族人当谨志弗忘。

凡族有孝子、顺孙、义夫、节妇及一切善行，合族者宜尊敬之，贫乏者宜厚恤之。若不孝、不悌、不仁、不义，或玷辱祖先者，或祭扫不诚者，或赌博者，或盗窃者，或酗酒、荒淫、横暴乡里者，外内乱鸟兽行者，皆属不肖子孙，宜分别严治，以昭惩劝。

凡购塚，以葬宗族之无地者；置田，以赡宗族之无养者；设塾，以教宗族之无师者；给资，以婚宗族之无室者，皆义事也。饶裕之家，当勉为之。

宗训八条

孝训 古人云：天下无不爱子之父母，而世多有不孝其亲之子。回想父母之于子爱心，无所不至，而为子者其忍忘之耶？世人受人恩德，莫不曰知恩报德，则人之有恩德于我者，尚思回报，况父母之恩德尔！尽也!《诗》云："欲报之德，昊天罔极。"报答之诚宜，何如耶？

夫孝，德之基也，忠之门也，天之心也，地之程也，人之木也，孝之为义大矣哉!"哀哀父母，生我劬（劳累）劳。"怀抱而冀其步履，步履而冀其成立。疾则思其愈，长则思其贤，贫则思其富，为之顾復，为之提携，为之衣冠，为之饮食，为之择师，为之娶妻，为之立产，为之欣喜，为之恐惧，为之人年不满百，而一生心血，已为子孙用尽。是以天下事有待，而孝无待，待其富如终不富，而亲莫留，待其贵如终不贵，而亲已逝。天之岁月不为父母久邀，人子之心，昊天罔极。故志士当惜寸阴，孝子当惜分阴，尽己之心，竭己之力，随己之分，行孝之事，是孝而已。然人生有二根：婴孩之际，只知嬉戏，恃亲之爱，肆己之为，未能曲尽敬亲之道，恨也！长而毛里之念常生，音容之追已渺。虽珍馐礼酒，生不能奉双亲，于九泉风木之悲，终身浩叹，恨也！知此二根，则父母双全，岂非人生大幸！自当晨昏定省，竭尽孝思言笑，依旧承欢膝下。在一日，则伸一日之报，在一刻，则伸一刻之报。庶返心不愧，顾影无惭，否则悔将何及？世人不孝，禽畜不如；贤哲不齿，神明见弃；不遭显报，必有冥诛。

悌训 兄弟一母所生，骨肉之至，亲者也。今人不明理义，悖礼逆天。生虽同胞，情如吴越，居虽同室，迹如路人，以至计分毫之利，而弃绝至恩，信妻子之言而结为死怨，岂理也哉。古诗云："兄友弟恭，弟敬兄，天然伦序自分明，席间务让兄居左，路上应该弟后行，酒食先须供长者，贷财切勿起争心。谆谆诲汝无他意，原是同胞共乳人。"语虽浅近，意颇真切，吾人当熟记之。

兄弟同居，忍便安，莫因毫末起争端，眼前生子又兄弟，留与儿孙作样看，真金玉之言也。今人兄弟不睦，多由妇女离间。盖妇人见识卑浅，轻于割恩，易于修怨。有余，则妒忌，不足，则较量。每于锱铢升斗，即切切于心，啧啧于口。男子听之近情达理，因而信之。钱财之念重，而兄弟之谊疏矣。独不思父母所遗家资，无一定之数，或拨数万数千万，或拨一百五十者，或原仅有十畝五畝者。更有毫无所遗，尤有负欠债累者，分授后即稍有不均，譬如父母原少这区田、这间屋、这件物或多欠些债，或更有一个兄弟，则心自平矣。彼虽较量锱铢，我只宽容退让。勿听妇言，勿见小利，自无阋（倒）墙之患，而有棠棣之欢矣。

夫妇训 男女居室，人之大伦。男子要和而有礼，乐而不淫。女子要柔而有礼，顺而能敬。天下未有己不正，而能正其妻者，为夫者先要自身端正。我孝顺父母，他怎敢不敬翁姑；我友爱兄弟，他敢不和妯娌；我持身端正，他敢违逆家规；我闺门严肃，他敢肆无忌惮！事事感化，曲曲勤论，自然成一人家。纵有顽妻，无法可治，也就收敛改过。若自己不正，贪花恋色，吃酒赌钱，就是贤德妇人，也变做悍妻，妇只为夫纲不正，遂致败坏门风。

子女慎择配，莫问富与贫；家声贵清明，士农不必分。积德有家教，此便是良因。牙行（中间商）并胥吏，切莫与论婚。习性既不善，心性亦难驯。“人家兴与替，所关在闺门；枕边言易入，渐积移木真；况乎所生子，赖母教成人；妻贤夫寡过，母善子真诚；荫庇及后世，麟趾歌振振。”此古诗也。可知夫妇之道，先在择配。择配不慎，鲜不为患，况而来风俗大坏，每逢灯节戏场，城乡妇女联袂成群，杂沓无忌，不顾众人挨挤，恶少赶前逐后，恣意饱看。至于芳春三月游山入庙，托名烧香，或迎神赛会，男妇混杂，彼以此为作福，而不知谤言从此起矣。儿择配者，此类门户，宜切戒之。

女子有夫，终身之所倚赖也。必择性行端雅、持躬谦抑者事之，则不致溺于流俗、赌博、游荡，习于狂妄好勇斗狠。如此，则女得所夫，庶不至有失身之憾。

近日富贵之家，多有尼姑媒婆往来，此辈一入门，最善逢迎谀谄，闺中妇女，辄为所牵引。或言某日山中胜会，某处烧香，或言某庵讲经说法，或言某处齐僧浴佛，出则艳妆冶服。此辈左扶右持，惹人谈论，非所以齐家之道也，戒之。

师友训 古语一日为师终身为父。可见最宜尊敬者，莫师若也。凡侮慢师长者，其罪与不孝等。

凡族甲第，联绵皆出，慎重择师，待之诚敬。家世单寒，读书骤发者，亦莫不从尊师重傅而来。倘如市井之流，但知财利之重，全不识师道之尊，能识得一两个字已万幸矣！

凡教子弟，谁不欲其超群出众，学问欲其精进，存心欲其谦退。倘中无实学，徒有嚣嚣倨傲之态，终为弃材而已。

后生小子，须令专务实学，晦养沉厚，倘锋锐太露，则易脆折，英华太洩，则易凋零，如桃杏灼约，其花不经风吹日炙也，安能历久不衰，与松筠亭亭于霜雪中乎？

吾人以道义共，相砥砺者，惟友耳。盖友之直者，吾则受规谏之；盖友之谅者，吾则受诚实之；盖友之多问者，吾则受让论之。盖一言一行无不可观，感而化友之，为义大矣。谚云："近朱者赤，近墨者黑。"一为气习所移，多至不可变化，人可不慎所交哉。

群居终日，言不及义，但说那一班演戏、赌博、争逐及人家闺门暗昧之事，谑（开玩笑）浪笑傲，无所不至。为言不及义，即兴朋友，泛论古今人物，无益于身心。便是言不及义，便是荒废有为时日。

凡交友之道，不可有胜人之心，即如作文，亦不可谓彼不如我，不屑请教。我有谦虚精益之诚，即彼无过人之才，而偶发切中经纬之论，而我便受益矣。

仁训 仁者，心之德，生之本也。人而不仁，则心已死，安得谓之人哉！故曰："仁者人也！"人而不仁与禽兽何异？仁如桃李核中仁，一得生机，勃然而生，生枝生叶、而开花、而结果，皆从此仁始。使此仁有损，生机早以绝矣。会见其能生乎？天地以好生为心，故虽蠢动微生，并存宇内，人能体天地以为心，即至微之物，命亦不忍轻易妄杀，更能曲全调护，尤见恻隐之仁。

义训 义者，事之宜也。事所宜，为自当勇往直前，岂容规避？若义所不当为，而欲强行之，是谓妄作，鲜有不败者耳。利之所在，人共趋之，使诚义所宜取，取之何伤？倘非分而强图之，利不为我有，而徒供人笑语，即使得之，而祸生不测者比比矣！可不见利思义乎？

忠训 常言食其禄者忠其主，此以臣事君者言也。吾既不出事君，则儿尊长之命、师友之言，思尽其心行之，独非忠乎？至于人之患难，我以一手援之。人之纷争，我以一言解之。人属我谋，我尽心以谋之，岂非忠乎？凡于未遇时，读书怀古，以斯民为己任，使终于不遇，而民胞物与之怀固常在也。人将陷于不义者，吾以微言劝谕之；人之迫于逆境者，吾以好言慰解之；人之困于饥寒者，吾以多方曲全之；人之厄于疾病者，吾以方药疗救之。此亦汎（表现出）爱众之一端耳！人生斯世忠勤，为主为君者，尚宵衣旰（晚上）食，为臣者，尚夙夜匪懈，而况士民乎！

信训 我有信，而后可以取信于人，大而托孤寄命，小而取兴然诺，近而乡邑闾里，远而天下四海，不介而孚，全仗此信行事。人而无信，虽跬步之间，亦觉其多阻。谚云："财上分明大丈夫。"此虽俗语，甚觉可味。今之财上分明能有几个？果能分明，诚信人矣！

人之有信，如马之有足，车之有轮也。所藉以行者，此耳。否则吾未见其一往无阻也。

朱氏家训、家范

朱文公家训

君之所贵者,仁也;臣之所贵者,忠也。父之所贵者,慈也;子之所贵者,孝也。兄之所贵者,友也;弟之所贵者,恭也。夫之所贵者,和也;妇之所贵者,柔也。事师长贵乎礼也,交朋友贵乎信也。见老者,敬之;见幼者,爱之。有德者,年虽下于我,我必尊之;不肖者,年虽高于我,我必远之。慎勿谈人之短,切莫矜己之长。仇者以义解之,怨者以直报之,随所遇而安之。人有小過,含容而忍之;人有大過,以理而喻之。勿以善小而不为,勿以恶小而为之。人有恶则掩之,人有善则扬之。处世无私仇,治家无私法。勿损人而利己,勿妒贤而嫉能。勿称忿而报横逆,勿非礼而害物命。见不义之财勿取,遇合理之事则从。诗书不可不读,礼义不可不知。子孙不可不教,僮仆不可不恤。斯文不可不敬,患难不可不扶。守我之分者,礼也;听我之命者,天也。人能如是,天必相之。此乃日用常行之道,若衣服之于身体,饮食之于口腹,不可一日无也,可不慎哉!

家范六条:睦宗族;厚姻党;教子孙;严内外;崇礼仪;守耕读。

新增家范二十一条:

要修谱系;要立碑记;要修宗祠;要顺父母;要睦宗族;要正妻妾;要明嫡庶;要力农亩;要端心术;要饰容体;要积阴德;勿纵色欲;勿结冤仇;勿学不良技;勿学赌博;勿交匪人;宜亲贤俊;有势不可使;有勇不可使;奸诈不可使;要及时祭享。

四、芮氏家规、家训

(一)家规十条:

崇孝行;笃友于;敦族谊;睦邻里;严教子;举文会;戒争讼;禁胥役;谨闺门;奖名节。

(二)十条家训

敦孝悌;务耕织;勤读书;纳国课;端闺门;劝和睦;防口祸;兴会课;戒异业;禁溺女。

第六节　古庙　古碑　古窑

一、古庙(祠)

红庙(观音堂)

舜柯社区蒋巷西侧,紧挨贯穿舜柯社区东西走向的主干道北侧,有多间坐北朝南的商店,房址就是有着悠久历史的寺庙——历村红庙。

红庙从发现砌在小店南墙上的一块明朝嘉靖五年(1526)竖立的里社碑推测,至少有500多年的历史。

红庙有前后两造(两进)房屋,6开间,分成东、西两个相关联的部分,东面叫红庙,西边叫观音堂,建筑面积约160平方米。

红庙的前造是空屋,其功能是家人给死者烧回头香。第二造即塑有“老爷”塑像。两位“大老爷”民间叫他们为吴、许二圣大皇。人们来烧香拜佛,供奉的就是这两位“老爷”。解放前,后庙内还有一位看庙老人叫金根。庙里每年夏季有一次大的佛事活动,由大人带上自己的孩子在香火缭绕中叩拜“九皇斗”,祈求保佑孩子和一家人平安。1964年,其庙舍还被当作农中教室使用过。“文化大革命”期间,烧香拜佛活动被取消。

西边三间的观音堂内,前造供着观世音菩萨和哈弥佛,后造供着个韦陀菩萨。解放初,佛像遭彻底损毁,房屋在70年代初成了五金厂。

20世纪80年代初,佛事活动又得以恢复,但形式有变化,每年八月初八改为念大家佛。

观音堂(镇水庵)

观音堂,又叫镇水庵,它位于吴巷头与欧巷头相接的一块空旷地上,临水靠路而筑。南边有一条L形的河,东边也是一条小河。紧挨河岸各有一条东西和南北走向的黄石铺就的“官道”。此庵建于何年不详。

跨过高而坚实的大门门槛,里边是一个院落,院落北边是三开间坐北朝南的正殿。院落的东西两侧各有一个约20平米的侧厢,作生活用房。庙门做得较为考究,用青砖砌成,大门上部有“门厅”,门厅的前后背中间部分,都有大的方砖雕花饰图纹,正面上部中央还有砖雕的庵名。

庵正殿之中的主神,是三国时期蜀国五虎上将之首的关羽(也称关老爷)。赤红色脸部的下颚是长长的美髯,他神态安详又不失庄严地端坐在神坛之上。侍立左右的是同他形影不离,忠心耿耿的两员大将关平和周闯。关平手握鞘鞍中的剑柄,周闯手执关羽的青龙偃月刀,两人目光炯炯,注视前方。

关羽和他手下的关平、周闯塑像是作为“镇水”之神,作“镇住”南北走向花园浜山洪的。因吴巷头及周边多个自然村,都处在山洪威胁之中,人们期盼着关羽来镇住洪水,确保乡闾平安,故附近村子历代百姓都对关羽顶礼膜拜,每年香火不断。正因为如此,群众把此寺叫作“镇水庵”。

偏殿中供着观世音菩萨。

观音堂的北部有一块一亩多的空地,同其他许多寺庙的空地一样,是公产,是尼僧们种菜用地。

观音堂还有一个同其他寺、庙、祠不同的特点:院中不种一株树木,却在庙门前沿河边的空旷地上栽种了6棵中国梧桐。而大多数寺、庙通常在院中栽种白果树(银杏树),也有少数在门前种银杏树的。据传,凤栖于梧桐树上,也许是为了引凤,为村子讨个吉利。

解放后,观音堂神像被毁。剩下的房子,先后做过集体的水磨作坊、合作社、大队办公室、会议室和群众集会会堂。后来,又长期作为粮食饲料加工厂,其中一小部分还做过供销社设在舜一的“双代店”,出售农民生产、生活的商品。

2014年,职教园区建造无锡文化艺术学校时,作为饲料加工厂的观音堂全部被拆。

沈巷观音堂

位于舜柯地区赤墩里的沈巷观音堂坐落于沈巷南边,始建时间不详,一造三开间门面,青砖、灰瓦、白墙,经典的明清建筑式样。

堂屋正中,供奉着坐北朝南的两尊大佛:一尊为观世音菩萨,另一尊为弥勒佛(民间称哈弥佛)。大佛下边东、西两侧供奉的是二郎神和蚕花仙子。每逢农历的初一、十五,居民便前往祭拜。

1958年,沈巷观音堂被拆除。1985年,由王巷秦盘娣老太牵头筹资,在沈巷东南隅造了一间观音堂,供奉观世音菩萨。2011年,沈巷拆迁时,重建的观音堂被拆。

二、古碑刻

舜柯社区发现的最早碑刻为明朝嘉靖五年(1526),立在“红庙”内的无锡县里社碑。1987年夏,历村村民在拆除红庙旧房时,不经意中发现了此碑。此碑高1.3米、宽70厘米、厚25厘米,材质为青石。碑上的楷书雕刻文字完整,字迹大多清晰可见。该碑为明嘉靖五年,当时的无锡县知县管嘉桢颁发的一张布告。布告内容是重申《乡约》规定,要求各里建立坛场,并于每年春、秋二社祭祀土地神。在祭祀时,应杀猪、宰羊,举行村民集体会餐。每月聚会一次,劝善惩恶。同时,要求各里办社学,来启蒙教育儿童,建粮仓,以备荒年。2019年,此碑较为完好地保存在景盛路与社区中心路交会处的小商店门口。

附:无锡县里社碑

常州府无锡县为申明乡约以敦风化事。

抄蒙钦差总理粮储兼巡抚应天等府地方都察院右都御史陈,案验备仰。本县遵照洪武礼制,每里建立里社坛场一所,就查本处淫祠寺观,毁改为之,不必劳民伤财。仍行令各该当年里长,自嘉靖五年二月起,每遇春秋二社,出办猪羊祭品,依式书写祭文,率领一里人户,致祭五土五谷之神。务在诚敬丰洁,用虔祈报。祭毕,就行会饮,并读抑强扶弱之词,成礼而退。仍于本里内推选有齿德者一人为约正,有德行者二人副之。照依乡约事宜,置立薄籍二扇,或善或恶者,各书一籍。每月朔一会,务在劝善惩恶,兴礼恤患,以厚风俗。乡社既定,然后立社学,设教读,以训童蒙;建社仓,积粟谷,以备凶荒。而古人教养之良法美意,率于此乎寓焉。果能行之,则雨旸时若,五谷丰登而赋税自充;礼让兴行,风俗淳美而词讼自简。何待于催科?何劳于听断?而水旱盗贼亦何足虑乎?此

图16-1 无锡县里社碑

敦本尚实之政，良有司者，自当加意举行，不劳催督。各将领过乡约本数、建立过里社处所、选过约正约副姓名，备造文册，各另径自申报，以凭查考。其举之有迟速，行之有勤惰，而有司之贤否，于此见焉。定行分别劝惩，决不虚示等因。奉此，除遵奉外，今将备蒙案验内事理，刻石立于本社，永为遵守施行。

大明嘉靖五年 月 日

无锡县知县管嘉祯立石

布政乡二十一都一图

三、古窑

舜山湾深处"野猪窝"的西侧，有两座南北走向的小山，海拔不足百米，这两座矮山挨近公路，靠北边的叫石门槛（蒲扇山），靠南边的当地老百姓叫它"窑矿山"。据传，窑矿山东侧的谷中，古代还有一个小村庄，有几户人家在山脚下长期居住过。

据原来居住在赤墩里的耄耋老人讲，窑矿山东侧山坡上（也即野猪窝北侧）明清时期有一座古窑，坐落在舜山湾之中。

从解放后舜山湾在建设水库的过程中，挖掘出的大量断砖、碎瓦来判断，此窑生产的主要是砖瓦。

砖窑建在山湾之中，谷中有质地良好的黄泥土，山上则有烧砖用的山柴，就近还有制砖坯用的塘水，一切就地取材。山下湾口又有一条横贯东西的官路，便于运输。舜柯山麓，包括周边的民居造房、砌屋、修理房舍的主要建筑材料砖、瓦可能就取材于此。

窑附近曾有的民居，是窑工及其家属子女的住所。

古窑毁于何时不详。

舜山湾谷中的几个大池塘，就是古人制砖坯挖泥形成的。解放后，人们把几只相近的山塘，挖去阻隔的堤岸，扩大面积，增加存水量，形成舜山湾的水库。

第七节 村规民约

2017年1月，舜柯社区制订村规民约，共10条，2017年2月实施。

1. 热爱祖国，热爱中国共产党，热爱集体，学法知法，遵纪守法，同一切违法犯罪行为作斗争。

2. 爱护公共财物,不损坏水利、交通、通信、供电、供水、生产、生活、休闲场所等公共场所的公共设施。

3. 提倡居民之间互尊互助,和睦相处。工作和生活中,应遵循平等自愿、互惠互利、互相谦让的原则,发扬社会主义新风尚。

4. 发扬艰苦奋斗,勤俭持家的优良传统。破除陈规旧俗,反对铺张浪费,实行新事新办。

5. 维护社会和谐稳定,勇于同任何违法犯罪活动作斗争,杜绝违法,打击犯罪,自觉远离邪教、毒品,自觉维护社会公平正义,做到乡风文明。

6. 维护村容村貌,搞好环境卫生,美化生活环境,建设社会主义新农村人人有责,屋前屋后保持环境整洁,无乱堆乱放,无暴露性白色垃圾。

7. 依法使用宅基地,服从建房规划,不得未经批准乱搭乱建,对不服从规划和乱搭乱建的房屋,不能自行拆除的予以强制拆除。

8. 对家庭无固定收入的老人,其子女必须尽赡养义务,保证老人生活有保障,生病能就医。提倡尊老爱幼,严禁家庭成员虐待遗弃老人和儿童。

9. 凡是适龄青年,都要积极报名参军,服从祖国挑选,履行保卫国家义务。

10. 本村规民约有与国家法律法规相抵触的,按国家规定执行。

第十七章　民俗　方言

舜柯地区在6000多年的历史长河中，形成了同其他地区既有共同性，又有地方特色的习俗。有些习俗已经消失，有些习俗在2019年还依然存在。区域内的语言经过漫长的演变，已形成地方性方言。民间的语言经过传承，流传至今的“老话”，是区域内人民生活经验的总结，道理深刻，具有幽默风趣、耐人寻味的特点。

第一节　岁时习俗

舜柯地区的百姓一直很重视岁时习俗，主要是春节、元宵、清明、端午、夏至、中秋节、重阳节、冬至、除夕等习俗。

春节

春节是历村、舜一地区最隆重的传统佳节。春节前夕，历村、舜一地区百姓忙着采办年货。民国时期至改革开放前，区域内民间杀猪宰羊、杀鸡杀鸭，作为年货。进入21世纪，舜柯地区百姓都到大超市或大商场采办年货，年轻人都到大商场购买服饰、化妆品等。

农历十二月二十四“送灶”后，区域内百姓家家户户开始蒸糕做团子。年糕谐音“年高”，再加上糖糕、桂花糕、赤豆糕等多种口味，几乎成为家家必备的春节应时食品。进入21世纪，舜柯地区大多家庭都到市场上购买年糕年团，少数家庭仍然自家蒸糕做团子。

祭祖。历村、舜一地区祭祖安排在农历十二月二十六、二十七左右举行，晚者在大、小年夜举行，但是“过年”都必须在立春前进行。如当年家中有人去世，祭祖则必须在除夕举行。祭祖时，燃香点烛，敬酒摆羹饭，供鱼肉荤素、年糕年团子等，全家行跪拜礼。

春节前，准女婿要备各种上好礼品，送给未来的岳父母家，称为年礼。亲属间，小辈也常向长辈送年礼。

新中国成立后，春节前夕历村、舜一（大队、村）、舜柯（村）社区领导干部带领一队人员，敲锣打鼓，至烈军属家进行拥军优属活动。

春节前夕，历村、舜一（大队、村），舜柯（村）社区领导干部对区域内特困家庭和残疾人家庭上门慰问，发放补助款和过年物品。

改革开放后，每年春节前夕，历村、舜一（村），舜柯（村）社区向60岁以上的老人每年发放尊老金。

历村、舜一地区民间在春节（年初一）的子夜（或大清早）都要开大门，燃放鞭炮，意为除旧迎新，预示新的一年吉祥如意。清晨起床后，人人都穿新衣、戴新帽、着新袜、穿新鞋。早晨收拾完毕以后，就去向父母等长辈、亲友拜年。父母、长辈要给儿童发"压岁钱"。早餐吃团子、年糕，寓团圆高升之意；有的家庭吃糕丝团子、糖圆，以示全家团团圆圆；有的吃面，取长寿、长春之意。

初一清早，一些善男信女分别到附近寺庙烧香，也有的前去寺庙撞钟、祈祷赐福。邻里亲友相见，互相祝福，说吉利话，恭喜发财，意取个好兆头。小孩说了不吉利话，大人在小孩嘴上用草纸抹一下，并说"恭喜发财"。有客来家，以糖果、糕点、烟、元宝（橄榄）茶等款待。中午不能烧新饭，吃除夕剩下的饭。吃饭时，不能在饭里浇汤，也禁止吃粥，认为年初一吃浇饭汤或粥，一年出门常会遇雨。也有人家吃面条、馄饨和素食。村上有60岁、70岁、80岁、90岁、100岁的寿星老人，全村老少都前去拜年。老寿星给拜寿的孩子发糖果、乌菱、长生果、荸荠等物品以及压岁钱。午后，也有农民到自己田里撩麦光，称"捞田财"。这一天，唱春的、调龙灯的、调狮子的等活跃于乡间。有的人家还把冬青、柏枝、芝麻箕等插在门上，取长青、百事如意、节节高等佳意。春节这一天不能扫地，也不能把垃圾倒出门，而是把垃圾堆在屋角，一直要至正月半，称为"聚财"。历村、舜一地区还有这样的风俗，春节这一天忌向人家乞火，不能汲水，也不能动剪刀，禁止倾倒污水、粪便。晚上睡觉前，要放3个关门炮仗，然后早早睡觉。进入21世纪，区域内百姓时兴用电话、手机短信、微信给亲友拜年、祝福，亲朋好友之间也常常用手机发红包。

年初二起，历村、舜一地区百姓开始走亲访友，吃年昼饭。亲朋好友之间，互请年昼饭。

春节期间，历村、舜一锣鼓喧天，龙灯队到各村各巷舞龙灯，祈求太平。舞龙灯直至正月半结束。

从年初一到年初四，商店歇业（俗称“歇年”）。年初五是“路头（财神）生日”，农户、店家都请“路头”，敬财神，祈求财源亨通，叫作“接路头”。商店年初五开门营业。早上吃荠菜炒年糕和面条，俗称“路头糕”、“路头面”。中午老板请伙计吃“路头酒”，酒要斟满。改革开放后，区域内现代服务业特别是饭店、酒家、超市、农贸市场春节期间照常营业，工业企业一般选择农历正月初八开工者居多。

元宵

农历正月十五（正月半）为元宵节，又称上元节。元宵意即一年中第一个月圆之夜，故也称元夕、元夜。这天晚上，历村、舜一地区百姓一面赏月，一面观灯，因而正月十五也称灯节。闹元宵是区域内春节期间的最后一项活动。早晨，家家吃元宵，也有吃饺子、汤圆之类的吉祥食物。讲究的人家吃荠菜熯糕，有聚财、高升之意。门口从早到晚挂花灯。晚上，人们敲锣打鼓闹元宵。坊间有歌谣：“正月半，龙灯看”。元宵是春节的最后一个舞龙日，舞龙更是热闹。晚上，燃爆竹、放焰火，用麦柴稻柴“烧田财”，表演走高跷，小孩提着兔子灯、青蛙灯等尽情欢乐。有些地方还开展猜灯谜活动。过了元宵节，历村、舜一地区百姓“过年”就算结束。

二月二

农历二月二，又称中和节，俗称龙抬头。历村、舜一地区民间传说，每逢农历二月初二，是主管云雨的龙王抬头的日子，从此以后，雨水会逐渐增多。所谓“龙抬头”，也指百虫经过冬眠，开始苏醒，所以区域内有“二月二，龙抬头，蝎子、蜈蚣都露头”的谚语。因此，这天也叫“春龙节”。

历村、舜一地区民间在这一天都会给孩子剃头（理发），认为在这一天剃头，会红运当头，福星高照。民谚说“二月二，剃龙头，一年精神抖擞没有愁”。中国人素以龙为图腾，区域内百姓在这一天给孩子“剃龙头”，表达祈求神龙能赐福给孩子的美好愿望。

三月初三

农历三月初三，历村、舜一地区百姓称为“上巳日”，区域内民间有郊游的习俗，称“踏青”。历村、舜一地区民谚有“三月三，大蒜炒马兰，吃则去游惠山”。农民常在这天的中午前后听蛙声以预卜一年的丰歉,“田鸡叫勒午时前,大年在高田;田鸡叫勒午时后,低田勿要愁”。意思是说青蛙在午前鸣叫,雨水较多;在午后鸣叫,则不会有涝灾。对三月初三这一天的天气,农民十分重视,民谚说“三月初三晒得沟底白,牛毛草儿尽变黄金麦”。意思是说三月三天气好,阳光强烈,夏熟收成好,反之则收成不好。

清明

冬至后106天,阳历一般在4月5日的清明节,是区域内百姓纪念先人的节日。清明节前,历村、舜一地区民间家家上坟,祭祀祖先。新中国成立后,清明节除民间上坟祭祖外,历村、舜一地区的机关、学校以团体瞻仰、祭扫革命烈士陵墓,开展纪念活动和进行爱国主义教育。

端午

农历五月初五,俗称端午节。民国期间乃至解放初期,历村、舜一地区家家门上挂艾草,插菖蒲剑,孩童手上系菖蒲根做的葫芦,据说有驱瘟逐疫的作用。有的人家挂钟馗像,有辟邪、祛毒、求吉之意。

区域内家家户户在端午节前一天包粽子,包好的粽子与自家腌制的咸鸭蛋放在锅里煮一个晚上,香气满屋。端午早晨,家家吃粽子,区域内旧有“端阳不吃粽,死则呒人送”的谚语。旧时,还有饮雄黄酒的习俗,并用雄黄酒喷洒墙角、床下,据说可祛五毒,室内用蓬艾烟熏,以消毒杀蚊。未婚女婿和刚结婚的新女婿端午节前都得到岳父母家探望,送粽子、咸蛋、水果、烟酒等礼品。

夏至

夏至,在公历6月21日或6月22日。历村、舜一地区百姓有夏至吃馄饨的习俗,旧有“夏至勿吃馄饨,死则呒不坟墩”的谚语。这天,人们不能坐门槛,否则要“疰夏”。夏至节气半个月正值江南梅雨季节,是区域内农民抢插秧的夏忙时间。民间称夏至这天为“进莳门”,头莳7天,二莳5天,三莳3天,并称“头莳要让,二莳要抢”。进入21世纪,夏至吃馄饨的习俗仍在区域内盛行。

六月六

农历六月初六为天贶节。旧时,历村、舜一地区百姓在这一天取水储存,作为制酱、腌物之用。据说用这一天的水所制之酱和所腌之鱼肉一年不坏。区域内百姓还有在六月初六这一天将衣物、书籍拿出来在阳光下暴晒的习惯。经过暴晒的衣物一年中不会蛀蚀霉变。域内百姓还有“六月六，猫狗溷泠浴”之说。是日，将猫狗推入河中洗浴，洗浴的猫狗一年不长虱子、不生病。进入21世纪，六月初六的习俗在区域内逐渐消失。

七夕

农历七月初七为“乞巧”日。旧时，历村、舜一地区乞巧之风很盛。这天夜晚，妇女们纷纷结彩线，穿七孔针，看谁穿的快。届时，祖母或姑母为少女准备一碗鸳鸯水(井水与河水混合而成)和一枚绣花针。院中或厅堂上安放一张茶几，把鸳鸯水放在几上，少女们围在几边，挨次轻巧地用两个手指小心翼翼地拈住绣花针，神情专注地把绣花针轻轻平放在碗中水面上，于是碗底就显现各种各样的投影，有的像棒杵，有的像黄瓜，也有的像放大了的绣花针，后者是顶好的兆头，表示那个投放的少女乞到巧，今后会更灵巧。妇女在乞巧时还会用各种杂花浸泡在水里，然后置在庭院中，第二天取水搽面，据说擦后可使肤色娇嫩白净。有的妇女还捣凤仙花汁，染无名指及小指甲，称“红指甲”。有的妇女在乞巧时还唱《乞巧歌》:“乞手巧，乞容貌，乞心通，乞我爹娘千百岁，乞我姐妹千万年。”

七月半

农历七月十五，又称中元节，俗称鬼节。历村、舜一地区有些人家在这天或超前几天祭祀先人，谓之“过七月半”。祭品中有西瓜、茄饼。有些人家还请亲戚吃昼饭，亲戚离去时送些茄饼。区域内有句歌谣:“七月半，做了茄饼送亲眷”。传说这天傍晚不要出门，以免碰上冤鬼。进入21世纪，舜柯地区有的百姓仍有过七月半的习俗。

中秋节

农历八月十五，是历村、舜一地区民间重要的传统节日。此日恰在三秋之中，故称“中秋”，八月十五的节日就叫中秋节。“月到中秋分外明”，区域内百姓的心愿是人月双圆，故把中秋节作为“月圆花好人寿”的团圆节。是日，晨起吃糖芋艿，下午做椒盐油酥、芝麻白糖、韭菜猪油等馅的各式麦饼，晚上吃团圆夜饭。民国时期，区域内有的人家吃团圆夜饭后还在天井或院子里用茶几置香斗烧天香、拜月亮，用月饼、栗子、白果等干果点心斋月宫。香斗是用线香联成上大下小的方斗形，中间又放檀香、香米等，再插入线香燃烧，俗称烧香斗。这时，满院瑞气氤氲，香飘数里。斋月宫是祈求月里嫦娥能赐给太平安康，保佑亲人永不分离。

斋月结束,父母就将月饼、水果分给孩子们吃,边吃边赏月。节前,小辈要向长辈馈赠月饼等礼品,俗称"张八月半",亲属之间也互相馈赠月饼等礼品。店家在中秋节要宴请店员,发赏节钱,并进行年中结账。

重阳节

区域内百姓称农历九月初九为重阳节。古代以奇数为阳,九为最大的阳数,九九两阳重叠,故称重阳,亦称重九。九与久谐音,有天长地久长寿之寓意。是日,历村、舜一地区乡民登高赏秋,饮菊花酒,吃重阳糕。旧时,男子以六角纱囊装进茱萸缠于臂挂于胸,妇女则在发间插上一小枝茱萸应景。1989年,中国把九月初九定为"老人节",或称"敬老节"。每至敬老节前,历村、舜一村委组织开展尊老敬老系列活动。

历村、舜一地区民间对重阳这天的天气很为在意。据说这天的阴、晴、风、雨与当年冬天、明年春天的气候以及来年收成的荒熟有关。

冬至

冬至,历村、舜一地区民间有"冬至大如年"的谚语,即冬至与除夕同等看待。区域内百姓的风俗把冬至前一天叫"冬至夜",家家都吃一顿丰盛的冬至夜饭,称为"吃冬至"。有的家庭成员因为生肖的原因,还叫孩子住到外婆家或寄娘家去,称作"伴(躲)冬至",以使孩子健康成长。旧社会,区域内还有"有末吃一夜,呒末冻一夜"的谚语。改革开放后,历村、舜一地区的人民生活水平不断提高,每逢冬至夜,家家置办美酒佳肴,吃冬至夜饭。冬至早晨则称冬至朝,区域内民间习俗要吃糯米团子。冬至意味着正式进入寒冬,域内民间有"夏至未到莫道热,冬至未到莫道寒"的说法。冬至起"九",冬至后的第一个9天叫"一九",第二个9天称"二九","第三个九""第四个九"最冷,区域内有"头九暖,二九寒,三九四九太湖连底冻"的俗语。起九后共九个九,九九八十一天,就春暖花开。区域内有"九九八十一,耕牛遍地走"的谚语。因此,历村、舜一地区民间有的人家还制作"九九消寒图",冬至日始,在消寒图上划去一天。划完消寒图,春花满地铺。域内百姓对冬至的天气也十分重视,有"干净冬至邋遢年"的谚语,意为冬至晴天,春节里要经常下雨。

腊八

农历十二月(腊月)初八俗称腊八节。中午,历村、舜一地区家家户户吃腊八粥。腊八粥中放进青菜、黄豆、赤豆、蚕豆、油豆腐、百叶、芋头、山芋等，煮成杂烩粥。有的人家还放入枣子、莲心、白果、栗子等，有的还加肉类。进入21世纪，舜柯地区百姓吃腊八粥的习俗依然盛行，腊八粥内的食材也更为丰富。

腊月十八

腊月十七、腊月十八两天，历村、舜一地区家家户户束扎稻草帚，系在长竹竿上，掸除四壁、梁上、屋顶的灰尘，并用秆稞或竹梢通灶间烟囱，称“掸十八”。民间流传“若要发，掸十八”“十七、十八，越掸越发”的谚语。掸檐尘最迟不过腊月二十四。随着区域内城镇化不断推进，掸檐尘的习俗逐步演变成家庭卫生大扫除。进入21世纪，每到农历年底，舜柯地区家家户户均要打扫卫生，讲究的人家仍然在腊月十七、腊月十八大扫除，把家中打扫得干干净净以欢度春节。

除夕

腊月最后一天俗称“大年夜”，前一日俗称小年夜。大年夜是中国民间最为看重的家人团圆之夜，外出家人一般要在年前赶回家团聚。晚上睡觉前鸣放鞭炮，辞旧迎新。

除夕，域内百姓的习俗丰富多彩。

画弓箭。旧时，除夕傍晚，村民用草帚蘸石灰水（或石灰粉）在大门前场上、或后门外场上画张弓射箭的图形，以示镇邪。有的人家还用石灰水在弓箭旁写“天下太平”“风调雨顺”“国泰民安”等吉利语。抗战时期，区域内曾有人家在场上画飞机、大炮图形。画弓箭习俗在20世纪50年代后期逐渐消失。

贴春联。除夕傍晚，家家户户精选一副大红春联贴于门上，为节日增加喜庆吉祥气氛。春联中间，贴正方形红纸上写的“福”字，“福”字一般倒贴，表示“福到”。有的人家在大门上还贴桃符、门神，以避一年鬼祟。

贴窗花。历村、舜一地区民间还喜欢除夕在窗户上贴各种剪纸——窗花，集装饰、观赏和艺术于一体，烘托节日的喜庆气氛。

贴年画。区域内民间贴年画也很普遍，有的人家将年画贴在门厅、房间等墙上，增添兴旺欢乐的气氛。

吃年夜饭。除夕晚上，历村、舜一地区家家户户合家团聚吃年夜饭。

放关门炮仗。除夕之夜，家人不再外出，就在屋前放3个关门炮仗，意为“爆竹声中一岁除”。改革开放后，尤其是进入21世纪，很多人家都放炮仗、黄鞭、礼花。

守岁。民国时期至改革开放前，吃过年夜饭后，家庭主妇炒长生果、南瓜子，准备年初一的食物和一家人穿的新衣。一切事毕，全家人团坐喝茶，吃瓜子、长生果等谈天说地。直到深夜，这叫守岁。改革开放后，有电视机的人家逐渐增多，除夕之夜全家人围坐在荧屏前欣赏春节文艺联欢晚会。有的人家守岁直至零时，放开门炮仗、开门礼花。进入21世纪，除夕夜零点，舜柯地区鞭炮齐鸣，礼花绽放，也有居民到寺庙撞钟祈求吉祥，迎接新一年的到来。

第二节　生活习俗

舜柯地区的民间生活习俗应时代的变化而变化，特别是穿戴、出行、居住、饮食等习俗发生了翻天覆地的变化。婚嫁、出生、满月、入学、寿庆、丧葬等习俗，既沿袭旧时习俗，又有新的发展。

服饰鞋帽

明代，历村、舜一地区男子标志性服装为穿盘领窄袖长衫，系腰带或穿单袍，袍长及地，腰系绦带，结于腹前。所谓“盘领”，是一种加有圆形沿口的高领，这种服饰士庶都可以穿，只是颜色有所区别。妇女为上身穿盘领右衽宽袖短衣，下穿曳地长裙，有的内穿长袍，外套对襟夹褂。

到了清代，区域内服饰文化受满族服饰的影响较大，有身价的男子穿长衫或长袍，外罩马褂或穿右衽、偏襟、琵琶襟马甲（亦称坎肩、背心），外出或参加礼仪活动则穿长袍马褂。女子穿旗袍，衣身修长，直领右侧开大襟，开叉紧腰，线条突现，柔和俏丽。袖口随季节变换，有中、长、短之分，质地有香元纱、织锦缎、丝绒、毛皮及普通的阴丹士林布。旗袍还注重装饰，领口、袖口、斜襟边常有滚边沿条；胸侧及下摆或彩线绣花或光片缀花。钮子也形形色色，如双排长脚钮、盘香钮、琵琶钮、蝴蝶钮等。许多妇女还在颌下领扣上或左胸别上形式多样的胸花饰品，以增加美观度。

民国期间，富人多穿马褂长衫，质地为绫罗绸缎、毛皮呢绒。知识分子及经商者以穿竹布长衫为多。农村男人服饰多为短装，衣着款式为对襟短衫叠腰裤、斜襟布衫大脚裤，穿着时在腰部打折系带；冬天穿棉裤、套裤，外系竹裙，颜色普遍以黑、青为主，以适应劳动时耐脏、耐洗、耐磨的需要。白衬衫阔带裙为女学生装。年轻女子穿着较艳丽俏美，仍然流行旗袍。年长些的讲究淡雅朴素，老妇人以黑灰色布料为基调、质朴稳重。质地大多为家织土布、粗纱布、青年布、竹布，条件好的穿府绸、士林布。中山装，西装等在社会上层和知识分子中流行。

新中国成立后，男子普遍外套穿中山装、列宁装、学生装，内衣有衬衫，绒衣、毛线衣、背心等。女子穿传统中式服装，由长衣改为短衣，有单、夹之分。改革开放后，区域内穿中山装的人逐渐减少，即使穿亦多为老年人，继之而起的是西装、运动服、夹克、风衣、牛仔服、滑雪衫等。男的穿着多西装革履系领带，女的都穿西装套裙。90年代，“唐装”渐起，仍以传统中式服装为主，只是裁制得更合体，用料更华丽。各式旗袍以老翻新，长短宽窄，无袖低胸者屡出新奇。进入21世纪，女子服装向紧身、轻薄、柔软、艳丽方向发展，牛仔裤成年轻人的常服。

旧时，历村、舜一地区男子大多穿圆口布鞋、女子穿方口浅面搭攀鞋、宽紧深面黑布鞋，多为家庭主妇缝制。冬天，穿蚌壳棉鞋，也有妇女穿绣花鞋，贫寒人家穿芦花蒲鞋甚至草鞋，穿土布袜。雨天农民穿钉鞋，下田穿草鞋，都为自制。很多农民常常赤脚下田干活。二十世纪六七十年代，解放鞋、塑料凉鞋、橡胶套鞋逐步普及。80年代起，皮鞋逐渐普及，妇女以中高跟皮鞋为时尚。进入21世纪，鞋子品种多样，式样新颖，运动鞋更受年轻人喜爱。

旧时，区域内婴儿戴“老虎头”帽，童年戴“兔儿”帽，青年戴宽边呢帽、鸭舌帽，老年戴毡帽、罗宋帽（行灶帽），老妇戴黑丝绒风帽和两片缎面上绣有栀子花或长脚寿字的蚌壳帽。市镇居民有的戴礼帽、白盔帽，有的戴铜盆帽、鸭舌帽或针织绒线帽等。新中国成立后，男子多戴单、棉帽，式样类似人民解放军军帽，以蓝色、军绿色为多。冬天多用纺织品围巾，色彩绚丽，花纹精美。夏天多戴精致的草编凉帽或旅游帽。冬天，老年妇女戴绒帽，也有扎包头巾的。男的有的戴大庆帽、雷锋帽。改革开放后，历村、舜一地区青、壮年戴帽者日见减少，年长者还戴鸭舌呢帽或绒线帽，年幼的戴各种花色毛线帽或圆顶长舌的运动帽或宽顶深口的羊毛帽。

饮食

饭菜 旧时，历村、舜一地区的百姓主食为米饭，其次是面食和糕点。一日三餐习惯中干、两头稀，辅以菜粥，山芋、南瓜、麸皮团子等。乡间有“面黄昏，粥半夜，南瓜当顿饿一夜”的谚语。下粥菜普遍为自家制作的咸菜、萝卜干，也有炒蚕豆、炒黄豆、腌黄瓜，自制腐乳、香糟等。中餐菜多为自种，为青菜、萝卜、韭菜、苋菜、扁豆、丝瓜、黄瓜、长豆、茄子、冬瓜、白菜、豆芽，也有茭白、藕、芹菜等。一年到头，很少吃肉。区域内有“馋嘴媳妇盼年到，荤汤萝卜吃一饱”的俗语，意为到除夕之夜，可吃上一次肉烧萝卜。农民崇尚节俭，常煮稀粥烂饭省粮，故有“一年烂粥烂饭买条牛，三年烂粥烂饭砌幢楼”之谚。有的人家为节省食油，炒菜时用棉花蘸油，在锅底擦一下再炒菜。

改革开放后，历村、舜一地区百姓的饮食发生根本性的改变，饮食丰富且注重营养，味美价贵的熟菜已进入寻常百姓家。

酒 饮用酒有软硬两类。旧时，区域内乡民对自家精米酿制的老白酒和白吊烧酒情有独钟，购买的有黄酒、红酒、果酒、双套酒、大曲、烧酒等。80年代起，各色啤酒普遍上餐桌，少数人开始品尝起价格昂贵的名酒。

茶 旧时，历村、舜一地区乡民在夏天多饮大麦茶，有的上山或在路边采些夏枯草、野茶叶泡着喝，也有用香粳糯稻叶泡着喝。改革开放后，饮茶者增多，条件好的乡民多饮龙井、碧螺春、太湖翠竹等绿茶，也有人喝乌龙茶，铁观音等。

居住

旧时，本地人大多住平房，种客田的外来户多住草屋，屋低窗小，夏天炎热，冬天寒冷，黄梅天潮湿。20世纪70年代末，农户普遍造两层楼房，楼板用水泥、黄沙、石子现浇，后用水泥多孔板。80年代，造新屋建有阳台，安装新式门窗，室内墙壁用石灰粉刷。90年代，区域内有条件的百姓开始建造别墅，内外装潢考究。进入21世纪，舜柯地区搞小城镇建设，好多农宅拆迁，农户入住安置房，高层住房增多，较多家庭购买商品房。

出行

民国时期，历村、舜一地区交通不便，出行主要以腿、船、骑、轿、黄包车为主。乡民出行一般步行。

1949年后，区域内百姓出行变化不大。20世纪60年代，出行多用船只。70年代末，自行车进入农家。80年代末，轻骑，摩托车逐渐增多。90年代起，私人开始有小轿车、面包车，出行“打的”也很普遍。区域内公交线路增多，无私家车的多乘公交车外出。进入21世纪，舜柯地区90%以上家庭有自备小轿车。区域内百姓长途出差或远道旅游，乘坐飞机往返已成常事。

婚嫁

旧时,历村、舜一地区男婚女嫁注重门当户对,男家央媒说亲,女方前去相亲,满意后将男女双方生辰八字的庚帖请算命先生排一排,相合即定亲。男方将庚帖供于灶家殿,然后请媒人行茶礼。茶礼为红布包袱一圆盘,盘中放长生果、百合、红茶叶、陈米陈麦、千年运、订婚戒指和茶金。男方办订婚酒,宴请长辈,俗称"小定"。以后逢年过节,男青年要备节礼,称"毛脚女婿张丈母"。成婚前选择婚礼吉日,托媒人向女家送纳聘帖(日脚帖子)和礼金,有些还加首饰和四季衣裳,叫"大定"。女方置办嫁妆。婚礼前双方都得过年,先请祖宗喝喜酒,女家称"别祖"。结婚当天,男方向女方发轿,迎亲彩轿共有2顶,一顶由新郎坐到女方迎亲(也有新郎骑马迎亲),一顶空着迎接新娘坐。迎亲队伍有鼓乐前导,行倌、喜公(伴郎)、媒人等同到女家。花轿停在场前,男方还要付开门、汰尿布钱。区域内"轿子停在堂前,还要一条牛钱"的俗话由此而来。然后女家发嫁妆。此时,新娘要同母亲抱头大哭,风俗是愈哭愈发。接着,喜娘(伴娘)扶新娘上轿,在场上要快步进快步退,称"常来常往"。接着,新娘上轿时由父亲或兄弟抱入轿中,俗称抱上轿。然后吹吹打打,迎亲队伍来到男家场前,鞭炮齐鸣,一对新人进入男家客厅,喜娘扶着用红布兜头的新娘进入喜堂,开始拜堂,并请出男方长辈一一见礼。夫妻拜堂后送入洞房,由两名父母双全的男青年手捧银花烛引路,喜公喜娘扶新人步步踏着铺好的麻袋前行,称作"传代",两边人群向新人撒寸金草或花纸屑。洞房中灯烛辉煌,新人喝交杯酒,吃银花烛夜饭。待宾客筵散,合家团聚吃"团圆夜饭",新人依次敬酒。当新人回房后,村上男友和亲友开始闹新房。翌日晨起,新娘盥洗后先拜见公婆,同长辈和平辈见面施礼。二朝或三朝,新郎陪新娘回娘家,俗称"双回门"。一个月内新娘不能住娘家,满月后女家要为女儿做满月。婚后一年内男家要应时送四时八节礼。

民国时期,历村、舜一地区文明结婚新风渐起。

1949年后,根据新《中华人民共和国婚姻法》,历村、舜一地区男女青年双方自由恋爱,登记结婚,并举行结婚仪式,婚礼从简。定亲时男方要送衣料为聘礼,同时有一定数目的礼金。结婚时,新娘必穿大红的花衣服,以讨吉利,头上要佩戴绒花一个月。"文化大革命"期间,提倡集体婚礼。改革开放后,男女青年结婚都用名牌轿车迎亲,婚礼仪式出现新潮,有主婚人、证婚人、介绍人,男女傧相,还有童男童女牵婚纱。进入21世纪,婚宴大多办在酒店内举行结婚典礼,有司仪主持婚礼。2019年,区域内青年男女结婚既有中式婚礼,又有西式婚礼、中西结合婚礼,亦有旅游婚礼。

出生、满月

旧时,小孩刚出生,家长就要给婴儿喂一小匙西黄浆,以解胎毒。女婿要携益母草(苦草)立即去岳母家报生(两扎苦草是男孩,一扎苦草是女孩),岳母家将益母草等物交女婿带回。婴儿出生第三天,要过“三朝”,在产房内点香烛,斋“监生娘娘”,以求母亲奶水多,小孩健康。民间给出生的孩子取名时,习惯要先“排八字”,后再取名。有的为孩子好养,取与阿狗阿猫谐音的俗名,或给孩子找一个合生肖的寄娘(干妈)。

满月是初生婴儿第一个庆诞,要为新生儿剃头。理发师给孩子剃头后,父母将孩儿的胎发揉成团,用红头绳串起挂在帐钩上。同时还要给孩子的堂兄或表兄剃头,俗称“剃双头”,寓意成双吉利。剃头后,由祖母或外祖母给小孩洗头,在洗头水中放入一两件银器。“银器”与“人气”谐音,放入银器洗头,小孩子日后就有“人气”。满月这一天,外婆家要做满月,除给孩子送衣服鞋帽、银锁银镯外,还要办灰袋、尿布、抱裙、毛衫,外加摇篮、座车等。这一天,孩子父母要办满月酒宴请乡邻亲友。婴儿周岁,办“纪世酒”,宴请亲友乡邻吃周岁面。改革开放后,报生、外婆家做满月,办满月酒等习俗依然在历村、舜一地区民间风行。进入21世纪,舜柯地区办满月酒一般都在饭店举办。

入学

民国时期,孩童入学前,要举行“授头顶”的习俗,亦称“成童入世”礼俗,多在农历七月初六举行。外婆家要赠送礼品,有书包、文具、衣物等。书包内放雪片糕、长生果、菱之类讨吉利的食品。送孩子上学读书,要送糯米包豆沙的“学堂饼”和一壶糖水的“和气汤”,由家长随孩子一道将“学堂饼”和“和气汤”送给老师,再分发给每个学生一块饼、一碗汤,大家吃了甜甜顺顺,小朋友和睦相处。

1949年后,入学礼俗大多省去。进入80年代,随着独生子女增多,送孩子上学读书,外婆家赠送的书包、文具、衣物和放置的食品档次提高。多数家庭孩子考取高等院校就办丰盛的“谢师酒”,宴请师长和亲朋好友。进入21世纪,孩子考取重点高校后办酒的习俗仍然在区域内盛行。

寿庆

旧时，历村、舜一地区老年人寿命大多五六十岁，活到60岁就称“有寿”，要“大庆”，故有“人生七十古来稀”之说。老人每逢60岁、70岁、80岁、90岁时，称寿星，子女都要为父母做寿。老人80岁时，有的人家特意不办酒，称之为“瞒八十”，寓意不让阎王知道。庆寿酒宴常由儿子承办，寿宴主食为长寿面。女儿为寿星添置衣服、寿面、蛋糕。父母如同年则为祝双寿。小辈要向寿星拜年，民国以前行跪拜礼，后简化为拱手礼，寿星赐以压岁钱。有钱人家的父母早逝，子女为表孝心，待亡父或亡母寿诞之时做冥寿。民国时期至新中国成立初期，亲友祝寿送礼多寿幛、寿联、寿赋。改革开放后红封称便，一束鲜花，一个蛋糕成时尚。进入21世纪，祝寿之礼虽已简化，但送寿礼、摆寿宴之风在区域内盛行。

丧葬

民国时期，历村、舜一地区一般人家人过半百，就要预营后事，打寿材、定坟地、做寿衣。预制寿材有祈祷长寿之意，也属喜事。寿衣，区域内百姓称之为“老衣”，一般是“五领三腰”，男用蓝色，女用红色。寿衣不钉扣子，只缝带子。进入21世纪，有些老人去世以后并不穿寿衣，而是穿生平喜欢穿的衣服。墓地又称“阴宅”，民间普遍认为墓地风水关系到子孙后代兴衰，故要请风水先生踏勘，预定墓穴位置。

老人弥留之际，子女侍奉在侧，夜不就寝，叫“陪夜”。倘有子女在外，急忙召回见最后一面。老人断气后，子女即大哭，称为“送终”，随即将帐子卷起放在屋檐上，尸体用白被单遮盖。入殓前，子女孝服加身(白头白扎)。

人死后当天或第二天，死者家属要通知亲友，称“报丧”。亲友获讯后要泡黄糖汤给报丧者喝。死者一般在第二天晚上小殓，区域内百姓称为“下材”。小殓开始，棺盖合缝处钉上子孙钉，哀乐声起，哭声恸地。一般第三天进行大殓，称“搁三朝”，也有搁五天的。出材时，道士开路，途中还要路祭。灵柩到墓地，金井(墓穴)内要烧柴草暖坑。棺木入穴时，风水先生对好中轴线入棺。送葬者返回不走回头路，进屋喝糖水，吃两片雪片糕。家人脱去孝服，连同白束腰一一挂于梯级上。亲友吃罢“利市饭”回家时，丧家要哭送。

七七四十九天后称“断七”，其中以“五七”最要紧，女儿要办筵席追祭死者。

1958年，区域内推行火葬。1984年后，历村、舜一地区火葬率达100%。

造房

旧时，区域内乡民建房都要请风水先生看地基。屋基破土动工之日，亦由风水先生按全家人的生日时辰择定。开工砌墙，要在“龙沟”（墙基）里置放一些财物以图吉利，一般在墙基的4个角上各放一枚铜钱，是为“太平钱”。待墙体砌至山尖时，叫“封山墙”。封山墙时泥瓦匠要唱喜歌：“新砌山尖高又高，八仙过海齐来朝。八洞神仙齐欢笑，一代更比一代好”。

上梁木料有讲究。旧时，历村、舜一地区民间有严格的规定，房梁只能用杉、松、杨、榆、椿等木材。上梁这一天，娘家人要送“斋梁”糕团、粽子、鱼肉、面和糖果等到女婿家“抛梁”。上梁仪式包括布彩、请梁、拜梁、系梁、安梁、献宝（接宝）、抛梁等。上梁必择吉日良辰，全家老少都穿新衣。抛梁是上梁时最热闹的场面。在献宝、抛梁过程中，匠人要唱喜歌：“吉日上大樑，四方亲朋喜洋洋；抛梁先抛东，主家洪福乐无穷；抛梁抛到南，养的儿子中状元；抛梁抛到西，金银财宝铺满地；抛梁抛到北，子孙满堂全家福。”然后将主人备好的糕饼、硬币和岳父母家送来的糕团、馒头、糖果等由匠人从屋梁上抛撒下去。此时鞭炮声声，喜庆气氛达到高潮。邻居、亲友许多人在下面“抢抛梁”，据说抢到者会交好运。主家最希望抢抛梁者十二生肖齐全，“生肖齐全，百无禁忌”。上梁结束，主人给工匠喜钱。上梁当天，主家办上梁酒，宴请亲友，招待匠人。

盖屋顶，包括钉椽子、铺旺、盖顶、做脊等几道工序。每间的椽子数只能逢单，以避鲁班乳名“双子”之讳。瓦匠做脊时也唱喜歌：“新做屋脊两头翘，今日万福又来到。屋脊新做像条龙，荣华富贵多兴隆”。

乔迁

俗称搬家、搬场。新居落成后，先由娘家来“暖灶”。娘家人一早把点心、甘蔗、灶厨用品等挑运到女儿家。旧时有选择下毛毛雨日子搬家的习俗，意为“有余（雨）”。搬家大多请算命先生择定吉日。搬家时先鸣放鞭炮，然后竹梢、甘蔗进屋，再把大床在房间内放好，再搬厨房物品，也有人家上梁、暖屋一起办，并办酒宴答谢亲友。

第三节 生产习俗

历村、舜一地区百姓在农业、副业、林业生产过程中,形成了一些生产习俗。20世纪60年代开始,区域内的生产习俗渐渐消失。

农业生产习俗

旧时,舜柯地区农民从年初一开始,每天扫地将垃圾堆积到屋角,到正月半傍晚,把垃圾挑到田中焚烧作肥料,称"烧田财"。是日,农户还将稻草点燃,高高举起在田中来回奔跑,然后丢在田里,祈求丰收,称"嚼田角落,一年可收三石六"。

农历二月初八,传说为张大帝生日,这天气温较低,域内民间有"张大帝吃冻狗肉"之说,常有风和雨雪;二月十八和二十八也常有风和雨,农户都要做好农作物防冻工作。二月初八、二月十八、二十八3天如果都是晴天,则年景荒歉,有"三八无雨大荒年"之说。

农历五月二十为"分龙日",水龙宫吃分龙酒,用水喷射田苗,求分龙雨。如次日下雨,为丰收之兆;如久旱不下雨,则定期断屠,市上禁售鱼肉,求天落雨。

夏忙莳秧前夕,村民合置菜肴老酒,念佛聚餐,尽兴一天,求日后耕作平安,这叫"下脚会"。夏忙莳秧结束,再次聚餐酬辛,谢田神保佑耕作圆满之德,称作"汰脚会"。

立秋前后,农家"斋青苗",田里插上红、绿、黄三角小旗。旗上写"令"字,以驱赶水稻病虫害,有"猛将赶蠓虫"一说。

腊月二十四夜,舜柯地区的农民纷纷抱柴薪到田头燃草把,再把燃烧的草把用力抛向空中。夜空中团团火球此起彼伏,时闻"廿四夜,丢田财,你俚田里稗草,我俚田里旺稻""我俚田里收三石半,你俚田里三木碗"的喊声,求田神保佑来年丰收。

新中国成立初期,历村、舜一地区农业生产习俗仍有沿袭。人民公社成立后,区域内农业生产习俗逐渐消失。

副业生产习俗

旧时养蚕,域内蚕农在蚕种孵化前祭祀蚕神,在蚕台上放上桃头,以示祛邪;

贴蚕花娘娘像，禁止闲人出入；家中忌食辛辣菜肴，不起油锅，以利蚕宝宝生长健康，蚕茧丰收；忌说蚂蚁、苍蝇、老鼠；忌出粪。在孵化时还要取葱数根，在葱白中部包一圈红纸，葱味辛香，以引蚕蚁早出卵壳，红纸则代表大吉大利。每当蚕茧取得较好收成时，蚕农们一般都要备酒肴祭祀，以报答“蚕三姑”的保佑。

养猪建圈，匠人和主人不可开口。主人在旁看匠人干活，匠人要什么送什么，否则以后猪会乱叫。有的人家在建造猪圈时在圈内放一捆稻草，请匠人吃点心和团子，然后匠人在稻草旁睡一会儿，以示猪吃了就睡、睡了长膘。有的还要在圈底砖头下放一个馒头，以示养猪顺利，猪胖膘肥。母猪生了小猪，属虎的人不能去看，据说看后小猪会被母猪吃掉。

林业生产习俗

域内农家庭院内忌种银杏、松柏、枇杷、桂花等树木。谁家在村前屋后种桂花如不开花，就认为将来不会发达。

竹子开花，视为不吉，要砍掉。竹园出笋，不能用手去摸，据说摸后笋会烂掉。桃树、梨树在秋天开花，视为不吉之兆，要砍去。

平时忌砍树木，砍树要在“乱里”(即大寒节气)。大寒后逢庚日开始，可砍树木，有所谓“逢庚起乱”之说，至立春为止。

第四节　方言

舜柯地区的语言在漫长的历史演变过程中，有些语言在独特的环境中发展，形成地方性方言，但不是独立于汉民族语言之外的另一种语言，而是具有汉民族语言同中有异、异中有同的语言特点。历村、舜一的地方方言属现代汉语七大方言区中的吴方言，大部分还在使用。

伲娘——祖母

姆妈——妈妈、母亲

伲只——儿子

奴妮——女儿

老小——男孩子

毛丫(wū)头——女孩子

舅公——外公、外祖父

舅婆——外婆、外祖母

舅姆——舅妈

氽(tén)——浮在水面

老伯伯、阿姆娘——伯父、伯母

伯伯——姑妈

丈人、丈姆——岳父、岳母

屋里人——妻子

我俚——我们

佗里——他们

自家——自己

后日——后天

捺泥——泥土

空早——清晨

白相——游玩

睏觉(读gāo)——睡觉

汏脚——洗脚

射尿(读sū)——小便

收作——收拾或教训

归归——整理

新倌人——新郎

吃昼饭——节假日自己家或去亲戚家吃饭

夜头慢间(读gāi)——黑夜里

日青日白——白天

牛牵马棚——瞎搞、搞错

以个——这个

四脚蛇——壁虎

勿局——不好、不灵

呒交易——不好、没本事

地头脚跟——地址

当只(读zē)——以为、认为

收梢——即将结束

污糟——肮脏、龌龊

拖鞋皮——鞋跟没拔上

老倌——丈夫

你俚——你们

捺伲——我与你、咱们

斜头——昨天

前日则——前天

上昼头、下昼头——上午、下午

揩面——洗脸

潨浴——洗澡;

汏衣裳——洗衣服

厌气——无聊

做亲——结婚

日朝——每天

日昼头——中午

夜快头——傍晚

勿着勿落——做事不靠谱

一作崭齐——排列整齐

以搭——这里

呒啥——没什么

勿判得——舍不得

舌格乱拌——噜里噜苏,话多

瞎七八搭——胡说八道

讨手脚——给人麻烦

塌充——丢脸、出丑

杀渴(念)——过瘾,满足

铅缸——粪坑、粪缸

牵昏——打呼噜

作(捉)死——寻死

瞟瞟——看看

抵杠——打算,准备

穷乒(读pīng)乓——争斗、拼命

眼望(读máng)天丝——形容看东西注意力不集中

寒势势——发冷

强皮头——不讲道理、蛮横之人

落落乱——杂乱、乱七八糟

贼牵牵——鬼头鬼脑

雷对——厉害

推猥——差,不好

舒齐——准备完毕,做好

老句失匹——失算,没有估计到

包梢——全部买下

生(shāng)来——原来,本来

发发松——让人放松,发笑

还拉——手巧、会干事

担干记——担心,担责

作料——调味品

和路处——待人和气

寻吼死——寻事、挑事

罪过人——可怜

狗头兴哄——瞎起哄

大糊样——马虎,做事不踏实

倒翻夜壶——话多,唠叨

夯勃郎当——全部

一塌括子——全部

勿识相——不知趣,不识时务

眼横着出——瞪着眼,一派凶恶的样子

寿头寿气——不识时务,说话做事太急

门槛贼精——办事太过精明、自私

着陌生头里——突然

勃——搬

扎硬——棒、强健

推头——推辞、推托

贼脱兮兮——不正经的尴尬的笑

挤手——左手

窜是非——搬弄是非

胡苏——胡须

俭劲——勤快、肯干

蹩着脚——扭坏脚

讨惹厌——麻烦别人,令人厌

发噱——有趣

合仆(读bō)——胸部倒地

迷露——雾

野耳朵——听觉不好

额角头亮——运气好

吵相骂——吵架

促客——刁奸、阴损别人

婊则养(样)——坏家伙

勿适意——不舒服

洋煤头——火柴

吃生活——挨打

好白相——好玩

拆空老寿星——完全没有希望

呒手撒锣——束手无策

碰着赤佬——遇到最倒霉的事

嘎(gā)门相——对某些事不感兴趣

青面皮——指难以交往的人

弯转——转弯

听壁脚——偷听别人说话

亮月——月亮

牵丝攀藤——拖泥带水，做事不爽

弄不连牵——搞不好

勒刹吊死——反复重复一件事

拉及皮——耍赖的行为

神之乎之——说话不着边

死蟹(读hā)一只——毫无办法

日弗做夜出现——做事拖拉、不做好事

铜钱眼里千跟斗——守财奴

出花倒样——出主意花样多，但不到位

罗里搭——哪里

拆烂污——做事最不负责任

喇叭腔——做事赖皮

滴角四方——形容方方正正

一天世噶(读gā)——形容环境一塌糊涂

搞百叶结——做事理不清，瞎帮忙

弹唧——蟋蟀

络纱婆——纺织娘

土婆鱼——肚文鱼，塘里鱼

曲蟮——蚯蚓

秃灰蛇——蝮蛇

捉蜢——蚱蜢

偷瓜猹——刺猬

爪(zháo)花——虾

饭瓜——南瓜

藏粉——凉粉

斤斤菜——黄花菜

蚂咪——蚂蚁

老倘戏——老样子的意思

狗比倒糟——小气鬼

半伲不栏三——半吊子，做事不靠谱

竭出污拉——着急

活哔博——瞎折腾

荐荐上度——得寸进尺

你啊碍呢——表示质疑

促里促卡——暗中作祟

壁笃冷饮——形容非常冷

轧苗头——察言观色

碧绿桑青——形容颜色非常青翠

黑铁抹搭——形容颜色黑漆漆

哭出呜啦——带着哭腔

滴溜滚圆——形容非常圆

拎弗清——做事糊涂

斩洋参——欺骗顾客，对顾客大幅提价

老虫——老鼠

叫哥哥——蝈蝈

昂公鱼——黄鳍鱼、昂刺鱼

百脚——蜈蚣

木狗——狼

白果——银杏

蛤(读ā)蜊——河蚌

活狲——猴子

蛳螺——螺蛳

缩粉——粉丝

老棉鳅——泥鳅

匟(kàng)——藏

洣(mì)——小口小口饮

烊(yáng)——融化

覅(fìao)——不要

戆(gáng)——形容人傻、愣、鲁莽

嘞(fēng)——还没有

搣(miè)——熄灭

搛(jìan)——用筷子夹

揿(qīn)——按

第五节 谚语

谚语俗称“老话”。老话是区域内人民生活和生产的经验总结,语句短小精悍,道理深刻,具有幽默风趣、耐人寻味的特点。

一、政事谚语

有钱人天天过年,无钱人年年难过

吃过黄连苦,才知蜜糖甜

穷人身上三把刀,租重税多利息高

有了千钱想万钱,做了皇帝想成仙

二、农事谚语

收大麦不过小满,收小麦不过芒种

三百六十行,种田第一行

稻老养,麦老抢

头时让,二时抢

种田有学问,靠学又靠问

养猪不赚钱,回头看看田

寒露呒青稻,霜降一齐倒

稻要河泥麦要粪,黄豆须用灰壅根

梅里芝麻莳里豆,过时又能种赤豆

灶里无柴难烧饭,田里无肥难增产

桑为摇钱树,茧是银元宝

寸麦怕尺水,尺麦怕寸水

小暑里种赤豆,大暑里抛绿豆

人怕老来穷,稻怕秋里干

麦要早种,稻要垩壅(肥料)

立秋不种葱,霜降必定空

过去种田靠河泥,现在种田靠科技

植树造林,莫过清明

芒种芒种,样样要种,误过芒种,冬里囤空

娘好囡好,秧好稻好

六月不热,五谷不结

冬菜种心,夏菜压根

麦见生泥哈哈笑,稻见生泥脚脚跳

秋前不搁稻,秋后喊懊恼

一船河泥一船稻,多罱河泥多结稻

人缺食,面肌黄;地缺肥,不长粮

雪落有晴天,瑞雪兆丰年

小雪不见叶,来年呒麦粒

莳秧笑呵呵,牵砻打老婆

三、气象谚语

久雨必有久晴,久晴必有久雨

上看初二三,下看十五六

白露里格雨,到堂坏堂

春冷冻煞老牛精

处暑处暑,热煞老鼠

重阳拗不过十三,十三无雨一冬晴

人怕肚胀,天怕云涨

九九有雪,伏伏有雨

雨天知了叫,晴天马上到

立春一到,百草回春

春风不着肉,白露身勿露

二月清明遍地青,三月清明偏勿青

雷公光唱歌,有雨也不多

夜晴勿是好晴

立秋雷响,百日无霜

八月八,蚊子大如鸭;九月九,蚊子叮石臼;十月十,蚊子贼勒贼

二月寻鬼天,三月杏花天

晴天落旱雨

清明断雪,谷雨断霜

东豁豁,西豁豁,明朝背皮上晒到辣豁豁

两春隔一冬,呒被暖烘烘

小暑不见日头,大暑晒开石头

虹高日头低,明朝必有雨

百年难逢岁朝春

蚂蚁搬家,必定雨下

一寸腊雪一寸金,冬有大雪兆丰年

黄梅无雨半年荒

秋东风,雨祖宗

满天星,明朝晴

东吼(hēi)日头西吼(hēi)雨

两春两端阳,斗米换娇娘

小暑头上一声雷,半个月黄梅倒转来

立冬晴,一冬晴;立冬雨,一冬雨

干净冬至邋遢年,邋遢冬至干净年

四、生活谚语

金乡邻,银亲眷

若要俏,冻到肮狗叫

吃力勿赚钱,赚钱勿吃力

癞痢头儿子自家好

贪小利,蚀大本

眼泪笃落落,两头掉勿落

吃食看来方,穿衣看家当

若要人敬己,必先己敬人

看人挑担勿吃力,自家挑担嗯嗯出

立夏见三鲜(苋菜、蚕豆、蒜苗)

好话三遍厌屎臭

狗眼乌珠看人轻,只认衣衫不认人

河水满,井水宽

吃不着黄狼吃鸡

面上笑呵呵,心里毒蛇窠

贪嘴不留穷性命

身上着得软披披,屋里呒不夜饭米

出门常带三九衣

冬菜如夏肉

行得春风有夏雨

小暑里黄鳝赛人参

满碗饭好吃,满口话难说

少吃有滋味,多吃坏肚皮

天好只顾酒肉饭,雨落呒不钉鞋伞

三千铜钱家当,二千八百着勒身浪

天上老鹰大,地上娘舅大

夫妻争吵,船头上相骂船艄上答话

屋靠人撑,人靠饭撑

乡邻好,赛珍宝

五、其他谚语

六月六,猫狗浛冷浴

蜡烛不点不亮,木鱼不敲不响

遇事不恼,长生不老

从小看看,到老一半

第六节　歇后语

歇后语是一种短小、风趣、形象的语句,它由前后两部分组成。前半部分是形象的比喻,起到引子作用,像谜面;后半部分是解释、说明,像谜底;中间用"——"分隔。人们通常只说前半截,"歇"去后半截,听者一般可以领会出其本意。

蛇吃黄鳝——活进煞

猢狲屁股——坐不定

嘴上涂石灰——白说白话

瞎子吃馄饨——肚里有数脉

大象屁股——推不动

癞痢头撑伞——无发(法)无天

一跤跌进白米囤——好日子

宜兴夜壶——独出张嘴

两个哑子睏勒一头——呒不说头

弄堂里拔木头——直来直去

上不到横林,下不到洛社——前不着村,后不着店

癞痢格辫子——险搭搭

出头椽子——先烂

戏台上的胡须——假的

蜻蜓吃尾巴——自吃自

三铜钱糖霜——一蘸(赞)就光

老虫跌勒风箱里——两头受气

田鸡跳勒戥盘里——自称自卖

蛳螺壳里做道场——兜勿转

额角头上搁扁担——头挑

芦扉上滚到芦扉下——差仿不多

吃死人不吐骨头——心狠

快刀切豆腐——两面光

肚子里吃仔萤火虫——澄澄亮

木樨花予(喂)牛——不经吃

头鲜鲜,尾巴薦——呒长性

城头上出棺材——远兜远转

空棺材出殡——目(木)中无人
烂河泥里勃石臼——越勃越深
屋面上格霜——见勿得太阳
小狗对茅坑罚咒——说话勿算数
铁拐李格葫芦——不晓得卖点啥格药
麻将牌落勒水缸里——(牌潮)败兆
黄连树下弹琴——苦中作乐
一拳打勒棉花上——连回音也呒拨
三个手指头捏粒田螺——稳当稳
汤罐里笃鸭——独出一张嘴
湿手捏着干面粉——撒也撒勿落
贼骨头拍照——贼相难看
街当中拍灰尘——全落在众人眼里
板刷脱了毛——有板有眼
老和尚敲木鱼——实笃笃
老虫跌勒书箱里——咬文嚼字
肉骨头敲鼓——昏(荤)咚咚
挑着石头往山里运——吃力不讨好
砌屋请着个箍桶匠——外行
棺材里伸手——死要钱
打肿面孔充胖子——死要面子活受罪
十五样小菜——七荤八素
顶只石臼做戏——吃力不讨好
七个铜板放二堆——勿三勿四
胸口头挂钥匙——开心
蚊子叮菩萨——认错仔人
膝馒头上打嗑充——自靠自
桑木扁担——宁折不弯
千里送鹅毛——礼轻情意重
孙悟空格金箍棒——能大能小
煤炭店里卖棉花——黑白混淆
云爿头里出太阳——天开眼
老太婆吃海蜇——嘴里闹猛

第十八章　人物

人物传收录的人物均为舜柯地区(历村、舜一)在不同历史时期为社会做出贡献、有名望、有重大影响、具有一定文字材料的已故人物19人,革命烈士2人,以生年排序。人物简介收录的为历村、舜一籍的、具一定业绩的、资料较为充实的正科职以上领导干部,军队营级以上领导干部、离休干部,相当于副教授以上(含副教授级)的高级职称专业技术人员,无锡市级以上(含无锡市级)的劳动模范、全国条线先进工作者23人。人物名录录入舜柯地区的县处级(含副县级)以上、军队团级以上(含副团级)领导干部、解放前参加革命工作者、高级职称以上专业技术人员、省级条线先进工作者、中小学副高级以上专技人员30人。

第一节　人物传

缪昌(1438—1505)

出生于明正统三年(1438),字廷谟,号昕谷,又名缪昌龄,祖上世居钱桥夏虞桥。祖父缪思敏,因夏虞桥宗族繁密,迁居于舜柯山下缪家里。

缪昌10岁因学业优异考中秀才入县学。16岁学成,开始享受国家发给的粮米,常有学生到缪昌门下拜为师。明天顺六年(1462),缪昌在应天府乡试中,中举人第26名,在国子监考核中常在优秀行列,门下接受他教育的学生更多。成化八年(1472),缪昌父母相继离世,居丧期间,缪昌在墓地搭了简易的茅草小屋,晚上睡在草席上,头枕黄土,守孝三年。兄昌年、弟昌民,缪昌和睦相待,把遗产让给兄弟。成化十四年,缪昌41岁,赴京城礼部会试,被选中由皇帝主持的殿试,答卷文辞、内容俱优,名次列在进士二等。两年后,被授予工部营缮司主事,负责修缮皇家建筑。监管皇家砖瓦等建筑材料的采购与运输,以廉洁有能获得好的名声。成化十九年,御史台吏部考绩,缪昌因为贤能公正,皇上下诏褒奖他,并赠其父竹逸先生如已官,其母王氏封为安人的荣誉。后缪昌又改授户部福建司主事,监京卫诸仓,与朝廷大臣共事,缪昌和而不随。成化二十一年,监徐州广运仓,做工的百姓和守卫的士兵都得到应有的报酬。成化二十三年,署员外郎事,监天津三卫仓。缪昌面对的都是些守仓的武士,缪昌用威强抚柔的两手,管理井然有序,声望显赫。弘治元年(1488),孝宗皇帝即位,实授员外郎,缪昌奉皇帝之命实地勘察,把一些富户强势占据平民的土地归还给百姓,百姓在武清为缪昌立生祠。弘治二年,缪昌进署贵州司郎中事。弘治三年,授郎中,赠其父竹逸先生为员外郎,其母王氏为宜人的更高荣誉。朝廷大臣商量国家民生大事,常有人咨询缪昌,缪昌十分谦虚,专心倾听,然后才发表意见。弘治五年,出任山西左参议,均徭役有法,传递文书有规,兴办学校,救济孤寡,老百姓视缪昌为父母官,称颂其者,万口一辞。治宁化府之狱,辨杨副使之奸,都是当时地方官员难以处理之事,而缪昌处理得当。

弘治十二年,缪昌迁山东参政,山东百姓都认为福星到了。海右一向被认为是难以治理之地,缪昌到任后,粮食赋税早早完成,这是因为缪昌处理恰当。4个月后移守辽海,辽海为盗寇猖獗、蕃将羌胡少数民族杂处之地,缪昌恩威并用,抑强扶弱,加以训导教育,风俗大变。胡人骚扰村庄,百姓常常受到危害,缪昌立什伍法,建立了像军队中一样的法规,惩一儆百,并设立报警台和堡垒,整肃风纪,使当地风气严正。弘治十四年,辽东闹饥荒,巡抚欲散粟贷民,缪昌考虑此法老百姓不能得到实惠,官吏有可能乘此贪污,况且贷出容易,偿还困难,于是提出以平价把粟卖给百姓秋收后又以平价收购百姓粮食,以充实粮库,百姓都称好。后缪昌复还山东,在兖州修孔庙、治河患、定役法、惩污吏,政治清明。弘治十六年,迁四川右布政使,莅事近一年,百姓疾苦以消,国法以伸,吏风以清,军伍以足,钱法以通,冤狱以释,蕃地以平,得到蜀地百姓拥护。弘治十八年,缪昌告老还乡,四月,自蜀还吴。六月抵荆南,得疾。七月初一,缪昌病逝,享年67岁。八月初六,其子扶缪昌棺抵无锡,奉柩于重恩堂,于正德六年(1511)十月十六,葬于钱桥境内龙山之西的舜柯山。

高中玉(1896—1941)

出生于清光绪二十二年(1896),原名赵冬根,后更名为高中玉,历村上秦巷人,国民党少将。自幼家贫,15岁时背井离乡,外出闯炼,富有正义感。青年时至黄埔军校学习。曾任上海官商创办的天章造纸厂高等顾问、沪嘉长途汽车公司董事长，浦东川沙、南汇、金山、奉贤沙田督办，闸北房地产承买人联合会主席等职，后至上海淞沪警备司令部杨啸天司令处任军职。因沪战发生，高中玉电呈国民政府请缨杀敌，参加抗战。后因病至后方治疗。民国二十九年(1940)，高中玉寓居老家上秦巷，目睹地痞流氓周阿福为虎作伥、与日军狼狈为奸，于3月31日给军令部秘密呈文，建议惩处周阿福。民国三十年，高中玉到无锡，因旅居处消息透露，周阿福指使人将高中玉绑架至钱桥，后将其杀害。时年45岁。

费琪(1915—2009)

出生于民国四年(1915)11月，女，原名耿静妹，历村费巷人。民国三十七年6月参加革命工作，在梅园三佛殿利用尼姑身份在苏州、常州、昆山、太仓、无锡从事地下政治交通员工作。7月加入中国共产党。1949年5月至1951年3月任常熟市总工会女工部副部长。1951年4月起先后任上海市运输公司人事科科长、工会主席，上海溶剂厂人事科副科长、行政科科长、工会主席。1970年12月退休。1983年11月13日改办离休(享受正处级待遇)。2009年3月逝世，享年94岁。

朱灿根(1920—2012)

出生于民国九年(1920)9月20日，舜一吴巷头人。民国三十七年初，受锡西地区地下党武工队负责人陆道南、进步青年朱茂人等人的影响，朱灿根在铲除恶霸、抗租抗息、动员地方进步青年参加新四军等方面做了不少有益的工作。是年10月，经陆道南介绍，加入中国共产党。1949年5月，任藕塘镇政府治安委员。1950年5月，任舜柯乡乡长、农会主任。1952年8月，任藕塘区财经股长。1954年7月任无锡市黄巷区生产股长。1956年5月，至无锡市委农工部工作。1957年4月至1962年9月先后任钱桥乡乡长、钱桥人民公社副社长。1963年任钱桥手工业联社主任、党支部书记。1972年调至无锡县工业局工作。1973年4月任无锡县水泥制品厂供销、人保股长。

1979年7月退休。1983年5月批准改办为离休。2012年6月26日病逝，享年92岁。

何鹤鸣（1922—1996）

出生于民国十一年（1922），舜一花园里人。1949年5月参加革命工作，同年11月加入中国共产党，先后任无锡新渎区治安中队战士，无锡县治安中队副班长，苏南军区太湖清剿队侦察班班长。1950年起，先后任藕塘区舜柯乡党支部书记，中共无锡市黄巷区委委员，无锡市郊区合作社副科长，钱桥中乡时期乡长、人民公社社长（主任）、党委副书记，无锡县种羊场副场长，无锡县第一招待所指导员，无锡县水泥制品厂副厂长等职。1982年4月离休。1996年11月21日病逝，享年74岁。

周士昌（1923—2014）

出生于民国十二年（1923）12月，历村景巷人。大学期间参加中共地下党外围组织“雷社”，1949年后转为中国新民主主义青年团团员。1950年，周士昌于上海国立交通大学理学院化学系毕业，先后在中华人民共和国第一、第二、第三、第五机械工业部、机械电子工业部、兵器工业部工作，一生从事军工技术工作。高级工程师。1983年退休，享受离休干部待遇。2014年2月20日去世，享年91岁。

朱锡椿（1923—2006）

出生于民国十二年（1923）12月，舜一吴巷头人。民国三十七年，朱锡椿接受革命教育后参加锡西陆道南领导的中国共产党地下革命工作。1949年4月无锡解放后，任洛社镇张镇乡农会主任、洛社镇武装委员会民政助理。1951年10月，调任无锡县供销合作社总社办事处任主任。1958年，至无锡县机关农场劳动。1962年11月至1982年，先后在杨市、阳山供销社工作。1982年7月起任钱桥供销社主任。1985年6月离休。2006年4月24日因病去世，享年83岁。

周惠明(1924—2001)

出生于民国十三年(1924)10月25日,又名周志龙、周戎尚,历村周巷人。早年就读于老家私塾、荣巷公益小学。民国二十八年至上海建华无线电学校学习。民国二十九年至上海亚达无线电公司当学徒。民国三十年,参加浦东淞沪游击第五支队任报务员。民国三十一年1月12日参加新四军,先后任新四军一师三旅旅部电台报务员、一师师部三科机务员。民国三十三年6月任苏中军区司令部三科机务副主任、主任。民国三十四年8月13日加入中国共产党。民国三十五年6月任华中野战军司令部三科机务主任。民国三十六年1月任华东野战军司令部通联处机务主任。民国三十七年12月任第三野战军司令部通联处通信器材科机务股长、通信器材仓库主任。1955年5月任南京军区通信器材仓库副主任兼业务科长。1958年10月先后任南京军区司令部通信兵处器材科、科研科、训练科、无线电管理科参谋。1964年1月任国防科委第五十二研究所组织计划科科长。1970年1月至湖北襄樊参与部队三线建设。1973年任总参二部驻襄樊办事处主任、总参第五十二研究所科技处副处长。1981年任总参第五十二研究所科技处处长(副师级)。1983年6月离休。2001年8月26日去世,享年77岁。

朱世根(1925—2001)

出生于民国十四年(1925)3月1日,又名阿大,舜一吴巷头人。民国二十六年,离家参加新四军,先后参加抗日战争、解放战争。2001年4月12日去世,享年76岁。

殷衷(1926—2008)

出生于民国十五年(1926)3月,舜一田肚里人,中国社会科学出版社编审,教授。早年就读于省立常州中学、苏州中学、无锡匡村中学和国立复旦大学,后就读于台湾大学政治系。1949年,任香港《文汇报》和中国致公党《公论》杂志编辑。1950年在中国人民大学法律专修科毕业后入研究生班学习。1951年,留中国人民大学法律系任教。1954年,至中华人民共和国宪法起草委员会工作。1979年,评聘为副教授。1983年，调中国社会科学院中国社会科学出版社工作，任《当代中国》丛书责任编辑，后任该社经济编辑室主任，担任《中国现实经济丛书》《中国经济史丛书》《世界经济年鉴》编委。2008年去世，享年82岁。

陈君屏（1927—2000）

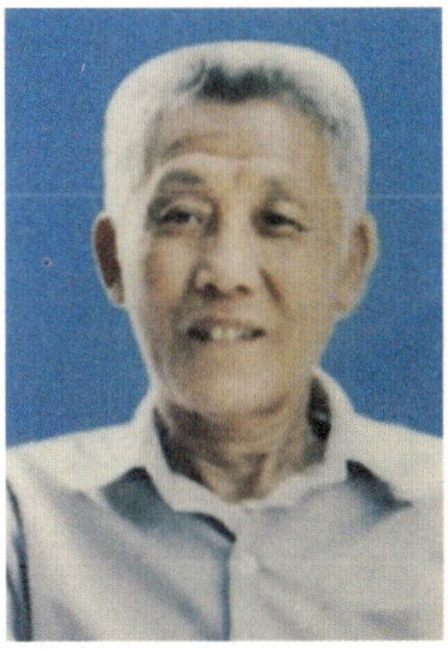

出生于民国十六年（1927）5月，原名陈耀祥，历村田舍头人。民国时期，于上海光华大学中国文学系肄业一年。1949年7月，参加新渎区藕塘镇人民政府工作。1951年1—6月，为江苏省常熟市苏南分学校学员。7月，至江苏省无锡建筑处工作。1952年4月至1974年，先后在无锡县人民政府农税所、无锡县人民银行，上海江湾建筑工程第五、第六师联合司令部15团技教室，上海建筑工程第六师一七团技教室、山东高密华东建筑工程局技总大队、西安市华东第三工程公司计划处、陕西鄠县西北第三工程公司区段、贵阳花溪401公司第二工程公司工作。1975—1980年任宁波北仑港建设指挥部计划处副处长，高级工程师职称，后因病调至浙江第一建设集团有限公司劳资处工作。1980年3月退休。1983年改办离休。2000年10月9日病逝，享年73岁。

韩斌（1928—2000）

出生于民国十七年（1928）3月16日，女，婚嫁舜一吴巷头。曾任无锡市北塘区妇联主任、北塘区副区长等职。2000年9月20日去世，享年72岁。

吴树青（1929—1999）

出生于民国十八年（1929）2月，曾用名吴自清，历村吴西房人，江苏省立苏州工专毕业。1949年6月，至南京中国人民解放军第二野战军军政大学学习半年。是年12月，任西南军区重庆军管委联络员。1950年4月起，先后任西南工业部重庆机械厂、一机部二局技术处技术员。1956年9月，入太原工学院机械系学习。1961年9月，先后任大连组合机床研究所设计员、主任设计师、研究室主任。1988年，组建大连振华组合机床开发公司，任总经理。吴树青为辽宁省生产工程学会理事，大连机械工程学会理事、副理事长，大连市发展战略技术顾问，被评为大连市先进工作者，1988年6月离休。1999年8月病逝，享年70岁。

朱茂人（1929—2010）

出生于民国十八年（1929）12月，舜一吴巷头人。民国三十七年11月，参加中共无锡县新渎区委工作。1949年4月至11月，任中共无锡县洛社区张镇镇镇长。11月至1954年2月，历任洛社区委宣传科科长、农会主任，无锡县委宣传干事、助理秘书。后至南京机床厂、南京重型机器厂工作。1965年6月，任四川宁江机床厂政治部副主任，四川空气分离厂政治部主任、副厂长。1987年5月离休。2010年1月因病去世，享年82岁。

庄稼（1931—2014）

出生于民国二十年（1931）1月12日，原名庄渭泉，历村周巷人。1949年于无锡忠勤高级职业学校纺织科毕业后参加工作。1953年于中国人民大学工厂管理专业毕业。历任苏南农村工作团团员、宣教干事，苏南行署公安局干事，纺织工业部科长，政治部宣传办干事、部长助理秘书、副处长。1987年被国家经委聘为副研究员。参与编纂和组织编写的著作有《成人教育词典》《职工教育学概论》《职工教育管理学》《职工教育经济学》《职工教育心理学》《职工教育简史》等。2014年1月9日去世，享年83岁。

张德仁（1932—2012）

出生于民国二十一年（1932）3月，舜一吴巷头人。1951年先后进入华东人民革命大学和华东军区"三野"司令部青年干部学校学习。1952—1954年，曾在西北军区司令部气象处、西北军区空军司令部航行处、2541部队气象台担任机要员。1956年，加入中国共产党。1960年，毕业于中国人民解放军气象专科学校航空气象专业。是年解放军气象专科学校训练部任教员。1961年，福州军区空军漳州基地气象台任预报员。1962年，总参谋部气象局二处任参谋。1973年，调入总参气象局政治处。1974年，在总参气象局研究室《军事气象》杂志做编辑工作。1977年，转业到中央气象局政治部干部处。1980年，任中央气象局干部部任免调配处副处长。1982年，任国家气象局人事司任免调配处处长。1985年，调任国家气象局人事司任免处调研员。2012年因病去世，享年80岁。

周斌（1932—2007）

出生于民国二十一年（1932）12月，历村周巷人，小学文化。1950年，参加中国人民志愿军。1952年，加入中国共产党。在朝参战期间，因战事伤残被民政部批准为八级残疾。1953年复员回地方工作，历任镇江市新华书店副经理、影剧公司党总支书记、第四中学党总支书记、镇江市政府工业交通政治部巡视员、谏壁船厂党总支书记、镇江市标准局副局长。2007年12月因病去世，享年75岁。

周荣福（1937—1989）

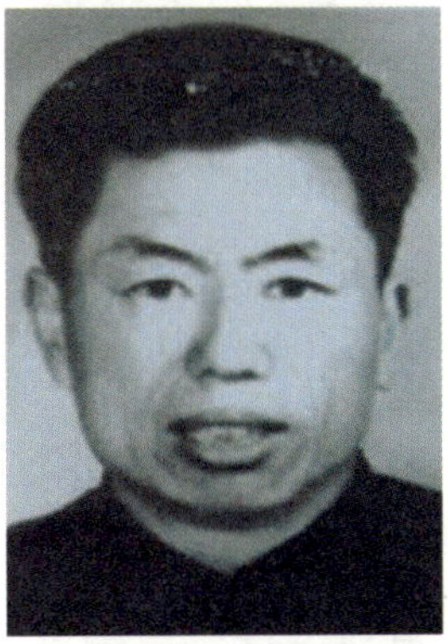

出生于民国二十六年（1937）12月，历村周巷人，初中文化，中国共产党党员。1956年，赴青海省黄南藏族自治州麦秀林场工作，任主办会计。1972年，至青海省黄南藏族自治州财政局预算科工作，历任科员、副科长、科长。1983年调入青海省税务局工作，历任税政三处副处长、处长（正处级干部）。1989年12月病逝，终年52岁。

殷锡南（1943—1991）

出生于民国三十二年（1943）3月，舜一殷巷人，中共党员，副厅级干部。1963年于南京无线电工业学校毕业后，先后在电子工业部直属军工企业南京长江机器制造厂、国营长宁机器制造厂、国营宁平车辆厂、国营长安机器总厂等单位工作，曾任雷达技师、车间副主任、总装车间主任、总厂经销总公司总经理，国营长安机器总厂副厂长兼家电厂厂长、党总支书记等职。1980年参加中国运载火箭东风5号发射试验南太平洋执行代号

"850"任务。1991年12月8日去世,终年48岁。

第二节 革命烈士

舜柯地区有革命烈士2人。

胡龙法(1926—1948)

出生于民国十五年(1926)4月,又名汤小龙,舜一吴巷头人。民国三十四年7月,参加新四军,同年10月加入中国共产党,并编入苏中新四军七支队,任战士、班长等职。民国三十七年,在保卫高邮战斗中牺牲,时年22岁。

秦泉法(1927—1948)

出生于民国十六年(1927),舜一秦陆巷人。民国三十四年8月参加新四军,后历任华东野战军四纵队战士、通讯员。民国三十七年,在高邮战斗中牺牲,时年21岁。

第三节 人物简介

入录人物简介的为舜柯地区(历村、舜一)的正科职以上领导干部,军队营级以上领导干部、离休干部,相当于副教授以上(含副教授级)的高级职称专业技术人员,无锡市市级以上(含无锡市市级)劳动模范,全国级条线先进生产工作者。共计23人。

石洪明(1925—),出生于民国十四年(1925)5月,舜一石巷头人,高中文化。民国三十四年3月参加革命。民国三十六年3月加入中国共产党。历任新四军一师七团战士,中国人民解放军23军某团团报编辑、宣传干事、师政治部秘书、炮兵347团宣传股长。先后参加高邮战斗、苏中自卫战七战七捷战斗以及鲁南、莱芜、孟良崮、豫东、淮海、渡江等大小战役和抗美援朝战争,获抗日战争、解放战争、抗美援朝等荣誉奖章、纪念章8枚。1955年授予大尉军衔。1958年转业至辽宁省人民检察院工作,为副厅级检察员,获最高人民检察院荣誉奖章一枚。1986年

离休。

朱如源(1927—),出生于民国十六年(1927)11月,舜一吴巷头人。民国三十六年9月至江南大学学习。民国三十七年下半年在中学老师吴其清引导下与锡西地区地下党负责人陆道南联系,做秘密发动群众工作,收听新华社广播,印发传单。1949年5月至新渎区报到,任粮征股会计。11月加入中国共产党。1950年7月起先后任洛社粮库副主任、主任。1954年3月参加江苏省干部学校(扬州)学习培训。1954年11月任无锡县粮食局计划股股长。1956年9月任无锡县科学普及协会副主任,当选为无锡县第一届政协委员。1957年9月至南京农学院学习。1961年9月为中国农业科学院(北京)土壤肥料研究所实习研究员。1963年发表的《磷肥在华北地区石灰性土壤中的增产作用》论文刊登在《科技园地》杂志上。1964年参加上海嘉定县"四清"工作。1970年任无锡县农业局农技员、农艺师。1978年任无锡县种子公司副经理。此后,负责由农业部投资在东亭鸭城桥建设种子加工厂。1980年任无锡县农业局土肥站站长(科长)。在全国第二次土壤普查工作中获江苏省农业厅科技进步一等奖、农业部科技进步一等奖。1987年11月离休。1986—1998年参与编写《无锡县农业志》《无锡县土地志》。

石洪寿(1927—),出生于民国十六年(1927)11月,舜一石巷人,中专学历。民国三十七年8月参加无锡县锡西武工队。1949年1月加入中国共产党。是年4月无锡解放后,历任新渎区张舍镇财经委员、农委主任、共青团区工委书记。1952年8月至1956年9月分派至南京建校学习建筑专业,任班长、党支部书记。毕业后,历任沈阳东北建筑二公司二处生产技术科技术员,本溪市建筑公司预制厂预算员、砼构件生产科科长,沈阳市三建公司工程科技术科科长。1986年11月离休。

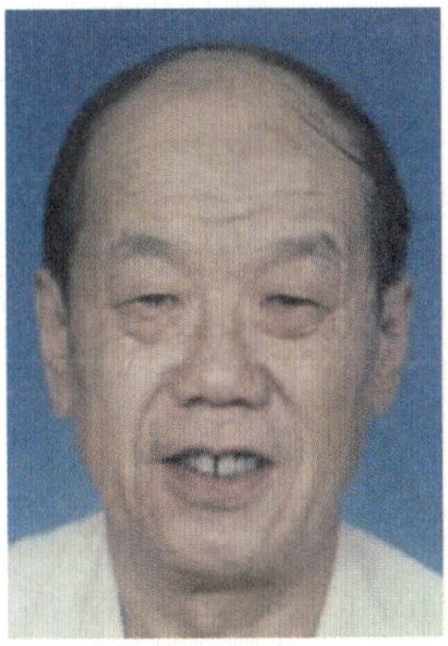

费悦心(1928—),出生于民国十七年(1928)4月15日,历村费巷人,中国共产党党员,北京兵器工业总公司第210研究所副所长,研究员级高级工程师。民国三十六年于无锡县中高中毕业。1954年于上海交通大学铸工专业毕业,毕业后至太原国营晋西机器厂从事铸造工艺。1955年,调至北京第二机械工业部

二局从事技术管理工作。1959年，从事本行业科技情报工作，任研究室主任、副所长（副局级）等职。社会兼职为中国兵工学会科技信息中心主任委员、中国兵工学会情报学会副主任委员、《中国技术经济信息》杂志特约通讯员、《全国新产品》编辑部顾问、《爆破器材》编委会委员。1980年，负责“本行业国外主要产品当前水平和发展方向的分析研究”课题研究，该课题获1986年国家科技进步二等奖。

赵士伦（1930— ），出生于民国十九年（1930）6月1日，历村上秦巷人。1949年4月于江苏省立教育学院附设忠勤高级职业学校纺织科毕业。是年5月，进入苏南公学（前身为抗大第九分校）学习；7月，参加中国人民解放军西南服务团苏南分团；10月，随团行军挺进大西南，列编为中国人民解放军西南服务团川南支队五大队一中队战士。1951年1月，参加土改工作，任工作组组长；9月，参加川南机要干部训练班学习。1952年3月，至川南行署人事厅一科工作。1953年，至纺织工业部西南纺织管理局610厂（重庆）工作。1954年12月，至上海华东纺织局干校机电专科读书。1957年5月，回原单位重庆610厂工作，任电气技术员。1958年下放涪陵地区渔泉农场劳动。1959年初又回610厂工作；6月，至四川省轻工业厅特种纸厂筹建处工程技术科当电气技术员。1962年，调至四川省轻工业厅供销处材料科工作。1966年，转至四川省工业厅纺织局工作。1969—1972年，至“五七”干校劳动锻炼。1973年，至轻工业厅机械设备处工作。1978年，至纺织工业厅工作。1980年被评聘为工程师、技术9级。1990年6月离休。2008年，享受处级待遇。

陆惠萍（1932— ），出生于民国二十一年（1932）12月，女，祖籍扬州，婚嫁至历村周巷。1949年4月参加革命工作。1954年加入中国共产党。1963年响应国家号召参加“四清”运动，期间任镇江市北固鞋厂厂长兼支部书记，1966年回镇江市新华书店工作，任新华书店业务科长，1988年2月1日离休。

孙尧英（1932—　），出生于民国二十一年（1932）12月，女，婚嫁至舜一吴巷头，高中文化，中共党员。1949年参加工作，先后任青年团无锡县工委文书、洛社区党委组织干事、无锡县委组织部组织干事、南京市南京机床厂党委组织部副科长。后支援三线建设，任四川宁江机床厂组织科副科长，四川空分设备厂任劳资科长、党委办公室主任等职。1985年2月离休。

庄金泰（1935—　），出生于民国二十四年（1935）3月1日，历村庄家里人，高级工程师。民国三十年就读于历村上秦巷小学。民国三十六年就读于无锡市辅仁中学。1957年于浙江大学机械系毕业，大学毕业后分配至无锡机床厂工作。1965年，先后任贵州省险峰机床厂设计组组长、设计科副科长。1978年获贵州省科学大会奖、全国科学大会奖。同年被评为贵州省劳动模范。1982年调回无锡工作，任无锡机床厂磨床研究所所长、机械部无锡气动技术研究所所长、无锡市轻工业局技术部长兼副总工程师，多次获无锡市先进工作者称号。2002年退休后被聘中外合资企业无锡格兰机械公司任技术部部长。

朱焕清（1940—　），出生于民国二十九年（1940）12月，舜一吴巷头人，大学文化。1956年至青海农林学校读书。1957年至牧学院读书。1962年至新疆生产建设兵团工作，历任农八师143团二营技术员、生产科参谋，农八师、石河子市农科所小麦组组长、粮食作物研究室副主任，农八师、石河子市农业局科长、副局长、局长。1988—1998年有6项科研成果获农牧渔业部科技进步奖，其中一等奖1项、二等奖4项、三等奖1项；5项科技成果获新疆维吾尔自治区及新疆生产建设兵团奖励，其中一等奖1项、三等奖4项。1989年被新疆生产建设兵团授予科技推广先进个人称号。1991年评聘为正高级农艺师。1992年国务院批准其为有突出贡献专家，享受国务院特殊津贴。

费仲兴(1944—),出生于民国三十三年(1944)1月,历村费巷人。1961年考入华东水利学院(河海大学前身)工程力学系。1966年大学毕业后由学校直接分配入伍,至国防科委第31基地6所从事科研工作,任助理研究员。1983年调入南京炮兵学院,先后被评聘为副教授、教授职称,任学院专业技术职务评审委员会副主任,享受副军级待遇。在军队任职期间,多次参加重要野外试验,多次发表学术论文,获军队级科技进步三等奖1次、军队院校教书育人银奖1次。2004年退休,定居南京。退休后致力于研究南京大屠杀史,两次出席南京大屠杀史料国际学术讨论会并发表论文。2011年12月应邀赴日本大阪、京都、东京等8城市出席当地民间人士组织的证言集会。2015年,任南京大屠杀史研究会理事兼口述史分会副会长。公开出版的主要著作有《线性代数》、《汤山觅踪》、《城东生死劫》、《南京大屠杀史料集》第27卷、第39卷。

殷荣兴(1945—),出生于民国三十四年(1945)2月,舜一田肚里人,初中文化,中共党员。先后任无锡县司法局基层股股长,钱桥镇司法助理员兼钱桥法律服务所、钱桥经济法律服务所主任。1986年10月,主动要求回家乡钱桥乡任司法助理员。任职期间,钱桥镇司法办公室、法律事务所连续10年被省、市相关部门评为先进集体。其个人先后17次受到市级以上政府和司法行政部门的表彰奖励。1997年3月,被司法部授予全国优秀司法所长称号,并被无锡市政法委员会评为无锡市政法工作标兵。同年被评为无锡市劳动模范。

费仲芳(1946—),出生于民国三十五年(1946)11月,历村费巷人,毕业于上海外国语学院(上海外国语大学)英语系,本科学历,中共党员。大学毕业后,先后在江苏省铜山县工作7年、无锡县中学(江苏省锡山高级中学)工作23年,任锡山高级中学教导主任。1987年被评聘为首批中学高级教师。1997年被评为无锡市首批中学英语学科带头人。1998年7月被江苏省人民政府授予中学英语特级教师称号。1999年9月调至上海市位育中学任英语教师。2001年被徐汇区人民政府授予区专业技术“拔尖人才”称号。2002年8月经上海市认定为上海市中学特级教师。2004年7月被徐汇区人民政府授予专业技术“学科带头人”称号，同时被聘为上海市高级职称文科组评审委员会成员，并受聘于华东师范大学外语学院教学顾问委员会任顾问。是年12月，被聘为上海市中学教师高级专业技术职务资格评审委员会(闵行)委员专家库成员和学科组专家库成员。

谢庄(1947—)，出生于民国三十六年(1947)9月，祖籍江阴。1958年11岁时随父母迁居钱桥镇。1969年4月插队于历村大队缪家生产队。1978年9月至1982年7月至江苏农学院畜牧兽医系畜牧专业学习，获学士学位。1982年9月考取中国农业大学(原北京农业大学)动物遗传育种专业研究生，1985年7月毕业，获硕士学位，毕业后分配至南京农业大学工作。历任南京农业大学助教、讲师、副教授、教授、博士生导师。先后任南京农业大学动物科技学院党总支副书记兼副院长、总支书记、党委书记。1998年7月至2001年9月，任西藏农牧学院畜牧兽医系主任兼副书记。主持或参与多个国家级、部省级及国家自然科学基金类等科研项目和课题，在国内外各类杂志和学刊上发表100多篇科研论文。出版《水产统计学》《兽医统计学》等多部教材和著作。获得农业部、教育部、西藏自治区等多个科技进步奖。2008年享受国务院特殊津贴。

殷兆树(1948—)，出生于民国三十七年(1948)12月27日，又名殷肇树，舜一田肚里人，中国共产党党员。1968年至山西省山阴县囫囵公社务农。后至山东省东明县广播站任编辑、播音员。1973年就读于山东省菏泽师范专科学校。毕业后至山东省东明县一中执教。1977—1979年连续3年被评为山东省东明县先进教育工作者。1980年又至江苏教育学院进修。后至无锡县(锡山市)梅村中学、东亭中学任高中语文教师、语文教研组组长，获锡山市教育局嘉奖。1997年评为中学高级教师。

芮卓君(1954—)，出生于1954年8月，历村芮巷人，高中文化。1973年参

加工作，先后任历村大队团支部书记、农工商联合社社长、党支部书记。1991年起，先后任藕塘乡副乡长兼工业公司总经理、党委副书记，东北塘镇党委副书记、副镇长，陆区镇党委副书记、镇长、党委书记、人大主席，玉祁镇党委书记、人大主席。2002年起，先后任惠山区副区长、惠山经济开发区党工委书记、管委会主任，惠山区人大常委会副主任、协理员。

王惠龙（1957— ），出生于1957年6月，舜一王巷人。1982年1月华东水利学院毕业，大学本科学历。1982年参加中国人民解放军，分配到宁波东海舰队任战士。1998年3月，任东海舰队舟山基地后勤部处长（正团级），其间记三等功二次。2002年10月转业，先后任宁波市人民政府水利局处长（正处级），宁波市人民政府水利局副总工程师。在全国第二次土地普查中，获农业部科技进步一等奖。

缪润文（1960— ），出生于1960年11月，历村庄家里人，高中文化。1978年12月入伍，历任新疆军区某部战士、班长、管理股司务长、管理员、保安队队长、业务处处长（副团级）。2000年10月转业后，历任锡山市粮食局工会副主席，惠山区粮食局党委办公室主任、工会主席，惠山区城市管理局违法建设整治工作办公室主任。2007年记三等功。2005年、2006年、2007年、2011年被评为惠山区优秀公务员。

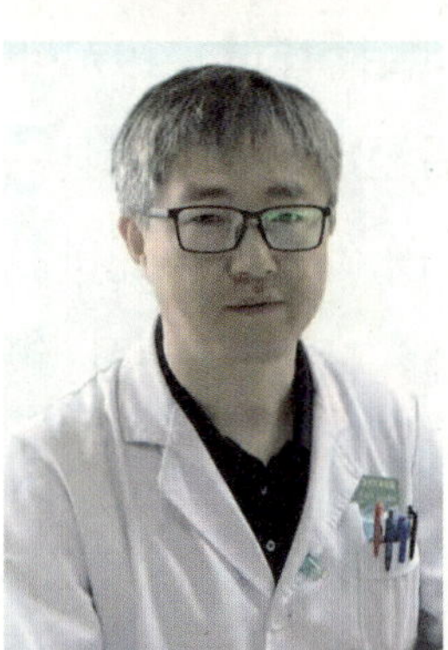

朱国华（1969— ），出生于1969年9月，舜一吴巷头人，中共党员。1992年毕业于南京医学院（现南京医科大学）。毕业后分配到江苏省江原医院，现任江原医院外科主任，主任医师职称。同时担任江苏省抗癌协会甲状腺专业委员会会员、无锡市医学会普外科专业委员会甲乳学组会员，多次在医学专业杂志发表论文。2009年获无锡市优秀医师奖。

缪晖（1969—　），出生于1969年11月，历村费巷人。获上海复旦大学管理学学士后赴美国在加州大学圣塔克鲁兹分校学习取得计算机硕士学位以及国际经济学博士学位。1997年开始国际经济学博士后研究工作，先后在香港金融管理局、摩根大通银行以及瑞士信贷银行从事研究和交易。在香港德意志银行工作期间，负责投资战略研究工作。之后，至新加坡淡马锡公司担任投资战略部门负责人。2015年4月，任国际货币基金组织高级金融专家。

费红萍（1974—　），出生于1974年6月，历村后周巷人。钱桥街道党工委副书记、政协工委主任。1993年江苏省无锡师范学校普师专业毕业，毕业后任钱桥中心小学教师，其间参加江苏省教育学院、江苏省自学考试指导委员会小学教育专业大专学习。2002年2月，调钱桥镇党政办工作。2002年9月至2005年7月在南京师范大学汉语言文学专业函授大学本科学习。2006年起历任钱桥镇党政办副主任，无锡职教园党政办副主任，纪检室纪检监察科科长，纪工委副书记、书记，钱桥街道党工委副书记，政协工委主任。2015年，被惠山区委区政府授予“2012—2014年度惠山区优秀纪检监察干部”称号。多次获惠山区人民政府、中共惠山区委嘉奖，并被惠山区人民政府授予“惠山区优秀基层党政干部”称号。

周中华（1974—　），出生于1974年12月，历村前周巷人。无锡市公安局直属分局政委。1996年苏州大学法学院毕业，9月锡山市公安局工作。2003年起，历任无锡市公安局惠山分局法制大队副大队长、无锡市公安局南长分局法制大队大队长，无锡市公安局直属分局副局长、法制支队副支队长。2005—2008年，在复旦大学法学院学习获硕士学位。2008年，入选江苏省公安厅首批法律人才库。2010年，获无锡市公安局法律知识和执法技能竞赛第一名。2011年，获全市政法系统业务能手。2018年，任无锡市公安局直属分局政委，获无锡市公安系统优秀共产党员称号。

朱轶（1976— ），出生于1976年4月17日，舜一吴巷头人，研究生学历。1998年，东南大学土木工程学院毕业，获学士学位。同年，在无锡市建筑工程质量监督站从事全市新建房屋的工程质量管理和竣工验收工作，期间担任团委书记。2001年，于复旦大学攻读研究生，获硕士学位。2004年毕业后，在外资工程咨询投资公司从事建筑工程质量的监督管理工作。拥有国家一级建造师、美国高级建筑技师，高级工程师职称。2019年，任泰康之家（苏州）投资有限公司总经理。

缪因知（1981— ），出生于1981年10月23日，历村缪家里人，中央财经大学经济法教研室主任、副教授、法学博士，兼任中国法学研究会理事、中国证券法学研究会理事、中国商业法研究会理事。2004年6月于南京大学法学院毕业，获法学学士学位。9月至2006年7月于北京大学法学院经济法学系攻读硕士研究生，获经济法学硕士学位。2006年9月（至2010年7月）于北京大学法学院国际法学系攻读博士研究生，获金融法学博士学位。2006年后，多次获中国经济法学研究会、北京大学、哈佛法学院、中国上市公司风险管理高峰论坛优秀论文奖。2007年7月任北京大学《北大法律评论》主编，入选北京"百名法学英才"。2009年11月获北京大学学术创新奖。2010年4月获北京大学研究生"学术十杰"荣誉证书。9月调至中央财经大学法学院工作。2011年任北京金融服务文运究会《金融服务文运究咨询报告》责任编辑。2012年任北京大学—台湾金融教育协会金融管理师（FMA）、高级金融管理师（AFMA）认证考试《大陆财经法规》科学命题专家，《北大法律评论》主编、执行主编（其间赴哈佛法学院学习，获哈佛大学法学硕士，并获哈佛大学法学院年度最佳公司法论文奖）。2013年6月获中央财经大学佟柔奖教金。

第四节　中国好人

庄技新（1958— ），历村后周巷人。2017年7月20日，庄技新用脚和腰力支撑在井壁上坚持横抱托住80千克的落水老人一个多小时，待老人安全救出

后却悄然离开。《江南晚报》记者首先得到线索，寻找这位救人者。7月21日，《中国新闻网》、《扬子晚报》、《无锡日报》、无锡新闻综合频道、无锡都市资讯频道、无锡教育台等多家报刊媒体来到舜柯社区，采访庄技新。中国人民网以《见义勇为，横抱落井老太一个多小时》进行报道。央视社会与法频道《夕阳红》栏目组专门拍摄了他见义勇为的专题片《托举生命一小时》并进行了播放。当年，他被评为"无锡好人""无锡最美家乡人"荣誉称号。2018年，庄技新获评见义勇为"中国好人""江苏好人"称号。

庄技新是一位普通的共产党员，年轻时在生产队常被评为"优秀社员""优秀民兵"。后在单位工作，多次被评为先进工作者。

对家庭，庄技新是孝敬父母的"孝子"。在母亲瘫痪在床的岁月里，他每天为母亲擦身、梳头、喂饭、喂药。在他父亲生病期间，他把父亲接到家中，悉心照料。

庄技新是舜柯社区党总支第四党小组组长，他组织本小组党员开展各项活动，小组内15名成员经常到他家里进行党员活动。庄技新又是舜柯社区"清风"志愿团队的骨干，积极参与"与地球共生息""浓浓敬老情，重阳送健康""小茶会，大关爱"等志愿服务活动，用行动践行志愿精神，是舜柯社区的"公益达人"。

第五节 人物名录

入编人物名录的为县处级（含副县处级）以上、军队团级（含副团级）以上领导干部、解放前参加革命工作者、高级职称专业技术人员、省以上条线先进工作者，中小学副高级以上专技人员共30人。

朱林源（1932—1985），舜一吴巷头人，1949年入苏南公学学习，参加西南战地服务队，随军入四川，并留在南溪县工作，先后担任文教局长、农业银行行长、农业局局长、副县长等职。

缪产海（1934—2008），历村庄家人，安徽省建设厅高级工程师。

吴士良（1934—1982），历村吴西房人，留学苏联，江西二〇六厂（军工厂）技术副厂长。

缪胜清(1934—　),历村缪家里人,安徽大学物理系副教授。

朱振源(1936—1995),舜一吴巷头人,1962年,北京大学地理系地理专业毕业,中国科学院地理研究所副研究员。

庄荣兴(1939—　),历村庄家人,钱桥镇经营管理办公室经济师、农业部农牧渔业技术推广工作先进个人、创建"江苏省科技先进镇"先进个人。

高志云(1940—　),女,婚嫁钱桥舜一吴巷头,新疆农垦科学院副研究员。

陆德丰(1941—　),舜一陆巷人,无锡县藕塘中学高级教师。

陶晋才(1943—　),舜一陆巷人,钱桥镇工业总公司副总经理,江苏省农村财会先进工作者。

丁亚琴(1944—　),女,舜一王巷人,无锡县钱桥中学高级教师。

芮林森(1946—　),历村芮巷人,向阳中学校长、钱桥中学高级教师。

朱重光(1946—　),舜一吴巷头人,向阳中学校长、钱桥中学总务主任,中学高级教师。

周正坚(1947—　),历村周巷人,藕塘镇农副业总公司副总经理,高级农艺师。

缪行皋(1948—　),历村缪家里人,无锡立信职教中心高级讲师。

夏新一(1950—　),女,婚嫁历村缪家里,无锡市河埒中学高级教师。

殷菁(1953—　),女,舜一田肚里人,北京朝阳区卫生局局长兼朝阳区医院院长。

殷金华(1956—　),钱桥舜一殷巷人,钱桥街道社区卫生服务中心副主任医师。

吴巧妹(1957—　),女,钱桥舜一吴巷头人,钱桥中学高级教师。

石建明(1962—　),舜一石巷头人,贵州大学生命科学院副教授。

王敏玉(1963—　),女,舜一东河头人,钱桥中学实验室主任、中学高级教师。

李剑波(1971—　),舜一吴巷头人,上海奥丽光电科技财务总监,高级会计师。

吴新琰(1972—　),女,婚嫁历村田舍头,石塘湾中学高级教师。

杨敏霞(1972—　),女,历村东浜人,钱桥中心小学教师、中学高级教师。

陈鹏(1972—　),历村田舍头人,舜柯社区党总支书记、居委会主任,2013年获江苏省村庄环境整治工作先进个人。

朱峥伟(1974—),舜一吴巷头人,苏嘉集团房产开发公司总经理、高级工程师。

朱峥平(1974—),舜一吴巷头人,江苏省惠山中等专业学校高级教师。

周永辉(1975—),历村前周巷人,无锡市南长实验中学党政办公室主任,高级教师。

孙海燕(1975—),女,婚嫁历村前周巷,无锡市南长实验中学高级教师。

张洁(1978—),女,历村蒋巷人,天一中学英语教研组组长、中学高级教师。

尹霞(1979—),女,婚嫁历村前周巷,惠山区教育局工作,高级讲师。

附录

黄歇与黄城

黄歇（前314—前238），战国时期楚国人，封号春申君，能言善辩，著名的政治家、军事家、水利专家。黄歇在舜柯山下筑黄城。黄城的位置据《常州志》载：“黄歇请封于江东，以故吴墟为都邑，地点在无锡县开原乡。”开原乡钱桥有条小溪，源于龙山谷口，从华莿湾蜿蜒流入洋溪河。20世纪20年代筑路，曾发现一块桥石，上镌“黄城永安桥”。这是黄城的唯一见证，可惜后来桥石不知所踪。

《汉书·地理志》无锡侯国注：“县西龙尾陵道，春申君封吴时所造。道址在县西龙山北尾。”这条道自黄城始，向东通向集市中心大市桥、娄巷（即吴市），向西通向延陵（今常州）。20世纪70年代，在龙山脚下钱桥段还有遗存，乡民称之为官路。沿官路有井亭。井亭是官道上来往官员、商贾歇脚之地。

据史料记载，黄城与斗城相近，钱桥人也俗称“黄斗城”。斗城为范蠡进攻吴国时所筑，其城的主流说法是在舜柯山一带。

舜柯山一带是块风水宝地，20世纪60年代，曾发现东晋时期的陶器，并有明显的古窑遗迹，可惜当时没有引起文保单位重视。附近村民还挖掘到不少新石器时代到商周时代的石器和陶器。2013年，舜柯山下赤墩考古发现马家浜文化、崧泽文化、良渚文化遗址。

司马迁《史记·春申君列传》中写道：“吾适楚，观春申君故城，宫室盛矣哉！”舜柯山下的黄城应是无锡早期历史上一座主要的城池，后来因为无锡城的兴起，黄城才慢慢湮没在历史的长河中。

两宋之际抗金名臣李纲庐墓处

据史书记载，建中靖国元年(1101)抗金名将李纲之母逝葬于湛岘山(舜柯山北麓)。李纲时年19岁。李纲庐墓守孝三年期间，在舜柯山亲植松柏数万株。20年后(1121)，李纲父亲李夔去世，李纲又将父母合葬于湛岘山(舜柯山北麓)，丁忧庐墓守孝三年，再次亲植松柏万棵，并写下诗句“手植松与桂，青青三万株”。此处也因此被称为“大松坡”，修竹茂林，翠连烟霄，松桂吐香，杞菊长苗。由于李纲大舅父吴彦申与当时开创无锡东林书院的著名理学家杨时(龟山)为友，且杨时与李纲父李夔亦多有交情，故请杨时分别为李纲父母撰写墓志铭。《龟山全集》载有宋朝杨时为李纲母撰《令人吴氏墓志铭》，记李纲母吴令人葬无锡县开原乡历村湛岘山(舜柯山北麓)之原。光绪丙子合族捐资修葺李夔墓，建四脚牌坊，筑墙垣。1949年冬，四脚牌坊被毁。1958年，历村大队兴修水利，社员即至舜柯山下取牌坊的断柱残碑筑水渠机头(戽水时进水口)。李纲父李夔陵墓后石壁上有“宋李太师墓”摩崖石刻，字为阳文，1960年因开采矿山而石刻被毁。21世纪初，钱桥李氏后裔把砌水渠机头的断柱残碑取出，收藏在春满园小区内。同期，舜柯山地区被江苏省人民政府列为太湖国家级名胜区梅梁湖景区。白云苍狗，沧海桑田，李夔的太师墓迹已无存。

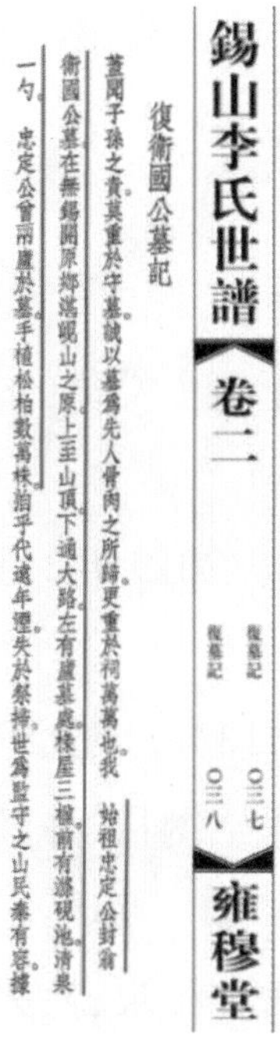

錫山李氏世譜 卷二 雍穆堂

復墓記 〇三七

復墓記 〇三八

復衛國公墓記

蓋聞子孫之責莫重於守墓誠以墓爲先人骨肉之所歸更重於祠萬萬也我 始祖忠定公封宿衛國公墓在無錫開原鄉湛峴山之原上至山頂下通大路左有廬墓處棣屋三楹前有滌硯池清泉一勺 忠定公曾[illegible]廬於墓手植松柏數萬株迨乎代遠年湮失於祭掃世爲監守之山民秦有容據

图附录–1 锡山李氏世谱记忠定公(李纲)在湛砚山(舜柯山北麓)庐墓

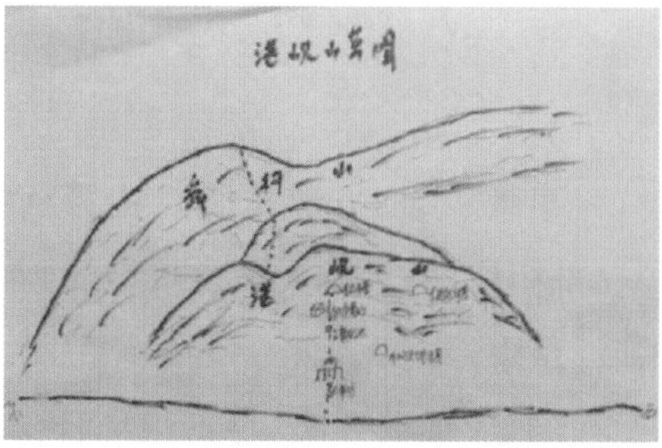

图附录–2 湛岘山方位图

图附录–3 光绪年间，李夔墓前四脚牌坊之残碑上刻有“泽启鹏程”字，2019年保存在春满园小区

编后记

集腋成裘，方成本志。由舜柯社区党总支和社区居委会决策，社区居民参与，部门协同，采编人员、专家精雕细镂，舜柯社区第一部记述乡土历史文化的《舜柯社区志》终付梓。

编纂《舜柯社区志》是舜柯社区两委和有识之士多年的愿望。2019年2月编纂工作启动。

领导重视，确定方案。舜柯社区两委把编志工作摆上议事日程。成立编纂委员会，搭建编辑班子，聘请专家顾问，编制了《舜柯社区志》的框架纲目，并确定总体方案及18章主要内容，认真有序推进编纂工作。

采集资料，夯实基础。编纂史志，史实为先。虽困难重重，举步维艰，然采编人员知难而上，深入群众，走访老干部、老队长，问道父老乡亲；查询无锡市档案馆、无锡市图书馆、社区档案室。每一张照片，每一段文字，无不再现出舜柯历史上浓重的一页。

上下联动，提升质量。初稿完成后，由于资料残缺，编写质量不规范，历经编纂多稿之阵痛。书记垂范，提供资料，亲自审稿，全程参与；诚请专家修改审稿；诚请老干部征求意见；诚请专业人士到社区切磋商讨，对文前彩页进行全面修改整理，2019年12月出样稿第一稿。2020年3月再经出版社修改审核，又经多次审改，6月上旬出样稿第二稿，9月上旬定稿。

在此成书之际，由衷地感谢社区老干部、老厂长、广大居民为编纂工作提供了大量素材，有的还提供了珍贵的老照片，使书稿既反映了舜柯悠久的历史，又非常接“地气”，有着浓浓的乡情和现代气息。《舜柯社区志》的编纂工作，始终得到了专家、朋友和社会各界的关心支持。郁有满顾问为我们运筹全志，把握方向，最后对书稿通篇进行修改定稿；惠山区史志编辑部邓小伟主编及章淑君、安静伦、何宝龙、陈正清、钱敏同志为书稿修改审稿；华勤新同志对书稿校对审改，并对书稿的编纂工作提出了大量规范性建设性的意见；吴福初同志参加书稿部分章节编纂工作；陶勇同志拍摄了大量照片；吴一清同志为书稿提供了珍贵的老照片；吴胜英同志为书稿彩图进行修改编排，蒋循同志又对彩图提供专业的宝贵意见；费仲兴同志、丁剑华同志对书稿的编写关怀备至；无锡市测绘院为本志测绘地图。在编纂过程中，《无锡县志》《钱桥街道志》等给我们提供了很多史实和有益的经验，在此一并致谢！

两度寒暑，十易其稿。《舜柯社区志》凝聚着社区领导的智慧，凝集着所有参与人员的汗水，凝结着采集编写人员的心血。囿于编者水平，不足尚存，难免出现瑕疵，敬请读者见谅并批评指正。

编 者

2020年10月